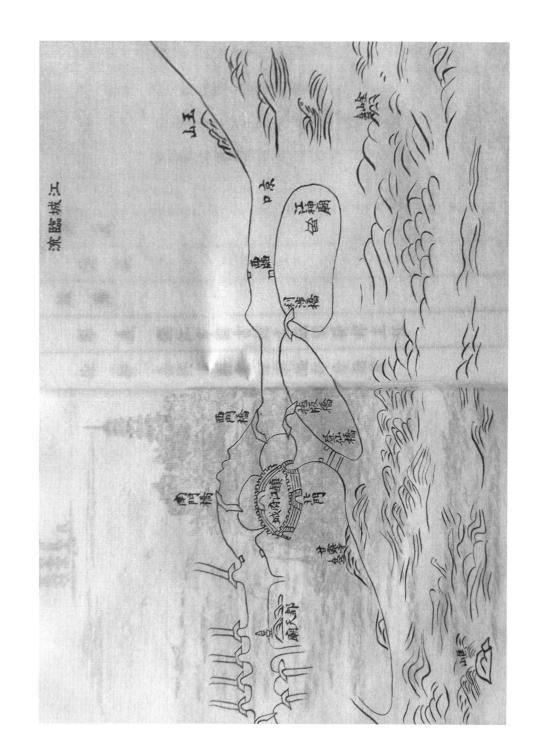

江城臨流

长江镇江段（京江）历史文化研究

徐苏 著

镇江市历史文化名城研究会 编著

江苏大学出版社
JIANGSU UNIVERSITY PRESS

镇 江

图书在版编目（CIP）数据

长江镇江段（京江）历史文化研究 / 镇江市历史文
化名城研究会编著 ； 徐苏著.--镇江：江苏大学出版
社，2025.4. -- ISBN 978-7-5684-2379-3

Ⅰ．K295.33

中国国家版本馆 CIP 数据核字第 2024G44N78 号

长江镇江段(京江)历史文化研究
Changjiang Zhenjiangduan（Jingjiang）Lishi Wenhua Yanjiu

编　　著/	镇江市历史文化名城研究会
著　者/	徐　苏
责任编辑/	吴小娟　张　冠　梁宏宇　蔡　莹
出版发行/	江苏大学出版社
地　　址/	江苏省镇江市京口区学府路 301 号(邮编：212013)
电　　话/	0511-84446464（传真）
网　　址/	http://press.ujs.edu.cn
排　　版/	镇江市江东印刷有限责任公司
印　　刷/	南京玉河印刷厂
开　　本/	710 mm×1 000 mm　1/16
印　　张/	24.5
字　　数/	422 千字
版　　次/	2025 年 4 月第 1 版
印　　次/	2025 年 4 月第 1 次印刷
书　　号/	ISBN 978-7-5684-2379-3
定　　价/	98.00 元

如有印装质量问题请与本社营销部联系(电话:0511-84440882)

序言

　　第四届镇江市历史文化名城研究会编著出版了《镇江大运河遗产调查与研究》，第五届研究会紧接着又编著出版《长江镇江段（京江）历史文化研究》，这充分体现了镇江江河交汇的特色，可喜可贺！尽管在之前研究会编撰的《千古江山》《江河要津》《京江忆旧》等著作中都写到过长江镇江段的相关内容，但是，随着研究的拓展和深入，这部新作就更为厚重了。

　　鉴于本书是长江镇江段（京江）历史文化研究的专著，经征求研究会编委的意见，我在序言中宜从总体角度表述若干综合性的观点，对各个方面的具体内容则不再赘言。

　　长江是镇江的母亲河。镇江因江而立，因江而兴，也将因江而成为更美好的现代化城市。我是靖江人，工作经历的地方，除苏州、无锡外，泰州、常熟（后来部分乡镇划归张家港）、南京、靖江、扬州、邗江、泰兴、镇江都在长江两岸。正因我的故乡靖江和第二故乡镇江都在江边，所以我对长江的情意更加深厚。我喜欢《长江之歌》：

　　你从雪山走来，春潮是你的风采；

　　你向东海奔去，惊涛是你的气概。

　　你用甘甜的乳汁，哺育各族儿女；

　　你用健美的臂膀，挽起高山大海。

　　我们赞美长江，你是无穷的源泉；

　　我们依恋长江，你有母亲的情怀。

　　镇江能够成为长江下游南岸的一座滨江城市，实乃天赋福地。就镇江的建置而言，从西周早期周康王在此封侯算起，至今已超过 3000 年。尽管主城位置有变化，但都是滨江而立。应邀来镇江的英美等国的城建规划专家曾说过，镇江最大的特色，就是"滨江"。随着城市的发展，镇江也应当成为

"滨江组团式城市"，城乡一体化，否则就不能称其为镇江了。

镇江市区是江河交汇和城市山林的结合体，是典型的山水花园城市。我们历来就是以"江山""河山"代称祖国的。爱我"江山"，镇江是长江下游的重要江段，有位于江苏西南部的宁镇山脉和茅山山脉；爱我"河山"，镇江有长江、大运河在市区交汇，汉代时这里还是长江入海口，现在仍然是连接上海港的港口城市，既是黄金十字航道，又是江、河、海"干"字形海港通道。市区是南山北水，南有1.8万多亩的城市山林，北有1万亩以上的内江（金山湖），其中还有2000多亩征润洲和江滩湿地。西部五州山及其周边地区科技文化资源也富有开发价值。历史为我们留下了一大批重要的地质考古资料、科技文学名著，以及名诗、名画和传记。我喜欢用"南朝第一帝""科教四星""文学双璧""书画二米"来表述这里英才辈出。"南朝第一帝"是指本地出身的刘裕。"科教四星"是指由国际天文学联合会命名的新发现行星中与镇江密切相关的四颗，即祖冲之星、沈括星、茅以升星、李佩星。南朝数学家、天文学家祖冲之在南徐州任过职，北宋科学家沈括定居润州著《梦溪笔谈》，现代桥梁学家、教育家茅以升和语言学家、中科院教授李佩都是镇江籍，而且李佩是"两弹一星"元勋郭永怀的夫人，以他们夫妇二人命名的行星还是连号的。"文学双璧"是指刘勰著的《文心雕龙》和萧统主编的《文选》。"书画二米"是指定居在镇江的米芾及其子米友仁。唐代诗人张若虚的乐府诗《春江花月夜》，描述的也是长江镇扬段的美景。

从镇江历史发展的历程来看，我们更能看出其历史文化丰富深厚的本原。从西周时期分封的宜国，到春秋战国时期宜、邗、吴融合为吴国，这里是吴地朱方。楚吴朱方之战后，这里又成为楚地，更名谷阳，所以史称"吴头楚尾"。我国从秦代实行郡县制，也就是秦始皇二十六年（前221），在今江苏境内开始设立15个县，其中就有丹徒、曲阿（今丹阳）两县。东汉后期，孙策派孙河在今市区筑京城，建安十三年（208），孙权从吴郡移治京邑（今江苏镇江），紧接着就打赢了著名的赤壁之战，形成了三国鼎立的局面。从这以后，长江镇江段的别名，多为京江，这里也就成为城市中心。据《晋书·地理志》记载，西晋太康二年（281），开始在这里设立郡级机构，先称毗陵郡，后迁出又迁回，更名为晋陵郡。自设郡至今，已有1740多年。

西晋后期发生"八王之乱",造成大批北人南渡,有22万人落户在南朝宋所设的南徐州范围内,移民数超过本地人。最初称侨郡、侨县、侨民,后来大都成为南徐州的居民。当时皇亲国戚大都在南京,而不少仕官文人到了南徐。南朝宋、齐、梁三朝皇帝的籍贯都是这里,以至南徐州被称为"帝王之乡"。隋文帝统一全国后,隋炀帝开通中国大运河,直到清代中期,这里一直是江河交汇的漕商运咽喉。隋唐大部分时间称润州。至于镇江这个名称,先是北宋开宝八年(975)改镇海军为镇江军,至今已有1000多年;后是北宋政和三年(1113)改润州为镇江府,也已有900多年。近代,则有英国侵略者在这里设租界,继上海等五口通商之后,镇江又是长江下游首先开放的对外通商口岸。民国时期,镇江成为江苏省省会,其辖区还曾是中共领导的新四军茅山抗日根据地。大韩民国临时政府曾从上海迁驻镇江多年。纵观历史进程,西周封宜侯,秦代建县,三国东吴第一城,南朝名城,从隋唐到清代中期漕商运咽喉,近代英租界和通商口岸,民国江苏省会,茅山抗日根据地,大韩民国临时政府在镇江等,都是镇江历史文化的亮点。

为什么镇江这个地名千年不变呢?我认为地名是自然和历史的产物。镇江者,镇守长江此段也。"镇"字是从金、声真的形声字,有多种字意。"镇"用在镇江这一地名中,作"镇守"讲更为贴切,镇守江南,不仅要守护这里长江段的自然变迁,而且要守护这段军事要地,使之保持安定的局面。长江镇江段从句容大道河口到扬中西来桥镇东南部的南旺渡口,全长100多公里,还有夹江40多公里,河道多处弯曲,是长江下游最难治理的河段。从大禹通渠北江(即镇江)起,秦代以后疏浚、护坡、拓宽和保护航道设置暗坝等,整治工程浩大,劳力、物力、财力投入巨大。而这里也是兵家必争之地。我们曾经组织编写过一套"中国历史文化名城镇江研究丛书",其中沈伯素主编的《金戈铁马》,就记载有东周朱方之战、孙策占据江东、东晋京口北府兵、唐代李敬业反朝廷起兵、南宋韩世忠梁红玉击鼓抗金、近代镇江抵抗英军、新四军抗日韦岗伏击战、中国人民解放军解放镇江等故事,这都说明镇守镇江任重道远。

中华人民共和国成立以后,这里就是镇江地区所在地,辖区最多时有11个县市,1983年江苏实行地市体制改革,镇江成为地级市。1986年12月,国务院公布镇江市为国家历史文化名城,此后,先后建成沿江三山国家风景名胜区、南山省级风景名胜区、南山国家森林公园、西津渡国家历史文化街区等。据镇江市史志办资料记载，新中国成立以来，先后任学部委员、科学院院士、工程院院士的镇江籍科学家就有 39 人。如今，镇江正在习近平新时代中国特色社会主义现代化道路上奋勇前进。据有关专业机构发布的资料，镇江一直位居全国地级及以上城市百强之列，2023 年综合竞争力第 58 位，宜居城市第 18 位。全国民营企业 500 强中，镇江虽然城市规模偏小，仍有 6 家民营企业位居前列。2024 年 9 月 23 日，日本东京大学经济学术论坛发布的亚洲百强城市排行榜中，江苏有 8 市上榜，分别是南京（21 位）、苏州（27 位）、无锡（52 位）、常州（64 位）、南通（71 位）、徐州（84 位）、扬州（93 位）、镇江（96 位），尽管镇江名次在后，但也是亚洲百强城市之一。

我一直主张认识镇江、热爱镇江、建设镇江、宣传镇江。早在 10 年前，习近平总书记视察镇江时就指出"镇江很有前途"。让我们为建设全面现代化的新镇江而奋进吧！

是为序。

钱永波

2024 年 10 月 24 日

（作者系镇江市历史文化名城研究会创会会长、镇江市历史文化名城研究会荣誉会长）

引言

　　长江绵延 6300 余公里，造就了中国雄伟壮观的景色。与之相伴的长江文化持续 5000 余年，在它流淌的过程中，所经地区留下了不同的文化印记，如藏羌文化、巴蜀文化、荆楚文化、吴越文化等，将长江流域划分成不同的文化区域和文化体系。但由于长江横贯东西，故不同文化区域和文化体系之间并不存在使它们长期彼此隔绝的天然地理屏障，各区域之间的交流频繁密切。这种不受阻碍的相互交流，使得长江文化具有中国南方文化特色鲜明的流域整体性和共通性特征，如包容开放的心理性格、勇于开拓的创新精神等。

　　长江不仅横跨中国东、中、西部三大经济区，在经济上发挥了重要作用，也造就了从巴蜀之地到江南水乡的千年文脉，成为中华民族的代表性符号和中华文明的标志性象征。在相似的自然气候条件、经济运行方式、交往传播通道、移民整合机制等因素的共同作用下，沿岸城市以长江为文化交流的主通道，以及商业、经济、军事交往的动脉，使上中下游之间的文化实现了互通声息、融会贯通，促进了长江沿岸城市经济的发展，促成了长江沿岸各城市文化的繁荣，影响了整个中国的历史进程。因此，研究长江文化，既要把握长江文化的整体特征，又要研究长江文化不同流域段的地域特征。

　　习惯上，人们把长江流经镇江的一段称为"京江"。京江全长 103.7 公里，约占长江江苏段 433 公里总里程的 24%。京江岸线总长 293.1 公里，因此镇江成为长江江苏段（岸线总长 1169.9 公里）中岸线最长的城市。历史上"京口当南北之要冲，控长江之下流"（《嘉定镇江志》卷六），长江滚滚东流，进入镇江后水势更猛，川流不息的江水冲击着金山、回旋于北固，又匆匆向远处的"中流砥柱"焦山撞去，最终经过海门注入东海，蔚为壮观。宋代学者吴淑《事类赋》注："《南徐州记》：'京江，《禹贡》北流也。阔漫三十里有大涛，声势骇壮，至江北激赤岸尤为迅猛。'"这里的大涛曾引起西汉文学家枚乘的关注，他在观赏后写了大赋《七发》，后来被选入《文选》。《七发》中细致地描述了大涛涌起时，在广陵、丹徒江面激起的江潮拍岸的盛况："疾雷闻百里，江水逆流，海水上潮。山出内云，日夜不止。衍溢漂疾，波涌而涛起。其始起也，洪淋淋焉，若白鹭之下翔。其少进也，浩浩澄澄，如素车白马帷盖之张。其波涌而云乱，扰扰焉如三军之腾装。其旁作而奔起也，飘飘焉如轻车之勒兵。六驾蛟龙，附从太白。纯驰浩霓，前后骆驿……鸟不及飞，鱼不及回，兽不及走。纷纷翼翼，波涌云乱。荡取南山，背击北岸。"因为大涛"至江北激赤岸尤为迅猛"，故称"广陵潮"。京江的名谓流行后，当地人也常把撞击南岸的大涛称为"京江潮"。至唐代时，京江的潮水依旧壮观，《元和郡县图志》记载："春秋朔望有奔涛。"唐代诗人李嘉祐的"北固潮声满"、刘长卿的"潮吞海门石"都描述了京口潮水泛起的波涛。

京江之名最早源于六朝，相传与当时的京口有很大关系。京口在六朝时期濒临江口。唐李吉甫在《元和郡县图志》中说："京者，人力所为，绝高丘也……京上郡城，城前浦口，即是京口。"唐许嵩在《建康实录》中记录了建安十三年（208）孙权自吴郡（苏州）移治京邑（今江苏镇江）的事情。东吴移治京邑，使镇江的地位空前提高。南朝时，京口因其重要地理位置和经济实力，成为一方要地。《宋书·文帝纪》说："京口肇祥自古，著符近代。襟带江山，表里华甸。经涂四达，利尽淮海。城邑高明，土风淳壹。苞总形胜，实唯名都。"明代沈固序姚堂《润州先贤录》云："镇江，古润州大郡也，长山环其南，大江绕其北。"

"京江"名谓的普及，得益于历代诗人的传播。唐代诗人杜牧《杜秋娘诗》云："京江水清滑，生女白如脂。"北宋诗人王安石《奉和景纯十四丈三绝》诗句："几年相约在林丘，眼见京江更阻游。"贺铸《鸳鸯语·七娘子》词句："京江抵、海边吴楚。"明末清初诗人吴伟业《京江送远图歌》诗句："京江流水清如玉，杨柳千条万条绿。"到了清中叶，有画家周镐的巨制名图《京江二十四景》、文人著作《京江七子诗钞》《京江耆旧集》。还有辛丰的饺子出名后，流传到京城时被冠名"京江饺"。后来引用的人多了，京江就成了镇江的代名词。

　　方志的修撰也对京江这一名谓的普及起到了积极的推动作用。明代《万历镇江府志》"丹徒诸水"下云："大江，在府城西北六里，即扬子江也。一名京江。东注大海，北距广陵。""京口水""丹徒水"，通指从丹徒高资江面，到东边常州武进孟河口，长达250余里的一段长江。历史上，京江之名曾和扬子江通用，唐宋诗人常把镇江、扬州之间的一段长江叫扬子江。明范守己《御龙子集》有记："今人呼扬子江，不知所由名。按隋江阳县有扬子宫，遂名扬子镇。唐改为扬子县，后升为贞州，治扬子。政和七年，赐名仪真。扬子江之名以此。"杨忠愍有诗曰："杨子怀人渡扬子，乃以扬子为洋子，误也。"（《京口三山志选补》卷一一）据笔者考证，隋代诗人柳誓在《奉和晚日扬子江应制诗》中，首次用了"扬子江"名。

　　关于"扬子江"的来历还有一种说法，认为其得名于江北岸的扬子津。据《资治通鉴》记载："隋开皇十年（590），（杨）素帅舟师自扬子津入，击贼帅朱莫问于京口。"扬子津开始进入人们的视线。南来北往的商旅云集于扬子津候渡，因而扬子津的知名度不断提高。盛唐时期，扬子津开始淤积，与瓜洲相连，于是润州刺史齐瀚开伊娄河，打通扬子津入江水道。《旧唐书·齐瀚传》："润州北界隔吴江，至瓜步沙尾，纤汇六十里。船绕瓜步，多为风涛之所漂损。瀚乃移其漕路，于京口塘下直渡江二十里，又开伊娄河二十五里，即达扬子县。自是免漂损之灾，岁减脚钱数十万。又立伊娄埭，官收其课，迄今利济焉。"瓜洲逐渐取代了扬子津的渡口地位，但"扬子江"的名称未改。

　　唐徐坚《初学记》云："长江有别名，则有京江。"千年来，京江水波绵延，人文胜迹和自然景观灿若星辰，是长江重要的组成部分，在历史上发挥过不可替代的作用。宋人洪适在《得江楼记》中说："昔人谓长江当百万之师，而曰天隔南北，得其险也。至于转漕得之，则陈陈衔舳，费减流马；浮家者得之，则布帆千里，朝发夕届；行商得之，则稇载奇货，什一可逐；骚人得之，则可以导词源，助子墨；渔者得而网罟；耕者得而溉灌。"这里的"昔人"，看问题还是非常精准的，因为长江发挥的各种功能，在京江都有实例。京江天险的作用，转漕的能力，航运的便捷，商贸的盛行，文人的诗作，渔人的收获，农田的水利，都因水而兴。

　　润州因为临江，常被称为"江城"，凸显了城市"因水而兴"的鲜明特点。唐诗人李涉《润州听暮角》诗云："江城吹角水茫茫，曲引边声怨思长。惊起暮天沙上雁，海门斜去两三行。"丘为《登润州城》诗云："天末江城晚，登临客望迷。春潮平岛屿，残雨隔虹霓。鸟与孤帆远，烟和独树低。乡山何处是，目断广陵西。"许浑《旅夜怀远客》诗云："异乡多远情，梦断落江城。病起惭书癖，贫家负酒名。过春花自落，竟晓月空明。独此一长啸，故人天际行。"诗中的"江城"，均指润州城。后来"江城"也成为文人为镇江社团冠名的一种雅趣。如明代镇江府学教授冯惟敏与江万山等九人结成"江城吟社"，联诗唱酬，活动于镇江的各个景点。据冯惟敏《高山行奉谢吟社诸公》诗前小注记载："江城吟社九人江万山、陈五山、童三山、王竹区、姚长山、杨云昆、钱孟山、蒋静观同余饮于长山徐来亭，分韵赋诗。"成员活动的地点有金山、焦山、北固山及长山等处。

京江及其南岸的山水，也是历代画家精心描绘的对象。明代沈周《京江送别图卷》是一幅山水画，现藏于故宫博物院，代表了他晚年成熟的"粗沈"画法。画面呈平远式布局，近景是柳堤河岸，众人揖手送别；中景为江面扁舟，主人公在船上拜揖告别；远景是丛山相叠，连亘无际。这幅送别图细致地描绘了津渡送别的场面，展现了京江沿岸多山的地域特征。清道光年间，苏州画家黄均《京口十二景图》是多幅水墨画卷，展现了镇江文人与山水相依的生活场景，其中超岸风帆、浮山飞涛、焦岩夜月、北固晚烟四图，描写了京江岸边"三山一渡"的秀色。同时期京江画派代表作家周镐绘制的《京江二十四景》，也汇集了镇江的诸多名胜，其中林开古驿（京口驿）、浮玉观涛（金山）、狮岩消夏（焦山）、海门泛月（焦山）、北固晚钟（北固山）、江上救生（西津渡街）、西津晓渡（西津渡街）、半江红树（江边小景）、五州积雪（五州山）描绘的都是京江南岸的景观，勾勒出了细腻的江南风光。

历史上，京江的多变是出了名的。受自然因素、人为作用的影响，京江水道不断地发生变化，从早期北岸的淤积速度加快，主泓道逐渐向南偏移，到近代南岸的淤积速度加快，主泓道逐渐向北偏移，引发了江上沙洲的时隐时现和港口的迁移变化。不过，变来变去，镇江作为"江城"的性质没变，"以水兴城"的特点没变，长江三角洲核心圈中的城市地位没变，仍是一座与京江命运与共、休戚相关的城市。京江的文脉源远流长。追本溯源，留存历史印记，是准确解读京江文化基因的重要前提。因此，清点京江历史文化遗产，重新审视人与水、水与城、京江保护与发展的关系，以京江为本底，以沿江南岸文化资源为依托，通过推进京江文化研究、开展京江文化主题创作、打造京江文化活动品牌、推广京江生态文化产品等措施，挖掘京江文化的亮点和特色资源，创造性地传承和续写京江文脉内涵，就尤为必要。

对镇江来说，研究京江文化具有特殊的意义。京江是一个包罗万象的"海"，文化底蕴深厚，历史事件巨量。京江既有长江文化中的多种文化现象，具有共性；又有因特殊地理位置在历史的各个阶段发挥出关键作用而彰显的特色文化，具有个性，是研究长江流域文化个性与文化共性相互交流的重要区段。而正是这种不同区域特色文化的交流融合，建构了整体长江文化的基本特质。从历史上看，京江与镇江的城市肌理和文脉传承深度嵌合，对镇江区域文化的影响巨大。历次南渡，是镇江移民文化之源，催生了吴文化，繁荣了六朝文化，带动了唐宋文化的兴盛；历次北上，催生了英雄人物的崛起，彰显了爱国主义的情怀。"生子当如孙仲谋"，"金戈铁马，气吞万里如虎"，"一水横陈、连岗三面，做出争雄势"。这种积极进取、建功立业的精神，激励了世世代代的镇江人。尤其是，沿江而兴的镇江山水异常发达，将京江水和以"三山"为代表的沿江诸峰包孕其中，成为智者、仁者讴歌的对象，汇成了镇江波澜壮阔的山水文化主脉，并延伸出诗歌文化、三国文化、隐士文化、宗教文化、碑刻文化、藏书文化等支流，从多个角度展现了镇江"真山真水"的容貌。

除此以外，长江京江段还有一种独特的江河交汇现象引人关注。当长江和大运河之水融合在一起时，镇江的漕运文化、商贸文化、口岸文化显得极具个性，当融入镇江文化乃至长江文化的主流之中时，便凸显了镇江文化的多元现象，使京江成为长江文化中富有文化内涵的一段。从广义上说，这种江河交汇现象突出了镇江是长江文化与大运河文化研究的重要融合点，具有特殊的地位，应该引起长江文化与大运河文化公园建设者和历史文化研究者的关注，不能将之边缘化。镇江应积极推动长江文化与大运河文化公园的建设，打好"三山一渡""江南运河第一闸"牌，弘扬地域特色，落实共抓京江和运河保护利用的系列举措，凸显江河交汇优势，在大力发展水运经济的同时，延续历史文脉、坚定文化自信，加速文旅事业的腾飞。

　　江水不止，文脉不息。推进京江文化建设有重要的现实意义。据调查，京江南岸的文化遗产多达 130 余处，是整个长江文化遗产不可分割的一部分。从这个意义上说，保护和利用好这些文化遗产，既是京江文化建设的责任，也是推进长江文化带建设的重任。镇江应强化整体意识、共性意识，坚持"共生、共建、共享、共融"，通过挖掘长江流域共同的地缘、亲缘与文化基因，努力在构建长江文化公园中发挥镇江作用。要站在面向全国乃至世界的高度，去阐释长江文化的价值，更好地为长江文化带及长江文化公园的建设和发展服务。

　　不忘本来，方有未来。本着历史名城研究应遵循"走进历史，还原历史，服务现实"的原则，今《长江镇江段（京江）历史文化研究》一书，分为"南渡北上""以水兴城""山水相雄""江上沙洲""津渡浦口""江防重镇""通商口岸""轶事聚珍"八章，拟用简洁的文字去还原京江及其沿岸的风土人情、文化脉络、历史变迁，让更多的人知晓镇江、爱上镇江、创业镇江。如果说此书有什么特点的话，那就是通过京江历史文化的溯源、山水名胜的掠影、江上沙洲的变迁、江河交汇的气势、金戈铁马的壮烈，以及人物风流的描述，多角度揭示了京江与名城镇江共荣的历史过程，归纳出镇江城市的鲜明个性，避免与其他研究镇江的历史书籍内容重合，突出了专指性和新颖点。虽然，一本书装不下京江的沧桑巨变，也写不完镇江人对京江的眷念，但作为镇江历史文化的守望者，我们仍期望在万里长江的东流中，截取京江一段，寻找微处的浪花，记录逝去的瞬间，留下可供循迹的历史底本，让镇江厚积的历史文化，为美丽的山水花园城市建设更添一份风韵典雅。

目 录
CONTENTS

第一章

南渡北上

名题訫品 二

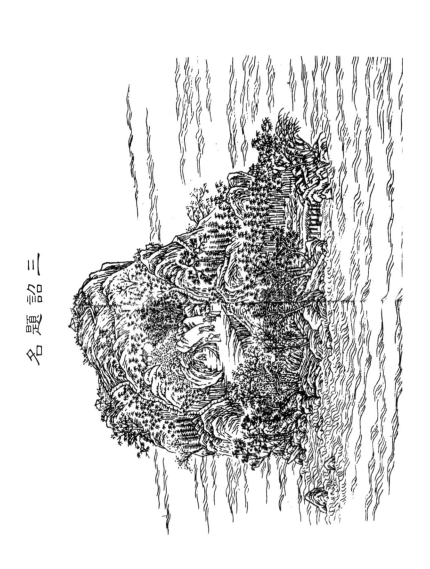

有3000多年文字可考历史的镇江是江南出现的早期城市之一。春秋时期,在吴王定都今苏州之前,彼时的镇江已处于吴文化启蒙阶段。学术界有一种说法,今宁镇地区属于"吴头",是北方移民过长江最先到达的地方,也是吴文化的发祥地。镇江城市的繁荣与京江分不开,京江为镇江提供了一条安全的屏障,保护了当地的安宁和发展,吸引了众多的南渡者踏上这片土地,在这里繁衍生息,促进了城市的形成与发展。

第一节　南渡移民

在京江上发生的持续不绝的南渡现象,对镇江这座城市有着特殊的意义。移民改变了城市的人口结构,丰富了城市的文化现象,推动了城市的文明进程。西周康王时的"周人南下"、两晋之际的"永嘉南渡"和两宋之际的"建炎南渡",大量中原流民由淮渡江,镇江成为主要的接纳地,外来人口超过了本地人口。"人口在空间的流动,实际上也就是他们所负载的文化在空间的流动,所以说,移民运动在本质上是一种文化的迁移。"(葛剑雄等《简明中国移民史》)因迁移而引发的各种文化现象的交融和碰撞,使镇江受到了极大的影响。在这里,北方"中原文化"和南方"荆楚文化"的交流结合,即"移民文化"和"土著文化"的交流结合,促成了吴文化的产生和发展。尤其是"永嘉南渡"的影响,大批的侨民在京口落户,京口的政治、经济、文化地位不断提高,促进了六朝文化的兴盛。后来,随着唐宋时期的大批移民南渡润州(镇江),更多的政治人物和文化名人在这里聚集,再次提升了城市的地位和文化品位,进一步彰显了润州丰富的文化现象,使之在文学史上具有特殊地位和影响。可以这样说,历史上京江持续不绝的南渡移民现象,对镇江城市的发展和历史文化的影响是巨大而深远的。

一、泰伯奔吴

泰（太）伯带领族人奔吴是有文献记载的中国人从北方向长江流域的一次大迁移。据《史记·吴太伯世家》记载：太王欲立季历及昌（周文王），"于是太伯、仲雍二人乃奔荆蛮，文身断发，示不可用，以避季历……太伯之奔荆蛮，自号句吴。荆蛮义之，从而归之千余家，立为吴太伯。太伯卒，无子，弟仲雍立，是为吴仲雍。"泰伯族人到了江南，很快就入乡随俗，文身断发，融入当地。江南的百姓也爽快地接纳了这些来自北方的汉子，又从而归之，承认了他们的领导权，立为吴泰伯，泰伯成了新兴吴国的君王，建立国家，号"句吴"，即吴国。晋杜预注称"句余，吴子夷末也"，有误。阮云篹《春秋左传正义注疏》认为："吴句，句古侯。正义曰：此时吴君是余祭也。明年余祭死，乃夷末代立。昭公十五年，吴子夷末卒，是也。服虔以句余为余祭。杜以为夷末者，以庆封此年之末，始来奔鲁，齐人来让，方更奔吴，明年五月而阉弑余祭，计其间未得赐庆封以邑，故以句余为夷末也。"

吴国历经周章（五世）、寿梦（十九世）到季札，开启了东南文明，成为中华文明的一个重要组成部分，在中华文明史与中国历史中占有极其重要的地位。由此产生的吴文化，其内涵也自然从泰伯、仲雍奔吴后开始。关于太伯奔吴的落脚地，史学界有不同说法，是先到无锡一带，还是先到宁镇地区，有不同意见。据《世本八种》张澍梓集补注本称："孰移丹徒勾吴。"孰，学者确认是太伯之弟仲雍的字；丹徒，即今镇江地域。《世本八种》为秦末汉初古籍，是最早指明泰伯、仲雍奔吴具体地点的古书。宋王应麟《通鉴地理通释》卷四、日本人水泽利忠《史记会注考证附校补》，皆引《世本八种》作"孰移丹徒，（号）句（吴）"。唐《图经》中"本泰伯文化，有谦让之风"，唐刘禹锡《和浙西李大夫晚下北固山》诗中"风俗太伯余，衣冠永嘉后"，都讲到润州的文化、风俗继承着吴泰伯的余绪。故 1993 年版《镇江市志》根据史料认定："周太王（古公亶父）之子太伯、仲雍南奔至长江中下游，首先到达丹徒县境内。"

泰伯在吴文化的形成中发挥了重要的作用。他从中原来，不以征服者的身份出现，而是奉行了一条"融化"策略，与南迁的族人和当地人打成一片，刀耕火种，断发文身，随俗而治，同甘共苦。他带来了中原先进的生产技术和文化成果，并以开拓精神开启了富有生气的新局面，又在文化交融中保留了自己的特色。其具体做法是：在与当地人融合的过程中，泰伯和族人主动接受了土著文化；又"荆蛮义之，从而归之千余家"，以和风细雨的方式推进文明发展，实现了中原文化和土著文化的相互交融，并在此基础上逐步形成了吴文化。

镇江的吴文化遗存非常丰厚，是吴国物质文化遗存最集中的区域之一，境内分布着许多反映商周至春秋时代吴国的台形聚落遗址、土墩墓和后世纪念建筑等不可移动文物，出土了大量的青铜器、原始瓷器和陶器等可移动文物。仅镇江大港至谏壁沿江一带长约 10 公里范围内的山丘上，就分布着 10 余座形制巨大的土墩墓，其中烟墩山宜侯墓墓主为吴国第五代国君周章。母子墩墓墓主吴伯为吴国第六代国君熊遂（周章之子）。寿梦墓为青龙山大墓。余眜的墓葬位于北山顶。

到了泰伯、仲雍的二十世孙季札，吴文化在江南得到了进一步普及和发展。春秋"三传"、《礼记》、《史记》、《吴越春秋》等经典著作中用了很多文字来记录吴国史事。季札在吴国发展史上发挥了承上启下的作用，其礼让、诚信、善思求变的精神思想对吴文化由尚武至崇文的文化转型有发轫之功。他在思想政治、伦理道德、南北外交、文化艺术等方面的言论行动，为后人研究吴文化提供了丰富的史料。

司马迁《史记·吴太伯世家》云："王余眜卒，欲授弟季札。季札让，逃去。于是吴人曰：'先王有命，兄卒弟代立，必致季子。季子今逃位，则王余眜后立，今卒，其子当代。'乃立王余眜之子僚为王……公子光者，王诸樊之子也，常以为吾父兄弟四人，当传至季子。季子即不受国，光父先立。即不传季子，光当立，阴纳贤士，欲以袭吴王僚……遂弒王僚。公子光竟代立为王，是为吴王阖庐。阖庐乃以专诸子为卿。季子至，曰：'苟先君无废祀，民人无废主，社稷有奉，乃吾君也。吾谁敢怨乎？哀死事生，以待天命。非我生乱，立者从之，先人之道也。'"

虽然后人对这段记载的解读不尽相同，但绝大多数人对季札对礼的尊崇，以及从季札言行举止中表达出来的高尚品德都是充分肯定的。季札遵守周礼，崇尚礼乐，厌恶暴力，洁身清行，严格遵守嫡长子继承制，稳定国家和政权，维护政治平和，如此"守节"和"让国"，为众人所称赞。"富贵之于我，如秋风过耳。"季札对于至高无上的国王权力宝座，始终采取舍弃态度，体现了礼让的最高境界。季札三让王位的事迹被写进《左传》《公羊传》《史记》等书里，天下也都在传颂这一圣贤之事。

季札一生注重诚信，他心中想什么，就会努力去贯彻。他待人非常诚恳，善于体察人的情感。"徐墓挂剑"的故事脍炙人口。司马迁在《史记·吴太伯世家》中讲了这段故事："季札之初使，北过徐君，徐君好季札剑，口弗敢言。季札心知之，为使上国，未献。还至徐，徐君已死，于是乃解其宝剑，系之徐君冢树而去。从者曰：'徐君已死，尚谁予乎？'季子曰：'不然，始吾心已许之，岂以死倍吾心哉？'"刘向也在《新序》中记载："延陵季子将西聘晋，带宝剑以过徐君。徐君观剑，不言而色欲之。延陵季子为有上国之使，未献也，然其心许之矣。致使于晋，故反，则徐君死于楚，于是脱剑致之嗣君。从者止之曰：'此吴国之宝，非所以赠也。'延陵季子曰：'吾非赠之也，先日吾来，徐君观吾剑，不言而其色欲之，吾为上国之使，未献也。虽然，吾心许之矣。今死而不进，是欺心也。爱剑伪心，廉者不为也。'遂脱剑致之嗣君。嗣君曰：'先君无命，孤不敢受剑。'于是季子以剑带徐君墓树而去。徐人嘉而歌之曰：'延陵季子兮不忘故，脱千金之剑兮带丘墓。'"

两段文字记录讲了一个相同的故事，大意说：季札第一次出使中原，路过徐国，去拜会徐君。徐君好客，听说季札来拜会，殷勤款待了他。徐君见到季札，被他的气质打动，感到亲切。徐君看到季札腰间的佩剑不凡，被深深地吸引住。在古时候，剑是一种装饰，也代表着一种礼仪。无论是士臣还是将相，身上通常都会佩一把宝剑。季札的这柄青铜剑铸造精致，几颗宝石镶嵌其中，典丽而又不失庄重。徐君看上此剑，不好意思明说，只是盯着看。季札看到徐君的眼神，知道他的心思，内心暗许，等办完事后，再将佩剑送给徐君。因为代表国家的使臣必须佩剑，所以不能立刻赠予。等到季札完成使命，再次来到徐国，发现徐君已经过世。但是季札还是决定留下宝剑。随从不解，问道："这是吴国的宝贝，怎么可以随便赠送？"季札回答说："不能这么说，徐君高尚，喜欢宝剑，却不明说，如今他去世了，但我的内心对他有过承诺，许诺赠剑给他。君子讲求诚信和道义，不能因为他的过世，而背弃为人应有的信和义，违弃原本的初衷。我不能因为人死而违背自己的内心。"他解下宝剑交给徐国的嗣君，嗣君说："我父王遗言没有提及此事，我不敢接受这把宝剑。"于是季札把宝剑挂在了徐君墓前的树上，又对着墓碑躬拜后离去。季札是一个内诚于心、外信于人的道德典范，在诚信方面树立了榜样，受到世人的称赞。

泰伯与季札对镇江历史文化的影响很大。泰伯"三以天下让"的高尚品行，影响了镇江乃至江南社会风气的文明程度，推动了中国历史的进步。圣人孔子说过："泰伯，其可谓至德也已矣。三以天下让，民无得而称焉。"称赞泰伯是历史上的"至德"之人。吴设立朱方后，这里处于延陵季子的活动范围，季子的人格魅力对朱方人的人格形成影响很大，对朱方的演变有"润物细无声"的效果，是推动朱方发展的动力。《太平寰宇记》中对朱方人的评价是："礼逊、谦谨、婚嫁、丧葬，杂用周汉之礼。承泰伯之高踪，存季子之遗意，盖英贤之旧壤，杂吴夏之语音。"（《光绪丹徒县志·风俗》）所以北宋学者曾旼认为："朱方之重，非一日也。江山清绝，襟吴带楚，芙蓉名楼，甘露表寺，幽赏丽观，不出城市。水嬉，则焦庐、裴岩相望于西江之中；陆走，则鹤岭、鹿泉映带于南郊之外。秦潭庆井，则暴君戾臣之可鉴戒；谢堂许涧，则贤人端士之可想象其远。若碑书十字，泉沸四井，则余光遗烈，风高千古；青童马迹，紫阳鹤驭，则洞天福地，事隔人境。"（曾旼《润州类集·序》）朱方的崛起，有着深深的季子烙印。

镇江的方志文献也赞美了吴国贤者的谦恭礼让、非凡气宇和远见卓识，强调泰伯的美德和季子的精神对镇江历史文化的发展影响深远，他们"谦让、诚信、仁义"的崇高品德成为镇江的社会道德典范，影响了历代的社会风气和人们的性格。旧《图经》中就说镇江人"本泰伯之化，有谦让之风"。宋代《咸淳镇江志》亦称这里"土风质而厚，士风淳而直"。《光绪丹徒县志》引述过《永乐镇江府志》中一段有关镇江民风的内容，指出了泰伯之化和季子精神对镇江民风的引领作用。志书中说：当地"'英风澡俗，令德在民'，殷仲堪《季子庙记》之所称也；'风俗泰伯余，衣冠永嘉后'，刘梦得《北固山》诗之所美也。乡党人士平居习闻先生长者之言，崇道义，尚廉耻，故其立朝致匪躬之节，居闲乐嘉遁之贞。闾阎下庸亦能以孝行节概自见。详于传志，信难诬也。封内固无千金之家，然服勤务本、闾闾自足，在官者亦喜其庭讼简鲜，而无珥笔之讥。四方游宦多寓于此，谓非风俗淳美可乎？以京口在昔用武之地，而称斗力为所长者亦浅浅哉！"这里总结的镇江人的精神风貌主要有崇道义、敦孝行、尚廉耻、行谦让、简廷讼（儒家文化），恬淡自足、不慕荣利、好退隐（隐逸文化）。

二、孙氏南迁

从三国开始，京口成为著名的长江渡口。随着孙吴政权的建立和巩固，"四方贤士大夫避地江南者甚众"，南迁成为一种社会潮流。大批北人南迁与江东本土大族合流，并成为当地的名门望族。陆机《吴趋行》中所说的"八族""四姓"，就是吴郡本土家族和客迁家族合流而形成的名门望族的代表。

（1）东吴是孙策和孙权共同开创的基业，他们随先祖举家南渡，凭借长江天险，在建业和江南站稳了脚跟，建立了政权。孙策是长沙太守孙坚的长子。初平二年（191），孙坚攻打荆州牧刘表，中了刘表的部下黄祖的埋伏被杀，由孙贲（孙坚之侄）护送孙坚的遗体返回江东，葬在曲阿（今镇江丹阳）。当时孙策才 17 岁。他决心继承父辈的威烈，为父报仇。他接受了谋士张纮的建议，先栖身丹阳（今安徽宣城一带），召集吴郡（今江苏苏州）、会稽（今浙江绍兴）兵马，扫平荆扬二州，然后凭倚长江，奋发威德，扫除群雄，匡扶汉室，从而建立自己的功业。他率父亲旧部和自己的部下一路东进，队伍不断壮大，到吴景的驻地时，已有五六千人。孙策把东进的消息写信告知周瑜，当时，周瑜的叔父周尚任丹阳太守。周瑜带兵出来迎接孙策并赞助军粮。孙策得到周瑜的支持，士气大振，立即率部渡江，进击横江、当利，相继攻克，守将樊能、张英分别战败。接着，孙策又率部连续出击，所向披靡，没人能抵挡他的锋锐。孙策的军队军纪严明，得到百姓的拥护，取得了平定江东的大胜。

兴平二年（195），孙策在周瑜、程普、黄盖等人支持下，从历阳渡江，打败了牛渚营（今采石矶）的刘繇，夺得仓库中的粮食和兵器，又率部到曲阿与刘繇决战。刘繇战败后，逃往丹徒。孙策占据了曲阿，势力进一步扩张，归附者众多，很快就招得士兵两万多，征得马匹一千多。不久，刘繇放弃丹徒西逃，孙策乘胜追击，夺取了吴郡。建安三年（198），孙策派徐琨赶走袁术的部将丹阳太守袁胤，平定了今宣城以东各地，迎接从袁术处归来的吴景担任丹阳太守。稳定了丹阳后，孙策带兵攻打丹阳泾县以西地区，扩大了战果。他先打下陵阳（今安徽青阳县东南），擒获祖郎，又进攻勇里

（今安徽泾县西北），擒获太史慈。回师的路上，孙策以太史慈、祖郎二人为先导，全军士气大振。

这时周瑜和鲁肃又带着众人渡江来投奔孙策，壮大了孙策的力量。《三国志·鲁肃传》中记："吾闻江东沃野万里，民富兵强，可以避害"，乃率"男女三百余人"渡江。不久，孙策与周瑜率兵两万绕袭刘勋的大本营皖城，俘虏三万多人。黄祖只身逃走，士卒溺死者达万人。孙策平定了江东后，正式任命吴景为丹阳太守，朱治为吴郡太守，周瑜担任江夏（今湖北武汉）太守兼任中护军，吕范担任桂阳（今湖南郴州）太守，程普担任零陵（今湖南永州）太守，孙贲为豫章（今江西南昌）太守，孙辅为庐陵（今安徽合肥）太守，自己任会稽太守，以虞翻为功曹，以张昭、张纮、秦松、陈端等为谋士，手下还有太史慈、孙河、徐琨、徐逸、黄盖、韩当、宋谦、贺齐、董袭、周泰、凌操、蒋钦、陈武、全柔、邓当、吕蒙等众多武将，稳固了东吴的基业。

孙策在丹徒汝山（今江苏大学内）被人暗算中箭去世前，派人叫来孙权以托后事。他说："率领江东兵众，决战两阵之间，横行争衡天下，你不如我。但举贤任能，使其各尽其心，用以保守江东，我不如你。"孙策把开辟江东基业的重任交给了孙权。孙权没有辜负孙策所托，南征北战，在江东的势力越来越强。当时中州士人举家南迁者很多，在孙权政权中有一半官员来自北方，如吕蒙、诸葛瑾、张昭、严峻等。北方士民的南迁，为东吴政权提供了足够的人才和人力资源。

（2）三国时，孙权坐镇京口，"前引荆、楚之固，东引吴、会之粟"，巩固了东吴的政权，又不断向西发展，扩大地盘。孙权注重发展生产、富国强兵，接替其兄主事不久，就开始推行屯田。东吴屯田分军屯和民屯，设典农校尉、典农都尉、屯田都尉管理，屯田兵且耕且战，屯田户只须种田，免除民役。孙权建立吴国后，东吴的政治、经济、文化得到了迅速发展。孙权开通了京口至建康（今江苏南京）的河道，又频繁通使辽东，开通了江左与辽东地区的海上航线。这条航线从建康沿长江东下，在长江口北端海门附近之料角向北行驶，绕过山东半岛东端的成山角，进入登州大洋（即威海、烟台北部海域），再沿庙岛群岛北上，经大谢岛（即长岛）、乌湖岛（即北城隍岛）等，渡渤海到达辽东半岛南端的都里镇。都里镇是孙吴与辽东通商的重要港口，东吴出使辽东的船队停泊在这里进行互市。

在东吴建立政权的过程中，京口发挥了重要作用。孙策为巩固政权，命爱将孙河屯京口，帮他守好根据地。建安九年（204），孙权的弟弟、丹杨太守孙翊为属下所杀，孙河急赴宛陵（今安徽宣城，丹杨郡治所）处置此事，未料也遇害。凶讯传至京城后，孙河的侄子孙韶"收河余众，缮治京城，起楼橹，修器备以御敌"。据《三国志·孙韶传》记载，孙权此时正西伐黄祖，听闻此事，急急回军，夜晚在京城外下营。他想试探城中虚实，令兵士佯装攻城，只见城上守备森严，箭飞如雨。天亮后，孙权入城见孙韶后，对其大加赞赏，拜孙韶为承烈校尉，"统河部曲，食曲阿、丹徒二县"。不久，孙权将自己的大本营迁到京口，提升了它的战略地位。

东吴在京口的北固山鼓楼岗一带筑铁瓮城，作为孙权的军府所在地。南朝顾野王《舆地志》云："（铁瓮城）吴大帝孙权所筑，周回六百三十步，开南、西二门，内外皆固以砖甓。"铁瓮城非常坚固，是一个军事堡垒。后来这个军事堡垒被赋予了更多的政治管理功能，以铁瓮城为中心的外延不断扩大，在此基础上形成了京口城。

建安十三年（208），曹操大军从荆州向南发起进攻，刘表之子刘琮投降，曹操的水军力量大增。刘备无力抵挡曹操大军，派诸葛亮前往东吴求援。此时孙权已从吴县（今江苏苏州）迁至京口，因为京口地处南北要冲，又有江防之险，有利于备战。当时东吴名将鲁肃、周瑜等力劝孙权联刘抗曹，孙权采纳后与刘备在京口相见，建立了孙刘联盟。孙刘联军在赤壁与曹操大战，曹军遭到火攻偷袭，死伤过半，败逃后再也无力南征，天下成魏、蜀、吴三足鼎立之势。清《乾隆镇江府志》中说，这场决定中国政治格局的大战，"虽获捷于赤壁，实决机于丹徒"。在孙权的努力下，东吴的疆土进一步扩展。建兴七年（229），孙权正式称帝，确立了东吴的霸业，建立了吴国。之后，曹操为防范孙权，强制淮南的民众向北迁徙，引发江淮十余万户百姓惊慌，皆渡江归附孙权，孙权的势力越来越大。

三、永嘉南渡

西晋末永嘉之乱后，北方少数民族纷纷入主中原，并互相残杀，引发中原居民大批南迁，各方势力大洗牌，地分南北的现象愈加明显。据《宋书·州郡志一》记载："晋永嘉大乱，幽、冀、青、并、兖州及徐州之淮北流民，相率过淮，亦有过江在晋陵郡界者。晋成帝咸和四年，司空郗鉴又徙流民之在淮南者于晋陵诸县，其徙过江南及留在江北者，并立侨郡县，以司牧之。徐、兖二州或治江北，江北又侨立幽、冀、青、并四州。安帝义熙七年，始分淮北为北徐，淮南犹为徐州。后又以幽、冀合徐，青、并合兖。武帝永初二年，加徐州曰南徐，而淮北但曰徐。文帝元嘉八年，更以江北为南兖州，江南为南徐州，治京口，割扬州之晋陵、兖州之九郡侨在江南者属焉。故南徐州备有徐、兖、幽、冀、青、并、扬七州郡邑。"晋怀帝永嘉五年（311），"时海内大乱，独江东差安，中国士民避乱者多南渡江"（《资治通鉴·晋纪》卷八七）。

南渡开始后，幽、冀、兖、青、并五州及徐州淮北大批流民相继过江，成为移民京口的侨姓士族。这些南渡京口的北方移民有着很高的生产技术和文化素养，他们的到来，扩大了南方的开发范围，农业生产由粗耕转变为精耕，改变了原有的分散独处、"乐道安贫"的社会结构，促进了京口乃至江南地区的开发。尽管侨姓士族与江南土著大族之间存在矛盾，但双方共同面对着北方外族的威胁，因此选择求同存异、相互靠近，形成了"玄礼双修"的文化特色，提升了京口的地位。在京口，当时的侨姓人口超过了本地人口。至南朝刘宋时，京口在东吴建起的军事城堡的基础上快速发展，城市政治地位显要，经济实力雄厚，文化空前繁荣，进入了这座城市历史上最辉煌的发展阶段。《宋书·文帝纪》这样描述京口："襟带江山，表里华甸。经涂四达，利尽淮海。城邑高明，土风淳壹。苞总形胜，实唯名都。"京口因其得天独厚的地理形势和四通八达的水运交通条件获益，成为东南重要的商业都会和经济文化中心。

（一）迁徙移民

永嘉之乱后，京口作为江南的重要渡口，接收了众多来自北方的移民。其中较大规模的移民有5次。

第一次是来自幽、冀、青、并、兖州等地的淮北流民。他们过淮河后，又过江进入了晋陵郡。司马睿移镇江东时，琅邪封国内（今山东临沂）的一千多家首先跟随他渡江南下。随后，山东、河北、山西、河南及江苏、安徽淮河以北的流民又大批渡江南下到达京口地界。河北幽州士族祖逖"世吏二千石，为北州旧姓……及京师大乱，逖率亲党数百家，避地淮泗……居丹徒之京口"（《晋书·祖逖传》）。这些名门望族的先后到来，优化了京口的人员结构，提升了当地的人才素质，为京口的崛起奠定了基础。

第一次迁徙的南渡过程持续时间长、规模大、范围广，形成了三大支流：一部分是居于今陕西、甘肃、山西的人，被称为"秦雍流人"；一部分是居于今河南、河北的人，被称为"司豫流人"；一部分是居于今山东、江苏、安徽的人，被称为"青徐流人"。

第二次移民是东晋成帝初年，苏峻、祖约叛乱于江、淮，羯族石勒乘机南侵，侨居于淮南者被迫进一步过江南下，成为京口的侨民。

第三次是康帝、穆帝之后，石赵政权崩溃，中原兵燹不断；东晋桓温出兵关中，秦雍之民多南出樊沔（今湖北襄阳、仙桃一带），或到汉中。其中也有一大部分沿江而下，进入了京口的渡口，成为这里的侨民。

第四次是孝武帝时，淝水之战爆发，在谢玄率北府兵的迎击下，苻坚失败，北方黄河流域再一次分裂，中原流民又相率渡江南下，加入京口的侨民之中。

第五次是晋安帝时，刘裕北伐，收复河南、关中、山东等地，继而复失关中。刘裕死后，又失河南，流民南渡过江者转多，当地的侨民队伍越来越壮大，迫使政府出面应对随之而来的人员管理与安置问题。安帝义熙七年（411），始分淮北为北徐，淮南犹为徐州。后又以幽、冀合徐，青、并合兖。由于在京口、丹徒、曲阿沿江一带的流民多来自原徐州地区，为方便管理这些侨民，东晋政府侨置徐州、兖州等州郡。南朝宋时，为了与设在长江北面的徐州相区别，又改设南徐州，治所设在京口。

东晋在京口侨置南徐州，辖 17 郡 63 县。当时约有 100 万人涌入江南，侨寓今江苏境内者有 26 万人，其中南徐州超过了 22 万人，比本地居民（20 万）还多。一些知名的北方大族，如范阳祖氏、彭城刘氏家族、兰陵萧氏、渤海刁氏等都侨居京口。据谭其骧先生统计，《南史》列传中收录了 728 人，隶籍北方者 506 人，原籍南方者仅 222 人。在北方移民中，南徐州接受的移民最杂、最多，而汇聚的南朝杰出人才也最多、品质最精。萧子显评价南徐州时说："宋氏以来，桑梓帝宅，江左流寓，多出膏腴。"六朝时期，京口也是镇江文化史上最活跃、最辉煌、最开放的阶段。"六代之风流人物，综萃于斯"，涌现出一批如《世说新语》《文选》《文心雕龙》这样的传世经典，其在中国文学史上均占有重要的席位。南朝宋的刘氏皇族集团和梁朝的萧氏皇族集团，他们在文学上的成就是其他朝代无可比拟的。

（二）刘氏宗族

（1）南朝开国皇帝宋武帝刘裕及其皇族大都落户京口。

刘裕（363—422），字德舆，小名寄奴，先祖是彭城县（今江苏徐州）人，后举家迁居京口。刘裕出生于京口，是汉高祖刘邦弟弟楚元王刘交的第二十一世孙。隆安三年（399），刘裕参军，率领北府军英勇作战，对内平定战乱，先后消灭刘毅、卢循、司马休之等分裂割据势力，统一了南方；对外致力北伐，消灭桓楚、西蜀、南燕、后秦等国。永初元年（420），刘裕废东晋恭帝司马德文，自立为帝，国号大宋。执政期间，他吸取前朝士族豪强挟主专横的教训，实施土断，整顿吏治，重用寒门，轻徭薄赋，废除苛法，让百姓在宽松的环境中休养生息，对江南经济的发展、汉文化的保护和发扬做出了重大贡献，为"元嘉之治"打下了坚实的基础，刘裕被誉为"南朝第一帝"。明代大思想家李贽称之为"定乱代兴之君"。史学家范文澜在《中国通史简编》中评价刘裕说："刘裕所创的宋朝，皇帝独掌大权，主要辅佐，多选用寒门，原来的高门大族，只能做名大权小的官员，难得皇帝的信任。削弱士族的政治势力，实行皇帝专制的中央集权，宋朝国内的统一程度远非强藩割据的东晋朝所能比拟，政权大大增强了。当时鲜卑拓跋部统一黄河流域，建立了强大的魏国，如果没有统一的汉族政权，鲜卑人几次大举南侵，很有可能并吞长江流域，摧残发展中的经济和文化。所以，刘裕消灭纪纲不立、豪强横行的东晋朝，建立起比较有力的宋朝，对汉族历史是一个大的贡献。"

宋文帝刘义隆（407—453），字车儿，刘裕第三子，元嘉元年（424）即位，在位三十年，年号"元嘉"。刘义隆继续实行刘裕的治国方略，在东晋义熙土断的基础上清理户籍，下令免除百姓欠政府的"通租宿债"，又实行劝学、兴农、招贤等一系列措施，使百姓得以休养生息，社会生产有所发展，经济文化日趋繁荣，史称"元嘉之治"。他对文学有偏好，著有《宋文帝集》10卷、《元嘉副诏》15卷。

刘骏（430—464），字休龙，宋文帝刘义隆第三子。元嘉三十年

（453），太子刘劭弑杀宋文帝，刘骏率大军讨伐，夺取了皇位。在位期间，他在政治上推动了加强中央集权的改革，削减士族权力。经济上推行土断，抑制土地兼并。文化上尊孔崇佛，恢复礼乐，社会风气为之一变。他的代表作品有《登作乐山诗》《登鲁山》等，还组织过"大明文学诗坛"，在魏晋南北朝文学史上具有重要地位。

（2）刘氏皇族不仅出皇帝，也出将才和文才。

刘道怜（368—422），字道邻，彭城绥舆里（今江苏徐州）人，移民京口。曾就学国子监，被徐州刺史谢琰推荐担任从事史。义熙初年，封堂邑太守，调任并州刺史，号左将军，加散骑常侍。跟随刘裕征广固城，得人才慕容超，封竟陵县公。江陵平定，被封为荆州刺史。刘裕即位，刘道怜任太尉，封长沙王。

刘道规（370—412），字道则，彭城绥舆里（今江苏徐州）人，移民京口。少有大志，被刘裕赏识。刘裕起兵讨伐桓玄时，刘道规正在青州刺史桓弘的征虏将军府担任中兵参军，他将桓弘杀掉并占领广陵，率部众南渡长江，与刘裕会师京口。不久，又从刘裕西攻建康，设立留台，以为振武将军、义昌太守，封华容县公。随后，在桑落洲、峥嵘洲连续击败桓玄，收复荆州，任荆州刺史。在卢循、徐道覆之乱中，刘道规展现出大将风度，稳定人心，最终击败了叛军，任豫州刺史，封南郡公。

刘义季（415—447），字师护，原籍彭城（今江苏徐州），移民京口。年轻时跟从宋文帝镇守荆州。元嘉元年（424），封衡阳王，历征虏将军，领石头城防务，迁南徐州刺史，转荆州刺史，加散骑常侍，进号征西大将军，领南蛮校尉，徙征北大将军、开府仪同三司、南兖州刺史，迁徐州刺史。

刘穆之（360—417），字道和，祖籍东莞郡莒县（今山东莒县）人，居京口。元兴三年（404），刘裕起兵讨伐桓玄，占领京口后向何无忌询问主簿人选，何无忌推荐了刘穆之，从此刘穆之成为刘裕心腹。因平定桓玄有功，刘穆之被封西华县五等子。义熙三年（407）十二月，刘裕接受刘穆之建议，坚持接任扬州刺史、录尚书事之职，掌握了中枢权力。在刘裕北伐南燕、卢循叛乱威胁建康时刘裕率军回守等重大战事中，刘穆之都是其随行的重要谋臣，负责计策，决定要事。义熙八年（412），加刘穆之任丹杨尹。

刘裕率军攻伐荆州刺史刘毅，诸葛长民监太尉府留事，留守建康，刘穆之辅助他任建威将军。义熙十年（414），刘穆之任前将军。刘裕率兵讨伐司马休之时，留中军将军刘道怜监留府事，刘穆之任尚书右仆射，负责留府事。刘裕北伐后秦，留世子刘义符监太尉留府，刘穆之再次留镇建康，转尚书左仆射，领监军、中军二府军司。他在建康总掌朝政，深受刘裕倚仗，以至于他死后刘裕极为伤感，说："穆之如果没有死，就会帮助我治理天下。"

刘义庆（403—444），彭城（今江苏徐州）人，世居京口。自幼才华出众，爱好文学。长大后，喜欢结交四方文学之士，探讨为文之道。袁淑、鲍照、陆展、何长瑜等一班文人都因为辞章之美，被他"引为佐史国臣"。《南史》卷一三称他："性简素，寡嗜欲，爱好文义。文辞不多，足为宗室之表。"刘义庆曾任秘书监，管理国家书库，有机会接触到大量的文献典籍，这为其著书立说奠定了基础。因其袭封临川王、担任荆州刺史，官至尚书左仆射、中书令，享有丰厚的俸禄，所以有机会静心读书和写作。他组织一班文人编纂过多部书籍，有《后汉书》58卷、《徐州先贤传》10卷、《宣验记》13卷、《幽明录》20卷等，其中对后世影响最大的是《世说新语》。

《世说新语》，原名《世说新书》，因为西汉学者刘向写过一部《世说》，所以在"世说"后加"新书"二字以区别。后来在流传过程中改称《世说新语》。此书是魏晋南北朝时期志人小说的代表，被视为中国笔记小说的先驱。全书分德行、言语、政事、文学等36门，记述了汉末到东晋120多位人物的轶事和言谈，内容涉及政治、经济、思想、文化、宗教及风俗习俗等多方面，为后人研究魏晋南北朝史提供了丰富资料，对后来的唐代传奇、宋元话本、明清章回小说有重大的影响。

明代学者胡应麟在他的《少室山房笔丛》中对《世说新语》进行过点评：认为它的最大特点是"以玄韵为宗"，"读其语言，晋人面目气韵，恍然生动，而简约玄澹，真致不穷，古今绝唱也"。

（3）其他刘氏宗族也是群星闪烁，其中最耀眼的是刘勰。

刘勰（约465—约532），字彦和，原籍东莞莒县（今属山东）。由于西晋末年的"八王之乱"和"永嘉之乱"，北方世家大族，纷纷南渡避难。刘勰的祖上也南渡迁至京口，京口成了刘勰的出生地。

刘勰的从祖刘秀之曾任高官，掌司空之职。但到其父刘尚时，家族开始衰弱，刘尚做过越骑校尉，为皇室侍卫。刘勰7岁时，父亲战死，剩下孤儿寡母相依为命。他20岁时，母亲又离开了人间。为生计所迫，他到建康定林寺出家，依附于僧祐。十余年中，他潜心佛学，阅读了寺中所藏的大量儒家经典和佛家著作，又纵览诸子百家及各种诗文群籍，成为僧祐的主要助手，协助僧祐整理佛家典籍，编制佛经目录。

梁武帝天监元年（502），他"起家奉朝请"，踏上仕途。先被临川王萧宏招为记室，后任车骑仓曹参军，又任太末（今浙江衢州）县令。在县令任上，史称"政有清绩"。天监十一年（512），他被调任南康王萧绩的记室，兼东宫通事舍人。萧绩调离京口，他专任通事舍人之职，掌管呈按奏章。刘勰来到东宫，萧统"深爱接之"，与他共同讨论文学问题。

刘勰的最大贡献是撰写了《文心雕龙》。此书体大思精，分10卷，上、下编，计50篇文章，包括总论、文体论、创作论、批评论4个主要部分。在这部著作中，刘勰对有史以来的各体文学及主要作家、作品进行了详尽的剖析、评价，对文学创作的规律、文学发展的历史、文学批评的标准进行了深入的探讨，汲取了前人文学理论批评发展的优秀成果，集其大成，取其精华，融会贯通，富有独创，形成了一个完整的理论体系。书完成后，得到当时文坛领袖沈约的肯定，认为其"深得文理"。鲁迅认为《文心雕龙》可与亚里士多德的《诗学》并列，"为世楷式"。日本汉学家对其评价更高，认为《文心雕龙》在整个中世纪无与伦比，可使亚里士多德的《诗学》、贺拉斯的《诗艺》黯然失色。

（三）萧氏宗族

京口的萧氏宗族在齐梁朝也是人才济济，他们不仅在南朝文化史上独领风骚，就是在整个中华历史文化的长河中也占有重要的一席之地，父子齐名、兄弟比肩，其成就表现在文学、史学、宗教、书法、绘画等社会生活的方方面面。其中出过皇帝、太后，出过功臣、名将，出过士人、才子，其菁华神韵超过了其他姓氏。

（1）南朝齐梁时的萧姓皇帝。

南朝齐开国皇帝萧道成（427—482），字绍伯，祖籍东海郡兰陵县，后移民南徐州。通习经史，文武双全。元嘉二十三年（446），他随同雍州刺史萧思话镇守襄阳，卫戍沔北，征讨樊、邓等山中蛮部，任左军中兵参军。

后又为江夏王大司马参军、员外郎、直阁中书舍人、西阳王抚军参军、巴陵王卫军、司马、桂阳王征北司马、南东海太守，行南徐州事，直至南兖州刺史。平定桂阳王刘休范叛乱后，他任中领军将军，掌握禁军，与尚书令袁粲、中书令褚渊、丹阳尹刘秉号称"四贵"。昇明三年（479），宋顺帝任命他为相国，封齐王，兼任骠骑大将军、扬州牧、南徐州刺史，总掌军国大权。后受禅为帝，改国号为齐。即位之后，他下诏"修建儒学，精选儒官"，招揽人才。又禁止宗室封山占水，与民争利。还推行整顿户籍、减免赋役、安抚流民等举措，官民始得安业。他博学、有文才、擅长草隶书，是中国历史上著名的书法家，在文学上亦有一定造诣，其文体和风格与谢庄相近，文学主张则推崇西晋的陆机、潘岳。

齐武帝萧赜（440—493），字宣远，南徐州人。建元四年（482）即位，继承齐高帝遗风，崇尚节俭，兴办学校，挑选有学问之人任教，以培育德行。以富国为先，关心百姓疾苦，下诏赈恤百姓，不喜欢游宴、奢靡之事。他对外主张与北魏通好，边境比较安定。清明的统治环境，推动了江南的经济发展和社会安定。

南朝梁开国皇帝萧衍（464—549），字叔达，南徐州人。他原是南齐官员，担任过雍州刺史等职。因拥戴齐和帝萧宝融，消灭东昏侯立下战功，升任大司马，掌管朝廷大权。南朝齐中兴二年（502），齐和帝被迫"禅位"于萧衍，南梁建立。梁武帝萧衍在位前期吸取了齐灭亡的教训，生活节俭，勤于政务，广泛纳谏，用好人才，颇有政绩。后期则怠于政事，沉溺佛教，引发了"侯景之乱"。他才思敏捷，博通文史，在经学、史学研究方面做出了贡献。曾撰《周易讲疏》《春秋答问》《孔子正言》等200余卷，又主持编撰《通史》600卷，并亲自撰写赞序。他文笔华丽，为"晋陵八友"之一，在位期间力推文学创作，促成了梁代文学风气的兴盛。

梁简文帝萧纲（503—551），字世缵，南兰陵（今江苏丹阳）人，初封晋安郡王，因北伐有攻城略地之功，官至骠骑将军、扬州刺史。中大通三年（531），昭明太子去世后，被册立为太子。"侯景之乱"导致梁武帝萧衍受囚并被饿死后，萧纲即位，两年后为侯景所害。萧纲在政治上的成就远没有在文学上的成就大。他是梁朝文坛的领军人物，倡导宫体诗，形成了"宫体诗"流派。

梁元帝萧绎（508—554），字世诚，南兰陵人。历任会稽太守、江州刺史、荆州刺史。大宝三年（552），他击败侯景，称帝于江陵。在历代取得文学成就的帝王之中，"四萧"（梁武帝萧衍与三个儿子萧统、萧纲、萧绎）堪比"三曹"（曹魏父子曹操、曹丕、曹植），萧绎又是"四萧"中的佼佼者，写下的著作最多。《梁书·元帝纪》称赞他："既长好学，博综群书，下笔成章，出言为论，才辩敏速，冠绝一时……所著《孝德传》三十卷，《忠臣传》三十卷，《丹阳尹传》十卷，《注汉书》一百一十五卷，《周易讲疏》十卷，《内典博要》一百卷，《连山》三十卷，《洞林》三卷，《玉韬》十卷，《补阙子》十卷，《老子讲疏》四卷，《全德志》《怀旧志》《荆南志》《江州记》《贡职图》《古今同姓名录》一卷，《筮经》十二卷，《式赞》三卷，文集五十卷。"另著有《金楼子》。

萧绎好学，对其子孙也有深刻影响。他的儿子萧方等注解过范晔的《后汉书》，"所撰《三十国春秋》及《静住子》，行于世"（姚思廉《梁书》卷四四《忠壮世子萧方等传》）。他的另一个儿子萧方诸，"幼聪警博学，明《老》《易》，善谈玄，风采清越，辞辩锋生，特为世祖所爱"（姚思廉《梁书》卷四四《贞惠世子萧方诸传》）。

（2）京口萧氏宗族中也出了不少战将。

萧嶷（433—492），字宣严，南兰陵人。南朝宋时入朝为官，历任长城令、尚书左户郎、钱塘令。昇明元年（477），顺帝刘准即位，任侍中，掌皇宫卫。建元元年（479），萧道成称帝，萧嶷历任侍中、尚书令、骑大将军、扬州刺史、豫章郡王。他曾协助高帝指挥齐军击退北魏的侵犯，巩固了齐政权。建元四年（482），高帝驾崩，武帝萧赜即位，萧嶷任中书监，推行仁政，安抚百姓，他所奏建议，武帝均予采纳。

萧子良（460—494），字云英，南兰陵人。南朝宋时，他历任邵陵王刘友的左行军参军、主簿、安南长史。建元元年（479）任会稽太守，次年改任丹阳尹。在丹阳，他开仓济贫，开垦荒田，发展农业生产。齐武帝萧赜即位后，他被封为竟陵郡王，兼南徐州刺史，后改南兖州刺史。建元三年（481），兼任司徒，转护军将军，镇守西州。

萧会理（？—550），字长才。南兰陵人。自幼聪慧，袭封南康王。15岁担任轻车将军、湘州刺史。后领石头城卫戍军事，迁侍中，兼领军将军、丹阳尹，都督南兖、北兖、北徐、青、冀、东徐、谯州七州诸军事，任平北将军、南兖州刺史。梁太清二年（548），侯景率军围困京城。他闻讯整顿军队赶往京城解围。然京城已陷，武帝被禁。侯景为笼络人心，拜他为侍中、司空兼中书令。他日夜思谋欲诛侯景，匡复皇室，曾与将领祖皓联手，准备起兵声讨侯景，事败被杀。

（3）萧氏宗族中的著名文人。

萧统（501—531），字德施，小字维摩，南朝梁文学家，南兰陵人。他是梁武帝萧衍的长子，2岁时被立为太子，自幼聪慧过人，读书数行并下。史书中描述他3岁能读《孝经》《论语》，5岁能读"五经"，9岁已能在寿安殿讲诵《孝经》，文学天分很高，尤其擅长为文，只要稍加思索，一篇好文章就能一气呵成。可惜英年早逝。

萧统在东宫时，博览群书，深通文史。梁武帝又派沈约、谢览、张率、王筠、萧子云、刘孝绰等擅长文学的名士进入东宫充当辅导，这对萧统文学才能的提高有很大帮助。其传记中说，萧统"性爱山水，于玄圃穿筑，更立亭馆，与朝士名素者游其中"，东宫内"名才并集，文学之盛，晋宋以来未之有也"，许多人想为他编辑文集。《梁书·刘孝绰传》载："太子文章繁富，群才咸欲撰录，太子独使孝绰集而序之。"萧统的学术成就令人瞩目。在生前，他编著过《文集》20卷、《正序》10卷、《英华集》20卷等，其中以《文选》成就最著。

《文选》，又称《昭明文选》，共60卷，该书收录了上起周代，下迄梁朝前期，包括屈原、宋玉、司马迁、曹操、曹丕、陶渊明、谢灵运等130多位作者的赋、诗（骚）、文作品达700余篇，以收录丰富、选材上等而闻名，成为后世文人学习诗赋的最佳范本，是我国现存最早的诗文总集，集中体现了萧统的文学思想。它的编排标准是"凡次文之体，各以汇聚。诗赋体既不一，又以类分。类分之中，各以时代相次"（《文选序》）。《文选》大致划分为赋、诗、杂文三大类，又分列赋、诗、骚、七、诏、册、令、教等38小类。这样的分类体现了萧统对古代文学发展尤其是对文体分类及源流的理论观点，反映了文体辨析在当时已经进入了非常细致的阶段。《文选》对后世的文体分类和文体论有深远的影响，是研究中国先秦至南朝文学最重要的典籍。

萧氏宗族的其他文人亦多。如萧洽（471—525），幼敏瘝，7 岁能读《楚辞》。长大以后，好学博涉，文章写得好。齐永明中为国子生，举明经。担任著作佐郎，迁西中郎外兵参军。天监初担任前军鄱阳王主簿，迁太子中舍人。出为南徐州治中，坐京口州府处理政务，主管"钱谷簿书"，是个掌握钱财、物资、粮食、会计的官员，"清身率职"，居官廉洁，拒绝馈赠，为民所称。萧洽有文才，武帝时派他制同泰、大爱敬二寺刹下铭，又奉敕撰写《当涂堰碑》文，文辞赡丽。有诗文集 20 卷。

萧琛（478—529），字彦瑜。少聪明，有口才，善辩论。任齐太学博士时，王俭当朝，没有重视他，他找王俭理论，得到了王俭欣赏，王俭请他出任主簿。永明二年（484），担任丹阳尹主簿。永明三年（485），萧琛举南徐州秀才，进入萧子良府任司徒记室。后历任左民尚书、领南徐州大中正、太子右卫率、度支尚书、左骁骑将军、领军将军、秘书监、后军将军、侍中、云麾将军、晋陵太守等，是萧子良文士集团的重要成员。

萧子云（487—549），字景乔。少勤学，有文采。26 岁写成《晋书》，30 岁任梁秘书郎，后迁太子舍人，著《东宫新记》。擅长草隶书，百济国曾派使者前来南朝求购其书法作品。梁武帝称之"笔力骏劲，心手相应。巧逾杜度（东汉草书家），美过崔实，当与元常并驱争先"。

萧子显（489—537），字景阳。博学能文，好饮酒，爱山水，恃才傲物。官至吏部尚书、吴兴太守。撰写过《后汉书》100 卷、《晋史草》30 卷、《齐书》60 卷、《普通北伐记》5 卷、《贵俭传》30 卷。

（四）东海郯侨民

六朝时，侨居京口的人才很多。据《晋书》等书中记载，祖逖是范阳遒县（今河北涞水）人，刘穆之是东莞莒（今山东莒县）人，檀道济、郗鉴是高平金乡（今山东金乡）人，刘粹是沛郡萧（今安徽萧县）人，孟怀玉是平昌安丘（今山东安丘）人，向靖是河内山阳（今河南焦作）人，刘康祖是彭城吕（今江苏徐州东南）人，诸葛璩是琅邪阳都（今山东沂南）人，关康之是河东杨县（今山西运城）人，皆侨居京口。文学家江淹、史学家臧荣绪、天文学家祖冲之等亦在定居京口时取得成就。还有一大批来自东海郯地区的侨民，在京口人才中具有举足轻重的地位。

《通典》载："魏司空陈群以天台选用不尽人才，择州之贤有识鉴者为中正，自拔人才，铨定九品，州郡皆置。晋宣帝加置大中正，故有大、小中正。杜佑考究甚明，然附于州佐之后，却未允妥。考晋、宋、齐、梁、陈，大、小中正见于南徐州郡者甚多。"他们均"取本土德高浑全、才识纯盛者居其任"（《嘉定镇江志》卷一五）。这说明六朝时选拔人才是很有一套章法的。如担任南徐州大中正的先后有伏滔、徐邈、徐广、江夷、羊规、檀韶、王镇之、王球、萧思话、江湛、王延之、王份、萧琛、萧子云、王冲、江总、王通、王固、徐陵。担任中正的有王琨、徐孝嗣、徐勉等九人。这些学者在六朝文化的发展中扮演了重要的角色。

1. 徐氏宗族

以徐邈为代表的山东徐氏，有五人入选南徐州大中正和中正，在南朝文化史上占有重要地位。但因史书和方志中多注他们为东海郯人，引起后人的一些误解，认为他们不属京口人。其实，这里的东海郯，同南徐州差不多，只是一种侨居郡县的称谓，实际上与之对应的就是当时的京口。《光绪丹徒县志》"建置沿革表"中记录录永嘉南渡后，当时的丹徒县境内曾寄治郯、朐和利城三县的侨民，从属南朝的东海郡，其范围就在南徐州内。

徐邈（343—397），字仙民。东晋官员，著名学者。《晋书·儒林列传》称："徐邈，东莞姑幕人也。祖澄之为州治中，属永嘉之乱，遂与乡人臧琨等率子弟并闾里士庶千余家，南渡江，家于京口。"晋永嘉年间，他随其先祖徐澄之和同乡人臧琨等率千余家南渡，从山东移民到京口。其父徐藻，太学博士，官至都水使者。徐邈读书刻苦，博览群籍，处事稳重。他年轻时与同乡臧寿齐名，专注读书，把心事放在研究学问上。晋孝武帝时，皇帝重视阅读典籍，朝廷征召儒学之士，徐邈被大臣谢安选中入朝做官，留在西省侍帝。每次被询问时，他都能从容应答，孝武帝非常满意。孝武帝有宴会后随意写手诏赐给侍臣的习惯，但由于文辞杂乱，故都交给徐邈去处理。徐邈总能根据孝武帝的原意，对其文辞进行修改，令其文辞可观，然后经孝武帝阅后下赐，其文才得到时人赞扬。徐邈担任中书侍郎后，专掌诏书，参议朝政，多有匡益，受到孝武帝的器重。孝武帝将他比作金日磾、霍光，有托付辅政重任之意，后因孝武帝被张贵人杀害，未及写遗诏，事情便没实行。安帝即位后，徐邈改任骁骑将军。徐邈在经学和音韵学研究方面均有造诣，撰有《毛诗音》《穀梁传注》等多部著作。

徐广（352—425），字野民。东晋经学家和史学家，徐邈之弟。他博览百家，学问精深。谢玄担任兖州刺史时，邀请他做从事。谯王司马恬任镇北将军时，找他做参军。孝武帝以其博学，任他做秘书郎、典校秘书省。后转员外散骑侍郎，仍领校书。在此期间，由他主持编撰的《晋义熙四年秘阁四部目录》是一部国家图书总目。义熙初年，他奉诏撰写车服仪注，又奉朝廷之命撰写国史。义熙六年（410），他任散骑常侍，兼任徐州大中正，再转任员外常侍和大司农。义熙十二年（416），他完成了《晋纪》，共46卷。《晋纪》的史料价值较高，是后来撰写《晋书》的重要参考。永初元年（420），宋武帝刘裕下诏书说："秘书监徐广学识渊博，品德纯朴，在任上恭敬严肃，可任中散大夫。"他上表拒绝，辞官归家。著有《毛诗背隐义》《徐广文集》等。

徐陵（507—583），字孝穆。南朝文学家。他的太祖徐凭道、祖父徐超之、父亲徐摛在历史上都很有名，弟弟徐孝克也是著名学者，可谓门第显赫。徐陵以编写《玉台新咏》出名。《玉台新咏》是继《诗经》和《楚辞》后又一部重要的诗歌总集。梁太子萧纲在任时喜欢以轻靡绮艳见称的宫体诗，为了给自己的这种嗜好寻找依据，防止别人攻击他，他请徐陵编一部自古以来描写女性诗歌的集子。由于这部诗歌总集的收录对象偏重于男女之间的闺情，故被称为中国的第一部艳歌总集。在中国文学史上著名的汉乐府民歌《陌上桑》和长篇叙事诗《孔雀东南飞》等，就得益于此书的流传而为世人知晓。民间流传极广的《木兰诗》也是在此书中发现的。这些诗歌表现出真挚的爱情和妇女的痛苦，对后世产生了深远影响。

徐孝嗣（453—499），字始昌，小字遗奴。南齐时期宰相，司空徐湛之之孙。幼而挺立，风仪端简。长大后历任著作郎、南徐州太守、太尉咨议参军。宋明帝时追随萧道成。萧齐建立后，历任吴兴太守、太子詹事、吏部尚书、右军将军等。处理台阁事务得力，任尚书右仆射、丹阳尹。建武年间，任尚书令兼南徐中正。曾协助萧鸾废除萧昭业，迁尚书令、开府仪同三司，封枝江县公。

徐勉（466—535），字修仁。南朝梁官员、学者，南昌相徐融之子。徐勉年少孤贫，节操清廉。入国子学读书，后任西阳王国侍郎。梁朝建立后，任中书侍郎，转尚书左丞，迁太子詹事，辅佐东宫太子萧统。担任过徐州中正，官至吏部尚书，迁侍中、右仆射、中书令，治理朝政出色，号称贤相。他善于属文，勤于著述。曾因起居注繁杂，加以删撰，著有《流别起居注》600卷，另有《左丞弹事》《选品》《太庙祝文》《会林》等。

此外，徐氏宗族名人还有：徐宁，东晋官员，曾任江州刺史等职。徐羡之，南朝宋高官，官至尚书令，扬州刺史。徐乔之，南朝宋官员，官竟陵王文学。徐佩之，南朝宋官员，官吴郡太守等职。徐逵之，南朝宋官员，官彭城太守等职。徐湛之，南朝宋官员，官中书令等职。徐份，南朝陈官员，曾任海盐县令等职。徐悱，南朝梁诗人，曾任晋安内史等职。徐伯阳，南朝陈文学家，曾任南徐别驾等职。徐融，官南昌相等职。徐超，官新安太守等职。徐僧权，官东宫通事舍人等职。

2. 何氏宗族

何无忌（？—410），东海郯人。东晋末年将领，名将刘牢之外甥。州征任从事，转任太学博士。司马彦章封东海王，聘何无忌为国中尉军。桓玄篡位后，何无忌回京口，与刘裕等密谋对付桓玄。元兴三年（404），刘裕与何无忌、刘毅、王懿、孟昶、檀凭之等人共谋起兵，成功夺取了京口及广陵两个重镇的控制权。何无忌推荐刘穆之给刘裕做主簿。刘裕率军攻陷建康，桓玄出走江陵，刘裕在建康以武陵王司马遵承制建立行台，司马遵遂以何无忌为辅国将军、琅邪内史，在刘毅统领下追击桓玄。义熙六年（410）二月，广州刺史卢循乘刘裕北伐南燕的机会叛乱，进攻江州。三月，何无忌自寻阳引兵拒卢循，战死殉国，追赠侍中、司空，谥号"忠肃"。

何承天（370—447），南朝宋大臣、天文学家。东海郯人，侨居京口。他从小跟随舅舅徐广学习。长大后，历任南蛮校尉桓伟参军、陶延寿辅国府参军、浏阳令、赵恢宁蛮校尉、浔阳太守、太尉刘裕的行参军、太学博士、西中郎中军参军、钱唐令、尚书祠部郎等职。南朝宋建立后，历任南台治书侍御史、南蛮长史、咨议参军，领记室，行南蛮府事、右军录事、尚书殿中郎、兼左丞，出任衡阳内史，被后人称为"何衡阳"。他还担任过著作佐郎、太子率更令、御史中丞等职，参与过国史的编纂。元嘉二十四年（447），他升任廷尉，还没到职，宋文帝又让他改任吏部尚书。但由于在尚未正式任命之前何承天将这一任职消息泄露了出去，触犯了朝规，被罢官免职。何承天对天文学有研究，发现使用的景初乾象历法有疏漏，就上书朝廷奏请改历。他订正了旧历中冬至时刻和冬至时日所在位置，称《元嘉历》，一直通行于南朝宋、齐及梁天监中叶，在我国天文史上占有重要地位。他精通天文术算之学，曾把周天度数和两极距离计算到约为 3.1429 的精度。有《礼论》300 卷等多部著作问世。

何逊（？—约 518），字仲言。南朝梁著名诗人。东海郯人，侨居京口。8 岁能诗，20 岁左右成秀才。当时名流范云看到他的试策，大加称赞，二人结为"忘年之交"。文坛领袖沈约也很欣赏他的诗歌，曾对他说："吾每读卿诗，一日三复，犹不能已。"

梁武帝天监中，何逊担任建安王萧伟的水曹行参军，兼任记室，故称"何记室"。随萧伟去江州（今江西九江），后又返至建康，被推荐给梁武帝，任安成王萧秀的参军，兼尚书水部郎，故又称"何水部"。唐代诗人杜甫对何逊非常推崇，称他"能诗何水部"。何逊以写离情诗见长，擅长对景物的刻画，以景抒情。他的诗与刘孝绰齐名，世称"何刘"。又以诗与阴铿颇相似，世号"阴何"。据《梁书·何逊传》说，王僧孺曾为他编过《何逊集》8 卷。

此外，何氏宗族名人还有：何伦，东晋官员，官右卫将军。何助，南朝宋官员，官至侍中。何翼，官员外郎。何询，官太尉中兵参军。何敬叔，官征东录事参军，余杭令。何慧炬，官尚书郎。何思澄，官武陵王录事参军。何远，官东阳太守。

3. 鲍氏宗族

鲍照（约 414—466），字明远。南朝宋文学家。原籍上党（今山西长治），后迁至东海郯。《润州类集·序》中说，京口"晋人渡江侨立州郡，至宋、齐、陈曰东海。"晋元帝初年，京口设东海郡管理由北方东海郡迁至京口一带的移民，所以鲍照也是南渡的京口侨民。

鲍照出身贫寒，和妹妹鲍令晖一起刻苦读书。20 岁时，他给临川王刘义庆献诗，得到刘义庆的器重，刘义庆提拔他做了侍郎。之后，他又先后到衡阳王刘义季、始兴王刘濬和临海王刘子项帐中做过幕僚。武陵王刘骏起兵，平定了刘濬，自己做了皇帝，他知道鲍照的文才，请他出任海虞县令、太学博士，又让他做了中书舍人和秣陵令。在江陵人宋景攻城的内乱中，鲍照被乱军杀害。

鲍照的诗、赋、骈文都有名气，曾与谢灵运和颜延之并称"元嘉三大家"。他的主要成就在诗歌方面，尤其是乐府诗，鲍照被称为"上挽曹刘之逸步，下开李、杜之先鞭"的诗人。南齐时，散骑侍郎虞炎奉文惠太子萧长懋之命，把鲍照的诗文搜集起来，加以整理，编成一部《鲍照集》，其中包括鲍照创作的200余首诗歌及一些文、赋。由于鲍照曾在刘子顼手下做过征虏参军、前军参军、前军刑狱参军、前军记室参军、卫军参军，常被人称为"鲍参军"，他的诗文集也被称为《鲍参军集》。

鲍照最突出的贡献在于向乐府诗学习，创作了七言诗，影响了一大批诗人。尤其是歌行体的七言诗，对我国七言诗的发展和歌行体的发展起到了积极的推动作用。他不仅丰富了七言诗的内容，而且改变了七言诗的形式。他还写了许多五言乐府，其中有《代东武吟》《代苦热行》和《代出自蓟北门行》等，形象地反映了出征军人的边塞生活。他的辞赋以《芜城赋》最有名，被视为六朝抒情小赋的代表作之一，也是南朝赋坛上的经典之作。"清新庾开府，俊逸鲍参军"，这是唐朝大诗人杜甫称赞南北朝庾信和鲍照的名句。

鲍氏宗族中的名人还有：鲍机，字景元。东海郯人。以才学知名。事梁，官至治书侍御史。鲍泉，字润岳，官至信州刺史。鲍宏，字润身。善撰文，曾写一首应和梁湘东王绎的诗，被其器重并引荐为中记室，升任镇南府咨议、尚书水部郎，又转任通直散骑侍郎。

4. 王氏宗族

王谌（423—491），字仲和。东海郯人。南朝大臣，三国魏司徒王朗之后，东晋太子少傅王雅玄孙，护军司马王元闵之子。宋孝武帝大明中，王谌初为徐州刺史沈昙庆主簿，交好湘东王刘彧。刘彧即位成为宋明帝后，王谌历任临川内史、尚书左丞、黄门侍郎、正员常侍、辅国将军、江夏王（刘跻）右军将军长史、冠军将军等职。

王僧孺（465—522），南朝梁诗人、骈文家。东海郯人。魏卫将军王肃八世孙。世居京口。祖上是南渡的王姓望族。祖父王准是南朝宋司徒左长史，父亲王延年。齐朝时，王僧孺因学识渊博和文才出众，被举荐出仕为太学博士，以善辞藻游于竟陵王萧子良的门下，参与了萧子良主持编撰的《四部要略》。萧长懋慕其名，召为"官僚"，后出任晋安郡丞、尚书议曹郎、治书侍御史、钱塘令等职。梁朝时，他担任过南海太守、尚书左丞，又兼御史中丞。有一次梁武帝作《春景明志诗》，命沈约以下辞人同作，王僧孺也在被邀请的人当中，武帝认为他的诗写得好，任他做少府卿、尚书吏部郎，后任南康王长史、兰陵太守，因被典签汤道愍所谗，免官。免官后为安成王参军事，转北中郎南康王咨议参军，入直西省，知撰谱事，整理过《百家谱》，又撰成《十八州谱》《东南谱》，有文集 30 卷。

王僧孺好典籍，藏书万余卷，率多异本，与沈约、任昉并为当时三大藏书家。《梁书·王僧孺传》中说："僧孺好坟籍，聚书至万余卷，率多异本，与沈约、任昉家书相埒。少笃志精力，于书无所不睹。其文丽逸，多用新事，人所未见者，世重其富。"

四、唐代移民

"地雄吴楚东南会，水接荆扬上下游。"地处江河交汇处的润州，既是沟通大江南北的交通枢纽，又是漕运的咽喉和重要的粮食、盐、铁等货物的集散地，还是通过长江入海的海上交流与往来的重要节点，各地的文人、学者、官员、商贾往来不绝。这种特殊的地域优势为镇江城市的发展提供了条件，也成就了镇江在隋唐时期经济文化的繁荣。

1. 归隐山林

自古以来，环境优美的润州山水和古寺就是隐居者的圣地。魏晋南北朝时期有葛洪、戴颙、陶弘景、萧统等一批名士隐居于此，形成了深厚的隐逸文化氛围。到了唐代，来润州山林隐居的文人很多，尤其是润州发达的佛教和道教文化，更对喜欢隐居的文人产生了吸引力。他们多选择在山林寺庙中修学业，过一段或长或短的隐居生活。有的选择在寺庙中读书著述，与山水共度余生。隐居其中的王知远、吴筠、顾况、张众甫、顾非熊、皎然、韦曲牟、秦系、殷涣然、崔公颖、陈琡、崔备、赵嘏、崔立言等，都是当时著名的文人，他们在与道士、僧人的往来唱和中，留下了许多脍炙人口的诗话。

顾况（？—820），字逋翁，号华阳真逸，苏州海盐（今浙江海盐县）人，唐朝大臣、诗人、画家、鉴赏家。至德二年（757），进士及第，授校书郎，迁大理司直。贞元二年（786），韩滉为润州刺史、镇海军节度使时，召其为幕府判官，负责督运钱粮。贞元三年（787），顾况为李泌所荐引，入朝担任著作佐郎。因作诗嘲讽权贵，被贬为饶州司户。在途经苏州时，与韦应物有诗酬唱。晚年定居茅山。顾况继承了杜甫的现实主义传统，是新乐府诗歌运动的先驱。"顾况诗多在元、白之上，稍有盛唐风骨处"（严羽《沧浪诗话·诗评》）。七绝清新自然，不乏佳作。如《宫词》写出了被禁闭深宫宫女的哀怨。他的《竹枝曲》是模仿江南民歌之作。还有《文论》1篇，立论可循当时文学思想的趋势，为后世提供了文学研究的资料。有《顾逋翁诗集》4卷（辑入《唐诗百名家全集》）、《华阳集》3卷。顾况善画山水，著有《画评》。

2. 漫游文士

唐代文人素有漫游之风，润州正是他们的心仪之地。这里不仅交通便利，而且有美丽的山水、深厚的人文，许多润州诗人活跃于诗坛，成为漫游文人在诗歌方面交流与合作的对象。如润州曲阿诗人殷璠，其先后编辑了《丹阳集》《荆杨挺秀集》《河岳英灵集》三部诗歌选集。其中，《河岳英灵集》收录了王维、王昌龄、储光羲等35位诗人的170首诗，有客籍的诗人，也有本地的诗人，难怪殷璠称他们35人"皆河岳英灵也"（《乾隆丹阳县志》卷二一）。据陈尚君《唐诗人占籍考》统计，《全唐诗》和《全唐诗补编》中收录的唐代诗人，本籍有20人以上的城市有：苏州（69人）、润州（43人）、杭州（34人）、袁州（33人）、益州（32人）、常州（29人）、湖州（29人）、越州（28人）、扬州（26人）、邓州（25人）、襄州（23人），当时润州籍入编的唐代诗人数在长江流域的城市中居第二位。其中，马怀素、权德舆、张潮、皇甫冉、戴叔伦、储光羲、沈如筠等都是诗坛上颇有名气的诗人。

润州漫游文士主要指游历的和路过的文人，他们人数众多，沿江分布，是润州区域内暂居或长期停留的文人群体。虽然他们的游历目的不同，或离任或上任，或为了获得官员荐举入仕，或为了科举名额，或为了求学，或为了解决生活困窘而漫游，但都与润州有密切的联系。他们在迁转途中暂居润州期间，受到了地方官员的欢迎，与当地文人交流唱和，创作了许多赞美润州的诗文。

骆宾王、王昌龄、王维、李白、刘禹锡、白居易、杜牧、李商隐等一大批一流诗人都游历过镇江，他们吟咏润州的名作，汇集了唐诗的各种风格、流派，异彩纷呈。还有以举子身份游历润州的刘长卿、孟浩然、卢纶、殷尧藩、李群玉、陆龟蒙、贾岛、方干、李商隐、罗邺、章碣、杜荀鹤等诗人，人数众多。尽管他们仕途不畅，但都是文化名人，诗歌作品在文坛也有重大影响。《全唐诗》共收录 48900 余首诗作，涉及 2200 多位诗人。其中收录的润州诗歌有 500 余首，150 多位诗人参与创作，其中客籍诗人 130 多人，写诗 350 多首，是诗人讴歌润州山水名胜的主流。从他们作品歌咏的对象来看，有北固山、焦山、招隐寺、甘露寺、金山寺、茅山等润州境内的名胜。从诗歌的题材来看，有歌颂润州自然山水、历史遗迹的写景咏物诗和咏史诗，以及在润州写的送行诗等。还有就是在润州为官的外籍文人之间相互唱和、路过润州的文人或官员与当地文人或官员之间相互唱和，以及在润州为官的本地文人与外域官员文人的相互唱和等，在诗歌中也占了相当的比重。漫游文人在润州创作的山水诗和咏史诗，对于扩大润州山水和人文景观的知名度起到了重要作用。润州的许多自然人文景观，由于这些作品的流传而被外界知晓。如李白的《永王东巡歌（其六）》是咏史的名篇，"丹阳北固是吴关，画出楼台云水间。丁岩烽火连沧海，两岸旌旗绕碧山"，描述了润州地势的险要、自然和人文景色的壮丽，彰显了永王东巡时的气势。

中和三年（883），晚唐诗人、词人韦庄曾游历到润州，在这里写了一首长诗《秦妇吟》献给镇海军节度使周宝。周宝重其才，将其招入府中任幕僚，人也寓居到润州。光启二年（886），韦庄的家人因避战乱由许昌东南方向经安徽到达润州，被安排到韦庄的寓所，而此时的韦庄正前往陈仓（今陕西宝鸡）去迎接僖宗皇帝，先去了孟津（今河南孟津）。韦庄用诗记录了这件事，在他的《自孟津舟西上雨中作》中写道："秋烟漠漠雨蒙蒙，不卷征帆任晚风。百口寄安沧海上，一身逃难绿林中。来时楚岸杨花白，去日隋堤蓼穗红。却到故园翻似客，归心迢递秣陵东。"这里的"秣陵东"即指润州。韦庄在唐末诗坛上有重要地位。清代大诗人翁方纲称他"胜于咸通十哲（指方干、罗隐、杜荀鹤等人）多矣"（《石洲诗话》），郑方坤把他与韩偓、罗隐并称"华岳三峰"（《五代诗话·例言》）。

美丽的京江沿岸也是漫游文人停留驻足的地方，岸边分布的隐士居处大多成为他们集聚的场所。唐诗人吴仁璧在《南徐题友人郊居》中描写过这些郊居的清雅之处："门前樵径连江寺，岸下渔矶系海槎。待到秋深好时节，与君长醉隐侯家。"唐诗人李洞秋宿润州刘处士江亭中，吟有"北梦风吹断，江边处士亭"诗句。因弟弟杜颛在润州做官，杜牧常常乘船过江看弟弟，在渌水桥边的酒楼觥筹交错，高谈阔论。

许多在润州任职的官员，他们在这里停留的时间长，参与社会活动就更频繁，与当地文人的交往也更密切。近代史家吴廷燮在《唐方镇年表》中做过统计，唐代润州刺史中有韦陟、司空袭礼、韦黄裳、颜真卿、侯令仪、季广琛、韦元甫、李栖筠、李涵、李道昌、韩滉、白志贞、王维、李若初、李锜、李元素、韩皋、薛苹、李僑、窦易直、李德裕、丁公著、王璠、贾𫘧、路随、崔郾、卢商、卢简辞、李景让、郑朗、敬晦、崔瑶、崔慎由、萧寘、李琢、郑处晦、卢耽、杜审权、曹确、赵隐、裴璩、高骈、周宝、钱镠等44人，且多有文才。其中，颜真卿、韩滉、李德裕、丁公著等是全国知名学人、一时豪杰。

在润州浙西府任职的许多文职僚佐也多有文才。据戴伟华《唐代使府与文学研究》统计，浙西府中文职僚佐前后有117人次，多为客籍。如杜佑、李嘉佑、吕渭、段成式、罗隐等，均文坛知名。他们在润州任职期间与当地文人交往密切，同游山水名胜，相互唱酬，传下了许多诗歌佳作。以罗隐为例，他两度入浙西幕，创作过不少与润州有关的诗歌，如《钱塘遇默师忆润州旧游》《北固亭东望寄默师》《寄默师》《甘露寺看雪上周相公》《金陵思古》《效玉台体二首》《题润州妙善前石羊》《京口见李侍郎》《金山僧院》《薛阳陶觱篥歌》《甘露寺火后》等。

3. 移居诗人

唐诗是中华文明的瑰宝，也是京江文脉流传中传承下来的最珍贵的财富。除了许多南来北往的唐诗人在此地留下过众多的诗篇赞美这块土地上的风土人情外，不少移居润州的著名文士，如权德舆、张祜、许浑等也用他们对润州山水的厚爱之情，精心描绘了唐代润州的美丽与传奇。

（1）权德舆（759—818），字载之，天水略阳（今甘肃天水东北）人，后徙居润州丹徒。唐朝宰相、文学家。其父权皋，曾为安禄山幕僚，在"安史之乱"爆发前，当机立断，摆脱了安禄山的控制，没有参与叛乱，其果敢行为受到了时人的称赞。权德舆少有才气，15岁为文数百篇，成《童蒙集》，受到了地方节度使杜佑、裴胄的器重，向朝廷做了推荐。唐德宗闻其才学过人，特召为太常博士，历任左补阙兼知制诰、中书舍人、礼部侍郎，三次知贡举。唐宪宗时，权德舆官至礼部尚书、同中书门下平章事，成为宰相。在治理国家方面，主张德治和法治并用，严惩贪官污吏。他始终认为"民为邦本"，"天下理在百姓安，百姓安在赋税减，赋税减在经费省"，对人民的疾苦，倍加关注。后因事罢相，再起后担任过东都留守、太常卿、检校刑部尚书、山南西道节度使等职。为政以宽厚为本。

权德舆是中唐台阁体的重要作家，于贞元、元和间执掌文柄，名重一时，以文章著称。刘禹锡、柳宗元等人皆投文门下，求其品题。他的诗以五言居多，五古、五律赡缛浑厚，佳作颇多。有《权载之文集》50卷传世。唐代学者张荐称其诗"词致清深，华彩巨丽，言必合雅，情皆中节"（《答权载之书》）。南宋诗人严羽《沧浪诗话》称他是大历以后值得"深取"的作者，"权德舆之诗，却有绝似盛唐者。权德舆或有似韦苏州、刘长卿处"。

（2）张祜（约785—约852），字承吉，清河东武城（今河北清河西）人。晚年隐居丹阳。张祜年轻时曾赴长安，被令狐楚器重和推荐，但因元稹的阻碍，没有得到官职。由于他性情孤傲，狂妄清高，多次求官受阻，终以布衣了此一生。著有《张处士诗集》5卷。

张祜官场无声，却文坛有名，是中晚唐时期的著名诗人。他的诗风沉静浑厚，有隐逸之气。虽然他纵情声色，流连诗酒，有时也表现出颓废之态，但他的诗更多的是反映他任侠尚义、喜谈兵剑的豪爽性格，以及心存报国之志、希望进入政坛施展抱负的心愿。他的诗以五言律诗成就最高，本色自然而韵味隽永。五言、七言绝句则是裁思精利，艳丽俊逸，音调谐美。《全唐诗》和《全唐诗外补》等书收录他的各体诗超过了500首。杜牧称张祜："谁人得似张公子，千首诗轻万户侯。"

张祜写有《题润州金山寺》："一宿金山寺，超然离世群。僧归夜船月，龙出晓堂云。树色中流见，钟声两岸闻。翻思在朝市，终日醉醺醺。"这是著名的寺庙题咏诗之一。诗中描写了金山寺环境的优美清静，又陈述了诗人对尘世生活的厌恶，以及自己为国报效的理想得不到实现和才华得不到赏识的苦闷，迫使他去寻找栖息心灵的港湾。后来许多诗人在写金山的诗文时常提到此诗。

（3）许浑（约791—约858），字用晦，祖籍安州安陆（今湖北安陆）。

唐文宗太和初年，举族迁居润州。大和六年（832），许浑考中进士，担任过当涂和太平县令。大中年间入朝为监察御史，不久因病辞归，改任润州司马，过起了田园生活。因俸禄不多，又到京城求官，初任工部虞部员外郎，升睦州、郢州刺史。因身体原因，又辞官归乡，选择丁卯桥村舍作为隐居处。

许浑与李商隐、杜牧齐名，其代表作是《丁卯集》，这是他在丁卯别墅中创作的成果。《四库全书总目》介绍其书时称："其曰《丁卯集》者，润州有丁卯桥，浑别墅在焉，因以名集。集中有《夜归丁卯桥村舍》诗是也。《新唐书·艺文志》作二卷。晁氏《读书志》亦作二卷。"《嘉定镇江志》中对许浑也有记载，称许浑在本人诗集序言中说："于朱方丁卯涧村舍手写乌丝栏，戏目之为《丁卯集》，盖浑尝居此。"

许浑的诗皆近体，以五言、七言律诗为多，句法圆熟工稳，声调平仄自成一格，独创了"丁卯句法"。《全唐诗》收其诗作531首。许浑诗多写水，故有"许浑千首湿，杜甫一生愁"的说法。许浑在晚唐的诗名是很高的，许多青年诗人尊其为前辈，尤其是《咸阳城东楼》一诗中的名句"溪云初起日沉阁，山雨欲来风满楼"，用它来比喻人类社会即将有大的动乱、变革和大风暴的到来，是最贴切不过的了，1000多年来达到了家喻户晓的程度，一直被人传诵。

4. 宗教移民

唐朝实行开明、开放的民族和宗教政策，曾吸引过大批的外国使者、僧人、留学生和商人来华夏。唐人在接纳各种思想文化潮流涌入的同时，宗教文化也在城市里得到传播、交流。当时润州是交通枢纽，处于江河要津之地，是江南的繁华城市，不仅有大批的波斯、阿拉伯人前来经商，也有不少人在此定居。他们信奉伊斯兰教，带来了他们的传统习俗和文化。唐贞观二年（628），在润州的阿拉伯人在城中仁安坊阜民街建了清真寺。那时西亚的祆教（也称拜火教）也传到了润州，在朱方门里（今东门坡）建了祆庙。大批的宗教移民进入润州，这里的民族融合得到了加强，中西文化的互动影响显现。

5. 士族移民

唐中宗元年（684）高宗李治驾崩后，皇后武则天临朝称帝，徐敬业、骆宾王等在扬州起兵反对，骆宾王写下了传诵千古的著名檄文《为徐敬业讨武曌檄》，一时天下震动。兵败后，徐敬业、骆宾王等渡江"奔润州，潜蒜山下"。唐天宝十四载（755），"安史之乱"爆发，"士君子多以宗室渡江东"，其中不少人在润州停留并住下来，成了当地的新移民。如来自河南上蔡的刁氏家族，落户丹徒后繁衍生息，子孙相继登第，又家富于财，成为京口的望族。族中名人刁衎是南唐绍武节度使刁彦能之子，担任过秘书郎、集贤校理等职。他跟从李煜归宋后，受到宋太宗的重用，授太常寺太祝。真宗继位后，他担任兵部员外郎，参加了大型类书《册府元龟》的编修，书成，升为兵部郎中。族人刁湛是三司度支判官，刁珵是屯田员外郎，刁渭是太常博士，刁绎是扬州通判，刁约是仁宗年间的进士，授馆阁校理。庆历初，刁约与欧阳修同知太常礼院，又都是集贤校理。当时的一班名流欧阳修、司马光、王安石、苏轼等人都尊重他，和他来往密切。藏春坞是他晚年所筑居室号，坞中有石冈，其上种松，故称"万松冈"。

五、两宋移民

北宋时期，镇江是南北转运的重要通道，这里交通便捷，经济发达，山水俱佳，风景宜人，成为流动人口向往的城市。镇江也是社会精英云集之所和官宦进退的避风港。移居或寓居于此的丞相有陈升之、苏颂、王存、林希、蔡卞、曾布、刘逵等，名臣有章岷、刁约、沈括、米芾、王介等。

宋金对峙时，大批黄淮人南下避乱。尤其是靖康之难后，金兵攻陷扬州，"高宗南渡，民之从者如归市"（《宋史·食货志》）。"士兵随乘舆渡江，众数万"（《宋史·赵密传》）。绍兴三十年（1160），金兵分四路攻宋，打到长江北岸的和州，淮泗民众又纷纷南逃，"淮人率奔京口"（洪迈《夷坚志》卷九），"宋端平丙申后，淮士多避地京口"（《至顺镇江志》卷八），其中就包括当时的知名学者周孚、邱岳、高桂、史祥、丁略等。名医何公务等也举家南迁，"居京口，定宅城内石砶桥十字街"（《京江何氏家乘》）。还有许多谱牒记录了流民南迁的史实，如《上党汤氏宗谱》记载："上党汤姓，宋高宗时，汤乔年被任韶州推官，因秦桧擅权，辞不赴任，率子遁迹于上党。凌塘汤氏一支，原属汤氏之别墅，其地山环水绕，土地肥沃，郁郁苍苍，宅后多荫翳之木，清清洁洁，巷内有甘洌之泉，园蔬可剪，举网得鲜……自永忠始由上党迁居凌塘。"《润南东北鲍殷氏宗谱》记载：宋"靖康之变"

时，殷晖护驾战死扬州，封崇武侯，赐润东丁岗四百顷以为子孙食邑，其子文式遂定居于此。文式之曾孙廷仁徙居圌山东南孙家岸。另一支，宋朝殷秉常随驾南渡，遂居润东大港，为迁润之始祖。《润东王氏家乘》又记载：王淳，字子厚，宋宣和甲辰（1124）科进士，南渡卜居圌山之南，仕黄岩县知县。此支清代族人王树勋，字福康，号厚庵，是东乡名人，光绪十四年（1888）举人。其博学多才，多行善举，被荐举孝廉方正。著有《勤补斋读易集》。《杨氏族谱》小引中有记："盖我族德润堂，于唐初由西域进关，酒公同弟西公聚居陕西弘农郡。宋初，第十二世迁徙江苏镇江。"著名桥梁专家茅以升所属的京口草巷茅氏一支的先祖也是随高宗南下而迁徙镇江城内的。

因为南渡者蜂拥而至，宋代镇江的人口大增，文化的北化现象进一步加强，促进了文化的相互交融、渗透，也促进了民族之间的融合，形成了镇江开放包容的城市性格。

1. 苏氏宗族

唐代苏氏宗族分成闽派、蜀派和眉山派三大派系，他们共同创造了苏氏家族发展史上的黄金时代。从三大派的迁徙过程中可发现，至宋时，不少名人都和镇江有关，或迁于此，或葬于此，或多次往返于此，有在此隐居的愿望。

（1）唐光州刺史苏奕之子孙苏义等从河南固始县经湖北、江西迁入福建，俗称闽派。他们一般居住在今福建省同安、南安、晋江、永春、福安、德化、漳州、永定等地。苏绅和苏颂是这支闽派的后裔。

苏绅（999—1046），字仪父，原名庆民，泉州府同安县人。北宋著名文学家。宋天禧三年（1019）进士，历任宜、安、复三州推官、大理寺丞、太常博士、祠部员外郎、开封府推官、三司盐铁判官、史馆修撰、翰林院学士、尚书礼部郎中、集贤修撰，知扬州，知河阳。未上任去世，葬在镇江。苏绅博学多智，喜言事，锐于进取。著有文集，已佚。

苏颂（1020—1101），字子容，北宋著名科学家。苏绅之子。庆历二年（1042）进士。苏绅去世后，苏颂从泉州同安县迁至镇江安家落户。先在地方为官，后到京城任馆阁校勘、集贤校理等职。宋哲宗登位后，苏颂出任刑部尚书，又任吏部尚书，晚年入阁拜相。虽然官居极品，苏颂仍保持读书人的风范，好学不止，于经史、九流、百家之说，以及图纬、天文、数学、医药等方面无所不通，是中国科技史上的名人。元祐三年（1088），在苏颂的倡议和领导下，在京城开封创造了一座水运仪象台，这是 11 世纪中国杰出的天文计时仪器，也是世界上最古老的钟，在当时处于世界领先地位。在创造水运仪象台的同时，苏颂又在总结中国汉唐以来天文学发展经验的基础上，经过不断推敲，编撰成《新仪象法要》。《新仪象法要》是我国现存最详尽的天文仪象专著，也是一部代表 11 世纪中国天文学和机械制作水平的重要文献。因其在科学技术特别是医药学和天文学方面的突出贡献，故而被称为"中国古代和中世纪最伟大的博物学家和科学家之一"。著有《苏魏公集》72 卷。

苏颂在镇江的族人也多为名人。如《苏轼诗集》卷三二《次韵苏伯固主簿重九》诗题下施注："苏伯固名坚，博学能诗。东坡自翰林守杭，道吴兴，伯固以临濮县主簿监杭州在城商税，自杭来会，作《后六客词》，伯固与焉。方经理开西湖，伯固建议，谓当参酌古今而用中策。湖成，其力为多。后一岁，又相从于广陵，有《和苏伯韵送李孝博》诗。坡归自海南，伯固在南华相待，有诗。黄鲁直谪死宜州，至大观间，伯固在岭外，护其丧归葬双井。其风义如此。"

苏坚的儿子苏庠在镇江也有文名。据《京口耆旧传》卷四"苏颂"条附录载："庠，字养直，丹阳人。其先泉人，丞相颂之族。庠父坚，字伯固，有诗名。文忠公苏轼过九江，坚时为县主簿，多所唱和……晚为建昌军通判，致仕，卒。庠……尝作《清江引》云：'属玉双飞水满塘，菰蒲深处浴鸳鸯。白蘋满棹归来晚，秋着芦花一岸霜。扁舟系岸依林樾，萧萧两鬓吹华发。万事不理醉复醒，常占烟波弄明月。'苏轼见而奇之，手书此诗，云：'使载在太白集中，谁复疑其非是者。乃吾家养直所作。'"自此苏庠写诗的名气更大了。

（2）唐尚书右仆射、同中书门下平章事（宰相）苏瓌一支迁到四川盐泉，俗称蜀派。苏振一支迁铜山县（今四川中江），俗称铜山派，宋初参知政事苏易简（宰相）是其后裔，与苏舜元、苏舜钦并称"铜山三苏"。

苏舜元（1006—1054），北宋大臣，字才翁，汴京（今河南开封）人。参知政事苏易简孙。宋仁宗时赐进士出身，知开封咸平县。历任殿中丞、太常博士、祠部员外郎、尚书度支员外郎、官终三司度支判官等职。他为人精悍有气节，为官刚正，关心民生。诗亦豪健，尤善草书。他在开封府扶沟县任主簿时有赈灾之举，遇饥荒"君即出粟以活饥者"。在福建路提刑任上，除统辖一路司法、监察等事务外，还担负劝课农桑、兴修水利、赈救灾民、减免赋税、移风易俗等重大责任。在福州，他看到坊间百姓生活用水不便，为方便城内百姓就近取水，组织人力择地挖掘12口水井，后人称为"苏公井"。宋人蔡襄《苏才翁墓志铭》称苏舜元"以弟舜钦谪死湖州，求江吴一郡，得扬州。未至，改两浙"。又据李之亮《宋代路分长官通考》，苏舜元"改两浙"指其为提点两浙路刑狱公事，当时浙西路（杭、润等州）刑狱公事的治所在润州。苏舜元在润州任浙西刑狱公事的时间是在皇祐元年（1049）至皇祐二年（1050）。欧阳修曾作《陶夫人墓铭》，说到苏舜元和陶夫人生前在润州居住过，死后也葬在润州。

欧阳修《湖州长史苏君墓志铭》记载，苏舜钦也和其兄苏舜元一样，葬于润州丹徒的檀山里石门村。

苏舜钦（1008—1049），字子美，北宋著名文学家，与欧阳修并称"欧苏"，与梅尧臣并称"苏梅"。景祐元年（1034），他考中进士，历任蒙山县令、大理评事、集贤殿校理、监进奏院等职。以文章知名，不受浮艳文风的束缚，与穆修等致力于古文和诗歌创作，在诗文革新方面有突出贡献。后因支持范仲淹推行的庆历革新，遭到御史中丞王拱辰劾奏，被削职为民，闲居苏州。庆历八年（1048），复出授湖州长史，未及赴任病逝。

苏舜钦游览过金山、焦山和南山等名胜，有《金山寺》《题花山寺壁》《游招隐道中》等诗，其中《金山寺》书写了"气象特清壮，所览辄快适"的观感，叹息道："予心本高洒，误为尘土隔。不知人间世，有此物外迹。落日将登舟，低回空自惜。"诗人在离开金山泛舟京江时，叹息自己遭遇政治打击后的悲愤。宋庆历年间，润州知州钱彦远建宝墨亭，请苏舜钦写诗记其事。苏舜钦因此作《丹阳子高得逸少瘗鹤铭于焦山之下，及梁唐诸贤四石刻共作一亭，以宝墨名之，集贤伯镇为之作记，远来求诗，因作长句以寄》，诗云："山阴不见换鹅经，京口今存瘗鹤铭。萧洒集仙来作记，风流太守为开亭。两篇玉蕊尘初涤，四体银钩藓尚青。我久临池无所得，愿观遗法快沉冥。"这首诗题目较长，如同内容提要，内涵丰富。其中"丹阳子高得逸少瘗鹤铭于焦山之下"中的丹阳，即丹阳郡，北宋时润州的别称。子高，即钱彦远（字子高），吴越王钱俶之孙，庆历六年（1046）八月任润州知州。逸少，东晋书法家王羲之字。《瘗鹤铭》是焦山崖壁石刻，后断裂坠入江中，在钱彦远的主持下，《瘗鹤铭》两块残石被打捞出水。苏舜钦认定《瘗鹤铭》为王羲之所书。"及梁唐诸贤四石刻共作一亭，以宝墨名之，集贤伯镇为之作记"。除两块《瘗鹤铭》残石外，还有南朝梁代及唐朝的四方石刻一起移置新建亭内，故名"宝墨亭"。钱知州为庆祝开亭，邀请名流学士、各方长官来作客、贺文，共襄盛事。"远来求诗，因作长句以寄"，意为苏舜钦收到钱彦远来信求诗，因作长句寄赠。

（3）唐赵郡苏氏子孙有一支迁到四川眉山，俗称眉山派，苏洵、苏轼、苏辙是其后裔，合称"三苏"，并列"唐宋八大家"之中。苏轼、苏辙与镇江的关系密切，两人多次来过镇江。

苏轼（1037—1101），字子瞻，号东坡居士。眉州眉山（今四川眉山）人。北宋大臣、文学家、书法家。嘉祐二年（1057）进士。嘉祐六年（1061），授大理寺评事、凤翔府签书判官。宋神宗时，在杭州、密州、徐州、湖州等地任职。元丰三年（1080），因"乌台诗案"被贬为黄州团练副使。宋哲宗即位后，任翰林学士、侍读学士、礼部尚书等职，并出知杭州、颍州、扬州、定州等地，晚年因新党执政被贬惠州、儋州。苏轼在诗、词、散文、书、画等方面成就很高，与黄庭坚并称"苏黄"；与辛弃疾并称"苏辛"；与欧阳修并称"欧苏"。据统计，苏轼曾14次到润州，或停留，或暂住。沿江的三山、津渡，以及城中的南山，都在苏轼的笔下生辉，苏轼吟咏润州的诗词有上百首。他还有购屋隐居蒜山读书的想法，并传在南山建过苏公竹院。

苏辙（1039—1112），字子由。眉州眉山（今四川眉山）人。北宋官员、文学家。嘉祐二年（1057），登进士第，授试秘书省校书郎、商州军事推官。宋神宗时，因反对王安石变法，出任河南留守推官。宋哲宗即位后，入朝历官右司谏、御史中丞、尚书右丞、门下侍郎等职，位列执政。宋哲宗亲政，苏辙因上书谏事而被贬为汝州知州。著有《栾城集》等。苏轼兄弟曾携手镇江，以诗唱和，浏览名胜。苏辙写过《和子瞻金山》《和子瞻焦山》等多首与镇江山水有关的诗文。

2. 沈括

沈括（1031—1095），字存中，北宋科学家。杭州钱塘人，后移居镇江。《宋史》中说他"博学善文，于天文、方志、律历、音乐、医药、卜算无所不能"。其父沈周曾在泉州、开封、江宁做过地方官。沈括承袭父荫，做过沭阳主簿和东海、宁国、宛立等地县令。嘉祐八年（1063），他考中进士，到京城任职，赶上王安石推行新法，成为推行变法的中坚和干才，历任检正刑房公事、提举司天、河北西路察访使、权三司使等职，为整顿朝廷吏治、推行新法做出了贡献。

元丰三年（1080），沈括从青州调任延州知州，兼鄜延路经略安抚使，奉命措置陕西四路防务，到任后讲求强兵安边，训练兵丁，修葺城寨，补充军备，为抵御西夏的侵略做好准备，取得了顺宁、细浮图、吴堡、义合寨之战的胜利。但在后来的"永乐城之战"中，宋军损失惨重，他受牵连，以"措置乖方"的罪名被贬，从此开始隐居生活。他在镇江定居后，建造了梦溪园。他把陶潜、白居易、李约称为"三悦"，效仿他们的生活方式。又把琴、棋、弹、墨、丹、茶、吟、谈、酒称为"九客"，用抚琴吟唱，来打发心中的烦闷。

在梦溪园中，沈括把一生研究的成果和所见所闻所思都记载下来，编成了《梦溪笔谈》。此书是中国科学技术史上一部百科全书式的巨著，内容涉及天文、历法、气象、地质、地理、物理、化学、生物、农业、水利、建筑、医药、历史、文学、艺术、军事、法律等多方面，人类历史上很多事物，如石油、指南针、磁偏角、共振实验、活字印刷术、声学、绝缘体、船坞等，都第一次出现在这部巨著中。宋朝人称赞沈括"学问最为博洽"，"博闻强记，一时罕有其匹"。李约瑟说沈括是"中国科学史上的坐标"。

3. 陈氏宗族

陈升之（1011—1079），本名旭，字旸叔，北宋宰相。建州建阳（今福建建阳）人，后迁居镇江。景祐元年（1034）进士，历任封州、汉阳军知军、监察御史、右司谏，起居舍人、瀛州知州，真定知府、枢密院直学士、开封府尹、枢密副使等职。受到御史唐介、范师道等弹劾，出任定州知州，迁太原知府。宋英宗继位，升任枢密副使。熙宁元年（1068），他任枢密使，兼制置三司条例司之职，和王安石共事，商讨推行变法。当年十月，神宗召见王安石，王安石上书主张变法，推荐陈升之任同中书门下平章事、集贤殿大学士。后陈升之因与王安石对设置三司条例司看法不一，托病归卧。宋神宗敦促后回到朝廷，适遇母丧，又辞相回家守孝。服丧期满，回朝廷任枢密使。后以同平章事衔出任镇江节度使、扬州州判，封秀国公。此间，他渡江的动静不小，成为京江上的热闹事。史载：陈升之"以镇江军节度使判扬州，其先茔在润州，而镇江即本镇也。每岁十月旦、寒食，诏许两往镇江展省。两州送迎，旌旗舳舻，官吏锦绣，相属于道，今古一时之盛也"（《丹徒掌录》卷三）。

陈氏族人众多，不少人都通过在润州的科举考试走上仕途。如陈闳，官宣义郎。陈闳，官大理评事。陈禧，官员外郎。陈豫，官中奉大夫。陈镇，官宿州符离知州。还有另一支迁至镇江的陈氏宗族也有名气，代表人物陈汝奭（1013—1088），字公武。南宋刘宰《京口耆旧传》称其"自泉之晋江来居，即三司户部副使诂之侄，用诂恩补太社斋郎"。宝元元年（1038）进士。曾带着文章去拜见当时的文坛领袖范仲俺，得到范仲俺的赏识，被视为奇才。官至海州知州。其子陈龙辅，官至知江州建昌军。其孙陈孝友，官奉议郎；陈孝恭，官知岳州；陈孝威，绍兴二年（1132）进士。陈氏祖孙三代有 5 人皆考中进士，在迁润文人家族中罕见。

4. 曾氏宗族

曾布（1036—1107），字子宣，建昌军南丰县（今江西南丰）人，北宋中期宰相。太常博士曾易占之子，中书舍人曾巩之弟。在其知润州时，因爱当地风光之美，举家迁居于此。因得到王安石和韩维的推荐，曾布上书言政，得到了宋神宗的赏识和重用，在王安石变法中发挥了重要作用。历任集贤校理、判司农寺、检正中书五房、起居注、知制诰、翰林学士、三司使等职。为官刚正不阿，执政为国。王安石对他的评价是："自议新法，始终言可行者，曾布也。"后在市易法争论中，他的政治倾向转为中立，并与新党成员章惇、韩忠彦、蔡京等人内斗，因被认为阻挠新法而被贬外放，在饶、潭、广、桂、秦、陈、蔡等地为官。宋神宗驾崩后，高太后垂帘，旧党执政，曾布又因坚持不变役法而未被重用，直至宋哲宗亲政后才被提拔为枢密使。宋徽宗赵佶继位后，曾布被任命为右仆射，因和左仆射蔡京冲突，被一再贬谪，最终死于润州。

曾肇（1047—1107），字子开。建昌军南丰县（今江西南丰）人。北宋政治家、诗人，"南丰七曾"（曾巩、曾肇、曾布、曾纡、曾纮、曾协、曾敦）之一。治平四年（1067）进士，授黄岩县主簿。为官40年，经历英、神、哲、徽四朝，担任过礼、吏、户、刑四部侍郎和中书舍人，对朝中事敢直抒胸臆；在外治理14个州府地方官时，为政清明，广施仁政，惜民力，明赏罚，敢于直谏，为人称颂。工诗善文。随着曾布被蔡京列为"元祐奸党"，曾肇受到牵连，出贬和州、濮州和汀州等地。卒于镇江。

曾纡（1073—1135），字公衮，晚号空青先生。曾布第四子。北宋末南宋初散文家、诗人、书法家。初以恩荫补为承务郎。宋哲宗绍圣年间，中博学鸿词科。宋徽宗建中靖国元年（1101），曾布为二后山园陵使，辟为从事。崇宁二年（1103），入元祐党籍，连坐党籍被贬到永州零陵。后遇赦，调监南京、河南税，改签书宁国军（治今安徽宣城）节度判官。历通判镇江府，知楚州、秀州，提举京畿常平，江南东路转运副使，迁直显谟阁。宋高宗建炎四年（1130），再任江南东路转运副使，移两浙路。绍兴二年（1132），知抚州。绍兴三年（1133），除江南西路转运副使，司农少卿。绍兴四年（1134），改福建路提典刑狱，直宝文阁。绍兴五年（1135），知信州（今江西上饶）。一生有志节，守忠义。能诗善文，深得曾巩散文妙谛。亦工词。

5. 丁氏家族

京江丁氏奉丁颙为一世祖，丁颙于五代时徙居祥符（今河南开封）。北宋末年靖康之难，金人掳走徽宗、钦宗及大批官员，丁略也在其内。七世祖丁素在朝为官，靖康年间随康王赵构（后为宋高宗）南渡，南宋初寓居金陵（南京），后因故死，葬镇江。南宋后期，九世祖丁煜（字景旸）权知镇江府事历，因祖茔在镇江，离任后遂"卜宅丹徒城东而家焉"（《京江丁氏族谱》）。由此可知，丁煜乃为京江丁氏的始迁祖。其后丁氏支系衍增，族丁兴旺，子孙中考中举人、进士者颇多。

本支宋代移民延续到明清都代不乏人，又出了不少名家，如：

丁元吉（1427—1491），字无咎。精研《易》理，以授徒为业。曾名其居所为"易洞"，后人尊其"易洞先生"。明代宰相靳贵从学于他的门下。为人宽厚仁爱，才思宏远，诗词古文都好，官府慕其学问，聘其编纂《成化镇江府志》。著有《丁易洞先生文集》等。

丁元祯（1432—1510），字惟诚，号樗庭。好读医书。常对人说："古称良医与良相功同，能起废生死，人顾不可行其志乎！"掌握了不少古代的秘方偏方，行走江湖，悬壶济世，救了许多人的性命。著有《樗庭稿》。

丁玑（1457—1503），字玉夫，号朴斋。成化十四年（1478）进士，授中书舍人。曾上奏数千言，论治道本末、时政得失。历任广东按察副使、提学副使、四川按察使等职。精通经学和诗文，著有《四礼仪注》《初斋集》等。

丁瓒，字敬夫。精通医学。正德十二年（1517）进士，官至温州知府。为官时，他注重民生，并发挥医学特长。编成《素问钞补》12卷行世。

丁绍周（1821—1873），字濂甫，号亦溪，又号召南。道光三十年（1850）进士，授翰林院编修，历任詹事府中允、国史馆协修、实录馆纂修、功臣馆纂修、湖广道监察御史、京畿道监察御史、内阁侍读学士、太仆寺少卿、光禄寺正卿、浙江学政等职。勤于政务，忠于职守，因操劳过度，卒于浙江督学官署任。诗文和联语正统而工整，不尚奢华。山水画笔墨淹润，深得好评，著有《蜀游卓诗集》等。

丁立干（1837—1894），字桐生，号质夫。同治七年（1868）进士，授翰林院编修。光绪五年（1879），担任顺天乡试的同考官。光绪八年（1882），担任云南学政，上任后力除考试中的积弊。当地有书商为牟利，刊刻了一批行文通套本，贻害很大，他知道后，毁其版并选出明清大儒的文章，自捐俸钱刊刻作为读本。光绪十一年（1885），担任司业。光绪十八年（1892），担任武会试副总裁。光绪二十年（1894），担任詹事府詹事（正三品）。著有《种竹轩试帖》1卷。

丁立瀛（1844—1907），字丽生，号伯山。同治十年（1871）进士，授翰林院编修，历任礼部掌印、顺天府丞等职。光绪二十二年（1896），奉旨赴镇江开设商务局，后因参与"戊戌变法"，于光绪二十五年（1899）被开缺回籍。光绪二十八年（1902），出任江苏全省高等学堂（原江阴南菁书院）总教习。

丁立钧（1854—1902），字叔衡，号恒斋。光绪六年（1880）进士，授翰林院编修，先后担任武英殿协修、纂修、总纂、提调，国史馆协修，会典馆绘图处提调、顺天乡试同考官、湖南乡试副考官、"强学会"总董、山东沂州知府等职。光绪二十五年（1899），出任江阴南菁书院山长，南菁书院改为高等学堂后，继任总教习，把学堂办得生动活泼、朝气蓬勃。著有《历朝纪事本末》等。

丁传靖（1870—1930），字秀甫，号闇公。18 岁进学，乡试时因文内引用了《淮南子》之说，被主司斥为"杂语"，压到副榜最末一名。宣统二年（1910），丁传靖赴北京担任礼学馆修纂。民国二年（1913），入江苏督军冯国璋帐下为幕僚。民国五年（1916），冯国璋当选总统，他到北京担任总统府秘书，替总统撰写书札、联额、祭吊文、褒勋词及题画、序书等。民国七年（1918），冯国璋下台，丁传靖移居天津。从此后，他专心写作，创作了大量的作品，现可考的约 30 种，如《沧桑艳》《宋人轶事汇编》《清大学士年表》《督抚年表》《甲乙之际宫闱录》《张文贞公年谱》等，被公认为清末民初时的文坛奇才。

6. 赵氏家族

据《大港赵氏宗谱》和民国四年（1915）《润东洪溪赵氏庆源之图》记载：赵氏宗族，始祖为赵子禠。他随着宗室渡江，居住在镇江，建炎三年（1129）又迁居到镇江以东约 20 公里的大港一带。南宋绍兴二年（1132），赵子禠"授朝散大夫，赐田百顷为食邑"。滞留在镇江大港的赵氏为宋太祖支系，据《赵氏族谱》卷一记载，明代成化年间，泉州清源宗赵宪带领其堂弟到京师（今南京）参加乡试，路过镇江大港，大港赵氏族人取出家藏谱牒。赵宪阅览以后，认为大港赵氏谱牒考校若合符节，并说："太祖六世孙子禠之后，则镇江与吾泉之赵推溯其源，实同一气。"其后子孙多散居于圌山周围及润东地区（镇江东乡），即今韩桥、小大港、汪家村、山北港、顺江洲之万古圩、长安圩、天福洲、后官圩、广济圩及樊村、赵家、柳湖、纪庄、谢巷、丹徒镇、魏家岗、上马塔（辛丰南）、王家营、益课洲、高资港东、姥山等地。至今已成为润东最大的姓氏聚落，是当地著名的望族。本支宋代移民延续到清代时出了赵声。

赵声（1881—1911），字伯先，又字百先。他从小嫉恶如仇，一身正气，14 岁时有乡人被污吏无辜拘捕，母泣请其父营救。而此时赵声已入狱砸枷，救出乡民。1903 年 2 月，他东渡日本考察，与黄兴结识，同年夏回国，在家乡创办洪溪阅书报社、体育会及小学堂等，并在《题自办阅书报社》中曰："纵寰海奇观，开普通知识；借大江流水，涤腐败心肠。"后担任南京两江师范教员和长沙实业学堂监督。他积极宣传革命思想，曾撰写七字唱本《保国歌》，被学生广为传唱。1909 年 10 月，赵声担任广州起义总指挥，他亲手拟订了起义计划。之后，赵声马不停蹄赶往广州，建立起义指挥部秘密机关，主持起义前的各项工作。不料新军中有同盟会会员身份暴露，起义被迫提前。广州起义、黄花岗起义相继失败，赵声忧愤成疾，不久离世，时年31 岁。辛亥革命后，孙中山领导的中华民国临时政府追赠赵声为上将军。

7. 陈庆年

丹徒石城乡的陈氏家族，始祖陈延通居徽州，历 4 世后，其中一支宋末时从徽州婺源迁到了镇江横山一带的石城乡，成为迁润的始祖。本支宋代移民到清末民初时，横山陈氏族人中出了陈庆年，有"江苏学者"之誉。

陈庆年（1862—1929），字善余，号石城乡人，晚号横山乡人。以治学广博精深显名于世。博学多才，著述宏丰，于经史、教育、兵史、方志、地理、校勘、图书馆诸学无所不精，多有创见，在学术界有很大影响。学者唐文治称其"腾踔百家"，名士吴稚晖称之"冠民国儒林之军"。

光绪十二年（1886），陈庆年考取江阴南菁书院，江苏学政王先谦、书院院长黄以同叹曰："吾门得一汪容甫矣。"光绪十四年（1888），他考取优贡生。光绪二十二年（1896）冬，应洋务派首领张之洞之邀，担任湖北译书局总纂。光绪二十三年（1897），张之洞在两湖办洋务，创学堂，延聘陈庆年任两湖书院分教，主讲史学。在两湖书院，他配合张之洞整顿书院，改革教学，主张"分端正史以为课本，亦今日为学当务之急"。上书张之洞，力陈"省约本纪"等八法，简化历史教科书编撰。张之洞称其"才识开通，学问淹博"，保荐其经济特科，与缪荃孙同科入选。光绪二十五年（1899），两湖书院增设兵法史略学教程，张之洞聘之兼兵法史略学课程教习，主讲中外兵史。光绪二十九年（1903），两湖书院聘之任历史教习，授通史，兼自强学堂历史课程。光绪三十一年（1905），端方任湖南巡抚时，延聘陈庆年出任湖南全省学务处提调，并筹办长沙图书馆（湖南图书馆前身）事宜。同年又奏派他任湖南高等学堂监督。在两湖执教期间，陈庆年编撰了大量的历史著作和教材，以《兵法史略学》《五代史略》《中国历史教科书》影响最大。

光绪三十三年（1907）四月，两江总督端方邀请陈庆年到金陵主持江楚编译局和江南图书馆事宜，他重视该馆的藏书建设，和缪荃孙相商，赶在日本人前将丁氏的 8 万余册、60 万卷珍贵古籍完整地购归江南图书馆。宣统元年（1909），张人骏继端方任两江总督，聘缪荃孙为江南通志局总纂，陈庆年为帮总纂。由于缪荃孙调往京师图书馆，江南通志局的实际编纂由陈庆年主持。在江楚编译局和江南图书馆期间，他撰写了许多地方性著述，又大量刊刻乡邦文献，其中《横山乡人类稿》汇集了他多年的研究成果。

8. 姚氏家族

姚晋，字燕九，南宋时自江西迁镇运河南寺巷，此巷位于海会寺外。姚晋为镇江姚氏一支的始祖。"子姓甚繁，江南诸姚皆其裔也。"

本支宋代移民延续至明清时，出现了以下名人：姚成，字全德，明洪武三年（1370）进士，山东安丘县知县。姚庭惠，字堂保，岁贡生，河间府儒学教授。著有诗文集。姚家令，字东宰，诸生，清乾隆十七年（1752）举人，湖北长乐县令。

姚锡光（1857—1921），字石泉。丹徒人。先后任李鸿章、张之洞、李秉衡的幕僚。曾任安徽怀宁知县、和州知州等职。1907 年 7 月代授陆军部左丞。1909 年春转任殖边学堂监督。辛亥革命后，历任蒙藏局副总裁、总裁，北口宣抚使等职。1912 年 8 月 25 日，同盟会联合其他四个政团组成国民党，孙中山在湖广会馆主持国民党成立大会，他出席并与阎锡山、张继、李烈钧、于右任、谭延闿、赵炳麟、柏文蔚等被推举为参议。著有《东方兵事纪略》等。

六、元朝移民

元朝征服南宋后，大量的回族人内迁中原，之后许多回族人及被信任的色目人又被调派到江南各地，以强化统治。

1. 少数民族移民

镇江的地理位置显要，是长江上的重要渡口，位置便利。元代时，来这里的回族和其他少数民族人数不少。当时侨居镇江的外来户，包括蒙古人、色目人、契丹人等共 3845 户 13503 人。

俞希鲁在《至顺镇江志》中真实地记述了当时的人口情况："润为东南重镇，晋、宋、隋、唐，地大民鲜。至宋嘉定间，所统唯三县，而户口之繁，视前代为最。北南混一，兹郡实先内附，兵不血刃，市不辍肆。故至元庚寅，籍民之数与嘉定等。"（《至顺镇江志·户口》卷三）在该书户口项下记载了"侨寓"镇江的外来人口，包括蒙古、畏兀儿、回、也里可温、河西（即西夏）、契丹、女真、北方汉人（指旧金朝统治下的汉人）等，其中回族有59户374人，仅次于汉人。如果加上原住镇江的世居回族商人及其后裔，人口数就更多。

当时镇江回族人的政治地位也很高。至元十三年（1276），镇江府"升为镇江路。户一十万三千三百一十五，口六十二万三千六百四十四。领司一、县三。录事司。县三：丹徒、丹阳、金坛。"（《元史·地理志》卷六二）从元至元十三年（1276）到至顺四年（1333），在镇江路总管府及其下辖的一录事司（路治所在地行政机构）三县（丹徒、丹阳、金坛）中任各级行政长官的回族人多达60余人，远高于蒙古族人外的其他民族。其中卓麻儿、海答儿、可马剌丁、罗星等人离官职后，还选择在镇江定居。

元代镇江的宗教移民现象比较普遍，形成了佛教、道教、基督教、伊斯兰教等数教并存的局面。

2. 移民精英

（1）杨如山，字少游，居京口。元代淮海书院山长。清朱彝尊《经义考》卷一九四："杨如山，字少游。蜀嘉定州人。宋末游江南，四请漕举。宋亡不仕。大德间，起为淮海书院山长，因家京口。著《春秋旨要》10卷，以及《读史说》《诗集》若干卷。"

（2）萨都剌（1272—1340），字天锡，号直斋，色目人。寓居镇江。元代著名诗人、书画家。出生于雁门（今山西代县）。早年家境清贫，但勤奋好学。泰定四年（1327）中进士，授应奉翰林文字。天历元年（1328）七月，任镇江路录事司达鲁花赤，上任后整顿市场，打击劣绅，减轻穷人负担。遇荒年又上书朝廷请求赈灾，开仓放粮，救济百姓，还劝城中富户捐钱捐粮，让灾民有饭吃、有衣穿，生病的人得到药物，死去的人得到埋葬，流离失所的人得到安置，受到百姓的拥戴。至顺二年（1331）七月，调任江南行御史台掾史。为官清廉，宦绩称道。

萨都剌好游山水，曾南全吴楚，西抵荆楚，北达幽燕、上都等地，与张雨、倪瓒、马九皋等名家唱和，写出过《满江红·金陵怀古》《登北固城楼》等佳作。他长期住在镇江，这里的山水之秀成了他的诗歌创作的源泉，他是元代在镇江留诗最多的人。其诗风涵融前代各家之长，又有自己的特点，尤善于截取平淡的生活片断，铸就诗歌的韵味和意境。在景物描写方面亦手法细腻、形象生动。他的诗作诸体皆备，文辞雄健，音律锵然，具有一种清朗寥廓之气。后人将他列为"元一代词人之冠"，有"雁门才子"之誉。

（3）郭畀（1280—1335），字天锡，号思退。元代著名画家。祖籍洺水（今属河北），"靖康之变"后，先世避乱京口，成了镇江人。他自小饱读诗书，受到良好家教。其父郭景星，字元德，号义山，有文才。朝廷派人至江南选拔人才，郡守推荐郭畀，他以亲老推辞未就。后被大司农燕公楠等荐为镇江淮海书院山长，后又担任过湖州路长兴州儒学的教授，著有《前哲嘉言》和《寓意斋文稿》。郭畀和其父一样，也担任过一些低级官职，曾任饶州路鄱江书院山长、青田县腊源税务巡检、镇江儒学学正，后调平江路吴江州儒学教授时，他没有去，被江浙行省选拔为掾吏任用。

郭畀年轻时喜欢辩论，精通蒙文，擅长书画。他的书法学赵孟頫，画学米芾，有米家山水的风格。其代表作品《幽篁枯木图》现藏日本京都国立博物馆。至顺四年（1333），他为良上人作《青山白云图》卷，著名书画家倪瓒为之题跋。

郭畀除了书画知名，还以日记著称。他的《云山日记》是反映元代社会现状的重要历史资料，有极高的学术价值。因为清代名士厉鹗的推崇，世人开始关注这部日记。雍正初年，厉鹗和他的朋友江砚南在扬州讲学时，厉鹗说了一段话，内容是："酒半，松门兄子岷东出观所藏元京口郭天锡先生日记真迹，共四册，行楷精妙，奕奕有神。中有至大戊申客杭一册……即往言之岷东，岷东殊不秘也。携至予寓舍，呼灯捉笔，写成草本，略汰其无系武林典要者……先生去今三百余年，偶然攒笔，完好无恙，而适遇予两人皆杭人，钞而传之，似乎有待者。"对研究元史的人来说，那些文字和细节真实记录了元代一个外省低级官员为谋取升职如何在省城四处活动，包括请托、求荐、修改履历，甚至还包括索贿和行贿的过程，可以考证当时的社会现状和官场风气，是历史的真实反映。

《云山日记》的稿本现藏于上海图书馆，北京图书馆、南京图书馆、天津图书馆、上海图书馆、浙江图书馆中还分别收藏有《云山日记》的清代手抄本，上面有诸多名人的题跋。

3. 俞氏宗族

俞德邻（1232—1293），字宗大，自号太玉山人，诗人。原籍永嘉平阳（今属浙江），宋末侨居京口。他的父亲余卓做过庐江令。俞德邻出身世家，自幼饱读诗书，他在度宗咸淳九年（1273）浙江转运司解试中获第一，但还没有来得及做官，南宋就灭亡了，他的心里充满了悲愤，从此以南宋遗民自居。入元朝后，他不愿为朝廷效力，朝廷多次征召，都被他拒绝了。

俞德邻寄情于镇江山水，悠游于园林之中，以诗酒自娱。他的诗效法陶渊明，闲雅冲澹工稳，自然深远。除了山水诗外，他还写了许多怀古诗，表达自己对战乱亡国的悲愤，有发扬蹈厉之意，吟咏讽谏，借诗寓情。其中以《京口遣怀》一百韵最有名。现在保存下来的诗歌有 382 首。他的散文清新明快，内容多以悯世道之艰难、悼人物之聚散、评时政之得失为题。《四库全书总目》中评价他的诗歌"恬淡夷犹，自然深远，在宋末诸人之中，特为高雅"，又称赞他的文章"亦简洁有清气，体格皆在方回《桐江集》上"。有《佩韦斋文集》16 卷和《佩韦斋辑闻》4 卷传世。

俞西发，字明叔，丹徒人。俞德邻之弟。宋咸淳十年（1274）参加明经考试，为太学第一。宋亡后进入元朝，他同俞德邻一样，隐居不仕，以诗酒自娱。他知识渊博，六经诸史无不涉猎，家中的藏书也不少。著有《传注补遗》30 卷。

俞庸，字时中，丹徒人。俞德邻长子。曾经做过明道书院的山长。大德中以地震上"格天心，召和气"九策万言，受到朝廷器重，因试补户部令史，后历任尚服院掾史、从仕郎、吏部考功主事、尚服院都事等职。性格开朗，身材魁梧，善于辩论。著有《覆瓿集》。他还整理过俞德邻的《佩韦斋文集》16 卷，于元仁宗皇庆元年（1312）刊行。

俞希鲁，字用中，丹徒人。俞德邻次子。自幼爱读书，承家学。工古文，当时京口之碑文，多请他作，时与青阳翼、顾观、谢震合称"京口四杰"。《乾隆镇江府志》称俞希鲁"学业浩博，淹贯群集"，"境内碑籍多所撰述"。以秀才授庆元路（今浙江宁波）教授，教学中善于启发学生，学生称他"俞公如洪钟，叩无不响"。他还担任过几任地方官，均有所作为，如任归安县丞时，筑海盐塘，费省而民不劳。任江山县令和永康县令时，注意兴办学校，聘请名儒讲学，均平民众徭役。官至松江府同知。著有《竹素钩玄》20 卷、《听雨轩集》20 卷。

俞希鲁编纂的《至顺镇江志》极有价值，书中保存了元代地方政府组织、城市经济、赋税制度、宗教活动的第一手资料，以及地方文献的散篇佚文，还记载了众多的京口掌故逸事。清代著名学者阮元称赞此志"叙事精密，甚有法度"，可与元代袁桷编纂的《延祐四明志》媲美。

七、明代移民

明代移民也是一种普遍社会现象，比较大的流向发生在明初期，如明初洪洞大移民、洪武大移民、大槐树移民、洪洞大槐树移民等。明朝政府先后数次从山西的平阳、潞州、泽州、汾州等地，中经山西洪洞县的大槐树处办理手续，领取"凭照川资"后，向全国广大地区移民。为了恢复农业生产、发展经济，均衡人口，巩固王朝的统治，明洪武年间，朱元璋采取了移民政策，按"四家之口留一、六家之口留二、八家之口留三"的比例迁移。其中，明初经洪洞县大槐树处迁往全国各地的移民多达百万人，延续时间之长、规模之大、影响之深，在中国历史上少见。

明代镇江在全国范围内属于人口稠密区之一。按照当时的政策，属于向外移民的对象，因此不可能再出现像前朝那样大批的南渡移民。但由于其便利的交通位置、山水俱佳的环境，以及各种个人的原因，仍然有一些人喜欢到镇江定居，包括像杨一清这类的高官、计成这样的名家和一些举家迁来的宗族。

（1）杨一清（1454—1530），字应宁，号邃庵，别号石淙。原是云南安宁人，其父杨景，官化州同知，死后"贫不能归葬，以姊夫胡德延家京口，乃葬丹徒，遂移居焉。有送胡姊夫还京口诗记述甚详"（李根源《镇扬游记》）。杨一清少年时以聪慧出名。8 岁时，已有读书过目不忘的本领，写文章一气呵成，地方长官视他为"奇童"，将其推荐到翰林院。明宪宗亲自叮嘱翰林院择良师来教他。有了这样的天赋和读书条件，他考起科举来很顺畅，14 岁中举人，18 岁中进士，年纪轻轻已有许多人来向他请教。他也以道德文章自持，担起老师的职责。

杨一清从政数十年，历任中书舍人、山西提学佥事、陕西提学副使、太常寺少卿、南京太常寺卿、都察左都御使、吏部尚书、武英殿大学士、兵部尚书等职，最后进为首辅。他经历成化、弘治、正德、嘉靖四朝，走遍中国的西南、江南、西北，曾三次出任督抚，执掌西北军务，保障了明朝边境的安全，又设计诛杀宦官刘瑾，维护了明朝政局的稳定；曾两度出入内阁，执掌中央权柄，是正德至嘉靖年间不少国家大政的制定者，对于国家政治、军事、经济、文化的发展所起到的推动作用不可估量。《明史》对他的评价是：博学，能擅长根据形势的发展而改变行事方法；娴熟军务，所著《关中奏议》，切中机宜；大度，不计较别人过节，能以德报怨；知人善用，才干当时无人及，可比唐玄宗时的名人姚崇。官场生涯中，他也一直保持了读书人的本色，所到之处，以兴办书院为重，对登门的求学者始终是诲人不倦，门下弟子考中解元、状元及获封高官的多达百人。如考中解元的文学家李梦阳、中过状元的"前七子"之一康海、官至吏部尚书的乔宇、入阁拜相的靳贵，都是他的门生。心学宗师王阳明认为杨一清年少即为人师，身具雄才大略，弟子中杰出人才又多，比起隋朝的"文中子"王通来，也是有过之而无不及。

杨一清在镇江钱家山下筑有读书处，又在城东丁卯桥畔建了"石淙精舍"，还在城南黄鹤山建了"鸿鹤山房"。这些读书处周边环境绝佳，远离城市的喧嚣，是他读书和写作的佳处。明武宗正德皇帝渡江南巡时，到过镇江杨一清的府邸。《明史》记，君臣二人相谈甚欢，"乐饮两昼夜"。在书房，武宗命杨一清检书进献。杨一清献上《册府元龟》和《文献通考》。武宗在杨府曾赋诗10首，杨一清作诗以和。杨一清的代表作有《关中奏议》和《石淙诗稿》，还有《督府奏议》《纶扉奏议》《吏部献纳稿》《吏部题稿》《文襄石淙集》《通家杂述》。这些著作在关切国计民生、整治边防、革除弊政等方面有许多切实的建议，表现了他的政治眼光和治理才能。

（2）计成（1579—?），字无否，号否道人。明代造园家。江苏吴江同里镇人，寓居镇江。幼年性好山水，喜欢园林，常乐游其中。长大以后，其对园林兴趣倍增，常留意于古今园林的建筑结构、意境情趣，阅读古人有关造园的论述，丰富自己的知识。他曾远游北京一带，又赴湖南、湖北、江西等地游览景色，考察其中的园林。中年以后，计成回到江南，见"环润，皆佳山水"，便"择居润州"，在这里居住了10年。他总结了造园的经验，把自己的心得和体会写出来，初成《园牧》一书。这时，安徽人曹元甫到仪征汪氏园林考察，对园林的设计规划赞不绝口，就对计成说，能不能用文字来说明这些规划。计成把写好的《园牧》拿给他看，曹元甫看后，提出此书有独创性，建议将书名改为《园冶》。计成接受了他的意见。

《园冶》是一部研究古代园林的重要著作，书中论述了宅园、别墅营建的原理和具体手法，反映了中国古代造园的成就，总结了造园经验，为后世的园林建造提供了理论框架及可供模仿的范本，对研究中国园林史具有重要的参考价值。全书共 3 卷，附图 235 幅，主要包括园说和兴造论两部分。《园说》分相地、立基、屋宇、装折、门窗、墙垣、铺地、掇山、选石、借景 10 篇，就如何相地、立基、铺地、掇山、选石进行了阐述，并绘制了造墙、铺地、造门窗等的图案，把园林设计要达到的意境做了定位，最精辟的观点是"虽由人作，宛自天开"。它是中国古代园林设计的一个纲，也是人们评价园林艺术作品的重要依据。同时，《园冶》采用"骈四俪六"的骈体文，在文学上也有一定的地位。

（3）柳鲲，明代迁润柳氏宗族始祖。《京江柳氏宗谱》称："世传宋耆卿先生（柳永）裔孙，筑室于润之土桥。生平孝谨恭让，积德累行，淡泊自甘，不慕荣利。"在乡里是一个德高望重的人物，曾经作为"乡饮宾"，受到太守的称赞。明武宗南巡到镇江找杨一清宅时，和柳鲲进行过对话。柳氏宗族多文人，族人柳蓁，乾隆二十一年（1756）中解元，乾隆二十四年（1759）中进士，授广东和平知县。为官节俭，政事勤慎。

柳诒徵（1880—1956），字翼谋，著名史学家、教育家、图书馆学家。17 岁考中秀才，就读三江师范学堂。1914 年 2 月应聘为南京高等师范学校国文、历史教授，教中国文化史、东南亚史、印度史等，与吴宓等主办《学衡》。1925 年北上，先后执教于清华大学、北京女子大学和东北大学。培养了许多文、史、地、哲乃至自然科学方面的著名专家。弟子如缪凤林、张其昀、宗白华、茅以升、陈方恪、陈训慈、范希曾、郑鹤声等人，皆有造诣。1927 年任江苏省立国学图书馆长、整理旧籍，分类编目，完成《江苏省立国学图书馆图书总目》。1948 年当选为第一届中央研究院院士。他著述很多，代表作有《中国文化史》《中国历史要义》等。

（4）笪继良，学者。明嘉靖初年，其高祖曾率族人迁至丹徒。笪继良是当地的名人，字赤如，号我真，原名笪继盛，明万历十九年（1591）举人，出任鹅湖令，官至山西平阳道。后回归丹徒，讲学于润州月华山天心书院，学者称其"我真先生"。著有《鹅湖读易》《天心语录》等。其子笪昌龄也是读书人，做过江西万年县令。

其孙笪重光在族人中名气最大。笪重光（1623—1692），字在辛，号君宜，丹徒人。曾读书于焦山僧舍，补博士弟子，书画俱佳。顺治九年（1652）进士，官至湖广道监察御史，为人刚正，敢于直言。在巡按江西的时候，因为弹劾纳兰明珠的缘故，罢官还乡。还乡后，他往返句容、丹徒之间。在丹徒，常走访京口五州、八公、九华、竹林、招隐、金、焦、北固诸名山（寺），居无定所，随意所适，和他的一班友人尽情于游览。隐居茅山时，在茅庄修筑了松子阁、鹦笑斋、鹅池馆，居其中潜心道教理论研究，一边读书，一边书画自乐。善画山水兰竹，以书画名重一时，传世作品有《松溪清话图》。书法苏米，笔意超逸，与姜西溟（宸英）、汪退谷（士鋐）、何义门（焯）齐名，并称"四大家"。有《书筏》《画筌》等著作传世。

八、清朝移民

由于战争的原因，清末的镇江区域也出现了动荡的局面，社会安宁、百姓安乐的环境受到影响。除了光绪年间因苏北自然灾害导致一些灾民逃难南渡到镇江以外，没有出现过大规模的移民。但前期移民的后裔不少已在镇江扎根，在清朝发挥了重要的作用，具有深刻的社会影响。

1. 张氏宗族

明末时，张氏宗族已经在镇江繁衍生息。这个家族分为两支，泾渭分明。一支以仕途为重，为国效力，不少族人成为清朝政坛的新贵。一支以归隐为主，修身养性，诗画自娱，不少族人成为有专长的名人。迁镇的张氏宗族始祖张柏生了三个儿子，其中老二张觐宸、老三张凤仪两人因志向不同，影响了后代，形成了"穷则独善其身"和"达则兼济天下"的不同人生轨迹。

（1）张觐宸，号修羽，书画家、藏书家，归隐一支的代表人物。建有培风阁，所藏书法名帖和名画很多，与嘉兴项氏（元汴）天籁阁并称。他精于赏鉴，收藏无赝品。著名画家董其昌、陈继儒、王时敏等都是他的朋友，彼此来往密切。有一次，董其昌带了名画来培风阁和张觐宸赏鉴，赶上张觐宸生病，他就在镇江等了一个月，直到张觐宸康复，共同赏鉴名画后才回家。

张孝思，字则之，号嫩逸，张觐宸之孙。张孝思继承了张觐宸的事业，亦以书画称著。张孝思为人英敏多才，喜读书，18岁考中秀才，明朝灭亡后，他放弃科举，专心于书画。善书法，喜画兰竹。精鉴赏，热衷收藏。远近人士要收藏好东西，都会先请他前来过目，以定真伪。他家中所藏晋唐法书、宋元名画不少，均钤有"张孝思赏鉴印"。他的诗文也好，与李水仙等诗人结为"合社"。

张曾，字殿武，自号"石帆山人"，张孝思曾孙，京口著名诗人。诗笔清华，以山水诗最出色、有逸趣。为了寻找写诗灵感和素材，他常年奔走在镇江、扬州的山水间，写了许多诗文。著有《石帆山人集》。他才气横溢，曾经到苏州与诸名士宴于勺湖亭。沈德潜对其诗大加赞赏，称其"风格似鲍皋，造句似余京"，与鲍、余二人一起有"京口三诗人"之誉。

（2）张九徵（1618—1684），字公选，仕途一支的代表人物。其父张凤仪，明末清初学者，字君表，诸生，精通史学。张九徵贯通经史，尤精《春秋》。顺治二年（1645），参加清江南开科乡试，夺得举人第一名，是为解元。顺治四年（1647），他又考中进士。历任行人司行人、吏部文选司郎中、验封司郎中。顺治十二年（1655），他担任会试同考官。顺治十六年（1659），回镇服丧的张九徵突遇"己亥事变"，他登城协助清军防御郑成功军队对镇江的进攻，事后深受朝廷的赏识，在康熙初年即被召还吏部任职，后官至河南提学佥事，视察河南学政，考绩显著，有"天下第一抚臣"之称。著有《艾衲亭稿》《闽游草》《文陆堂文稿》。

张玉裁（1639—1674），字礼存，号退密。张九徵长子。少英敏，有大志，9岁即通"五经"，14岁被称"文豪"，读书万卷。康熙五年（1666），考中举人。康熙六年（1667），参加会试考试，因试卷内容直刺礼部督抚的弊端，被阅卷考官叹曰："此长沙（贾谊）痛哭书也。"后以进士一甲第二人（榜眼）的身份授翰林院编修。康熙九年（1670），又担任会试同考官。为人谦和，文采出众，诗也写得好。书法亦佳，行书似颜鲁公。后因身体有病归老丹徒。著有《礼存文集》。

张玉书（1642—1711），字素存，号润浦。张九徵次子。自幼刻苦读书，长大后，精春秋，通史学，能诗文，善书法，是一个通才。他的科举道路也是一帆风顺，顺治十四年（1657）考中举人，顺治十八年（1661）考中进士。担任过翰林院编修、内阁学士、礼部侍郎、翰林院掌院学士、刑部尚书、文华殿大学士、户部尚书等职，成为社会公认的"太平宰相"。著有《三征纪略》《张文贞公集》《外集》。

张玉书能以自己独到的见解在朝廷享有"清""能"之誉，其奏文中提出的诸多改革之道被康熙皇帝重视和采纳。他是治水的能臣。康熙二十七年（1688），他奉命勘察高邮、海口等地的河道，提出了增减各处水坝的建议，对于河道的水位调节和防洪排涝发挥了很好的作用。他是平叛的高参。康熙皇帝三次亲征噶尔丹，均指派张玉书随驾，张玉书成为随征的唯一汉臣。他学术渊博，与人和睦，是汉臣中极少数受到康熙皇帝器重和赏识的高官之一，常被康熙皇帝指派来负责一些重要典籍的编纂。据有关史料记载，张玉书负责编纂的重要典籍有《三朝国史》《大清会典》《大清一统志》《平定三逆方略》《平定朔漠方略》《政治典训》《治河方略》等，他也一度担任《明史》的总裁，是清代推广教化的重臣。张玉书对后世影响最大的是编撰了类书《佩文韵府》和字书《康熙字典》。

张仕可，字惕存，张九徵第四个儿子，太学生。曾读书于焦山松寥阁。康熙十一年（1672）考中顺天乡试举人的第二名，康熙十五年（1676）考中进士。历任行人司行人、礼部主事员外郎、刑部郎中、河南提学佥事、署理湖南布政使等职。他在河南任提学佥事时，大力兴办义学，奖励勤学之士，鼓励学以致用。居官廉洁，谢绝请客送礼之事，得到当地人的好评。为文宏雅，诗歌清丽，著有文稿。

张恕可，字韦存，号裕斋，张九徵第五个儿子，附监生。康熙十七年（1678）考中举人，康熙二十七年（1688）考中进士。历任内功中书、户部主事员外郎、郎中、浙江杭州知府。著有《砭庵诗稿》。

张逸少，字天门，号青山，张玉书长子。康熙二十六年（1687）考中举人，康熙三十三年（1694）考中进士，入选翰林院庶吉士。不久改授山西壶关县知县、甘肃秦州知州。张玉书去世后，康熙感念其泽，提拔张逸少担任侍读学士，提督顺天学政。康熙四十七年（1708）担任《广群芳谱》的编校官，康熙四十九年（1710）担任《渊鉴类函》的校录官。又曾奉敕担任过《康熙字典》的修纂工作。著有《学士文稿》《青山诗集》。

　　这支张氏后裔中，也不乏从政者。如张宏敏，字讷夫，张仕可之子，康熙四十四年（1705）圣祖南巡召试，召入南书房武英殿任职，康熙五十三年（1714）中举，授湖北孝感知县，著有《双桐轩集》。张迪，张玉书孙。康熙五十二年（1713）举人。授山东武定府同知，后任河东盐运同知。精通诗文和书法，书法风格苍秀。张适，字叔度，张玉书孙。居青山庄别墅。担任过户部员外郎、河南布政使、直隶布政使等职。精通诗文，擅长书画，人物、山水画都有名气。张锡庚，字星白，张玉书的六世孙。道光十六年（1836）进士，授编修。历任京畿道御史、顺天府丞、太仆正卿、都察院左副都御史等职。

　　2. 李氏家族

　　原称"太平桥李氏"或"城隍庙李氏"。据《李氏宗谱》（民国二十年李寿恒等纂修）记载，这支李氏尊元末盱眙令李天爵为始祖。李天爵，河东闻喜（今属山西）人，元末为盱眙令，红巾军起义部队攻城，李天爵不肯投降，被杀。其子李坤德避乱迁居扬州，至其孙李参又逢明初靖难之变，再迁镇江，到族人李承霖中状元时已繁衍十余代。

　　李承霖（1808—1891），字雨人，号果亭。他从小就喜欢读书，虽幼年生活极端贫困，但求学的劲头不减。道光四年（1824）考入府学，道光十一年（1831）获得优贡生，道光二十年（1840）考中状元，授翰林院修撰。道光二十三年（1843）三月圆明园正大光明殿大考中，他和曾国藩等人同获二等。六月，编修翁同书被放广东乡试正考官，检讨曾国藩被放四川乡试正考官，修撰李承霖被放广西乡试正考官，并提督广西学政。他重视教育和人才的培养，纪律严明，整顿考场的舞弊风气。阅卷时，凡被其他幕僚摒弃的考卷，他都要仔细地复审一遍，以免有真才实学者被弃用。因患目疾任满回京，入直上书房，担任翰林院侍讲学士，曾为皇室抄录《开国方略》。咸丰年间，因母丧归里守孝，之后便未出外为官，以著书为乐。李承霖隐居后，恬淡俭朴，乐善好施，常到扬州探望家境清寒的族人。他见侄孙李寿铨勤奋好学、天资聪颖，不时予以指导，致使其阅历修养和文学造诣日进，后李寿铨被聘请到扬州的安定和梅花书院执教。李承霖写过不少诗文著作，地方志中可以看到他为兴办教育而写的文章。由于战乱的影响，其生平诗文多散失，只剩下《劫余仅存》3 卷和《丹徒宾兴经费征信录》1 卷。

长子李慎传（1833—1882），字君胄，号子薪。同治九年（1870）考中举人，担任过江宁府学训导、国子监学正。喜博览群书，潜心研究，他涉及的研究范围较广，除了经史外，还涉及星算之学等。工诗古文词，古近体诗都写得特别好。著有《植庵集》10卷、《行山路记》1卷和《军兴二十年语》。

次子李慎儒（1836—1905），字子均，号鸿轩。同治三年（1864）考中举人，同治十一年（1872）入京，任刑部郎中。他博闻强记，学问很好，经史子集多有涉及，尤其在地理学上有深厚的造诣。在京多年，淡泊名利，诗酒流连，时常与其兄李慎传诗歌唱和，人称“大小苏”。他在光绪八年（1882）辞官，回泰州侍奉老父。两淮盐运使恩铭莅任后，闻其博通中西，遂聘为仪董掌教。有《禹贡易知编》《瀛环新志》《鸿轩诗稿》等多部著作传世。

镇江还有一支李氏家族在京江两岸颇有影响。其先祖在开沙洲落户，至清乾隆时，已扩为三支。其中一支迁往扬州，其族人李文安，是丹徒李氏十二世，字逸斋，湖北候补道员。咸丰年间，太平军攻陷镇江，他举家避乱扬州。同治初年，他购买了扬州个园，成为个园的第二任园主。李承霖曾亲自为他撰写了传记。而镇江支族人中多读书人，有多名太学生。其中李遵义，字芷沂，镇江一支十五世传人。光绪十四年（1888）举人，授江都县教谕。

3. 鲍氏家族

鲍氏家族源于新安鲍氏承凤派。其祖鲍大儒，字仲珍，为鲍氏承凤派二十二世，迁润分支始祖，明末清初时南渡镇江落户。族中人才济济，科举盛行，尤以诗歌称著。其孙鲍皋（1708—1765），字步江，号海门。自幼聪明，13岁在采石矶太白楼上题词，见到的人都惊赞其才。国子生。乾隆初，举博学鸿词，不就。壮岁游姑苏、武林，客淮扬间，晚年颓放。善画，尤以诗赋名。沈德潜将其与余京、张曾并称“京口三诗人”。著有《海门初集》《二集》《三集》各19卷，又有《海门集》《京口文献录》《笔耕录》《十美诗》等。其妻陈蕊珠、子之钟，以及三个女儿之兰、之蕙、之芬都能诗，有专集，可称一门风雅。

鲍之钟（1740—1802），字论山，一字礼凫，号雅堂，鲍皋之子。少负隽才，文采秀逸，以《初月赋》为宰辅刘墉所知。乾隆下江南时，他呈献诗赋，召试第一，授内阁中书。乾隆三十四年（1769）中进士，历任四库馆纂修、广东乡试副考官、户部郎中。居官以风骨闻。为权臣和珅所压，浮沉郎署。好拔引寒俊。流连诗酒以终。官京师时，与洪亮吉、吴锡麒、赵怀玉唱酬最多，被法式善称为"诗龛四友"。著有《论山诗稿》《山海经韵语》。

鲍文逵（1765—1828），字鸿起，号野云。少从母教，习经史。嘉庆六年（1801）拔贡取武英殿校录官。嘉庆九年（1804）京试第一，选授山东海阳县令，慎刑励守，廉能有为。上司欲升迁，以母老辞归，授徒自给。工诗，喜交游。诗出入唐宋，不为一家。著有《野云诗抄》12 卷、《舞鹤山房集》，辑有《寸草园汇钞》8 卷。

鲍鼎（1898—1973），字扶九，号默庵。擅长古文字、音韵学，书法学魏碑。1928 年受聘到上海蟫隐庐书店和中国书店任编辑，替刘体智编《小校经阁金文拓本》。历任正风文学院、大厦大学、无锡国学专修馆等校教职员。为生计所迫，后来转入实业银行、新亚药厂任职。1958 年因错案被判管制，1960 年由上海回到镇江，在绍宗国学藏书楼编制书目，共选编善本书 122 种、124 部共 3272 册。著有《张夕庵先生年谱》《春秋国名考释》《九州释文》《中国目录学史》等 10 余种。他还为刘鹗的甲骨文著录《铁云藏龟》作释文，为王国维的金文著录表作了补遗，并将王国维收录的 4292 种金文著录增加到 7149 种。

4. 陈氏家族

陈氏家族自康熙年间迁入镇江以来，人丁兴旺，世系繁多。近现代出现了多位著名的专家学者。

陈邦贤（1889—1976），字冶愚、也愚。少时学医，师从丹徒名医李冠仙。曾任国民政府教育部医学教育委员会编辑、中医教育专门委员会专任委员兼秘书、国立编译馆编审、国立江苏医学院医学史教授。1914 年，他倡导成立了中国历史上第一个医史研究会，1919 年撰成了中国第一部《中国医学史》，这是一部编年体医学史的开山之作。李约瑟对陈邦贤的医史研究给予了高度评价，他每次访问中国都专程拜访陈邦贤，交流医史研究情况。新中国成立后，陈邦贤先后在镇江市政府卫生科、苏南行署卫生处工作。1954 年，陈邦贤奉命调京，在中央卫生研究院中国医药研究所医史研究室从事中国医学史研究工作，1955 年任卫生部中医研究院医史研究室副主任。他先后完成了《二十六史医史资料汇编》《十三经医史资料汇编》和《诸子集成医史资料汇编》的编辑工作，又主持编撰了《中国医学史》教材，1956 年该书发行全国后又改编为《中国医学史简编》。他担任过第四届全国政协委员，以及《中华医史杂志》编委、中华医学会医史学会常务委员。他的长子陈定闳是一位社会学家，曾任中央大学总务长、重庆师范学校教授。他花费多年心血，撰写了长达 50 万字的《中国社会思想史》，还出版有《社会学与中国现代化》《文化与社会》《中国社会学史》《中国近代人口思想》《中国人口之展望》等一系列著作。

与陈邦贤同族、同辈的，还有从事甲骨文、金石和历史学研究的陈邦福、陈邦怀和陈直兄弟。陈邦福、陈直的父亲陈培寿，与陈邦怀的父亲陈祺寿也是兄弟。陈培寿撰有《朱育对濮阳兴问校注》等多部文稿。陈祺寿参编过《丹徒县志续志》。陈邦福写过 27 种甲骨金石著作，时间跨度从清末直至 20 世纪 70 年代，编成《陈邦福金石著述汇编》一书。他也是最早的宜侯夨簋考释者之一。陈邦怀撰有《殷墟书契考释小笺》《殷契拾遗》《甲骨文零拾》《殷代社会史料征存》等多部著作，还是《甲骨文合集》编委会成员。陈直是西北大学历史系教授，24 岁就撰成《史汉问答》，此后又撰有《史记新证》《汉书新证》《居延汉简研究》，以及关于诸子、楚辞、封泥、金石等方面的著作，大部分著作被编入《摹庐丛书》。其部分手稿捐给了镇江市图书馆珍藏。

5. 旗人移民

八旗兵在京口建立旗营后，旗人的家属也随之到了镇江。清顺治年间京口旗营重兵驻扎时，营内有 9000 多人。经过道光二十二年（1842）和咸丰三年（1853）的战事后，人口锐减，到光绪年间时，营内只有 6000 多人。旗人移民京口后，把满族的风俗习惯也带到了这里，使京口这个多民族混居的地方习俗更加多样。

（1）京口旗营旗人的婚嫁。旗人把他们的婚嫁习惯带到了镇江。旗人的议婚方式不同于汉人，没有请口契、八字帖等习惯，也不合婚，称作"天婚"，又作"闯婚做亲"。在请媒人前，要请女家熟悉的人先去询问女方父母的意思，同意后才能请媒人说合。请媒人要选有夫之妇的"双全人"担当。男女双方的主婚妇均需向媒人行端钟礼。这种礼节的仪式是左手捧着盛酒的杯子，右手放在耳旁，俗称"达子头"。旗人婚姻中的下聘礼很简单，没有汉人花样多，不过首饰须四样，可金、可锡，看男家财力状况，不勉强。行聘时，男方中午办酒，女方晚间办酒，吃酒的亲友不送礼物。到清末时，受汉俗的染化，偶有少数亲友送糕作贺的现象。

旗人迎亲前有送奁和谢奁的习俗。满族奁有橱柜，有钱的送四到六不等，无钱的也需备二柜。迎亲时新郎乘花轿前往女家迎亲。花轿到女家门外时，女家亲属关门索喜封钱。喜封钱给足后，女方才开门。新娘花轿出时要放爆竹，娶亲、送亲时二太太同乘花轿一起到洞房，伺候新娘。花轿到男家时也要放爆竹。新娘花轿入门时，男家主婚人要备香烛炭火向花轿行一跪三叩礼。行礼后直立，向炭火奠酒，称之"迎喜神"。花轿入中堂要转三圈，将轿门对新房门，新娘下轿后从地上铺着的红毡上走进新房。新娘上床与新郎对坐，同吃富贵面。吃面后，新郎、新娘出房，同拜天地君亲师，行三跪九叩礼。接着请主婚长者上座受礼，礼毕后退归洞房。

旗人回门的习俗与汉人不同。汉人是新婚夫妻一起回门，旗人却不一样。迎娶的第二天，名曰"下地"，女家要送"开脸"茶，所有女家的亲友女眷均要往男家酬应，名曰"吃下地酒"。第三日才是回门日。这一天，女家要请一位女亲带一个女仆持灯带轿在四更时接女回女家。

（2）京口旗营旗人的丧葬。在清道光皇帝前，旗人一直奉行火化制，费用很少。遇有丧事，都用事益局出售的烧材，当日死，当日殓，当日火化，烧费200文。火化后三日检收余骨装入红布袋，用坛子装好，寄放在寄骨坛。旗人遇父母妻丧，需层层上报，直到都统，由都统批发照例借领济兵银两，开始办理丧事。死者的随身衣服为长衫，内不用短衫，多用白色，不用红色。旗人棺殓之前，有迎棺入门仪式。大殓小殓都由抬棺人进行。送葬时，至亲好友都须送死者最后一程。出殡时亲友有设路祭的。陪送殡到墓地的人，丧家须送关东菜一碗，这和汉人送葬后吃"豆腐饭"的习俗有某些相通之处。

旗人上衙门报丧后，归家要剃头换衣。父母丧、祖父母丧、曾祖父母丧都须100天不剃发。期服百日后销假，办差上操要戴红纬帽，穿布靴。丧者未殓时，吊唁的人前往吊唁被称为"道恼"，入门后站在灵床侧，向孝子握手致唁。其余如敬七、百日"谢孝"等皆同汉俗。

（3）旗营受汉化影响，出了不少读书人，一些武将也能吟诗作赋，书画俱精，反映了满蒙文化与汉文化相互交融的成果。如左翼协领伊成阿，汉姓刘，字退斋，同汉人一样通经史，善书法，精诗文，著有《宴如草堂诗集》。诗人达春布，汉姓石，字客山。他的诗有中晚唐诗人的风格，如《卖菊》有"风雨一肩秋"句；《客至》有"野蔬供客钮诸葛，村酒呼童买百花"句，被广泛传诵。著有《客山诗存》。

清瑞，字齐山，正白旗人。汉姓艾，是京口旗营中写诗最多的人。《京口八旗志》卷上"文苑"中称其"好故能诗，往往自出新意"。如《寻芙蓉楼故址》诗："飞楼缥缈已无踪，极目高城锁乱峰。落日平原秋牧马，连江寒雨夜闻钟。橹声欸乃吟边过，客路苍茫画里逢。几度欲将遗址觅，不知何处采芙蓉。"受到镇江诗坛的赞誉，被选入多种诗集。

不少旗人琴棋书画俱精。如燮清，汉姓项，字秋澄，奈曼氏正黄旗人，附生，以军功保知县。好诗工棋精书画，尤善鼓琴，多弦外之音，曾携琴登北固山，坐临江亭，抚弦独鼓，而江水汩汩与琴声错杂，闻者不知其为琴声、江声，而燮清旁若无人，萧然自得，著《养拙山房诗抄》2卷。镶蓝旗佐领良智，汉姓怀，字穆腾。喜欢读书，终日手不释卷，尤精于诗文及书法，后来的学者得其片纸珍如拱璧。右翼协领全亮，汉姓柏，字邃庵，精于绘画，善画蝴蝶。80岁时犹勾缕工细，绘出的蝴蝶栩栩如欲活状。正白旗佐领宝书，汉姓张，字履素，工书法，能作诗，善写生，他的画法师从黄石屏。所绘枯荷尤为出名。胜昌，汉姓施，字琴夫，京口驻防。喜读书，工书画，博雅嗜古。他的书法酷似笪重光，画法专师清代画家周镐。

兄弟联手、父子同业的书画家也不乏其人。如国济，汉姓柏，字作霖，正白旗人，工绘画，笔墨润洁，松猴尤精，曾师从浙江唐翰门下，得其技法。其弟国英，字子才、增生，也精通诗文辞赋，工小楷，好绘蝴蝶，栩栩欲活。又善画梅，自号梦梅居士。著有《梦梅吟稿》等。还有文熙，汉姓刘，字子和，镶红旗人。善书画，绘蝴蝶最精，不假粉黛，栩栩如生，书法仿效董米，行楷酷似文徵明。其弟文蔚，字子贞，亦精画蝶，随意点缀，神韵益觉飞扬。文熙的儿子彭庚、彭年，皆承家学，一个工书法，一个精绘画。文蔚的儿子荣、魁、家擅画蝴蝶，兼工花鸟虫鱼。

更有甚者，受汉学影响，旗人中的佼佼者对汉甲骨文字的研究水平之高可以与刘鹗、罗振玉等名家媲美。其代表者叶玉森（1880—1933），字荭渔，号中泠，镇江人。他的祖先为满洲旗人。据叶氏子孙介绍，其祖先随顺治入关的始祖封镇国公，其子袭封建威将军。他们的一个后人调任八旗京口将军，叫叶赫氏，后来因事革职，就单取一个叶字为汉姓，做了本地居民。叶玉森通晓中西文化，涉猎多门学术，潜心著述研究，又考释甲骨文字，名盛一时。著有《殷墟书契前编集释》等多部甲骨文著作。其《殷契钩沉》2卷刊于《学衡》第24期，柳诒徵在序言中说："吾友莛渔，夙耽苍雅，宦游多暇，迥究益深。"柳诒徵评价他"经生家法，故能契学宗师"，称赞叶氏是可与王国维、罗振玉鼎足而三的契学大师。1934年11月9日，大东书局石印本《殷墟书契前编集释》到了著名甲骨学家董作宾手中，他在扉页上题记："渔于契文多创获，贡献功伟，余所夙佩。"从中可见董作宾对叶玉森学术水平的敬重。

第二节　北上英才

从京口渡江北上，不仅仅是简单的交通往返过程，还应关注有多少名家渡江、多少文士访友，以及北渡现象背后所蕴含的浓厚爱国主义情愫。两宋间，镇江成为抗金前线后，一大批感时忧国的志士和宋词名家在这里辗转流连，高唱北伐、收复失地的主旋律，留下了许多千古绝唱。其中，苏轼、王安石、柳永、辛弃疾、陈亮、姜夔、岳珂、吴潜、张孝祥等或豪放或婉约，抒报国志，吟兴亡叹，发悲抒情，创作了大量诗词作品，使镇江成为弘扬爱国文化的热土。那时，不管是渡江北伐的勇士，还是眺望江北呼吁北伐的官员，他们满腔热血、为国尽忠的勇气都令人敬佩。尤其是这些北伐现象被嵌入了名人的元素后，影响力倍增，产生了许多激动人心的连锁反应，闪耀出时代的光辉，凸显出镇江城市的气质，是镇江历史文化精彩的组成部分。

一、北伐复国

1. 中流击楫

永嘉南渡时，祖逖担任南徐州刺史镇守京口，他亲率部众北伐，在江上慷慨起誓，"祖逖不能清中原而复济者，有如大江"，收复了河南的失地。从此，"中流击楫"成为中国历史上有名的成语。祖逖（266—321），字士稚，范阳遒县（今河北涞水）人，东晋名将。元康元年（291），"八王之乱"爆发。祖逖得到诸王的重视，先后效力于齐王司马冏、长沙王司马乂、豫章王司马炽，历任大司马府掾属、骠骑将军府祭酒、主簿、太子中舍人、豫章王府从事中郎。永兴元年（304），东海王司马越拥晋惠帝讨伐成都王司马颖，祖逖也随军出征，不料在荡阴战败，逃回洛阳。惠帝被挟持到长安后，范阳王司马虓、高密王司马略、平昌公司马模竞相征召祖逖，但他都不肯应命。后来，司马越任命祖逖为典兵参军、济阴太守。

永嘉五年（311），洛阳陷落，祖逖率亲族乡党数百家南下，避乱于淮泗。到达泗口（今江苏徐州）后，祖逖被琅邪王司马睿任命为豫州刺史，不久又被征为军咨祭酒，率部屯驻京口（今江苏镇江）。建武元年（317），祖逖率部渡江北伐，得到各地百姓的响应，数年间收复黄河以南大片领土，使得石勒不敢南侵，进封镇西将军。

2. 三呼渡河

宋代名将宗泽力主抗金，一心渡江北伐，收复被金兵侵占的中原地区。他用精忠报国之举，表达了出师未捷身先死的悲壮。宗泽（1060—1128），字汝霖，婺州义乌（今浙江义乌）人，元祐六年（1091）进士，先后做过许多郡县的地方官。

宣和元年（1119），他主管南京鸿庆宫，因改建神霄宫，受到了当权者的攻击而被定罪罢了官，被发配至镇江"编管"四年。在被编管期间，夫人陈氏病逝。宗泽选择了京岘山的北麓为其葬地，又用"一对龙湖青眼开，乾坤倚剑独徘徊。白云是处堪埋骨，京岘山头梦未回"的悼念诗，来表达自己对故人的思念和壮志未酬的复杂心情。

靖康元年（1126）在金兵入侵后，宗泽临危受命，担任兵马副元帅带头发起抵抗，在指挥作战中屡建功勋，提拔过岳飞等名将，多次打败金兵，以刚直豪爽、沉毅知兵得到部将的拥戴。金人也佩服他的勇敢和善战，敬畏地称他为"宗爷爷"。

建炎元年（1127），宗泽任东京留守，其间抗金的决心更加强烈，一连上了 24 次奏章，要求增派兵力，截击金兵的归路，夺回二帝，都因投降派的中伤和皇帝赵构的无能未能如愿，宗泽再次受到打击。

宣和四年（1122），宋徽宗举行祭祀大典，实行大赦，宗泽重获自由。他先掌监镇江酒税，两年后调任巴州通判。建炎二年（1128），忧国忧民的宗泽忧愤成疾，一病不起。临死前犹吟咏"出师未捷身先死，长使英雄泪满襟"的诗句，连呼过河者三。死后追赠观文殿学士、通议大夫，谥号"忠简"。著有《宗忠简公集》传世。

宗泽死后，岳飞为报知遇之恩，陪同宗泽的儿子扶柩至京口，按照宗泽的遗愿，将他与发妻合葬在一起，并建功德院于京岘山云台寺。岳飞的后人岳珂在镇江任总领时重修过宗泽的墓和功德院。为了纪念这位抗金英雄，许多人都到过他的墓地悼念。明代诗人王祎《登京岘山吊宗忠简公墓》诗云："舣舟大江口，矫首京岘山。山色近目睫，泄云护层峦。吾乡忠简公，丘陇在其间。呜呼靖康乱，九鼎纷播迁。建炎既南狩，国事已艰难。公方任社稷，百战心力殚。神州将全璧，抗疏请回銮。大谊表日月，衷言披胆肝。谁欤独何心，忍使弃中原。星殒孔明死，王业遂偏安。惟留忠诚节，宇宙垂不刊。遗坟托兹土，孰敢樵牧干。客途有程期，无由拜荆营。遗武幸可蹈，英风杳难攀。天昏白日落，凄然洒清潸。"清代诗人沈德潜也有感叹："请看京岘山边水，日落涛声恨未休。"

3. 力主北伐

陆游（1125—1210），字务观，号放翁，越州山阴（今浙江绍兴）人，南宋史学家、诗人。他少年时受家庭爱国思想的熏陶，立志报国。宋高宗时，参加礼部考试，被秦桧排斥受挫。宋孝宗即位后，赐进士出身，历任福州宁德县主簿、隆兴府通判等职。因坚持北伐抗金，屡遭主和派排斥。隆兴元年（1163），宋孝宗以张浚为都督，主持北伐。同年，陆游被贬，出任镇江府通判。他上任后，积极备战，力主北伐。有一次，他陪同镇江知府方滋登多景楼，遥望对岸，顿生感叹，作《水调歌头》词曰："江左占形胜，最数古徐州。连山如画，佳处缥缈著危楼。鼓角临风悲壮，烽火连空明灭，往事忆孙刘。千里曜戈甲，万灶宿貔貅。　　露沾草，风落木，岁方秋。使君宏放，谈笑洗尽古今愁。不见襄阳登览，磨灭游人无数，遗恨黯难收。叔子独千载，名与汉江流。"

词的上片重在怀古。词人先"江左"，继"古徐州"，再"连山"，接"危楼"，镜头由大到小，由远到近，由鸟瞰到局部，最后用特写来破题。从滚滚长江、莽莽群山入画，衬出烟云缥缈、高楼耸立的虚拟表现手法，使"危楼"有了精神和气象。登临之，能激起词人更多的怀古之情。词中通过

"鼓角"一层五句，追忆三国时代孙刘联手抗曹往事，给人以联想的空间，那种烽火明灭、戈甲耀眼、军幕星罗的征战画面，以"连空""万灶"皴染，视之如在目前，场面雄浑辽阔。加上鼓角随风，悲凉肃杀，更为此画生色，与其上的长江、群山呼应衬托，江山人物，相得益彰。

词的下片重在抒怀。孙刘已杳，天地悠悠，登台浩歌，怆然泣下。词中以九字三顿，节奏峻急，露草风枝，绘出秋容惨淡，情绪稍转低沉。接下去"使君"两句复振，描写俊彦登楼、宾主谈笑的场面，敷色再变明丽。"古今愁"结上启下。"古愁"启"襄阳登览"下意，"今愁"慨言当前。从张浚北伐，兵溃符离，宋廷从此不敢言兵愁起；到孝宗侈谈恢复，实则输币乞和，觍颜事金之事；再到被贬镇江做通判，离皇帝越来越远，其能难显，愁上加愁。从词中的"谈笑洗尽古今愁"，可以领会作者受知府方滋乐观情绪的感染，以及内心深处涌起的一种北伐冲动。他想到了民心向背，山东的归者不绝于路；渡江归宋者达数十万，说明民心可依，国事可挽。这种乐观的情绪，代替了心中的忧愁。词的最后引用了西晋大将羊祜镇守襄阳的故事，以古况今，抒发了自己想像晋人羊祜那样北伐建功立业，表现出浓烈的爱国热情。

乾道六年（1170）五月十八日，陆游赴夔州任通判。他沿运河入江，溯流而上，将途中见闻写成《入蜀记》6卷。在镇江停留时，他去了寿丘山寻访刘宋开国皇帝刘裕的丹徒宫遗址。寿丘山上旧有延庆寺。绍兴三十一年（1161），宋将张浚收复泗州等地，有泗州普照寺僧来归，遂名普照寺。陆游在日记里记这些，是因为北伐之志未消。刘裕曾两度北伐，灭南燕，破北魏，亡后秦，收复鲁豫及关中等地，此壮举令一心想收复故土的陆游激动不已，而收复的泗州和眼前的普照寺似乎也成了雄起的象征。

淳熙十六年（1189）二月，宋光宗赵惇即位，陆游上疏提出治理国家、完成北伐的意见，建议"减轻赋税、惩贪抑豪"，"缮修兵备、搜拔人才"，"力图大计"，以恢复中原。嘉泰四年（1204），辛弃疾奉召入朝，陆游作诗送别，勉励他为国效命，协助韩侂胄实现复国大计。开禧二年（1206），韩侂胄出兵北伐，初宋军出师顺利，先后收复泗州、华州等地。但韩侂胄用人失察，手下吴曦等人里通金朝，按兵不动，陆游多次催促，吴曦不理。不久，西线吴曦叛变，韩侂胄陷入孤立。开禧三年（1207）十一月，史弥远谋杀韩侂胄，与金国订下"嘉定和议"，北伐宣告失败。陆游听到这个消息，悲痛万分，忧愤成疾，留下绝笔《示儿》作为遗嘱："死去元知万事空，但悲不见九州同。王师北定中原日，家祭无忘告乃翁。"陆游一生以慷慨报国为己任，把渡江北伐收复失地当作人生要旨，虽然他的抗敌理想屡屡受挫，但仍表现了昂扬的斗志。

4. 壮志未酬

辛弃疾（1140—1207），字幼安，号稼轩，山东历城（今山东济南）人。南宋豪放派词人。

南宋绍兴三十一年（1161），金主完颜亮大举南侵，在其后方的汉人不堪金人严苛的统治，奋起反抗。辛弃疾聚集了两千人，参加了由耿京领导的起义军，加入了反抗者的队伍，担任掌书记。金人内部矛盾爆发后，完颜亮在前线为部下所杀，金军向北撤退时，辛弃疾奉命南下与南宋朝廷联络，在他完成使命归来途中，听到耿京被叛徒张安国所杀、义军溃散的消息，便率领 50 多人袭击几万人的敌营，把叛徒张安国擒回建康，交给南宋朝廷处决。其胆识和武艺非同一般。

宁宗嘉泰三年（1203）六月末，辛弃疾担任绍兴知府兼浙东安抚使。次年三月改派镇江知府。此时的镇江处于与金人对垒的前线。他力主抗金，一心想渡江北伐，击败金兵，收复故土。他多次派人渡江搜集情报，又训练士兵准备渡江作战，然南宋朝廷偏安一隅，无心抗战，他的北伐主张不被采纳，人也得不到重用。当他登临北固亭，眺望北方的失地处在金人的统治下时，触景生情，于是写下了《南乡子·登京口北固亭有怀》和《永遇乐·京口北固亭怀古》，这两首词后来均被选入中学语文教材。

辛弃疾眼中的英雄是孙权和刘裕。孙权是三国时代东吴的建立者。辛弃疾好生羡慕孙权，想到自己年事已高，壮志未酬，感叹"生子当如孙仲谋"。刘裕建立了南朝刘宋政权，曾多次率军北伐，逐鹿中原，所向披靡。辛弃疾称他"金戈铁马，气吞万里如虎"。想到英雄的壮举，想到北方的老百姓依然生活在金人的统治之下，辛弃疾以老将廉颇自勉，自己虽然老大年纪，但雄心犹在，渴望上阵杀敌立功，为国效力。然作此词不久，辛弃疾又一次被罢官。两年后，被朝廷再次起用，而这一次英雄迟暮，辛弃疾因病不能应诏，不久便与世长辞。

5. 临江填词

陈亮（1143—1194），原名汝能，后改名亮，字同甫，号龙川，婺州永康（今属浙江）人。《宋史·陈亮传》说他"生而且有光芒、为人才气超迈，喜谈兵，议论风生，下笔数千言立就"，是一位聪颖精明、才华横溢和志量非凡的人。

南宋孝宗乾道四年（1168），陈亮"首贡于乡，旋入太学"。他听说朝廷与金人媾和的消息，认为不可，连上五疏，即著名的《中兴五论》，都被朝廷拒绝。他仍然不放弃，又在淳熙五年（1178）连续三次上书，直言不讳，揭发退让求和的大臣和苟且求安的儒士误国，遭到了权臣的忌恨。刑部侍郎何澹素以"言涉犯上"之罪逮捕了他，并对其施以酷刑。孝宗得知后，下诏免死。后来又发生家僮杀人案，被仇家控告为陈亮指使，他再次被下了大狱，因丞相王淮和好友辛弃疾等人营救才免死。陈亮两次下大狱，经受严重打击后，依然不放弃上书抗金、收复中原的举动。他一如既往，继续上书，反对"偏安定命"，痛斥秦桧奸邪，倡言恢复完成统一大业。绍熙四年（1193），光宗策进士，问以礼乐刑政之要，陈亮以君道、师道对，光宗得后大喜，拔为状元。授金书建康府判官公事，未行而卒，谥号"文毅"。有《龙川文集》《龙川词》。

淳熙十五年（1188），陈亮到镇江观察地形，为他的上书策论准备素材。在此期间，他登临北固山，作词《念奴娇·登多景楼》以抒胸臆，词云："危楼还望，叹此意，今古几人曾会？鬼设神施，浑认作、天限南疆北界。一水横陈，连岗三面，做出争雄势。六朝何事，只成门户私计？　　因笑王谢诸人，登高怀远，也学英雄涕。凭却长江，管不到、河洛腥膻无际。正好长驱，不须反顾，寻取中流誓。小儿破贼，势成宁问强对。"所作政论气势纵横，词作豪放，抒发了作者对南宋朝廷苟且求安、不思恢复中原的悲愤。

词中写道，北固山是如此的壮观，多景楼又是多么有气势，然在此远眺中原在金兵统治下的河山，不觉愁绪重重。江水悠悠，留下多少英雄人物报国无门的泪水。崇山峻壁，也被贪图富贵、不顾国家民族利益的奸臣败类用来掩羞。面对雄伟壮丽的北固山，现在京口处于战争前沿，但曾享有盛誉的战士已不能用来作战。陈亮认为，京口北临长江，东、西、南三面都连接山岗，这样的地理形势，正是进可攻退可守，足以与北方强敌争雄的形胜之地。人们不要登楼去眺望沦陷已久的中原，因为朝廷不图恢复，在萧瑟的秋风中，只是用战舰载着使臣到北地去乞和求辱。真正的爱国者应当像东晋的祖逖那样，中流击楫，义无反顾。词作议论精辟，笔力峻峭，锋芒逼人，有力地抨击了南宋朝廷苟且偏安的懦弱行径，读后令人激愤，表达了作者鲜明的爱国主义立场。

陈亮的词比陆游的词更横肆痛快。词人凝望大江，强调此江不应视为南北天险，应当长驱北伐，收复中原。这与陆游的感慨抑郁相比，意境更为开阔。在词中，他一改陆游抑郁沉闷的心情，以雄视百代、慷慨激越的笔法，以词言事，寄托自己恢复中原、实现国家统一的抱负。其中，他将镇江的地理环境用"一水横陈，连岗三面，做出争雄势"来概括，既大气，又精确，是描写镇江地理形势的千古绝句，至今也很难超越。

6. 感慨忠愤

岳珂（1183—1243），字肃之，号亦斋，晚号倦翁。南宋文学家。相州汤阴（今属河南安阳）人。寓居嘉兴（今属浙江）。岳飞之孙，岳霖之子。宋宁宗时，以奉议郎权发遣嘉兴军府兼管内劝农事。嘉泰末为承务郎监镇江府户部大军仓，历光禄丞、司农寺主簿、军器监丞、司农寺丞。嘉定十年（1217），出知嘉兴。嘉定十二年（1219），为承议郎、江南东路转运判官。嘉定十四年（1221），任军器监、淮东总领。宝庆三年（1227），为户部侍郎、淮东总领兼制置使。

岳珂在镇江时是辛弃疾的座上客，二人常一起在北固山登楼北望，感叹"断肠烟树扬州，兴亡休论"的伤悲。他曾对偏安江左的南宋统治者贪图安逸、不思收复中原的现象进行了揭露。他在《祝英台近·北固亭》写道："澹烟横，层雾敛。胜概分雄占。月下鸣榔，风急怒涛飐。关河无限清愁，不堪临鉴。正霜鬓、秋风尘染。　　漫登览。极目万里沙场，事业频看剑。古往今来，南北限天堑。倚楼谁弄新声，重城正掩。历历数、西州更点。"词中写到了月夜登北固亭的感慨。"胜概分雄占"讴歌了镇江是英雄豪杰争雄之地。历史上孙权在此南征北战，刘裕在此起兵北伐。"关河无限清愁，不堪临鉴。正霜鬓、秋风尘染。"表面说山河清奇，使人举目生愁而不愿凭水观赏，实指金兵压境，时局动荡，因而举目生愁。"正霜鬓，秋风尘染。"

表面上说自己头发斑白，秋天的风尘在加速衰老，实际是表达年华易逝、功业未成的悲愤。最让人感慨的是"极目万里沙场，事业频看剑"。登楼北望，中原到处都是作战的沙场，自己想要北伐中原、为国建功，所以频频看着所带的宝剑。宝剑本是战场上杀敌的锐利武器，但现在却闲置身旁，烘托了作者空有沙场杀敌雄心与无用武之地的苦闷。词人通过登北固亭的观感，抒发了自己忧伤国事、抱负难展的悲凉和哀怨。《词品》称其"感慨忠愤与辛幼安'千古江山'词相伯仲"。

二、北上感怀

无论是南渡，还是北上，京江渡客的情感都是很复杂的。除了天气的影响，以及江上的波浪、渡客心中的所思所想，都会因舟行中环境的变化而掀起波澜，且北上的情感似乎比南渡更加浓烈和复杂。这在许多的诗歌作品中都能体现出来。

（1）唐朝礼部尚书权德舆的《晚渡扬子江却寄江南亲故》诗："返照满寒流，轻舟任摇漾。支颐见千里，烟景非一状。远岫有无中，片帆风水上。天清去鸟灭，浦迥寒沙涨。树晚叠秋岚，江空翻宿浪。胸中千万虑，对此一清旷。回首碧云深，佳人不可望。"诗人首先描述了晚渡的江景，以及落日的余晖照射寒冷的江面，轻快的渡船随波逐流，上下起伏。自己在船边托着面颊远眺，发现烟雾中的景色在不停地变化。远处的山峰在云气中时隐时现，挂帆的船只在江上乘风破浪。晴空下飞鸟消失在远处，入江口则天寒潮落露出了沙滩。秋晚的山间雾气弥漫，树影重叠，空阔的江面波涛滚滚，巨浪翻卷。此情此景，胸中的烦闷已消失殆尽。可回头看，碧空下的云朵越来越远，联想起再也难见远方的亲人，顿生思念之情。全诗描述景观生动，心态流露自然，让人读后韵味无穷。

（2）唐代中晚期著名诗人刘禹锡有《罢郡姑苏北归渡扬子津》，诗云："几度归南国，今朝赋北征。归心渡江勇，病体得秋轻。海阔石门小，城高粉堞明。金山旧游寺，过岸听钟声。"这是刘禹锡在太和八年（834）七月由苏州刺史移任汝州刺史路过润州时写的过江诗。在这位"诗豪"的笔下，诗人表达了在新任命下来后渡江赴任的心态，描述了在江中回望润州远景的感受，从焦山的海门到润州的城墙，再到曾经访过的金山寺，说明了诗人对润州的山水是非常熟悉和有感情的，以至于过江后都不忘聆听一下从对岸传来的钟声。

（3）明代贵州布政使张吉北渡时，从颠簸的船上看京口，一种历史的浮沉感涌上心头，呼出了"风霜高洁浪如山，一柱中流拥翠鬟。鱼鸟浮沉窥瀚海，东南形势望潼关。空中影响知成幻，闹里心情觉亦闲。却怪寄奴甘篡晋，当初讨贼竟何颜"的心声。明代诗人袁麦北渡时回望京口，心情也非常激动。京江的波澜、城市的古朴给他留下了深刻的印象，他发出了"舟从京口渡，地涌大江孤。水阔遥吞楚，山长半入吴。海门分脉络，斗极望虚无。直北浮云外，迢迢是帝都"的感叹。

（4）清代陈维崧词风格豪迈奔放，兼有清真娴雅之作。他的词作伤时感物，豪放苍凉，跌宕悱恻。尤其在描写自己的怀才不遇和国家兴亡之感方面，有很强的感染力。宋代的豪放词派以苏轼和辛弃疾为主，他们对清代词人的影响很大。如果说苏东坡的豪放词更多的是表现出一种旷达，辛弃疾的词则是雄深雅健、多抚时感事之作，在刀光剑影中仍不失儒雅的气度。陈维崧的词不但延续了二人的写作格调，在抒情的爆发力上还添了一种霸悍之气，咄咄逼人。

为什么陈维崧的词风与稼轩之间能求同存异？因其经历了比辛弃疾更为复杂的历史动荡，沧海桑田的时世变化、心理的重创和身世的磨难冲刷了他的观念，他的悲怆心绪、压抑的情怀在词中得以激射出来，使他的词成就了非凡的造诣。蒋景祁《陈检讨词钞序》中评述："读先生之词者，以为苏、辛可，以为周、秦可，以为温、韦可，以为《左》、《国》、《史》、《汉》、唐、宋诸家之文亦可。盖既具什伯众人之才，而又笃志好古，取裁非一体，造就非一诣，豪情艳趣，触绪纷起，而要皆含咀酝酿而后出，以故履其阈，赏心洞目，接应不暇；探其奥，乃不觉晦明风雨之真移我情。噫其至矣！"

因此，陈维崧在京口北渡回望北固时，便联想起了辛词，写成的《永遇乐·京口渡江用辛稼轩韵》格外精彩。词中说："如此江山，几人还记，旧争雄处。北府军兵，南徐壁垒，浪卷前朝去。惊帆蘸水，崩涛飚雪，不为愁人少住。叹永嘉、流人无数，神伤只有卫虎。　　临风太息，髯奴狮子，年少功名指顾。北拒曹丕，南连刘备，霸业开东路。而今何在，一江灯火，隐隐扬州更鼓。吾老矣、不知京口，酒堪饮否。"其词采用了纵横议论、洞照古今的手法，神思飞扬腾跃，情致酣畅淋漓，在抒情的空间上得到了前所未有的拓宽。

三、北岸留痕

镇江和扬州人同饮一江水，江上往返者不绝。许多镇江人渡江去北岸的扬州求学、为官、访友，也有许多扬州人渡江到南岸的镇江为官、访友、旅游，两地的人员互动频繁，共创和延续了长江文化的辉煌。

（1）许浑是晚唐著名诗人，寓居润州丁卯桥村舍。在丁卯桥村舍闲居期间，他将自己创作的500余首诗辑成诗集《丁卯集》。其诗皆近体，五七律尤多，句法圆熟工稳，声调平仄自成一格，即所谓"丁卯体"，在当时和后世诗人中有很高评价。韦庄称赞道："江南才子许浑诗，字字清新句句奇。十斛明珠量不尽，惠休虚作碧云词。"陆游也在《读许浑诗集》中写道："裴相功名冠四朝，许浑身世落渔樵。若论风月江山主，丁卯桥应胜午桥。"世人所熟知的"山雨欲来风满楼"，就出自许浑之手。

在扬州园林中，有不少镇江名人的留名落款。如唐诗人马怀素、权德舆、储光羲等，其中落款最多的是许浑。据李斗《扬州画舫录》记录，由于许浑的名气大，又擅长山水诗，所以扬州文人很喜爱将他的佳句选出，印刻在扬州的大小园林之中。如桐荫书屋、屋后小亭，额曰"枕流"，联云："鸟宿池边树（贾岛）；花香洞里天（许浑）。"来薰堂在春波桥东，前湖后浦，左为荣，右靠山。入浣香楼，堂中联云："烟开翠扇清风晓（许浑）；日暖金阶昼刻移（羊士谔）。"桥南小屿，种桂数百株，构屋三楹，去水尺许。虎斗鸟厉，攒峦互崎。屋前缚矮桂作篱，将屿上老桂围入园中。山后多荆棘杂花，后构厅事，额曰"花南水北之堂"，联云："别业临青甸（李峤）；前轩枕大河（许浑）。"积翠轩在屿北树间，联云："叠石通溪水（许浑）；当轩暗绿筠（刘宪）。"其西竹烟花气，生衣袂间，渚宫碧树，乍隐乍现，后山暖融，彩翠交映。得小亭舍，曰"归云别馆"，联云："小院回廊春寂寂（杜甫）；碧桃红杏水潺潺（许浑）。"土阜西南，危楼切云，广十余间。水槛风棂，若连舻縻舰，署曰"碧云楼"，联云："烟开翠幌清风晓（许浑）；花压兰干春昼长（温庭筠）。"藤花榭，长里许，中构小屋，额曰"藤花书屋"，联云："云遮日影藤萝合（韩翃）；风带潮声枕簟凉（许浑）。"绿榭既尽，碧天渐阔；雨斩云除，旷远斯出；叠石构岭，闲宴乃张，遂构清远堂于藤花书屋之北，以为是园宴宾客之地。联云："窗含远色通书幌（李贺）；云带东风洗画屏（许浑）。"小廊横斜而出，逶迤至含珠堂，联云："野香袭荷芰（皎然）；池色似潇湘（许浑）。"

唐长庆二年（822），许浑在扬州停留过，接受友人的款待，共游江畔。据《唐语林》卷四"伤逝"记载，淮南府幕僚邀请许浑参加了瓜洲的同游。为此，许浑写下了《和淮南王相公与宾僚同游瓜洲别业题旧书斋》诗纪实。这里的王相公指："王太尉播，少贫，居瓜洲寄食，多为人所薄。及登第，历荣显，掌盐铁三十余年。自刘忠州之后，无如播者。后镇淮南，乃游瓜洲故居，赋诗感旧。"在瓜洲的柳堤上，许浑还与好友李诩话别，写下了《瓜洲留别李诩》诗，其中"孤馆宿时风带雨，远帆归去水连云"诗句，描述了江面水阔、气势磅礴的场景。

（2）沈括（1031—1095），字存中，是宋代著名科学家，晚年寓居镇江梦溪园内，喜欢泛舟京江，游览扬州。《扬州画舫录》中记有沈括对扬州二十四桥做过的笔录。书中《扬州鼓吹词序》云："是桥因古之二十四美人吹箫于此，故名。或曰即古之二十四桥，二说皆非。按二十四桥见之沈存中《补笔谈》，记扬州二十四桥之名，曰浊河桥、茶园桥、大明桥、九曲桥、下马桥、作坊桥、洗马桥、南桥、阿师桥、周家桥、小市桥、广济桥、新桥、开明桥、顾家桥、通泗桥、太平桥、利国桥、万岁桥、青园桥、驿桥、参佐桥、山光桥、下马桥，实有二十四名。美人之说，盖附会言之矣。"这段文字说明沈括是有心人。他在扬州园林游览时，不是走马看花，而是对一些代表城市特色的建筑进行了仔细考察。

沈括还为扬州平山堂写过记文："平山堂在蜀冈上。《寰宇记》曰：'邗沟城在蜀冈上。宋庆历八年二月，庐陵欧阳文忠公继韩魏公之后守扬州，构厅事于寺之坤隅。'江南诸山，拱揖槛前，若可攀跻，名曰'平山堂'。寄魏公书有云：'平山堂占胜蜀冈，一目千里'谓此。其时公携客往游，遣人走邵伯湖折荷花，遣妓取花传客。事载诸家说部中。嘉祐初，公迁翰林学士，知制诰，新喻刘敞知扬州，有《登平山堂寄永叔内翰》诗，公与都官员外郎宣城梅尧臣俱有和诗。八年，直史馆丹阳刁约自工部郎中领府事，堂圮，复修，又封其庭中为行春台。察访使钱塘沈括为之记。"这段文字还记载了宋代镇江人刁约担任扬州知州时有过修复平山堂之举。另据扬州方志的考证，宋代苏颂、曾肇、吴遵路、洪兴祖等人都有同刁约一样在扬州为官的经历，在京江北岸留下过轨迹。

（3）汤修年，字寿真，丹阳人，其父汤东野，字德广。"以镇江学内舍生召对授官，累迁秘阁修撰。"曾出任扬州知州，往返京江两岸。南宋绍兴二十四年（1154），汤修年登进士第，终扬州州学教授。《乾隆丹阳县志》"儒林"中有他的传记，称他"官扬州教授，有文学"。他在扬州任职期间，不仅重视教书育人，还重视刻书传世。如北宋大科学家沈括的不朽名著《梦溪笔谈》的最早刊本，就是南宋乾道二年（1166）汤修年主持刻印的扬州州学刊本。汤修年慧眼识书，在刻印《梦溪笔谈》的跋言中写道："笔谈所纪，皆祖宗盛时典故，卿相太平事业，及前世制作之美，虽目见耳闻者，皆有补于世，非他杂志之比。"他和当时的那些刻印工对《梦溪笔谈》的流传做出的贡献是难以估量的，现在还存有这个本子的明代复刻本。可以说，它是此后各种《梦溪笔谈》刊本的祖本。汤修年的同乡郭珣瑜也去了扬州，担任过扬州州学教授。

（4）蒋宗海（1720—1796），字星岩，号春农，晚号归求老人，丹徒人。清代镇江知名学者和藏书家。乾隆十七年（1752）进士，授内阁中书、军机处行走。曾为皇帝校录《通鉴纪事本末》。两年后其父去世，他从京城回家守制，之后就再也没有出来做官，以培养士子为己任。他与扬州两个最著名的书院都有关系，"以安定肄业诸生掌梅花书院者，唯蒋宗海舍人一人"，主讲梅花书院近20年，培养了不少文士，学人尊称其为"春农先生"。曾应两淮盐运使卢见曾的邀请，主持修纂了《金山志》《焦山志》《平山堂志》等志书。著有《蒋春农文集》等。

蒋宗海精校雠，善鉴赏。乾隆三十八年（1773），乾隆皇帝下诏征集天下遗书以纂修《四库全书》，以扬州进呈的书最多。为保证书的质量，扬州盐商江春在扬州设江南书局，由各盐商出资购买书籍，又聘请蒋宗海到扬州负责筛选给四库馆进呈的书籍。蒋宗海接受江春的邀请后，对各种渠道来的书认真梳理，从严把关，每一册都亲自过目，选择其中的精本抄录副本上呈。扬州进呈四库全书馆的书以量多质高受到了乾隆皇帝的嘉奖。当时《四库全书》总裁纪昀写信给蒋宗海："天下秘籍，坌涌而来，目不给赏。然私心评品，以扬州所献为第一。"

（5）柳兴恩（1795—1880），清代经学家。字宾叔，原名兴宗，江苏丹徒人。道光十二年（1832）举人。扬州梅花书院刊刻的《初二集刊》中，收录了优秀学生的课作 68 篇，内容涉及经解、考论、书跋、文赋、古近体诗、试帖等，其中就有柳兴恩的作品。咸丰六年（1856），授句容县教谕，未赴。他擅长经学研究，著有《毛诗注疏纠补》30 卷。后来他发愤研读，又完成了《穀梁春秋大义述》30 卷，倡明经学，立一家之言。阮元读此书后，评其为"扶翼孤经"，亲自为书写了序言。

清代名臣阮元和柳兴恩之间有一段君子交。阮元知识广博，在经史、小学、天算、舆地、金石、校勘等方面均有造诣。柳兴恩慕其名，北渡扬州到阮元府上拜其为师，之后，柳兴恩在经学研究上取得了突破，成为有名的学者。柳兴恩平生以讲学和著述为主，他的著作很多，除了上述两种外，还有《周易卦气补》4 卷，《雷塘庵主弟子记》1 卷，《史记校勘记》30 卷，《汉书校勘记》60 卷等。为人敦朴纯谨，劬学至老不衰，80 多岁时还到江北的书院去授课。

（6）茅谦（1848—1917），字子贞，号肺山，是著名桥梁专家茅以升的祖父。茅谦自幼聪颖过人，曾随经学家柳兴恩研习经学，又在杨履泰门下学习天文历算，还在扬州梅花书院读过书。扬州书院博物馆陈列有当年茅谦在梅花书院的考卷。光绪二十二年（1896），茅谦考中举人，选授高淳县学任训导，改河南补知县。湖南学使张燮钧慕其才，请他充当幕僚，游历湖南、安徽等地，以兴办教育为重。江宁知县听说茅谦重视教育，就邀请他到南京主持师范学校，颇多建树。中日甲午战争失败后，康有为联合各省举人上书，请求拒和、迁都、变法，史称"公车上书"。茅谦不但签了名，还参加了初稿的拟订。上书失败后，茅谦回乡迁居南京，创办养正小学和达才师范学堂。他重视新学，在镇江也曾创办过城南学校。江宁布政使樊增祥叹其文才出众，邀请他参与创办《南洋官报》，并由他担任该报的主笔。著有《肺山文存》《肺山诗存》等。

茅谦还是中国近代史上有影响的水利专家，著有《水利刍议》。在担任湖南学使张燮钧幕僚期间，他对三湘水利和河北、河南、安徽等地水利进行考察，写过《论湘皖水利》文章。晚年在广东治理水患，提出疏海口、控江身、掘沟渠、并湖荡的建议，被官府采纳。

（7）周伯义（1823—1895），字子如，号焦东野叟、焦东周生，镇江人。岁贡生。他"少豪迈"，"好与侠士游"，"读书专究性命身心之学，取与不苟，尝登三山，考求掌故"，精通天文、地理，诗文和书法俱佳。25岁中秀才，以授读为生。"日训弟子，务先器识后文艺。"清末镇江名人姚锡光、高觐昌、张祥书等都是他的学生。在扬州梅花书院出版的《梅花书院小课》中，收录了7位优秀学生的赋作，其中两位是来自镇江的柳兴恩和周伯义。太平天国运动中，周伯义曾一度居于扬州，写了笔记小说《扬州梦》。著有《金山志》《北固山志》《京口从军图序》《焦东阁诗存》《焦东阁日记》等。

（8）庄棫（1830—1878），一名庄忠棫，字中白，一字希祖，号东庄，又号蒿庵。丹徒人。清代词人，与谭献齐名。朱孝臧合题二家词集云："皋文说，沆瀣得庄、谭。感遇霜飞怜镜子，会心衣润费炉烟，妙不著言诠。"（《彊村语业》卷三）庄棫性格好静，读书喜欢深思。他年轻的时候对经学有兴趣，以治《易》而出名，精通张惠言和焦循之学。也喜欢读纬书，认为微言大义非纬不能通经。曾应曾国藩的邀请，校书淮南，来往于扬州、江宁之间。他的学问很好，著书数十万言。其中经学上有《周易通义》等，史学上有《晋史表》等，医学上有《金匮释例》，文学上有《静观堂文》、词作《中白词》等。

第二章

以水兴城

甘露凌雲

镇江地理位置优越，历史上江、海、河交汇于此。唐代以前，今苏州的沿江地带及上海的大部分地区尚未成陆，江流受强劲海洋潮流的顶托，将长江上游带来的泥沙沉积在江口，形成长江三角洲的喇叭口。在潮汐的作用下，海水倒灌可直达镇江和扬州，这里成了长江的入海口。宋代以后，由于黄河一度借道淮河入海，泥沙淤积加剧，海岸线逐渐向东推进。不仅如此，镇江和扬州还因为大运河与长江交汇于此，形成江、海、河三位一体的航运优势，成为连接江南、江北地区的交通枢纽。所以说，镇江的水运条件相当优越，长江和东海、长江和运河对镇江的城市发展至关重要。

第一节　江海交接

一、天然海门

自古以来，镇江焦山就被称为"中流砥柱"，这里曾是长江与东海的交接处，俗称"海门"。在汉代，焦山江面特别辽阔，宽50余里，江海交汇，波浪滔天，气势雄伟。西汉文人枚乘在《七发》中描述："波涌而涛起，其始起也，洪淋淋焉，若白鹭之下翔，其少进也，浩浩溰溰，如素车白马惟盖之帐。其波涌而云乱，扰扰焉如三军之腾装……"大海涨潮时，海水涌入江中，形成波澜壮阔的场景；而大海退潮时，江水顺势而下，融入茫茫大海之中，焦山的崖壁变成了江海潮起落的标尺。

初唐时期的润州人，如果踏上焦山，便可以看到京江潮水的起伏，加上焦山是赏月的妙处，又是远眺江水、沙洲、蓝天、古木、花草、船帆、楼台的佳地，让人联想到唐诗人张若虚笔下的《春江花月夜》：江天一线，皎月一轮，白云一片和婆娑的花枝，绰约的人影、迷茫的沙洲、孤独的楼阁，尤其是"春江潮水连海平，海上明月共潮生"的场景，正好与从焦山眺望夜月的景象角度契合。张若虚，扬州（今属江苏）人。曾任兖州兵曹。与贺知章、贺朝、万齐融、邢巨、包融俱以诗文俊秀驰名于世，又与贺知章、张旭、包融并称"吴中四士"。作为在扬子江边长大的诗人，这里江水如练、山水相依的景色为其创作《春江花月夜》提供了条件。

《春江花月夜》全诗以月为主体，以江为场景，由春江引出海，由海引出明月，又由江流明月引出花林和人物，转情换意，前后呼应，若断若续，描绘了一幅幽美邈远、惝恍迷离的春江月夜图，抒写了游子、思妇真挚动人的离情别绪及富有哲理意味的人生感慨，创造了一个深沉、寥廓、宁静的境界。"月"在诗中犹如一条生命纽带，通贯上下，随着月轮的升起、高悬、西斜、落下而起伏。在月光下，江水、沙滩、天空、原野、枫树、花林、飞霜、白沙、扁舟、高楼、镜台、砧石、长飞的鸿雁、潜跃的鱼龙，以及不眠的思妇和漂泊的游子，组成了完整的诗歌形象，展现出一幅充满人生哲理与生活情趣的画卷。后来的诗人受《春江花月夜》的影响，对焦山地段的描写也多以月为主体，以江为场景。如宋代诗人蔡肇的诗句："春生江海交流处，人在藤萝最上层。""道人邀上东岩宿，坐看冰轮半月升。"元代诗人郭界的诗句："扬子江头风浪平，焦山寺里晚钟鸣。炉烟已断灯花落，唤起山僧看月明。"清代诗人冷士湄的诗句："沙岛暮潮生夜月，海门秋树落寒涛。"

历史上江海交汇于镇江的说法也有地方志书的印证。南宋《嘉定镇江志》卷三"攻守形势"一节有记："京城因山为垒，望海临江。"其卷六"地理水"一节又记："京江水，在城北六里。东注大海。"元代《至顺镇江志》卷七中曾列出"海潮"细目，引用了"云断海门阔，潮分京口斜"诗句来说明镇江与大海的关系。

历代诗人有关焦山的诗中，也有不少诗句说明焦山是入海口。唐代诗人孟浩然的"夷山近海滨"，高丽诗人李齐贤的"海吞吴地尽，山控楚天遥"，明代诗人王鏊的"江海交流处，乾坤著此身"、高攀龙的"海波晴起千山动，日对扶桑万树红"，清代诗人李葂的"海底勒铭犹有石，山中却聘更无人"、汪士慎的"海气连云树，山容豁性灵"，林则徐在焦山水晶庵的题联"江月不随流水去，天风直送海涛来"，均描述了海涛抵达焦山的情景。海潮到来时，海水甚至可以直冲到北固山和金山一带。如唐代诗人吴筠的《登北固山望海》诗中有"此山镇京口，迥出沧海湄"之句，清代诗人潘德舆的《金山寺》诗中有"海潮欲卷去，夜半起鱼龙"之句。

焦山的旁边分列着松寥山和夷山，它们如同对峙的哨兵，守护着大海的门户。《嘉定镇江志》卷六"地理山川"一节中记载："焦山，在江中，去城九里。旁有海门二山。"久而久之，在诗人的想象和描述下，人们开始把松寥山、夷山合称为"海门"。

在焦山、北固山、金山诗中，诗人提及"海门"的诗句也很多，如唐代诗人王昌龄的"残月生海门"、刘长卿的"洗冰临海门"、徐铉的"数帆晴日海门船"、李涉的"海门斜去两三行"、杜牧的"天接海门秋水色"，宋代诗人陈孚的"潮送钟声过海门"，明代诗人高启的"钟送海门潮"、魏际瑞的"大江东下海门宽"、屈大均的"双峰作海门"，清代诗人查慎行的"海门晴色带潮还"、江开的"海门空阔处"等句子，不胜枚举。后来说海门的诗人越来越多，时间长了，"海门"变成了镇江的代称之一。

二、昔日海港

镇江曾是一座江海连通的城市，也是海上丝绸之路的一个重要节点。

唐代镇江已成为一个海运商贸港口城市。咸通年间（860—874），朝廷对广西、安南一带用兵，因湖南山路运输不便，导致了广州的驻军粮食供应跟不上，于是朝廷采用润州（镇江）人陈石番的建议，在润州、扬州等处雇民船运粮，通过海运的方式，经福州洋面把粮食送往广州。有学者认为，这是中国古代海道运粮之始，开中国南北海道通运之先。到了五代十国时，尽管各个政权对峙，但都不能阻断民间的海运贸易。南唐卢绛镇守镇江，操练水师，就曾"累于海门遮获越人船舫百余艘，盐数万石"。

南宋之时，到镇江停泊和转运货物的海船就更多了，说明这里对海上丝绸之路的重要性。由于西夏国阻隔了西北的丝绸之路，加上经济重心的南移，从宋代开始，东南沿海的港口成为新的贸易中心。一些米商通过江海联运的方式与外国交易。"沿海州县……与江阴、镇江、通泰等处，奸民豪户，广收米斛，贩入诸番，每一海舟所容，不下一二千斛，或南或北，利获数倍。"在镇江从事海商贸易的，除本地商人外，还有来自西域、塞北的商人，也有来自东南亚和阿拉伯地区的商人。

南宋政府在镇江设有"榷货务"，以进行舶品交易的组织管理和税银征收。当时，海船可以直接开到北固山下。北固山前的甘露渡曾是宋代海船的泊舟之处。宋代苏辙写过《次韵子瞻游甘露寺》，诗中有"下视万物微，惟觉沧海宽。潮来声汹汹，望极空漫漫。——渡海舶，冉冉移樯竿"的诗句。诗人曾巩登甘露寺多景楼时也欣赏到"一川钟呗淮南月，万里帆樯海外风"的景色，说明了当时有很多海船在京江来往。裴煜任润州知州时，有诗云："登临每忆卫公诗，多景唯于此处宜。海岸千艘浮若芥，邦人万室布如棋。"秦观作《和游金山》，诗中称："江流会扬子，汹汹东南骛。海门划前开，金山屹中据。鼓钟食万指，金鳆栖千柱。"强调当时金山寺一带用来给停泊船系绳的柱子就有上千根之多，证明了在镇江停泊的海船很多。明末屈大均《出京江口》诗云："至此风涛阔，江声作海声。飞飞两浮玉，欲于白波平。"描绘了江海相接时，白浪滔天，几乎埋没金焦二山的情形。清代名将彭玉麟题镇江焦山彭来阁联云："商舶夜飞江月白；天门日射海潮红。"也揭示了商船过焦山的场景。

宋朝以前的中国重农抑商，到宋朝改为农商并举，把发展海外贸易看成利国利民的大事，以期"岁获厚利，兼使外藩辐辏中国"（《续资治通鉴长编拾补》卷五），推动了海外贸易的发展。宋高宗说："市舶之利最厚，若措置得宜，所得动以百万计，岂不胜取之于民？"（《宋会要辑稿·职官》）在其推动下，宋代海外贸易量迅速增加。镇江也不例外，宋代的一些政书就有反映镇江海上贸易繁忙、是海上丝绸之路港口的记录。如针对蕃商来镇江交易日趋频繁的情况，政和七年（1117）七月十八日，提举两浙路市舶的官员张苑上奏朝廷，得到了皇帝的批准。奏文曰："欲乞镇江、平江府如有蕃商愿将舶货投卖入官，即令税务监官，依市舶法博买，内上供之物，依条附纲起发，不堪上供物货阙，提刑司选官估卖。"（《宋会要辑稿·职官》）南宋时，镇江的海港地位依旧非常稳固，在这里经商的海外商人不少。如宋建炎三年（1129）三月四日一个商贸官员陈述："自来闽广客船并海南蕃船，转海至镇江府买卖至多。"（《宋会要辑稿·食货》）

唐朝全国仅广州一地设有市舶司，负责外贸事务。从宋代开始，东南沿海的港口成为新的贸易中心。对外贸易的港口已增至20余处，先后在今广州、杭州、宁波、泉州、嘉兴、松江、镇江、苏州、温州、江阴、海盐、上海等地设立市舶司专门管理海外贸易。北宋中朝以后，海外贸易的收入一直占宋朝全年收入的很大比重。

宋朝海外贸易分官营和私营两种方式，其中私营占大宗。与唐代相比，宋代海外贸易出现了新的变化：海外贸易的路线由西北陆路改成了东南水路，交易成本降低，因此吸引了许多外商纷纷通过东南的水路，沿海入江到海上丝绸之路的各个港口进行贸易。

元代海运兴起，镇江与欧亚各国的贸易往来和文化交流日益频繁。镇江已成为一个重要的通商口岸和工商业发达的城市。特别是海运开启了国内外海上运输的大门，为商品流通开辟了众多的国内外市场。各族人民相互往来，通商贸易。马可·波罗在《马可·波罗行纪》里写道："镇江府是一蛮子城市……产丝多，以织数种金锦丝绢，所见有富商大贾。野味及适于生活之百物皆饶。"

第二节　江河交汇

镇江是一座滨江城市，运河穿城而过，江河交汇的长江运口与城市密不可分，市井街道大多沿江、沿河而建。对镇江而言，江口即港口，港口就是商铺，形成了城因江兴、江为城用的关系。早在汉代，丹徒古城就建在临江三里左右的范围内，是容纳万户人口的大县所在地。因拥有河运、江运和海运的便利，镇江成了贸易集散地和漕运的主要通道。尤其是京江接纳了江南运河的加入，形成了黄金水道，奠定了镇江在运河水运中的枢纽地位。隋朝开通运河后，润州可以直通余杭（今浙江杭州），往来的物资转运吸引了无数商贾，给当地的发展注入了强劲活力，成为以水兴城的一大亮点。元《至顺镇江志》卷四云："京口依山濒江，故多山林川泽之利。"时至今日，镇江的大港和高资港仍然是万里长江中的良港，是江南地区重要的货物转运站；丹徒谏壁口依旧是江南运河的通江入口，每年有数亿吨位的航船穿梭于长江和江南运河中。

一、六朝商贸

南北朝时期，江南社会政治相对安定，农业经济繁荣，商贸业发展很快，达到了全国最高水平。该辖区的京口、广陵、宣城、毗陵、乌程、山阴、余杭、东阳等地，都是区域内的重要城市。

1. 水运兴商

京口的商贸兴盛与交通便捷有很大关系，当地的水运和陆道四通八达，确保了货物运输的畅通。永安二年（259），东吴已经出现这样的情况："州郡吏民及诸营兵……皆浮船长江，贾作上下"，致使"良田渐废，见谷日少"（《三国志·吴书·孙休传》）。到东晋时，京口是重要的转运港口之一，经由丹徒水道和京江运往首都建康的大批货物在此中转，刺激了当地商贸的兴盛。《南史·萧洽传》载："京口职吏数千人，前后居者皆致巨富。"泰始五年（469），南东海郡郡守萧惠开，请假自京口回建业，经丹徒水道，"有舫十余，事力二三百人"（《宋书·萧惠开传》），靠转运商货的差价取利。随着生产力的发展，政府放宽了政策，人们的观念由轻商、贱商、抑商转变为重商。

商贸的繁荣吸引了大量的城市流动人口，带动了京口饮食服务业的兴旺。东晋时，这种趋势进一步发展，"征战运漕，朝廷宗庙，百官用度，既已殷广，下及工商流寓，僮仆不亲农桑而游食者，以十万计"（《晋书·食货志》）。经商和从事饮食服务业的队伍越来越庞大。由于经商获利快，到南朝时，从事商贸流通的人更多，"穑人去而从商，商子事逸，末业流而浸广"（《宋书·孔琳之传》）。

六朝时，京口地位显要、人口众多，拥有了诸多有利于经济发展的条件，商贸运输业兴旺，是江浙地区粮食和各类物资北运的重要集散地，也是纺织、铜镜和渔产品的重要市场。当时在京口集散、销售的大宗商品几乎涵盖了当时农业社会的所有主要产品，有米、谷、布、丝、帛、绢盐、鱼和海货等，还有从全国各地转运来的青瓷和其他日用品，以及比较贵重的金、银、玉器和玻璃器皿等。据考古发现，镇江出土的六朝遗物来源遍及全国，仅青瓷就有越窑、瓯窑、德清窑的各类产品，还有江西、福建、广东等地的青瓷器皿，说明当时货物的来源广泛，市场繁荣，京口已成为南朝的商业中心之一。

由于京口自身的消费量大，经这里转运的货物又多，京口市面上物资丰富，商业发达。当时的地方官吏、士族和百姓大搞商业转运活动，具有官商合一和全民皆商的特点。官吏、士族利用这里优越的交通条件和其职务便利，在商业活动中聚敛财富，腐败之风漫于朝野。东晋尚书令习协居京口，"以奴为兵，取将吏客使转运，皆协所建也，众庶怨望之"。到了其孙习逵一代，"兄弟子侄并不拘名行，以货殖为务，有田万顷，奴婢数千人"，被称为"京口之蠹"。《宋书》卷八四《孔凯传》记载："凯弟道存，从弟徽，颇营产业。二弟请假东还，凯出渚迎之，辎重十余船，皆是锦绢纸席之属。"孔凯因此成了当地的富户。寓居京口的官吏纷纷效仿，经商发财。当时在京口做官，不搞运输经商者少之又少。到萧齐时，国家开始在京口设常平仓仓储商货。常平仓资金、实力雄厚，发挥了调节市场的作用。它是政府在地方上的仓储，确保了各路物资在京口的集散和运转。在中转贸易的刺激下，沿江和沿河带形成了许多名铺、商市。京口商业队伍庞大，从业人员众多，当地的老百姓也多以商贩为业。

2. 各业兴起

京口酒业由来已久，它的历史可以上溯到周朝。明末清初，周亮工所著《书影》有云："相传周宪王时，客有以京口老酒献者。王饮而甘之，岁命载数瓮来，民间竞尚之。后予乡人婚嫁宾筵，非此不足鸣敬矣。"如果照这种民间传说来推算，京口老酒可谓中国最古老的贡酒。远古的酒史虽难详细地精确考稽，但至晚在东晋时期，京口酒业已展现在这片地域之中。东晋朝廷在此组建了强大的军队，号称北府兵，拱卫江南。而与北府兵同享盛名的就是当地酒业人士酿造的京口酒。南朝宋人山谦之在《南徐州记》中引桓温之语说："京口酒可饮，箕可用，兵可使。"据说驻扎在京口的北府兵也酿造美酒，号称北府酒。六朝时，镇江的酿酒业是很有名的。元《至顺镇江志》卷四"饮食·酒"云："晋桓温云：'北府酒可饮。'谢玄度曾莅此镇，与亲旧书称：'京口酒美可饮。'《舆地志》：'京口出酒，号曰京清，埒于曲阿。'"唐李白有诗云："南国新丰酒，东山小妓歌。"

由于靠海、临江、沿河的优势，京口的造船起源早，发展快。春秋、战国时代，南方的吴国人使用船只已经是普遍现象。他们世居江海之滨，"山行而水处。以船为车，以楫为马，往若飘风，去则难从"（《越绝书》卷八）。他们已能制造大翼、中翼、小翼等多种类型的船舰，船体已有相当规模。其规模为"大翼一艘，广丈六尺，长十二丈。容战士二十六人，棹五十人，舳舻三人，操长钩矛斧者四，吏仆射长各一人，凡九十一人。当用长钩矛、长斧各四，弩各三十二，矢三千三百，甲兜鍪各三十二"（《太平御览·兵部》卷四六）。《墨子》中记述了一场水战："昔者楚人与越人舟战于江，楚人顺流而进，迎流而退，见利而进，见不利则退难；越人迎流而进，顺流而退，见利而进，见不利而退速。越人因此若势，亟败楚人。"这说明春秋战国时期，舟船除了用于交通运输之外，还用于军事防御。那时句吴的战舰经常在长江下游及沿海一带游弋。三国时期，汉代主要的造船基地尽为东吴所有。据《三国志·吴书·贺齐传》记载，当时东吴创制了多型战舰，所造战舰"雕刻丹镂，青盖绛襜……蒙冲（冲锋舰）斗舰（主力舰）之属，望之若山"。造船业是六朝时重要的手工业部门，当时造船规模和技术有明显提高。

二、隋唐商贸

经过六朝的开发，润州凭借优越的自然地理条件，形成了长江横贯东西、运河竖穿南北的黄金通道。隋唐时期的润州，经济得到了稳步的发展，成为一个繁荣兴旺的城市。《隋书》卷三一《地理下》记载："京口，东通吴、会，南接江、湖，西连都邑，亦一都会也。"

1. 繁华润州

唐代，润州受战争破坏的时间较短，长期保持繁荣富庶的局面。如武周时，徐敬业在扬州起兵反抗武则天，渡江攻陷润州，但很快退败。"安史之乱"时，永王李璘率部打着平叛的大旗从上游攻润州，没等到与肃宗李亨的遣兵交锋就崩溃了。上元年间，江淮都统刘展在润州发动叛乱，又很快被田神功的队伍扑灭。润州由于社会稳定、经济发展，人口大量增加。据史料统计，天宝元年（742），大唐全国每县户数平均高达 5715.69 户，而江南东道平均为 11355.15 户，居全国之首；三吴四郡人口比唐初增加四倍，其中润州丹阳郡（镇江）为 25505.75 户，是中国人口密度最大的地区。据《新唐书》载：润州"户十万二千二十三"，比同期的苏州（户七万六千四百二十一）和扬州（户七万七千一百五）的人口都多。人口的增加带来了商业的繁荣，当时润州有专门的商业市。张剑光教授在《略论唐五代江南城市的经济功能》中说："唐代，大城市实行坊市制。坊市制也推行到江南的大城市中，苏州、润州、金陵、越州等都有专门的商业市。"唐代润州境内的镇市史载不详，已知的镇有丹徒、下蜀、延陵，市有新丰。这是一批最早沿江、沿河（运河）、沿道路出现的镇市。

润州在江南东道的地位也很突出，被誉为"东口要枢，丹徒望邑，昔时江外，徒号神州，今日寰中，独称列岳"（《唐代墓志汇编》垂拱五二），是

"三吴之会，有盐井铜山，有豪门大贾，利之所聚"（《文苑英华》卷四〇八常衮《授李栖筠浙西观察使制》）。唐代诗人刘禹锡曾这样描绘润州的繁荣："江北万人看玉节，江南千骑引金铙。""碧鸡白马回翔久，却忆朱方是乐郊"（《全唐诗》卷三五九刘禹锡《重送浙西李相公》）。杜牧《润州二首（其一）》中有："句吴亭东千里秋，放歌曾作昔年游。青苔寺里无鸟迹，渌水桥边多酒楼。"记载了他在渌水桥边的酒楼会友，高谈阔论，觥筹交错，展示了润州夜宴繁荣的场景。20世纪80年代，考古工作者在镇江丁卯桥畔发现了一窖唐代的金银器，里面有各式各样的餐具、酒具。其中精美的银盒、银碟、银碗、银勺、银匕、银提梁锅不少，一款银鎏金龟负"论语玉烛"酒令器具（包含酒令筒、酒令筹、酒纛等），无不展示了唐代润州宴饮的奢华讲究，已不再满足"醉折花枝当酒筹"，可以视为都市繁荣的写照。

2. 水运枢纽

隋大业六年（610）冬十二月，"敕穿江南河，自京口至余杭，八百余里，广十余丈，使可通龙舟，并置驿宫、草顿，欲东巡会稽"（《资治通鉴》卷一八〇《高祖文皇帝下》《炀皇帝》），完成了以洛阳为中心的京杭运河的贯通，将中国海河、黄河、淮河、长江、钱塘江这5条东西方向的自然河南北联结起来。而京口正处在江河交汇的中心，勾连东南西北，启闭东南门户，水运辐射突破了以往向北仅循邗沟至淮的局限，达到了黄河、海河流域。从此，京口、扬州间江面"商旅往还，船乘不绝"，"自扬、益、淮南至交、广、闽中等州，公家运漕，私人商旅，舳舻相继"。"自是以后，南北渡者皆以京口为通津。"由京口入江的镇江运河段，是与江北运河相连的江南运河主航道。这一地理优势确定了京口是江南运河入江口的主口门地位，使其成为连接江南与江北的重要渡口和码头。北方士民"南渡"，多居镇常一带。随着全国经济重心的南移、人口的增长及大运河的开凿，自隋唐起，沿江带和运河线上的城市逐渐兴起，发展成为商贾辐辏的民居城市，有力地推动了商业、手工业和运输业的发展。

初唐，江南的中心城市实际有"三州"，即润州、宣州、越州。如唐睿宗景云时置都督府，四大都督府中江南一个也没有，但中都督府中江南有两个，即润州和越州。开元八年（720）置十道按察使，江南东道按察使设在润州，江南西道按察使设在宣州。此后，这"三州"同为三道观察使的治所。其时"三州"地位最高，除了军事和政治方面的原因，还因"三州"在经济上是江南影响力最大的城市。

3. 漕运咽喉

唐初，朝廷对南方粮食依赖不大。唐玄宗以后，"国用渐广，漕运数倍，犹不能支"，至"开元二十五年运米一百万石"（《旧唐书·食货志下》），江南漕运的规模逐渐增大。此后，经润州北上的东南漕路日益重要。太湖、钱塘江流域的漕粮、贡赋均由此北上，大规模的官办漕运成了润州水运的主体。《文献通考》称："唐时漕运最重者京口，江淮之粟所会，是诸郡咽喉处。"

由于瓜洲与北岸相连，江北岸线向南延伸了 20 多里。长江南北虽然缩狭了，扬子津口门却被堵塞，济运十分不便。漕粮由润州水运至瓜洲，再陆运转驳至扬子，"斗米费钱十九"；如果由瓜步沙尾绕行 60 里，"舟多败溺"。为了改变这种状况，开元二十六年（738），润州刺史齐瀚经朝廷批准，在瓜洲上开挖了一条长 25 里的伊娄河，各类船只可以从京口埭下（即大京口）直接渡江，经伊娄河达扬子，大大缩短了京口与扬州之间的航运距离。齐瀚在开挖伊娄河的同时，为了解决江河水位差，还在伊娄河上设造了二斗门船闸，作为配套工程。

齐瀚的这一壮举受到了李白的称赞，李白作诗云："齐公凿新河，万古流不绝。丰功利生人，天地同朽灭。两桥对双阁，芳树有行列……海水落斗门，湖平见沙汭。"由于运河京口段的长江入水口在京口埭，齐瀚在瓜洲开凿伊娄河后，京口开往扬州的船只可通过伊娄河直航北岸，京口的航运能力得到加强，京口也成为贯通南北、连接东西航运的交通枢纽，江南的大批货物经过这里源源不断地运到北方，北方的大批货物也经由这里引进到了江南，京口在沟通南北经济和文化方面的作用越来越大，成为南北经济文化交流的传输点。

当漕运的畅通直接关系到国家政权的稳定时，京口作为江南漕运的咽喉，其水运的通畅与否便具有了全国性的意义。天宝十四载（755），"安史之乱"爆发，藩镇割据，战火不断，北方社会经济遭受破坏，"户版不籍于天府，税赋不入于朝廷"（《旧唐书》卷一四一），朝廷府库空虚。而江南没有受到太多北方动乱的影响，经济继续稳定发展。中唐时，江南已成为唐朝赋税和漕粮最主要的供应地。权德舆说："江淮田一善熟，则旁资数道。故天下大计，仰于东南。"（《新唐书》卷一六五）韩愈在《送陆歙州诗序》中也说："当今赋出于天下，江南居十九。"当时的都城长安在北方中原，山河重阻，陆路运输异常艰难，为了满足都城对漕粮的需求，运河的作用越发凸显出来，特别是为了保证江南财富对中原的供应，江南运河的畅通成了统治者最关心的问题。大量的东南漕粮从京口发运，经长江、汉水，过襄阳至商州，运往长安，江南成为唐朝赋税、漕粮主要的供应地。"安史之乱"被平定后，京口的漕运地位变得更加重要，京口也是两浙乃至诸道漕粮集结北运的中心。南宋吕祖谦在《历代制度详说》卷四六中说："唐时漕运，大率三节：江淮是一节，河南是一节，陕西到长安是一节……三节最重者京口……京口是诸郡咽喉处。"李德裕也在《招隐山观玉蕊树戏书即奉寄江西沈大夫阁老》诗中称这里"水国逾千里，风帆过万艘。"（《全唐诗》卷四七五）

由于地位的重要，从贞元年间到唐末，京口一直由皇帝倚重的高官担任守土之职，并兼转运使衔。贞元元年（785），镇海军节度使韩滉充江淮转运使；贞元十年（794），润州刺史王纬兼诸道转运使；贞元十五年（799），润州刺史李锜充诸道转运使；乾符四年（877），润州刺史高骈充诸道转运使。从德宗年间起，京口漕粮的集运对唐王朝的命运有着生死攸关的影响。韩滉之所以被朝廷看中，是因为他掌握了东南漕运的"咽喉"之地润州，在保证漕粮的供给方面立了大功。德宗时，"关中蝗，食草木都尽。旱甚，灞水将竭，井多无水"。都市之内，饿殍遍地，百姓"聚泣田亩"。因长安粮尽，得不到犒饷的禁军酝酿哗变，德宗与太子相拥而泣。当得知发自扬州而中途受阻的运船已接近长安，德宗喜不自禁地跑到东宫对太子说："米已至陕，吾父子得生矣。"（《资治通鉴》卷二三二）由于韩滉"忧王师之绝粮"，在浙江东西市米600万石，从京口发运中原。一时，"淮汴之间，楼船万计"。其中，对运往关中、支持收复长安唐军的100艘米船采用了武装护航。韩滉"自负囊米至舟中，将佐争举之，须臾而毕。艘置五弩手，以为防援……时关中兵荒，斗米直钱五百。至滉米至，减五之四"（《资治通鉴》卷二三一）。贞元二年、三年又分别运了70万、100万斛粮至关中。《册府元龟》曰："江、淮、两浙转输粟帛，府无虚月，朝廷赖焉。"1971年1月发掘的洛阳含嘉仓 160 号窖遗址中出土的铭砖，除记载了储粮的时间、数量、品种、仓窖位置及授领粮食的官员姓名以外，还记载了所储粮食的来源，主要有润州、苏州、徐州、楚州、滁州等。润州不仅是漕运的关键，也是江浙地区粮食和各类物资北运的重要集散地。

4. 货物转运

凭借江河交汇的优势，唐代润州逐渐发展成为江南地区一座商贸发达的城市，并成为江南道浙西观察使的治所。当时，治所管辖的润、常、苏、杭、湖、睦六州的货物都在润州集结北运，大批东南租布也经大运河过润州北上，经润州转输的有：丹阳郡（镇江）绞衫段；晋陵郡（常州）绞绣；会稽郡（绍兴）铜器，罗、吴绞、绛纱；南海郡（治于广州）玳瑁、珍珠、象牙、沉香。在民运、商运的货种中，桑、茶、竹、果等农副产品也占据了相当比例，这表明江南地区经济作物的种类在增多，反映出江南农业生产达到了一个新水平。以茶为例，治于润州的浙西观察使辖内的润、常、苏、杭、湖、睦诸州，茶叶产量极其丰富。

唐代，润州以丝织著称于世，进入中唐，润州丝织业发展更是突飞猛进。开元末到天宝初（738—742），润州土贡丝织品仅有方文绫、水纹绫和火麻、纻、方纹水波绫。据《旧唐书》卷四载，天宝元年，"丹阳郡船，即京口绫衫段"。当时润州的绫，因其薄而属上乘丝织品，但品种不多，数量有限，仅岁贡 10~20 匹。到了长庆年间（821—824），润州丝织品在品种上增加了衫罗、水纹、方纹、鱼口、绣叶、花纹等绫。当时全国进贡特殊丝织品的有 63 州共 91 种，江南道占 15 州 32 种，居全国之首。在江南道中，润州贡特殊丝织品有 6 种，仅次于越州、宣州，超过了定州、扬州、成都。在产量上，也快速增长。李德裕任浙西观察使时，"奉诏旨，令织定罗、纱袍段及可幅盘绦缭绫一千匹"。唐敬宗即位后，即诏浙西一次性进奉专供皇帝使用的天马、掬豹、盘绦等文彩珍奇的丝织品一千匹，遭到了李德裕的拒绝。

5. 造船基地

唐代，润州造船业有了较大的发展，润州已经成为重要的造船基地之一。由于润州东接大海，江河交汇，水资源异常丰富，给造船业的发展提供了条件，境内大大小小的造船作坊众多，能制造出沙船、舸船、舫船、飞蓬船、铁头船等多种船型，此外还有各种战船。贞观二十一年（647），唐太宗御书"敕宋州刺史王波利等发江南十二州工人造大船数百艘，欲征高丽"（《资治通鉴》卷一九八）。据胡三省注，十二州中就有润州。唐贞元年间朱泚、李怀光叛乱时，德宗移居奉天（今陕西凤翔），时驻润州的镇海军节度使韩滉在润州打造楼船战舰 3000 艘，并在润州至江阴海口巡弋布防。在短期内就能打造 3000 艘楼船，说明润州造船业的生产规模和技术力量非常可观。

6. 唐代冶州

润州是唐代六大冶州之一，位列第三。全国"凡银、铜、铁、锡之冶一百六十八，陕、宣、润、饶、衢、信五（疑为"六"之误）州，银冶五十八、铜冶九十六、铁山五、锡山二、铅山四"（《新唐书·食货志》）。唐代润州的铸铜水平高超，尤其是唐中期以后，润州官立作坊及民间金银器加工和制作工艺达到了很高的水平。据《旧唐书》载述，唐代"金、银、铜器皆出润州"，足见润州金、银、铜器在当时的影响和地位。在中国出土的唐代金银器中，有铭文可考、确定产于南方的共有 7 批，其中两批均出土于润州，即李德裕在甘露寺塔基内瘗藏的金棺银椁和丁卯桥银器窖藏。这些润州原产地的金银器，精美细致，堪称国宝。长庆四年（824），浙西观察使兼润州刺史李德裕，"奉宣令进录盈子，计用银九千四百余两"，次年"又奉宣旨，令进妆具二十件，计用银一万三千两，金一百三十两"，润州不产金银，这些巨额金银原料，都是"差人于淮南收买"，然后在润州"旋到旋造，昼夜不辍"。

句容市北 60 里的铜山（今句容九华山附近的伏牛山古采矿场）是唐代全国铜产量最大的铜矿之一。伏牛山铜器，唐时被列为贡品，主要为铜镜。除铜镜之外，润州还生产杯、盆、瓶、佛像等多类铜器，其造型、工艺都非常精湛。据《新唐书·地理志》载，扬州广陵郡、润州丹阳郡铜器皆被列为贡品。

7. 铸钱中心

唐代润州曾是铸钱之所。"天宝中诸州，凡置九十九炉铸钱，润州……等五州各十炉。"（《通典》卷九）根据史载，每炉役丁匠 30 人，每年作 10 番，每炉约用铜 21220 斤，另蜡、锡若干。10 炉 1 年当铸铜 105 吨，可见规模之大。开元二十六年（738），唐政府在润州、宣州等地设置钱监。后又诏令出铜之所设监，而丹阳（润州）、扬州皆设监钱官。后因私铸愈演愈烈，天宝后期，唐政府厚募工匠官铸，诸州凡置99炉铸钱，每炉计铸330贯，每年计铸327000余贯文。唐政府在润州置十炉，年铸3300贯，占全国总量的十分之一。

三、宋代商贸

南宋《嘉定镇江志》卷六云："京口当南北之要冲，控长江之下流。自六飞驻跸吴会，国赋所贡，军须所供，聘介所往来，与夫蛮商蜀贾，荆湖闽广江淮之舟，凑江津，入漕渠，而径至行在，所甚便利也。"宋代时，镇江延续了唐代的优势，依旧是经济发达的两浙门户和连接闽、广的水运通衢，在长江运输和漕运中具有重要地位。南宋时，镇江的地位再次提升，"从原来承担区域物资传输的区域中心城市，跃升为兼具政治、军事、经济等多项功能的大城市"（包伟民《宋代城市研究》）。

1. 漕运

宋代镇江运河漕运的主导地位十分明显，与扬州、杭州同为运河线上重要的商业中心。当时两浙的漕船皆取道大运河镇江段越江北上，官方漕运是北宋时镇江水运的活动主体，在漕运中具有超地域的重要地位。北宋时，东南地区运往汴京的漕粮，年定漕米在800万石，通过镇江北运的漕粮就有400万石，并设立了转般仓便利漕粮的中转。到宋真宗、仁宗年间，东南包括两浙在镇江转输的漕粮每年竟有700万~800万石。从天圣年间（1023—1032）至靖康元年（1126），两浙漕粮在镇江过江后，不再在真州（今江苏仪征）、扬州转卸，而是直送京师，号"直达纲"。这些漕粮除了养活汴京的政府、军队和百姓，还有一部分继续运往河北、陕西等地，以供军粮。但镇江漕粮中转的功能依旧，《宋史》卷一七五《食货志·漕运》云："靖康元年，令东南六路上供额斛，除淮南、两浙依旧直达外，江、湖等四路并措置转般。"镇江是南宋长江中下游及淮南各路漕粮贡赋的集纳港和分输港，不仅承担杭州所需的中转，而且承担两淮军粮的发送。港口除有300万石的漕粮仓储能力，还直接将两湖、江西的漕船在京口港过船驳运至两淮。

宋代镇江已建成一个粮食仓储转运中心，使集并、仓储与装运相配套。宋《嘉定镇江志》和元《至顺镇江志》记载了镇江的粮仓情况。绍兴七年

（1137），南宋在镇江府建大军仓，"前临漕河，后枕大江"，"诸路纲至，即令卸纳"。作为粮食存储转运之所，当时储米 60 余万石，取代了北宋时真州、泗州（今江苏盱眙）漕粮转般中心的地位。孝宗年间，镇江守臣又奉命复建北宋时的转般仓，与大军仓夹河而立。嘉定年间，因郡守史弥坚认为"滨江积贮，最为利济，要须储蓄百万，以便转输"，大军仓分南仓、西仓、东北仓三所，元代改北仓为香糯仓，"以受本路及常州路上供香糯"。史弥坚在修筑归水澳时，用挖出的土筑成转般仓的坦堤，"其达于甘露港者，则为上下二闸，候潮登否，以益纳上流之舟。且虑二闸之间不足以容多舟也，视北固之址有陂泽，则又通之为秋月之潭，以藏舟焉。其下闸之外，则浚补八十丈，客舟浮江，乘便舣泊，以避夫风涛之害"（《嘉定镇江志》卷六）。又引甘露港为护仓河，然后在其上再建厫宇 20 座，把该仓储存能力提高到 100 万石，将旧有的都仓扩建至 60 间。

黄震在《黄氏日钞》中这样写道："尝考转般仓之名，本为关津处，停米易舟而设。国朝以淮浙直达京师非便，置转般于真州、泗州。南渡后，以浙米直达两淮非便，又置转般于京口。"可见，镇江转般仓的作用之一是收储浙米转般直达两淮。嘉定中，提举淮东常平的汪纲建议和籴淮东丰年之米粮，说："淮民有警则室庐莫保，岁凶则转徙无归，丰年可以少苏，重以苛禁，自分畛域，岂为民父母意哉！请下金陵籴三十万以通淮西之运，京口籴五十万以通淮东之运。"又言："两淮之积不可多，升、润之积不可少……江上岁饷当至京者，贮之京口、金陵转漕。"这说明镇江转般仓和籴米数量亦相当可观。

景定元年（1260）春，宋理宗鉴于"京口转般仓，尤两淮军饷襟喉，赐缗钱五十万，米以石计者，千有三百。用鸠工新其旧"，第二年春完工。南宋镇江运河河口及城外运河沿线，除户部大军仓、转般仓外，还有都仓、丰储仓等重要设施，综合仓储能力达 300 万石左右。其中，转般仓用于接纳上江来米，运济两淮；户部大军仓统调全境；丰储仓常储粮 100 万斛（石），以作"饥荒军旅之备"，"以陈易新，使常有一年之蓄"，经常进库出库的有 140 万石以上。咸淳年间（1265—1274），淮浙发运司在镇江府吕城镇设有年仓，"凡四十厫，受纳苏、常公租，转输镇江转般仓，折运过淮。后隶浙西提刑司，谓之都仓"（《至顺镇江志》卷一三）。除有储存、转输粮食的各类粮仓以外，还有储存其他各类货物的库，如军资库、公使钱库、督醋库等，不计其数，可证镇江在漕粮等物资转运方面的重要作用。正如南宋臣僚所言："国家驻跸钱塘，纲运粮饷，仰给诸道，所系不轻。水运之程，自大江而下至镇江则入闸，经行运河，如履平地。川广巨舰，直抵都城，盖甚便也。"（《宋史·河渠志》卷九七）

2. 货运

随着江南经济的发展，东南向朝廷输送的货物种类越来越多，镇江的航运业越来越繁忙，大量的布帛、铜器、铁器等源源不断地经镇江转运到北方，包括各地进献给朝廷的贡品也在镇江集结北运。那时来自全国各地的商船源源不断，它们"南去挟吴丝，北来收果实"。尤其是南宋时期，镇江是各地货物由长江转入江南运河，然后运往南宋都城临安的必经之路，商运异常发达。"镇江遂成为长江流域一座对外贸易活络的港口，乃商业最盛的重要城市。"（刘建国《古城三部曲——镇江城市考古》）当时两浙路的鱼、盐、布帛，淮南东西路的茶、盐、丝帛，江南东西路的茗荈、冶铸、金帛，荆湖南北路的金、铁、羽毛等，均是通过镇江转入运河，然后运到临安，镇江也赢得了"银码头"的赞誉。由于镇江是江南运河的口门，船艘汇集，镇江运河经常拥堵。《太平广记》记述了唐贞元间江南运河广陵埭（丹阳县城东）过船的情况："于时，舳舻万艘，隘于河次。堰开争路，上下众船，相轧者移时，舟人尽力挤之……"镇江港口的商运持续发展至南宋，大运河上经常"篷帆塞路"。由于运输繁忙，一些穷苦农民也"买航（船）赁客逃荒年"，航运因此也成为民间重要的从业领域。

宋代，经镇江入长江和运河北口水运的货物种类十分丰富，水运的货物最初以漕粮为主，后来统治者对南方的要求越来越多，货物的种类也逐渐增加。货物通过镇江转般，输往临安及其他地方。时值封建社会隆盛，镇江的水运客观上担负了全国范围的南北经济、文化诸多方面的交流转输、集散传播的历史作用。唐宋镇江水运不仅依运河纽结南北，而且凭长江勾通东西，联结江、海、河。杜甫《柴门》诗中的"风烟渺吴蜀，舟楫通盐麻"，就是对长江中上游地区与下游东南之地商贸往来的写照。

3. 茶盐榷货

宋代，东南的大量茶叶从镇江通过运河北上，可直至塞北。北宋时，政府每年茶利数百万缗，皆取自东南。南宋时，两浙各州的茶叶则由各山场组织，通过镇江运至海州（今连云港）务场集中，可见镇江也是茶叶贸易的重要转运码头。

北宋盐商主要聚集在汴京、真州和解池（今山西运城）附近，南宋时主要分布在杭州、建康、镇江、真州等处。从这些盐商的经营方式来看，大致可分五类：一类是承揽产销的豪商或大扑买主，二类是交引户或钞引铺主，三类是贩运客，四类是销售商，五类是盐牙子。南宋茶盐专卖主要实行钞引制，在建康、镇江、临安三处设榷货务都茶场负责卖钞，三场务的收入归属中央财政系统，主要用于赡军。建康务的卖钞收入主要归淮西总领所作军费，"建康屯驻大军支遣万数浩瀚，别无朝廷科降钱物，全籍务场入纳茶盐等钱应副，每岁立定额钱一千二百万贯"（《定斋集·乞依行在场务优润状》）。镇江务的卖钞收入则多归淮东总领所作军费，淮东总所"经费一月何啻六十万缗，镇江务场认发几半，全借发卖茶盐钞引，以应供亿"（《宋会要辑稿·职官》）。宋绍兴二年（1132），政府规定临安、镇江、建康榷货务收钱达一千万贯。绍兴六年（1136）八月，又调整为"榷货三务，岁收及一千三百万缗许推赏"。绍兴二十四年（1154），这三所榷货务实收茶盐息钱为二千零六十六万余缗。孝宗乾道六年（1170），又规定这三所榷货务所收茶、盐、香矾钱为二千四百万贯。乾道八年（1172），又用驻守镇江的总领淮东军马钱粮蔡洸之请，规定镇江榷货务专卖临安、平江、绍兴三府（州）之盐，两浙各州的茶叶则由各山场通过镇江运至海州务场集中。

绍兴十一年（1141），置总领淮东、淮西江东、湖广江西军马钱粮。淮东、淮西、湖广三总领，"各专一报发御前军马文字，诸军并听节制。盖使之与闻军事，不独职馈饷云"（《建炎以来系年要录》卷一四〇）。总领很少直接介入军事，主要职责是承担军队的后勤工作。"凡镇江诸军钱粮，隶淮东总领，治镇江；建康、池州诸军钱粮，隶淮西总领，治建康；鄂州、荆南、江州诸军钱粮，隶湖广总领，治鄂州"（《建炎以来朝野杂记》甲集卷一一《财赋四·总领诸路财赋》）。淮东总领所除负责军备粮饷供应外，还负责安顿正规军营寨的经费。淮东总领治在镇江，说明了当时中央财政对镇江的重视，考量到镇江连接长江和运河的优势，具有军需粮饷补给和联络杭州及长江中上游水运的便捷。因为从建置上说，总领衙门作为一种准行政组织，是中央政府为适应各大区域之经济资源及中央在各区域的财政需求的差异，因时之需、因地制宜建立的，可以视作中央财政在地方设置的代理机构。

淮东总领辖淮东、江东、江西、两浙路，后置淮东总领以供淮东宣抚司之军需，仍从江东等路获得财赋。据统计，"淮东总领所岁费为钱七百万缗，米七十万石，而诸郡及盐司所输之缗多愆期者"（《建炎以来朝野杂记》甲集卷一七《淮东西湖广总领所》）。所以"名虽淮东，而所总多江东、浙西财赋"（《建炎以来朝野要录》卷一九九）。其辖区不止于淮东、江东、两浙三路。按乾道年间（1165—1173）淮东每月所费五十八万缗，其中有十三万缗来自江西九郡（《建炎以来朝野杂记》甲集卷一七《财赋四·淮东、西、湖广总领所》）。南宋景定年间（1260—1264），黄震亦称："据淮东总领所，申称本所，先曾取运江西米到转般仓交收"（《黄氏日钞》卷七二《申提刑司辨总所欲追治本仓状》）。南宋时，类似职责由总领承担，如绍兴三十一年（1161）及嘉定六年（1213）两次开淘镇江府运河，皆令淮东总领所董役。

4. 专卖中心

南宋淮浙钞盐史的序幕，在高宗即位时已经揭开。《宋史·张悫传》说："高宗为兵马大元帅，募诸道兵勤王，悫飞挽踵道，建议即元帅府印给盐钞，以便商旅。不阅旬，得缗钱五十万以佐军。"张悫曾担任计度都转运使，他颇"善理财，论钱谷利害，犹指诸掌"。当时另一位发运使梁扬祖也说："昨来兵马大元帅府"，"印卖东南、北盐钞引"（《宋会要·食货》）。这"兵马大元帅府"是靖康元年（1126）闰十一月在河南相州（今河南安阳一带）建置的。第二年正月，移至东平（今山东郓城）；四月，又移到应天府（今河南商丘）。大元帅府卖钞换钱的办法，本来是高宗即位前为应付急需而采取的权宜之计。但高宗即位后，皇室在金军追击下东逃西窜，过了十几年的流亡生活，竟将权宜之计变成了惯用的手段。

为了躲避金兵的追赶，宋高宗和孟太后等在逃难中先后短暂驻跸过真州、镇江、建康、越州、明州、温州、吉州、杭州等地。这些地方都一度被称为"行在"和卖钞中心。其中，除明州、温州外，其余6处都曾为中央专卖机构——榷货务的设置地。以经销淮浙盐钞为主的榷货务——南宋朝廷的第一个中央专卖机构，设在真州。那是高宗应天府称帝之初，根据当时发运使及提领措置东南茶盐官梁扬祖的报告，真州恰处在"两淮浙江诸路商贾辐辏去处"。于是，由梁扬祖"即真州置司"。这一专卖机构的名称，先为"提领措置真州茶盐司"，后来改作"真州榷货务"（《宋会要·食货》）。真州榷货务建立之际，虽然宣布停止大元帅府印钞卖引，但汴京当初发行的淮浙盐钞仍继续流通着。这些京钞，无异于新朝廷的债券。为了通过真州卖钞而直接获得较多的现钱，高宗在建炎元年（1127）六月十六日下令将淮浙盐场的海盐分成两半，一半支付给真州钞客，一半支付给持京钞者。

绍兴三年（1133）四月，吕颐浩的都督府移往镇江，要求建康的务场也相应移至镇江置局。镇江成为南宋朝廷设置的第7个专卖中心。但是镇江驻军纪律不好，钞商的钱财往往被人攘夺。所以建康残留的务场，照旧"给卖钞引"，且与镇江、杭州务场相并列，形成三个专卖中心共存的局面。虽然商税额的多寡与政府对商业和市场活动的管理政策和物价波动有关，但也能从一个侧面反映出市场规模和发展水平。根据对南宋中后期临安、嘉兴、湖州、庆元、绍兴、常州、镇江7个府州30个市镇年商税额的统计，各镇的平均额为3.2万余贯。宋代镇江府的皇塘镇丁桥村就相当繁华。南宋刘宰《太霄观记》载："（丁桥）虽非井邑，而水可舟，陆可车，亦农工商贾一都会。"

南宋时，镇江民间出现了"交引铺"，即经营茶盐等钞引的铺户，他们大多是殷商大贾，资本雄厚，"致镇江府街市铺户茶盐客人，阙银请纳盐钞茶引"。实际上是在进行抵押、质押钞引以借贷的民间金融业务，甚至出现了直接用钞引等文书票据换取银子的交易，带有早期证券交易的色彩，也是镇江商业、金融高度发展的重要表现形式。

南宋时，镇江的官府还铸造银锭，有固定的形制和重量。银锭上多刻有文字，记载地名、用途、重量、官吏、匠人名称等。其中有一种用于进奉的银锭，专用于地方官员进奉朝廷或给皇帝祝寿。淳祐七年（1247），镇江府天基节向上进奉银锭，银锭上刻字："镇江府　今起发淳祐七年分进奉天基圣节银三百两共六铤每铤计五十两　专知官　臣胡靖　文林郎镇江府录事参军　臣施来　中奉大夫权尚书户部侍郎淮东总领兼知镇江军府事　臣王埜上进　十二月十一日"。天基节是宋理宗赵昀的生日。当时，镇江官府不仅铸造进奉银，还铸造一些特殊银两。如两浙路安抚使镇江知府刘光世在镇江铸造凭信钱——"招纳信宝"，用来招纳被俘或投诚的金兵，瓦解他们的战斗力。《宋史·刘光世传》载，刘光世知金兵厌战，有思归之意，"乃铸金、银、铜钱，文曰'招纳信宝'。获敌不杀，令持钱文示其徒，有欲归者，扣江执钱为信"，吸引了金兵数万人投诚。由此可证，宋代镇江的铸钱水平还是很高的。

5. 商贸繁荣

官私商业繁荣是宋代镇江城市发展的显著标志。"京口要地，去建业密迩。人性礼逊谦谨，亦骄奢淫逸。六代之风流人物，综萃于斯，三吴之山川林泉，肇发于此。承太伯之高踪，由季子之遗烈。盖英贤之旧壤，杂吴夏之语音。三吴襟带之邦，百越舟车之会，举江左之郡者，常、润冠其首焉。"（《舆地纪胜》卷七）宋代的常州和润州是江南数一数二的大都市。那时的镇江，"四方豪商大贾，麇至鳞集，侨户寄居者尤众，固水陆一都会也"（《光绪丹徒县志·盐法》）。朝廷在镇江设置了不少与商贸税收有关的官署，有榷货务、江口税务、都商税务、都酒务、都仓厅、江口税官厅、转般仓监厅、大军仓官厅、织罗务、贡罗务等。宋代镇江的消费水平比较高，官员中的不少人都很有钱。从个别官员花天酒地的生活中可以看出当时的社会风气已经腐败成风。如南宋绍兴年间（1131—1162），镇江府城有个酒务官，"夸多斗靡，务以豪奢胜人"，"饮食极于精腆，同官家虽盛具招延，亦不下箸，必取诸其家"，"尝令匠造十桌，嫌漆色稍不佳，持斧击碎，更造焉。啖羊肉，唯嚼汁，悉吐其滓"（洪迈《夷坚志》丁志卷六《奢侈报》）。南宋时，镇江城内有酒楼 34 家，而当时京城临安也只有 40 家，两地酒楼相差无几。

南宋官商设在镇江的榷货务是南宋最重要的三个务场之一，专卖茶、盐、"舶品"等。同时，镇江民间出现了"交引铺"，他们可以控制一般商人的茶盐钞引，这是民间巨商；"民居商肆，夹渠而列"，这是坐商；还有西域商人和广东商人来镇江做买卖的。那时，商品的种类已经十分丰富，除了粮食等大宗商品外，主要还有食盐、茶叶、丝绸、瓷器、木材等。宋代镇江全府商税额列全国第十一位。

南宋时镇江作为江南一带的经济中心之一，工商业及相关行业的从业者成为大多数市镇人口的主体。这些人员分为四部分：一是资本雄厚的富商、手工业主和充当商品交易中介的牙商、驵侩；二是一般商人和手工业者；三是小商小贩和各色工匠；四是佣工、苦力等贫寒之人。市镇农民多从事果蔬、园圃等经济作物种植业，如刘宰《漫塘文集·孙沂墓志铭》记载：镇江府丹徒县大港镇孙沂兄弟，"竭力灌园，园之果蔬畅茂，他植者莫及之，负贩者争趋之"。陈国灿在《宋代江南城镇的物资供应与消费》中说："镇江府丹徒县居民孙大成有园地 30 亩，雇人种植蔬果，'不数年，嘉蔬美实，收利十倍'。"这种专业化、商品化的经营方式，使市镇农民的收入往往高于一般乡村农民；同时，受商业文化的影响，他们的消费需求也较一般农民活跃，对市场的依赖性更大。

南宋时镇江地区的镇市显著增多，顺应了当时镇江经济和交通运输的发展需要。其中，沿江南运河的有丹徒镇、新丰镇、陵口镇、吕城镇；沿长江岸线的有东阳镇、龙潭镇、柴沟市、仓头市、下蜀镇、高资镇、大港镇等。这些镇市在府治以西的不仅沿江分布，而且沿建康至镇江的陆路分布。例如在丹阳、句容间沿陆路的有白土（兔）市，在丹徒东南有沿县际河道的丁角镇。宋代闻人武子在丁角居住，写过一首《丁角暮春》诗："绿叶成阴春已归，茅檐相对两斜晖。残花且插春事急，别酒欲酌歌声微。黄鸟忽忽隔林语，杨花款款沾人衣。人间一别春常好，过我渔舟果是非。""闻人武子，号蓬池。寓居丹徒丁角。进士及第。高宗绍兴三年（1133），特补从政郎，授江东宣抚司。同年，改京官。"（《宋诗纪事》卷四九）

这些镇市因水陆交通而兴，具有浓厚的商业色彩。吕城镇因堰闸过船纳税交易而建，新丰镇因"请客舟以通所酿"而成，下蜀镇因其官港盐市而立，白土市因"俗织纱为业"，商贾坐贩而盛。这些镇市在宋代财政税收上具有重要地位，一些镇市的商税额甚至超过其所属县的税额。宋代镇江沿河、沿江和沿路镇市的发展，对镇江社会经济的发展产生了深远的影响。还有一个江口镇，濒临长江，地接蒜山渡口，南北商旅，多经此出入。江口镇商贸发达，专设有江口税官厅。其时，都商税官有文武两厅，酒官、作院官、排岸及五乡官，都无官舍，只有江口镇税官兼本镇烟火公事有厅。嘉定时，江口镇已是拥有 6000 多人的大镇。镇上风景秀丽，有江山楼和江月楼等观光景点。

6. 酒业

宋代京口酒和北府酒被镇江酒家重新发掘，并精酿细造，传之四方，成为全国知名的地方酒。陆游在《对酒戏作》一诗中曾以"色比鹅雏京口酒，声如珠贯渭城歌"的诗句来赞美京口酒。对于北府酒，人们也称颂不绝。南宋谢翱《赋得北府酒》诗云："北府酒，吹湿宫城柳。柳枝着地春垂垂，只管人间新别离。离情欲断江水语，女儿连臂歌白纻。淮南神仙来酒坊，甲马猎猎羽林郎。百年风物烟尘苍，老兵对月犹举觞。青帝泪湿女墙下，曾识行军旧司马。"由此可见，宋朝人已经学会利用历史名酒来推出新酿，并在品酒过程中讲述了酒家背后的传奇故事。

宋代的镇江酒业推出了许多酒类产品，据张能臣《酒名记》记载，北宋时镇江出产蒜山堂酒。到南宋时，镇江酒的品号多达 18 种以上，镇江成为江南地区产酒最多的州府之一。《至顺镇江志》曾记载了南宋时期的这些名酒，并将其划分为三类：第一类以州府戎司总所的堂室为名，有锦波堂酒、清心堂酒、坐啸堂酒、介寿堂酒、燕凯堂酒、百礼堂酒、共军堂酒和爱山堂酒；第二类以地名为名，有京口酒、还京酒、秦潭酒、浮玉酒、第一江山酒；第三类以镇江名泉为名，有真珠泉酒、中泠泉酒、不老泉酒。此外，其他史籍也有记载镇江酒类产品的，如《武林旧事》列出了北府兵厨酒和浮云春酒。这些名酒均由不同的酿酒机构出品，其中包括官库公厨和民间酒肆的酿酒。

官库公厨酿的酒一般在官方公务场合流通，很少在市场上出售。《至顺镇江志》卷一三记云："比较东务，与都酒务相近，又谓之支送库。酒名'第一江山'，不酤于市，但充馈送之用。"可见，第一江山酒是只用于官方馈礼的官酒，其他以"堂"命名的酒多属此类。只有城乡酒坊酿造的酒可作为商品在市场上推销，其中真珠泉酒和中泠泉酒的销路最好。镇江的民间酿酒业比较发达，市区和乡镇都有酒坊分布，美酒基本上是常年生产。到了清代，部分酒坊已从农业、商业中分离出来，独立生产。这些酒坊中的酿酒工人，有一部分也成为专门的手工业人口，他们"以酒谋生""以酒为业"，镇江当时酿酒的"槽户工役不下万余人"（《清高宗实录》卷六九）。

宋代镇江酒业的发展速度从酒的税收上也能体现，酒业是国家财政收入中的利税大户。相比北宋中叶以前，润州的酒税额还属于中等水平，此后逐年递增，到南宋时已扩增到上流水平。元《至顺镇江志》卷一三记载酒库岁课时说："宋熙宁十年以前，天下诸州酒课，岁额自四十万贯以上、至五千贯以下为九等。润止六务，岁额五万贯之上。南渡以后，军费浸广，而润之酤利浸增。"同书记载润州城及诸县共上交的酒课，熙宁年间为六万六千余贯，嘉定中达到七万四千余贯。当时，镇江酒库酒坊遍布境内，大型酒库主要集中在镇江城内。

《嘉定镇江志》记载，镇江有著名的七大酒库，即中库、西库、西上库、江口库、效士酒库、军资库和效士下酒库，这七座酒库均属于官营酿酒作坊，酒产量居镇江酒业之首。南宋时，诸官库公开抛售商品酒，并动员官属妓女卖笑售酒，以期增加官府的财政收入。《至顺镇江志》记载了当时的情形："库务楼店，各有所隶，曰本府也、总所也、戎司也，皆彩旗红旆，妓女数十，设法卖酒，笙歌之声，彻乎昼夜。"这种售酒活动大大推动了镇江酒业的发展，一直持续到南宋覆灭。

7. 造船

南宋时镇江造船业有了很大发展，沿江设立了多处造船基地。《嘉定镇江志》记载："造船场在江下。"《宋史·虞允文传》记载，绍兴三十一年（1161），虞允文见到镇江的各路驻兵有20多万，"惟海鳅船不满百，戈船半之……遂聚材冶铁，改修马船为战舰……命令战士踏车船中流上下"。《宋会要辑稿·食货》记载，绍兴三十二年（1162）闰二月十九日，判建康府江南等路安抚使张浚言："……诏建康府四万贯，镇江府三万贯……（打造舟船），限七月以前了毕。"同年，镇江府率先造船24艘。淳熙六年（1179），"诏建康府场务支拨盐两千袋，付镇江府驻札李思齐修整战船，及造马船三十只"。同年，又令松江诸州打造战船。庆元二年（1196）三月十五日，两浙漕臣王渫言："临安之浙江、龙山，绍兴之西兴、渔浦四渡舟船，仿镇江都统制司所造扬子江见用渡船样打造，以便往来，仍乞下镇江都统制司时暂差借高手工匠二十人应副差使，所有材料工食往来之费，乞于本司椿管钱内支拨。"（《宋会要辑稿·食货》）据《资治通鉴长编》载，嘉定十五年（1222），镇江知府赵善湘"教浮水军五百人，又制多桨船五百艘，无间风势逆顺，捷疾如泥，'赤乌'、'白鹅'两大舟，每舟可载二千人"。可见，南宋时镇江的造船业具有相当大的规模。其造船不仅造得多、快，而且船大，容纳的人多，机动性强，技术水平高，以至于皇帝曾下旨借调镇江的造船工匠去帮助临安建造渡船。

8. 丝织

宋代镇江丝织业继续发展。《文献通考》记载，北宋中期润州织罗务岁贡仅御花罗就有 1 万匹。宋《嘉定镇江志》卷一二中说到丹徒县"务"时，"润州造罗务，旧课十二日成一匹。王子与制置江浙，匹减一日。自后功课不及，岁终颇以鞭棰督促。"即按 1 人 12 天可织 1 匹罗，按 1 年织罗 300 天计，1 万匹罗需 400 人、400 张织机织 1 年。在宋代也算是大规模的手工生产了。在两浙路所辖诸州中，润州绢的质量最好。其税绢统归内藏府所收。

四、元代商贸

元至正二十六年（1366），"升漕东南之粟，以罢海运"（《蓬窗日录》卷三）。大运河裁弯取直，镇江扼江南漕运之咽喉，为东西南北士人商贾必经之途，漕路更见繁忙，市场上的商贸活动正常开展，每年通过镇江大运河段运送到大都的物资不计其数。东南沿海地区商业发达，江浙行省商税达 269027 锭 30 两 3 钱，在全国居第一位。由于元代镇江受到战争的影响不大，经济影响很小，人口也呈上升的态势。据至顺年间镇江人口统计，录事司登记的人口户数达 12808 户，大量的人口带动了市场的繁荣。

元代的镇江市场贸易充足，货物种类丰富，财税充盈。官营的商业活动和民间自发的商业活动都相当活跃。"今夫十家之聚，必有米盐之市。曰市矣，则有市道焉。相时之宜，以懋迁其有无，揣人情之缓急，而上下其物……此固市道之常。"（《漫塘集》卷二三《记丁桥太霄观记》）这是对当时民间贸易活动的真实记录。

1. 税务

据《至顺镇江志·赋税》载，镇江商课岁额中统钞十九万七百五十六贯二钱，按元代三十税一的定制，也可以看出当时镇江商业是很繁荣的。元代镇江大大小小的商业集市非常多，商业繁荣，税源充足。《至顺镇江志》记载，元代镇江路仅录事司所辖坊就有 28 家，市 5 家：大市、小市、马市、米市、菜市；丹徒县有酒坊 34 家，丹阳县有酒坊 55 家，并形成了上河街、税务街等 7 个著名的商业街市。据《至顺镇江志》记载，官府一年征收的商税，仅酒、醋课两项就多达三十九万八十四贯六厘中统钞。至元年间，实征竹木课二千七十八贯一厘。从征收的商税可反映出当时镇江商业繁盛的状况。当时镇江酒业发达，酒的贸易盛行。其他各种专业作坊亦不胜枚举。

元朝征收商税的机构称为税务，亦称税使司。大都因商业繁荣、商税收入数多，设有税课（后改宣课）提举司。商税征收机构按征税数额可划分为不同等级。大都税课提举司和杭州税课提举司为从五品，其余税务则按万锭之上、五千锭之上、三千锭之上、一千锭以上、五百锭之上 5 等，品阶分别是从六、正七、从七、正八、从八。提举司设提举、同提举等，税务设提领、大使、副使。据文献记载，万锭之上的税务有杭州在城、江涨、城南、真州；五千锭之上的税务有平江（今江苏苏州）、潭州（今湖南长沙）、太原、平阳（今山西临汾一带）、扬州、武昌、真定、安西（今陕西西安）；三千锭之上的税务有建康、龙兴（今江西南昌）、温州、泉州、庐州、江陵、淮安、庆元（今浙江宁波）、镇江、福州、成都、清江镇、恩州（今山东武城）、保定、大同、卫辉、汴梁、济宁、东平、益都、大名（今河北邯郸）、吉安，共计 34 处。

此外，还有大都税务所辖，无疑商税在万锭以上，但不在数内。杭州在城、江涨、城南 3 处，均在杭州境内，真州是长江、运河交汇之地。杭州、真州，还有大都，是当时市场交易最盛的城市。其次便是平江以下诸处。如按地区分析，则腹里 11 处（太原、平阳、真定、保定、大同、卫辉、恩州、济宁、东平、益都、大名），江浙行省 7 处（平江、建康、温州、泉州、庆元、镇江、福州），河南行省 5 处（江陵、淮安、庐州、卫辉、汴梁），湖广 2 处（潭州、武昌），江西 3 处（龙兴、吉安、清江镇），四川 1 处（成都），陕西 1 处（安西）。这些均为元代比较重要的商业城市。

税课提举司下辖若干税务。税务的设置应不限于《元典章》所载，有不断增多的趋势。例如，镇江路的税务，在《元典章》两处记载中都只提到镇江、金坛两处，而在元代《至顺镇江志》中提到镇江路的商税部门有在城务、谏壁务、丁角务、丹阳县、吕城务、金坛县 6 处。

2. 商贸

元代，意大利旅行家马可·波罗在《马可·波罗游记》中写过当时镇江的商贸情况："镇江府……恃工商为活。产丝多，以织数种金锦丝绢……"也就是当时的镇江人靠经营工商业谋生，广有财富。他们制造丝绸和金线织物。各种狩猎活动在这里极为盛行，各种食物也极其丰盛。《至顺镇江志》记载，元代镇江设有织染局、生帛局等官营手工业部门，并有为这些部门服务的官工匠户，每年"缎匹岁额五千九百一匹"，产量居全国同行业之首。仅丹徒一县就有300多匠户。当时经营的主要商品有粮食、茶叶、盐、酒、鱼、竹木、绸缎和珠宝。南方的各种粮食作物、丝麻棉织品、笔墨纸张、桐油、各式水果等，北方的红枣、柿饼、芝麻等，应有尽有。江南地区的商品，以各种丝织品为大宗，包括镇江地产的丝绸也远销海外。

3. 造船

元代习于海运粮食，需要一种既能运行于江河，又能经受得住海上风浪的运粮船。于是，镇江人罗璧于至元十九年（1282）奉命造平底船60艘，经海运运粮北上。这种平底船即为元明清时期习惯上称作"沙船"的航海船舶。沙船底平、身宽、头方、体大，既能行驶于大海而不致倾覆，也能顺利通过有沙滩阻扰的江河而不致搁浅。因此，沙船在元代被广泛应用于江南漕粮的河海转输。

江口镇属丹徒县，其范围大致相当于现今的镇江西门桥至银山门一带，江口镇造船场的位置就在今天的西津渡，即镇屏街至蒜山一线以北的江滨港湾。元代造船场的设置说明镇江的水路运输不是仅依赖于外地的造船部门，本地也生产各种类型的内河船舶。

五、明代商贸

以长江和运河为基干的水路交通，为镇江经济的发展提供了动力。在当时的技术条件下，水运有货运量大、费用低廉的优势，镇江的特殊位置得到了沿江、沿河各城市商人的重视，他们纷纷把镇江作为货物的中转站，经镇江水陆转运的商品流通范围越来越大，遍及全国，并开通了远销日本、东南亚地区的多边贸易。明代，由镇江北运的江南物资年吞吐量100多万石，超过荆湖地区，其商业繁华仅次于苏州。"明代，镇江是全国33个大都市之一。"（许涤新《广义政治经济学》第一卷）永乐十二年（1414），镇江的人口户数统计多达42375户。

1. 商业

明代镇江商业的特点主要体现为转输各地商品，中转贸易造就了镇江商业的繁荣。随着社会生产力和商品经济的不断发展，从明朝起，开始出现以徽商和晋商为代表的许多地缘性商人集团，人们称其为"商帮"。镇江由于江河交汇的地理位置，处于京杭大运河江南段的节点上，成为南北物资交流主动脉的通道。各地的商帮也争先恐后来到镇江，抢占商机，分摅市利。其中有粤商、闽商、赣商、浙商、徽商，这些商帮以人数众多、吃苦耐劳著称，在镇江建立商号和会馆。各地商帮的到来，促进了镇江物资的流通。如明代江南的纺织业发达，其加工的产品行销各地。北方棉花种植普及，是江南纺织业原料的来源。在商帮的运营下，形成了"吉贝（棉花）则泛舟而鬻诸南，布则泛舟而鬻诸北"（《阅世编》卷七）的流通格局，而镇江正处在物资南来北往的重要节点之上。

每年秋季，各地商人纷纷来到盛产棉花的直隶河间、广平，山东东昌、兖州等地大量收购棉花，运销至江南的苏、松、杭、嘉、湖；将江南所产棉布北销山东、直隶、山陕乃至辽东、内蒙古。明代商帮经由运河过江北销的大宗商品有棉布、丝绸、茶叶、纸张、瓷器、铁器、粮食、食盐、竹木等，经由运河过江南下的有棉花、大豆、米麦、花生、食盐、烟叶、油、麻等。这种大范围的商品流通多经过镇江转运，促进了镇江区域商品经济的繁荣。

2. 水运

镇江港仍是大部分漕粮中转北上的转运港口，漕运任务很重，尤其是刚开始"太祖都金陵，四方贡赋由江已达京师，道近而易"（《明史·食货志》），对镇江水运起到相当大的促进作用。明成祖迁都北京后，京杭运河全线贯通，大批漕粮通过京杭运河运抵北京。明代的漕运仍采用旧制，多由运河承担，历二百余年，运费繁剧。明代江南运河还有另一转输点孟渎，虽然镇江不是南粮转输的唯一渠道，但镇江比之于孟渎，运输更为方便安全，表明了镇江是漕粮运输最理想的港口。明永乐年间，仅年转运漕粮就达165万石。据民国《续丹徒县志》卷五记载："帆樯出没，不可纪极，上下两江，旅舟商舶，络绎奔凑"，往来于镇江长江、运河之间。为了鼓励漕运，明代政府规定漕船准许"附载土宜"，即漕船可携带土特产沿途贩卖，而且装载量由每船10石增加到每船60石。这一政策刺激了运河贩运贸易和沿岸市镇商业的发展，运河上行驶着大量南来北往的漕船、商船。各种产品"如鲜活、茶盐、瓷器，里（运）河不但通漕，凡各色进贡，朝臣眷属，所在水利与公私一切应用货物，皆赖以济"（《涌幢小品》卷二六）。在这种经济活动中，镇江港口发展成为长江中下游及南北商货的中转港，大批货物在这里进出交换，镇江成了一个商货市场。"运道所经，商旅辐辏"。那时"江阴、靖江、太仓、通州等沙船，在瓜洲、镇江装载货物"，到"浏河港口停泊"，交税后，再到"苏州交卸"。也有"瓜洲、江都、泰兴、丹徒、镇江、江阴、靖江等船，装载货物"至"浏河交卸"的。

3. 经济

明代商业镇市兴起，货币经济占主导地位，农产品大量进入市场；棉花、茶叶、甘蔗、染料等经济作物普遍种植，成为农产品加工的副业产品，也成为商品化的一部分；私营手工业迅速发展，明代以后超过官营手工业，占主导地位；商品化程度大大加深，明中后期出现"机户出资，机工出力""计日受值"的雇佣劳动关系，是资本主义萌芽的表现。随着人口的增加，镇江的消费量上升很快，促进了商业的繁荣、手工业的发展，来自全国各地的客商，到镇江开设商号，创办手工作坊，那时候南门大街、打索街等都是商号和手工作坊云集的地方。在促进镇江商贸发展的同时，也导致了当地非农人口的增加，农业人口开始向城镇转移，并从需求和供应两方面刺激了市场的发展。明代，棉纺织业、矿业、造船业在全国居前列的南京、北京、苏州、松江、常州、镇江、扬州、淮安、杭州等城市同时也是重要的商业城市。

明永乐年间，镇江的商贸总额居南直隶省第二位。到万历四十八年（1620），镇江"在城税课司商税酒醋门摊课程岁额钞一十二万五千四百四十六贯三百七十文，丹徒镇税课局商税酒醋门摊岁额课钞六万二千四百五贯二百文"。商品流通之丰、商税收取之多，可见一斑。镇江的炼铁、丝织、酿酒、酿醋业也相继发展。

4. 造船

随着战事和水运活动的增加，明代镇江造船业得到了进一步的提升，已开始建造比较大型的航海用船。据《论郑和下西洋》记载，明永乐三年（1405）至宣德八年（1433），郑和率船队七下西洋所用的各类船舶中，有一部分就是镇江府承造的。当代张立主编的《镇江交通史》一书中，也有明永乐初年镇江诸府卫承造用于海上交通的"海风船"的相关记载。镇江府承造用于长江水域航行的各类船只就更多，有转漕于海的遮洋船、转漕于河的浅船，以及运送官物的马船、风快船等。据明《万历镇江府志》记载，明代镇江有三处造船场，分别是江口镇造船场、通户门里樱桃园造船场和小围桥西木场巷造船场。

六、清代商贸

17世纪中下叶，罗马尼亚学者尼·斯·米列斯库在《中国漫记》里提到"镇江府"，发现"在该城之前的各河道，均有一孔孔石桥，使大船无法通过。而从这里一直到北京，所有桥梁的中央部分都可以开启，以让船只通过。这个府城也称作'京口'，意谓'京都之口'"。19世纪的英国人伊丽莎白·白特在《长江流域及其边远地区》中也认为"京口是长江第一个港口"。

1. 漕运

清代是漕运发展的又一高峰，不仅漕运的组织机构更加庞杂，漕粮征收的数额也大大增加。镇江作为朝廷漕运转输的枢纽之一，地方漕运管理机构及漕粮征收数额均高于明代。"京口为舟车络绎之冲，四方商贾群萃而错处"，"京口一带乃江浙咽喉，漕船多有拥挤"（《光绪丹徒县志》卷一六）。清道光年间，江苏巡抚林则徐几次来镇江整顿漕政，改革弊端，以确保漕道畅通无阻。他还曾亲自督运漕米过江，说明镇江在清代控制了东南及江北的漕运通道。大运河为江南经济带来了活力，清代诗人查慎行这两句名诗"舳舻转粟三千里，灯火沿流一万家"就是对清代镇江车船往来、商品集散繁盛状况的描述。清代实行海禁，每年江西、湖广、浙江、江苏四省的"南粮"合计达408万石，都须经过镇江转运而北上。《清史稿》载："东南漕米百余万石，由镇江轮船溯江而上，三日而抵汉口，又二日而达京城。"清人熊惟岳在其《漕舰乘风》诗序中写"东南运艘，必自京口北渡，每风恬波静，则升旗促发……"，生动地描述了京口沿江一带漕船渡江时"鱼贯往来、帆影衔接"的盛况。清代漕运官员督导对漕船的护航，也有利于漕路的畅通。康熙二十六年（1687）二月，"漕运总督慕天颜疏言：'京口至瓜洲，漕船往来，风涛最险。请仿民间渡生船，官设十船，导引护防。'部议非例，不允。上曰："朕南巡见京口、瓜洲往来人众，备船过渡，有益于民。其如所请行。"（《清史稿》卷二七八）此后，京口、瓜洲渡口之间，遇有重大漕运船队经过，"责令江镇道督率文武官，催趱漕船，酌看风色令渡"，"并令京口总兵官巡视河干，催护过江。如遇大风，督令标兵操舟豫备，遇有江心船只不能近岸收口者，设法挽救。"（《嘉庆丹徒县志·食货志·漕运》）

2. 商贸

镇江与外埠的商品交流也日渐活跃，尤其是在非漕运季节，镇江港口停泊着各类商船，所运货物涉及南北货品。随着商业的繁荣，镇江城中逐渐形成了众多街市，其商业功能更加凸显。苏州、无锡一带所产布匹、米粮"由运河北上，主销本省"，一部分由镇江中转销往新疆。

簰，指捆扎好的木排或竹筏。城外的牌（簰）湾曾是长江中下游最大的木材集散中心。上游川、湘、赣等地出产的原木，每十来根等长的捆扎为一组，经长江运至镇江牌湾，再重新编组销往苏北和苏南腹地。清代中期以后，牌湾淤塞，木材中转移至鲇鱼套、小码头一线，这样鲇鱼套也变成了江南的木材集散中心。鲇鱼套西至龙门口，东至王家港，长达10余里，港阔水深，外有芦苇掩蔽，可避风浪之险，是停泊木排的理想港湾。这里靠近大运河入江口，便于运输。清道光以前，就有从皖南山区贩木来售的徽州帮和从临江贩木东运的江西帮在这里经营木材生意。

清代"江南一省（今江苏、安徽两省及上海），乃数省咽喉。舟楫所通，商贾所至，多聚于芜湖、镇江、省会发货之地，一切货物，俱系船装，船多货多"（《南京通史·清代卷》）。到了清代晚期，镇江是长江两岸一系列大小航运要地和航船停泊处之一。港口航运之便，促进了镇江商业的发展。民国《续丹徒县志》卷一九云"咸丰以前，吾郡商业故极繁盛"。一个小沙洲（顺江洲）上，也是"市列珍货悉备，南北数十余洲，居民皆往来贸易"。镇江的商品也乘水运之便在国内的其他城市打开市场。雍正年间，镇江商人在上海县（今上海市）开设的王大生烟店和卜春记浙闽广货店久负盛名。扬州城中的南货海味商号多属镇江帮，北京城中也出现了专卖南货海味的镇江商号。

清代镇江仍是北棉南运、南布北运的中转集散地。据张立主编的《镇江交通史》统计，每年"苏松地区的棉布的运销量可达4000万匹，其中通过镇江港转输的估计在1000万匹左右"。自清末起，江苏布匹市场出现了土布和洋布在市场上相互竞争的势头，不仅仅是洋布排挤土布。据镇江海关对19世纪末布匹市场的观察："洋布减销尤甚……从前如江北内地各州县，均用洋布，近则用土布者渐多。"（夏德《光绪十八年镇江口华洋贸易情形论略》，《通商各关华洋贸易总册》英译汉第 34 册）更重要的是，洋布和土布在相当长的时期内有着不同的消费人群。土布业在苏南衰落的同时，在其他某些地区却发展迅速，华北高阳（今河北高阳）、宝坻（今天津宝坻）、潍县（今山东潍坊）等地均崛起为新的土布中心。

实际上，苏南土布的衰落是劳动力转移的结果。进入 20 世纪，苏南成为中国现代工业最发达的地区。由于大工业提供了比土布业更高的收入，使原来织土布的主力军被吸纳到工业中来，许多地区逐步从"副业主业化"过渡到"工业主业化"。自机纱输入中国后，苏北农家开始以之织土布，此项洋货很快成为苏北地区进口的"大宗商品"。1891 年，据苏北进出口商品的主要商埠镇江海关的观察，"洋货入内地之价值，比去年绌十九万二千余两。原洋布减销十五万五千余匹，而印度棉纱……均与进口同一畅旺"（劳偲《光绪十七年镇江口华洋贸易情形论略》，《通商各关华洋贸易总册》英译汉第 33 册）。1892 年，棉纱进一步热销。海关税务司认为："本口北方各处之人，俱购洋棉纱自织，其织成布匹较市中所售，价廉而坚……独本口北方各境尤觉棉纱销场兴旺。去年此货进口仅二万七千担，今年进口有八万五千担，比去年计多三倍。窃恐通商各口未必有多至三倍者。第以棉纱由本口转运各处而论，计运至徐州五万二千担……可见新旧黄河腹内各府州县，系购纱自织明矣。"（夏德《光绪十八年镇江口华洋贸易情形论略》，《通商各关华洋贸易总册》英译汉第 34 册）当时运往徐州的棉纱可方便地通过镇江港口，过江进入北运河转运到淮安地区。1902 年，镇江进口的印度棉纱价值 450 万海关两，占该口进口货物总值的 30%。这些棉纱"大都运往江苏省之徐州府、山东省之济宁州、河南省之陈州府，当为此三处销行为最。内地民人以之织布，较之外国用此纱织成之洋布，尤为合用"（雷乐石《光绪二十八年镇江口华洋贸易情形论略》，《通商各关华洋贸易总册》英译汉第 44 册）。据镇江海关观察，1903 年之前的 10 年中，印纱进口"历年递增"，"只就本年较之前十年之时，已增至四倍之多"（雷乐石《光绪二十九年镇江口华洋贸易情形论略》，《通商各关华洋贸易总册》英译汉第 45 册）。

清光绪年间，镇江有长江下游最大的桐油市场，还有仅次于上海的江南米市。

3. 丝绸

镇江水运的发达，相继衍生出与水有关的手工业，如丝绸业、造船业、酿酒业等。清代设金陵、苏州、杭州三大织造基地生产丝绸织物，江南成为一个庞大的丝绸市场。江南丝绸有很大部分被运往新疆，用于陆上"丝绸之路"的贸易。镇江也是这些江南丝绸运输的重要中转站。除了中转外，镇江丝绸业的发展也快。当时江南（包括苏州、松江、常州、镇江、江宁、杭州、嘉兴、湖州和太仓州八府一州的地区）是清代社会经济最发达的地区，拥有发达的丝织业。

据吴承明教授和范金民教授估算，明朝后期江南丝织业织机最多不过1.5万台。到清代中叶丝织业鼎盛时期，织机总数约达8万台，二三百年间增加了五倍多（许涤新、吴承明《中国资本主义的萌芽》；范金民《江南丝绸史研究》）。徐新吾教授估计，清代前期，南京、苏州、镇江、盛泽、杭州、湖州、双林、绍兴、宁波诸地共有织机约6.89万台，织工约21.32万人（徐新吾主编《近代江南丝织工业史》）。范金民教授在《明清江南商业的发展》中，把江南丝绸市场划分为高级绸缎市场和低级丝绸市场两类，认为镇江和南京、苏州、杭州一样都隶属前者。清代镇江丝织业已出现了大型手工工场。

"吾郡出产，以江绸为最。"江绸的生产和贸易，在清代镇江的经济结构中占有重要地位。江绸是代表镇江地方特色的丝织产品，也称"京江绸"，主要有线绸、缣丝、官纱、塔夫绸4个品种，畅销山东、安徽、江西、河南一带，南至广东，西至两湖、川贵，北至内蒙古、西北、东北都有一定销量。江绸在海外也有很大的市场，初期的线绸曾行销俄国、印度和南洋，后来塔夫绸也行销印度和朝鲜。《清稗类钞》称："江绸，为镇江出产之大宗……开设行号者十余家。向由号家散放丝经，给予机户，按绸匹计工资，赖织机为生者数千口。"（《续丹徒县志》卷一四）

据1880年前后的统计，"镇江织造的绫绸和宫绸，年产约八万匹，共值七十万海关两"。民国初年，江绸每年"共可出货十二万匹，价值银二百余万两"（《江苏省实业视察报告书·乙·正编·丹徒县》）。大约1880年以后的30余年间，镇江的江绸产量一直呈上升态势。随着市场的扩大，当地手工业者有了更多的就业机会。太平天国运动前，镇江有织机约1000台，织绸者约 4000 人（《中国近代手工业史资料·镇江的丝织业》第二卷）。至光绪中期，江绸业鼎盛时，镇江有织机 3000 余台，生产规模是太平天国运动前的两倍多（彭泽益《中国近代手工业史资料》第三编第 12 章）。与之相应，镇江丝织业的从业人数在太平天国后的 20 余年间也增加了两倍多。镇江的丝织业"其原料购自江北及浙江、安徽、湖北、山东等省，由资本家设立绸号，广收丝经，散交各机户，计货受值"（《江苏省实业视察报告书·乙·正编·丹徒县》）。

江绸业在清乾隆末至 1941 年以前大体经历了兴起、发展、鼎盛、维持四个阶段。其中，1900—1911 年是镇江江绸发展的顶峰时期，当时有织户约 5000 户，织机万架，织工万人。加上车房、染坊等有关工人 16000～17000 人，以络丝为家庭副业的妇女 2000 余人，以及绸号、绸庄从业人员，直接以江绸为生者不下 20000 户。

此时的镇江江绸业年销量达 26 万～27 万匹，约合白银 450 万两，江绸业利润丰厚，有时高达 20%。从事收购和销售江绸的绸庄、绸号，获利甚丰。尤其是太平天国运动后，国内市场对丝绸产品的需求日益旺盛，"输出需要增加与人民日臻富裕，近年来丝绸的织造大有增加，并且可望继续增长"。

1936 年出版的《江苏省会辑要》第六章《实业》第四项为江绸业，其中称"陶聚茂、陈恒顺、毛凤记、蔡协记为著名之四大绸号"。他们不仅有固定的织工机户，内部也有比较严格的质量管理。其中，陶氏家族经营江绸业的业绩在镇江各绸号中表现最突出，为四家之首。

陶氏祖籍江西浔阳（今属江西九江），乾隆初年迁居镇江。陶氏家谱中记载了其家族成员"既长业丝线，少赢余，设线肆，曰聚盛，继增绸肆，曰聚茂"的创业经历。陶氏家族涉足江绸业大约在 19 世纪初。当时江绸得到官方青睐，"清嘉、道间，江绸风行海内，织造之采办，内府之赏赍，取给尤多……"，陶氏家族从中捕捉到商机，及时转变经营方向，不断壮大自己的绸业规模。陶聚茂的原始牌号，传到咸丰年间时分化为陶聚茂原记和隆记两户。1880 年，继原记而起的为乾记（聚茂乾），与隆记并存到光绪末年，同为驰名各销区的牌号。当时，陶聚茂原记和隆记在汉口、营口、上海等地都设有分行，建立了一条从原料采购到机户加工，再到产品销售的顺畅通道，其销售网络遍及长城内外、大江上下及云贵高原，为区域经济和社会的发展做出了重要的贡献。陈庆年在《丹徒陶氏族谱》序言中称赞陶氏家族"既资之以亨利，父绍兄勉，益竞于其业，将以扬诩前烈于无穷"。在陶聚茂牌名上加记的绸号就多达 13 家。

清末民初，陶氏绸号的销售规模虽有所收缩，但是其资本开始部分流向江绸的生产加工，这一变化有利于江绸生产向分工与协作的专业化方向发展，有利于对产品质量进行监督和管理，从而增强民族工业抗御西方列强经济压迫的能力，符合近代维护民族利权的时代要求。

4. 造船

清代制造海上战船的任务常常由镇江一地承接。据《乾隆镇江府志》卷一六记载，"京口战船为防海而设，原系江宁、苏、松、常、镇、扬六府三十六州县承造承修。缘修造事务弊害多端，康熙十年，允工科给事中李宗孔请于六府府佐及八旗官员内，各委廉能官一员，在镇江驻防之地修造。通计沙船、唬船三百只，建厂高资港地方"，并委派苏州府海防同知鲁超，驻镇江专理船政。清初镇江制造的战船种类，除以上提及的沙船、唬船外，还有海哨船、吧唬船、快哨船等，说明镇江造船业的规模和工艺都居江南领先地位。

安南将军华善镇守京口旗营时，丹徒人缪志远担任参军，他建议将军于行营建立长江水师，采纳后上奏朝廷，"从其议，遂命将军设船坞于京口，兴工制造沙虎船数百艘，自九江以下择江口之险要者，分置驻防"（《江苏通志稿·人物底稿·丹徒征访录·志远缪公传》）。

随着官营造船业的发展，清代镇江的民间造船业也不断发展，镇江纷纷建立起各种小型船坞。在镇江城乡的江边河口，如城区云山坊一带的浮桥，虎踞坊一带的南闸，以及县乡的猪婆滩、上隍、陶庄、辛丰镇等处，都建立了一些小型船坞。

第三章

山水相雄

海門坐雨

　　山水是孕育镇江城市与文化的基地，也是镇江城市空间最主要的特征。镇江这座江河交汇地，天赐丘陵地貌，境内岗岭密布，洞壑深深，成为仁者乐山的好地方，有"负峰峦之秀，拥江山之胜"的美誉，坐拥"天下第一江山"北固山。那"一水横陈，连岗三面"（陈亮）的风貌，"山分江色破，潮带海声来"（范仲淹）的奇观，"一条白水无断续，两岸青山相吐吞"（乾隆）的盛状，"山光扑面经新雨，江水回头为晚潮"（郑板桥）的美景，不知让多少乐水的智者流连忘返。

　　镇江山的峻拔之势与水的波涛之状，为慕名而来的游客呈现了一幅幅极佳的山水画卷。无论仁者，还是智者，乃至浪迹于山水之间的文人墨客，镇江都是他们人生旅途中心仪的驿站。他们在这里读懂了山水背后的精神，体会到了山水之间的意境。宋代"知润州"的林虞对镇江充满了敬重和好感，他曾这样描述："铁瓮名城，朱方要地。疆连江左，吴王之封略犹存；壤接淮南，艺祖之跸声犹在。山川气旺，人物英多。发为浚哲之祥，基作肇兴之迹。"（《嘉定镇江志》卷一）《光绪丹徒县志·文苑叙》也说："丹徒承六代之遗，流风未沫，人人握灵蛇之珠，家家抱荆山之玉，往往词人才子，名溢缥囊；飞文染翰，卷盈缃帙，盖得江山之助者为多。"

　　镇江的山，有"城市山林"之说，城中有山，山中有城；镇江的水，有"一水横陈"之态，先秦临大海，唐宋江河汇。三山屹立江中与江边，与滔滔长江构成一幅壮阔的图景，将大自然的鬼斧神工展现出来，形成水山相连、山水天成的奇观。三山和京江是镇江山水最精华的部分，文化底蕴深厚。明代镇江知府许国诚在《京口三山全志》序言中说："登郡山，俯瞰大江，环绕若带。北固屹其中，金山插其右，焦山拥其左。山环水抱，呈秀献妍，而镇郡者，真天下之奇胜也。"明代翰林顾清也认为："北固金焦为京口三名山，其形势之雄，风物之美，文人墨客之品题，皆足以胜于天下而未有为之志。"诗仙李白在焦岩上吟诗，文豪苏轼在妙高台弄赋，词人辛弃疾在北固亭怀古等就很有代表性。历史上，镇江山水如同巨大的磁场，吸引着南来北往的文人墨客，他们借山水以抒怀，颂风雅而寄情思，留下了数不尽的瑰丽诗篇，这些佳作多寓情于景，含蓄深沉，有强烈的感染力，是镇江"诗歌城"桂冠上的颗颗璀璨明珠。

第一节　江上波澜

《尚书·尧典》中说："诗言志，歌咏言。"诗，承载着人的思想感情和志向。千百年来，京江水道川流不息，历代文脉绵延不绝，不知有多少文化名人在面对江水或渡江途中浮想联翩，用诗词来抒发心声。宋代词人叶梦得《念奴娇》云："云峰横起，障吴关三面，真成尤物。倒卷回潮目尽处，秋水黏天无壁。"吴潜《水调歌头》云："铁瓮古形势，相对立金焦。长江万里东注，晓吹卷惊涛。天际孤云来去，水际孤帆上下，天共水相邀。远岫忽明晦，好景画难描……"词中对镇江山水相依相雄的描述非常精准，令人击节叹赏。

一、江口唱和

唐代文士漫游之风盛行，他们在游历中相识，又在游历中分别。相识的喜悦，相知的欣慰，相别的伤感，都牵动着他们敏感的心，他们以诗文唱酬赠答来表达自己的情感。将情感寄托于江水、行舟等江边景物之中，使诗歌意味悠长、充满地域特色就成了他们唱酬赠答的常用手法。在今镇江长山脚下，栖隐过著名的唐代诗人刘眘虚。刘眘虚，字全乙，一字挺卿，号易轩。江东（今江苏南部及浙江一带）人，一说洪州（今江西南昌）人。8岁作文上书，受到皇帝赏识，拜为童子郎。开元二十一年（733），进士及第。历任左春坊司经局校书郎、崇文馆校书郎、洛阳尉、夏县令等小官。壮年辞官南归，游于润州、休宁、浔阳、庐山、洪州等地。

刘眘虚在文坛的影响很大。郑处诲《明皇杂录》把他与王昌龄、常建、李白、杜甫等人并列。严羽也把他与沈宋、初唐四杰、陈子昂、王维、韦应物并举，称为"大名家"（《沧浪诗话·考证》）。殷璠编选《河岳英灵集》时，选录了刘眘虚的11首诗，说他"情幽兴远，思苦语奇。忽有所得，便惊众听"。

刘眘虚与孟浩然、王昌龄、高适等人交厚，彼此唱和诗歌。他和孟浩然来往密切，诗风相似，又相互推重、各有所长。两人的京江唱和诗，给人留下了深刻的印象。孟浩然（689—740），唐朝著名诗人，襄阳人。才华横溢，善写五言诗，与王维并称"王孟"。孟浩然生性好游，以文学、交友为乐。孟浩然曾写《宿扬子津寄润州长山刘隐士》诗："所思在建业，欲往大江深。日夕望京口，烟波愁我心。心驰茅山洞，目极枫树林。不见少微星，星霜劳夜吟。"诗中说的长山和茅山一样，均因汉代茅氏三兄弟隐居而著名。可见，像刘眘虚这样的名士在此隐居，不足为奇。诗中的少微星，又名处士星，故诗有另一标题"宿扬子津寄润州长山刘处士"。

刘眘虚接到孟浩然诗后，感动于好朋友临江"日夕望京口，烟波愁我心"的深情厚谊，便写了《暮秋扬子江寄孟浩然》一诗："木叶纷纷下，东南日烟霜。林山相晚暮，天海空青苍。暝色况复久，秋声亦何长。孤舟兼微月，独夜仍越乡。寒笛对京口，故人在襄阳。咏思劳今夕，江汉遥相望。"这首诗表达了自己对孟浩然的浓浓情谊。诗人从扬子江（即京江）边暮秋时节的肃杀景象写起，通过迷茫的景色描述，引出独居越乡的客愁，进而思念远在襄阳的朋友孟浩然。全诗在结构上层层引进，步步深入，读来如友人长谈，娓娓深情，不失为以江为题、表达思念之情的佳作。

刘眘虚的另一好友王昌龄也曾沿江而下，在京江的渡口上岸，希望在留宿时能和他见上一面。可不知什么原因，王昌龄没能及时赶到，对此感到遗憾，整夜不眠，于是写了《宿京江口期刘眘虚不至》诗："霜天起长望，残月生海门。风静夜潮满，城高寒气昏。故人何寂寞，久已乖清言。明发不能寐，徒盈江上尊。"诗人的构思非常缜密，通过对时间和空间的匠心经营，将写景、叙事、抒情与议论熔于一炉，在诗中熔铸了自己复杂的情感，既激动人心，又耐人寻味，全诗意境雄浑而深远。

二、渡江佳作

唐代是中国诗歌的黄金时代，诗人辈出，佳作纷呈。美丽的京江、沿江的风光为唐代诗人提供了素材，由此催生出了许多脍炙人口的杰作。如唐代诗人卢纶写的《泊扬子江岸》，诗云："山映南徐暮，千帆入古津。鱼惊出浦火，月照渡江人。清镜催双鬓，沧波寄一身。空怜莎草色，长接故园春。"诗中描绘了一个山水如画的意境，抒发了诗人对故乡的眷恋之情。润州黄昏时，千帆驶入古津。这时，鱼儿受到惊吓跃出江面，月光映照着过江的渡客。接着，诗人笔锋一转，照镜子时发现自己的双鬓已经变白，感叹人生如同沧海的波涛起伏。他看到莎草的绿色，不由自主地思念故园的春色。

唐代诗人孙逖《下京口埭夜行》诗云："孤帆度绿氛，寒浦落红曛。江树朝来出，吴歌夜渐闻。南溟接潮水，北斗近乡云。行役从兹去，归情入雁群。"这首诗写于开元二年（714）孙逖赴任山阴（今浙江绍兴）尉途中经过润州京口埭时。京口埭位于润州西北的江边，是唐代一项重要的水利工程。埭为土堰，是船舶征榷处。两岸立转轴以绳系船，或以人、畜之力挽船过堰。诗中描述了作者在秋夜乘舟南下的场景，从夜幕下传来的吴歌声，到海潮拍岸的涛声，点出润州的夜景别有一番风味。诗中出现的"孤帆""寒浦""乡云""雁群"等词，也流露出诗人迫切的思归之情。

京江边土生土长的唐代丹阳诗人丁仙芝所写的《渡扬子江》诗也非常有名。诗人乘船渡江，客船随秋风摇摆，到了江心，抬首便能看见远处的山景；停船登岸站在江边，回望江涛滚滚，不禁感慨万千。诗云："桂楫中流望，京江两畔明。林开扬子驿，山出润州城。海尽边阴静，江寒朔吹生。更闻枫叶下，淅沥度秋声。"在这首诗中，诗人从横渡扬子江时所见的秋景写起，以属于视觉的"望"字贯通全篇，诗人在行船中远望，看见了水天相连、碧波万顷、大江东流而下、两岸风光可辨的动人景致。北望，那密林之中已现出了临江的驿舍；南望，那峰峦之上恰好显露出润州城的轮廓。诗人被开阔的大江和两岸的风光感动了，心潮起伏，浮想联翩。他望着奔腾入海的江水，想到了海疆尽服，边境肃清，一片升平景象；但江上北风劲吹的凉意使他顿悟，并从那萧萧的落叶声中领会到肃杀的秋声已经不远。诗人在这里表述的似有更加深沉的意境，已经从自然的变化中联想到唐代出现了由盛转衰的危机。诗人通晓国事，视角敏感。当朝政日趋腐败，藩镇割据势力抬头，社会矛盾尖锐，这种局面发展下去，必然给社稷带来危害。诗人预感到危机，却无法直言，于是在诗中即景抒情，委婉含蓄地表达了忧心国事的沉重心情，给人以更多的联想空间。

在中秋的季节里，京江也会出现片刻的宁静，留给江上赏月人一些空间。宋尚书左丞王存归京口闲居时，登北固，游焦山，又泛舟江上赏月，十分快意，作《月夜江上》诗："天无云霭水无波，天水相迷月露和。半夜扁舟吟不寐，一生清意此时多。"表达了诗人暂离官场后的心旷神怡之情。

三、山巅望江

昔日的京江，水面宽阔，百舟竞渡，不仅气势壮观，亦风景如画，给观赏江景的人许多收获。文天祥"登楼望江上，日日数行艘"诗句便是明证。对观江的人来说，北固楼无疑是最佳的选择，因为"北固濒江，而山耸崿斗绝，在京口为最胜。而今之建楼之地，又为北固胜处"（《嘉定镇江志》卷一二）。保留下来的"北固望江"诗中有不少佳作。

南唐文学家、诗人徐铉的《北固望江》诗很有代表性。南唐亡入北宋后，他虽然被北宋王朝重用，官至散骑常侍，为振兴文化的主要人物，但想到李煜的死，与自己脱不了关系，为维持心里的平衡，他只好寄情于山水来消愁解闷。在他的心里，北固山"花绕楼台山倚廊，寺连江海水连天"，风景美如画卷，是登高望远的好地方，所以他喜欢到那里去，对着大江东去的场景吐露心声，驱散忧愁。

从他的《登甘露寺北望》诗中，可以领略到诗人那种借用清淡自然的语言表现思乡情愫的本领，也让我们看到了诗情画意般的境界。诗人是如此描述的："京口潮来曲岸平，海门风起浪花生。人行沙上见日影，舟过江中闻橹声。芳草远迷扬子渡，宿烟深映广陵城。游人乡思应如橘，相望须含两地情。"

诗人描写了京口大潮来时汹涌澎湃的场景，潮水如线，一波一波地向前翻滚，冲击到岸边，改变了江岸的形态，把弯曲的岸线也拉直了。不仅如此，在海门大风的鼓劲下，潮水来得更猛，浪花也飞溅得更高更远，大自然的造景真是太壮观了。远远望去，人在沙滩上行走，可以清晰地看到日光照射下的人影，侧耳聆听，也能听到江中船过时的摇橹声。再看远处的扬子津渡，早已弥漫在一片的翠色之中，扬州城的上空，也不时泛起阵阵的晨雾。诗人被感动了，大江两岸是这样的美丽，乡思、相望都应该饱含着深情。

从他的另一首《京口江际弄水》中，也可以发现诗人对京江景色的情有独钟。诗人在京江边上观赏水景，饱览了江南的春色，看到了北固山的雄奇，那刀削如壁的悬崖，缝隙间长满了杂树青草，远远望去如同一面百尺翠屏，上面还叠加了甘露寺的大小楼阁，实在是太神奇了。于是诗人的激情涌了上来，写下了"退公求静独临川，扬子江南二月天。百尺翠屏甘露寺，数帆晴日海门船。波澄濑石寒如玉，草接汀蘋绿似烟。安得乘槎更东去，十洲风外弄潺湲"的诗作。在诗中，作者将江边山景、江中之舟、浪洗礁石、水上之蘋诸景一一呈现，色彩鲜明，文词俊丽，让人引发弄水的遐想。

相比南唐诗人徐铉的望江诗，北宋高官曾公亮的望江诗更显大气。曾公亮（999—1078），字明仲，晋江（今福建泉州）人。宋仁宗天圣二年（1024）进士。担任过知制诰、史馆修撰、翰林学士、给事中、参知政事、枢密副使、吏部侍郎、同中书门下平章事、集贤殿大学士、昭文馆大学士等职。

曾公亮在北固山甘露寺留宿时写过一首《宿甘露僧舍》，很有气魄，后来录入《宋诗选》。诗云："枕中云气千峰近，床底松声万壑哀。要看银山拍天浪，开窗放入大江来。"这首诗从小处着笔，却点出了大江的气势。甘露寺，位于北固山绝顶，形势险要。从寺中楼宇推窗即可俯视汹涌澎湃的长江。诗的开始就气势磅礴，在夸张、幻想中融进诗人的主观感受，写出了古寺的高峻和远离红尘的清肃。在诗人的眼中，山顶云气绕寺而飞，疑为从僧房中诗人所倚的枕中涌出，触目皆是，伸手可及，令人有一种将千山峰峦揽入胸中的感觉；松涛在山谷中呼啸腾起，听起来仿佛是从床底下穿过，其声呜咽，令人心颤。诗人写"云气"，写"松声"，是为了衬托甘露寺的清迈脱俗，而"云气"的奇特，如枕中所出，似云似雾；"松声"的威力，有透墙穿床之能，似真似幻，给人一种如梦如幻的感觉，充满着诗人强烈的主观意志，体现出中国传统文化"万物皆备于我"的哲学精神。我们可以想象到诗人居高临下的情形，云气缭绕在身旁，千峰欲飞过来与之亲近，松涛鸣响在耳边，万壑似乎只能低声附和，这时诗人的感觉该是何等的豪迈俊爽。

诗人采取了一种以近推远、远近结合的写法，即由"枕中""床底"推至千峰、万壑，同时又将千峰、万壑纳入胸怀，显得收放自如、得心应手，展现了诗人高超的文字驾驭能力。接下来的诗句则采取以小喻大、大小结合的写法，从一扇小窗的开启，描写看到的长江的宏伟气势，突出了以小窥大的奇效；同时，诗人又巧用了"放入"一词，将大江的排山倒海之势与小窗的涛声顿起结合起来，使开窗看江的行为在"放入"的主体意志熔铸中转化为一种主动拥抱长江的壮举。此时的"开窗放入大江来"，展示了诗人的博大胸怀和壮丽诗情，也体现了中国传统诗学"咫尺而有万里之势"的艺术构思。

清代剧作家、诗人孔尚任在北固山楼远眺时也有诗作。虽然他的诗是一首短诗，只有"孤城铁瓮四山围，绝顶高秋坐落晖。眼见长江趋大海，青天却似向西飞"这么几句，但反映的那种壮观景色却给后人留下深刻的印象。该诗通过准确的观察和简练生动的语言，描绘了大江东去的壮观景象，表现了作者当时欢快的心情。

诗的起句开门见山，点明观景地点是"孤城铁瓮"的"绝顶"，突出了北固山雄峻挺拔、独峰凸起的特色，指明了北固山是一个登高望远的极佳处。而观景的时间是"高秋"，即一个秋高气爽的日子。当年凌云亭下石壁悬江，登亭放目，"眼见长江趋大海，青天却似向西飞"，恰如孔尚任所言，有"绝顶高秋坐落晖"之妙，北固风光尽收眼底。赶上皓月当空的日子，月光把整个山体染成一片银白色，景色非常迷人，能欣赏到镇江"城市山林"峰峦叠嶂的气势和落日西斜的奇观。

诗的尾句重在描述作者观江的激动心情。滔滔的长江在这里产生惊涛拍岸的巨响，然后猛然退却又转以一泻千里之势滚滚东流，直奔大海而去。其势之雄、其势之壮，让诗人惊呆了，以至产生了江水东流、青天西移的幻觉。

如果到焦山之巅看大江，给人的震撼也是很大的。唐代诗人刘长卿的诗句"气混京口云，潮吞海门石。孤帆候风进，夜色带江白"是对江景的最好写照。南宋词人吴潜担任过两年镇江知府，官至左丞相。他的词风与辛弃疾相近，多抒发济世忧国的情怀和报国无门的悲愤。有一次，他在焦山上望江，受到了强烈的震撼，有感而发，创作了《水调歌头·焦山》："铁瓮古形势，相对立金焦。长江万里东注，晓吹卷惊涛。天际孤云来去，水际孤帆上下，天共水相邀。远岫忽明晦，好景画难描。 混隋陈，分宋魏，战孙曹。回头千载陈迹，痴绝倚亭皋。惟有汀边鸥鹭，不管人间兴废，一抹度青霄。安得身飞去，举手谢尘嚣。"

词人从"铁瓮"起笔，写出金焦对峙之势，又转而描述江水之盛：万里长江滚滚东来，伴着强劲的晨风，卷起了惊涛骇浪，实为壮观。其中"注"和"卷"用字极佳，把江水浩大的声势和江水拍岸的景致表露无遗。

接着，词人用"孤云""孤帆"点出江天、江水的浩渺；用"来去""上下"说明游目骋怀、频频俯仰的视野，将水天相接的开阔情境展现在人们眼前。词人还没有看够山和水，"远岫忽明晦"的景致又映入眼帘，引起了词人更多的兴奋，让他觉得好景太美，难以描画。触景自然生情，词人联想到自己任职的镇江可不是一般的城市，在历史上曾是重要的角色。"混隋陈，分宋魏，战孙曹"，凸显此城的战略位置之重；"回头千载陈迹，痴绝倚亭皋"，感慨对英雄的神往，期望自己也能像他们那样建功立业，可现实却不是这样。词人立志报国，却难受重用，大有怀才不遇之感，不得不开解自己，希望能像江边的鸥鹭那样无忧无虑、自由飞翔，直飞到青霄之上，离开纷繁复杂的尘世，从侧面表现出词人对现实的不满及壮志难酬的忧闷。全词融写景、怀古、抒情三者于一体，层次分明，语言纯熟，意境开阔，耐人寻味。

四、泛舟京江

宋代禅师遇贤《扬子江心》诗云："扬子江头浪最深，行人到此尽沉吟。他时若到无波处，还似有波时用心。"然而，不同的时代，景相近而情不同的状况是普遍的。北宋诗人渡江，赏景后一般心情多欢快；南宋诗人渡江，赏景后一般心情多神伤，这是因时局的变化不同所致。

苏东坡对长江情有独钟，《念奴娇·赤壁怀古》便是其代表作。"大江东去，浪淘尽，千古风流人物。"写得非常洒脱。在苏东坡的一生中，他曾多次泛舟于镇江金山与焦山之间，揽胜寻奇。他写过《自金山放船至焦山》诗："金山楼观何耽耽，撞钟击鼓闻淮南。焦山何有有修竹，采薪汲水僧两三。云霾浪打人迹绝，时有沙户祈春蚕。我来金山更留宿，而此不到心怀惭。同游尽返决独往，赋命穷薄轻江潭。清晨无风浪自涌，中流歌啸倚半酣。老僧下山惊客至，迎笑喜作巴人谈。自言久客忘乡井，只有弥勒为同龛。困眠得就纸帐暖，饱食未厌山蔬甘。山林饥卧古亦有，无田不退宁非贪。展禽虽未三见黜，叔夜自知七不堪。行当投劾谢簪组，为我佳处留茅庵。"诗中赞美了金山的寺院、焦山的修竹、行舟的歌啸和山中的快意，表达了离开官场，在山水佳处留一茅屋安度余生的心愿。59岁时，他在路过镇江的途中过除夕夜，还梦到了二十年前泛舟江上的情景。"钓艇归时菖叶雨，缲车鸣处楝花风。长江昔日经游地，尽在如今梦寐中。"诗人找到了"半夜潮来风又熟，卧吹箫管到扬州"的感觉。

南宋诗人杨万里《过扬子江》诗描述了他渡江时的观感。诗云："只有清霜冻太空，更无半点荻花风。天开云雾东南碧，日射波涛上下红。千载英雄鸿去外，六朝形胜雪晴中。携瓶自汲江心水，要试煎茶第一功。"诗中说，渡江时一帆风顺，浪平荻静，江水无波。尽管空中的飞霜使寒气仍在，但也很快散去。随着船行，云开雾散，东南天空一片碧蓝，日照把江面映成了火红色。然江景依旧，昔日的英雄却如飞鸿一去，渺然难追，唯有六朝留下的山水胜迹还在雪霁晴空中出彩。随着船离对岸越来越近，这时诗人想起了一件事，要汲取一瓶江水，在金山吞海亭煮茶招待金使。诗人想到将会出现的金人入侵，赏景的好心情便慢慢变淡了。

美丽的京江也是宋代画家笔下的图卷，他们也喜欢乘船在江中游荡，欣赏两岸的景色，聆听渔家晚唱。兴之所至，他们也会把自己的见闻印刻在脑中，挥洒在画卷上。北宋著名的画家蔡肇就曾在江上泛舟，观赏渔民撑着小船穿梭在江面上捕鱼的场景，并绘制了一幅《寒江捕鱼图》。他还在画上题了一首诗："海门山头初日晴，西津渡口寒潮生。沙痕暗长岛屿没，但见渔舟纵复横。江烟漠漠飞鸥鹭，著底寒鱼冷难捕。霜中渔父扣舷歌，明月芦花不知处。"他以图文并茂的手法，展示了自己的才气。

五、江上潮头

船在江上行，景往身后移，那种"离帆分破一江风"的振奋人心的动感，会让每一个渡江的人引起共鸣，他们每一次渡江的记忆，也将时刻映照在他们的脑海里，久久不去，成为人生的一种宝贵经历。

明代宰辅杨一清《舟中杂兴二首（其一）》诗称："系舟荫高树，挂席扬天风。夕照变岩姿，白云行水中。尘虑忽以忘，豁然心境融。缅怀十年前，何事不匆匆。倚杖看牛斗，银河丽层空。扶桑岂无路，清浅元相通。晞发吾所愿，至人苦难逢。"诗中流露的是舟行归里时，诗人心旷神怡的快乐心情。面对江色如画、夕照多姿的美景，诗人回顾十年前的心境变化，自己想说的人生酸甜苦辣太多了！

明代状元王鏊《过扬子江》诗云："燕南倦客江东去，一见澄江眼为开。红日远疑从地起，青山近欲傍人来。中流击楫空怀志，南国持衡独愧才。渐觉故乡风物近，十年一到思悠哉。"正德元年（1506）四月，王鏊担任吏部左侍郎，参与编修《大明会典》，任副总裁，与吏部尚书韩文等请武宗诛刘瑾等"八虎"，但事败未成。正德二年（1507）八月，王鏊加少傅兼太子太傅、武英殿大学士，任户部尚书，在任上屡次劝谏刘瑾，保护受刘瑾迫害之人，终因无法挽救时局而辞官归乡。诗中既反映了他归乡时的快乐，也感叹了"空怀志"的心酸。

清代钱塘学者吴锡麒应王文治、鲍之钟的邀请，从京口驿到北固山甘露渡乘船去焦山，江风起，船至"江心雪浪掀舞，素沫溅衣，身若投虚，惝恍无际"，领略到"树色欲迷千里浪，涛声犹撼六朝秋"的动感，那种景物的变幻和情景的交融，容易触发渡客的怀古之情。

美丽的三山是渡江过客注目的对象，它们的英姿和秀气激发了无数诗情。明代诗人王世贞有《过江一绝》诗："江豚吹浪浪花飞，无数征帆下钓矶。饶他北固山头色，不傲江南旧布衣。"明代诗人李东阳有《海潮图》诗："月明初满妙高台，江上潮头夜半来。恨不海门三日住，北风吹雨看崔嵬。"清代举人张祖同有《扬子江》诗："十年烽火金山寺，孤棹蒲帆铁瓮城。日暮鱼龙纷出没，云边鹳雀自飞鸣。江流万古无归日，野没千村有哭声。几处楼船笳鼓动，极大风浪一伤情。"清代诗人陈文述有《京江晚渡》诗："薄暮出京口，风轻片帆利。暝色海上来，江流远无际。烟中望金焦，隐隐见苍翠。回首润州郭，天外残霞丽。"这些诗人妙笔生花，把京江和三山那种山水相依相映的景色生动地展现了出来。

三山的壮观和苍茫也引发了许多渡江人的怀古之情。清代康熙皇帝所作《自江宁至京口》："轻绡初霁引江干，隔岸芦洲映水寒。吴会人文因气秀，金焦峦势起弘观。往来客旅千重舰，上下波涛万里滩。逝者绵绵无歇息，利名今古视艰难。"金焦的山势起伏，京江的波涛汹涌，历史的长路漫漫，使这位帝王感到成就一番事业的艰难。清代官员孙衣言望三山时也是感触良多，吟道："高帆挟风色，我行凌长江。金焦碧相映，北固遥苍苍。蛟龙拔怒浪，燕雀去未央。中流快雄览，客怀慨以慷。"作者在船中望着远处三山的美景，看着江中翻卷的巨浪，想起此地历史上发生过的英雄事，不禁感慨激动起来，那一个个传奇人物霎时浮现在眼前，令他肃然起敬。

清代严绳孙以诗词古文擅名。他与朱彝尊、姜宸英并誉为"江南三布衣"。清顺治六年（1649），严绳孙参加由江南名士吴伟业主盟的慎交社，结识了一批名流。顺治十一年（1654），与家乡无锡的顾贞观、秦松龄等十人结云门社，时称"云门十子"。康熙十四年（1675），顾贞观结识词人、大学士明珠之子纳兰性德，二人成为莫逆之交。康熙十八年（1679），以布衣之身应荐博学鸿儒，试日仅赋一诗即出。后授检讨，修《明史》，充日讲起居注官。他在京口过江时，写下《水龙吟·京江离席》："南徐自是伤心处，天水平分瓜步。风吹浪打，英雄去尽，江山千古。此际茫茫，故人挥手，一时燕楚。喜离尊重满，彩笺同擘，邀仙令，片帆驻。　　多少风流云散，更东南、断魂金鼓。平生知己，寸心空在，算来良苦。梦里平湖，芙蓉秋老，使君归去。便从今，击筑声沉，听湘瑟，两何许。"该词表达了作者对历史变迁的感慨。

六、渡口离情

京江地处江河交汇处，多水路码头，是一个送别之地。大量的渡客在这里中转停留，江边的楼亭客栈就成了离别前的分手地，充满了浓厚的离情。其中诗人最为多愁善感，送别之时他们会将情感寄托于江水、江边景物，使诗歌意味悠长而又充满了江南特色。

唐代诗人王昌龄的《芙蓉楼送辛渐》是江边送别诗作典范："寒雨连江夜入吴，平明送客楚山孤。洛阳亲友如相问，一片冰心在玉壶。"诗人借助京江上浩渺迷茫、水天相接的雨景，抒发对友人的惜别之情。名句"一片冰心在玉壶"，有深远的意境和影响。古人常用洁白晶莹的冰比喻人纯洁的品格，冰放在玉壶里通体明透，表里如一，诗人用"冰心在玉壶"自喻，是对洛阳亲友的告慰，这种告慰远远胜过常人的相思之情。

唐代诗人陆龟蒙在京口频繁地送客，心情沉重，写过《京口与友生话别》等诗，来表达"共是悲愁客，相逢恨不堪"的离情。他的诗情景交融，令人联想。其《京口》诗云："江干古渡伤离情，断山零落春潮平。东风料峭客帆远，落叶夕阳天际明。战舸昔浮千骑去，钓舟今载一翁轻。可怜宋帝筹帷处，苍翠无烟草自生。"从渡口的萧瑟、零落的断山、平息的春写起，描绘了春风微寒、夕阳斜挂、落叶飘零和一艘客船在江面渐行渐远的场景，抒发了惜别、怅惘之情。诗人联想到出生于京口的宋武帝刘裕，由他的遗迹想到他的功业，无限景仰，又无比惋惜。于是运用反衬的手法，以茂盛生长的野草来反衬渡口的空寂荒凉，寄托了诗人对历史兴亡的无奈之感。

晚唐诗人许浑《将赴京师蒜山津送客还荆渚》诗云："尊前万里愁，楚塞与皇州。云识潇湘雨，风知鄂杜秋。潮平犹倚棹，月上更登楼。他日沧浪水，渔歌对白头。"写出了诗人送客时的无尽愁思和深刻眷念。许浑的津渡送别诗还有一个特点，诗中具有与水相关的意象集群，不但送别之地多选取渡口、津亭、江边，且诗中常出现"帆""舟"等字。他的《京口津亭送张崔二侍御》诗云："爱树满西津，津亭堕泪频。素车应度洛，珠履更归秦。水接三湘暮，山通五岭春。伤离与怀旧，明日白头人。"诗中提到了津渡的美景，告知了送别友人的地点和心境，点出了西津和津亭。

因渡客过江、待渡的际遇和心境的差异，历代诗人撰写的渡口诗也是各有千秋。唐代诗人施肩吾的《及第后过扬子江》诗颇为有趣，诗云："忆昔将贡年，抱愁此江边。鱼龙互闪烁，黑浪高于天。今日步春草，复来经此道。江神也世情，为我风色好。"同样的江边，同样的渡口，同样的人，却因科举结果的不一样，心态也大不相同。南宋末年，汪元量《扬子江》诗云："扬子津头客子愁，孤舟欲渡意绸缪。蛟龙汹汹争新穴，鸥鹭轻轻下故洲。水卷岸沙连地去，风掀江浪接天流。试披陆羽图经看，洗鼎煎茶更少留。"明代徐阶《瓜洲风雨不克渡江》诗则是："未遂归来愿，空惊岁月奔。布帆三日雨，茅屋数家村。山气遥连海，江声近在门。无缘得飞渡，东望欲消魂。"反映出诗人为风雨所阻，不能渡江的焦虑。

当清代诗人袁枚遇到江上大风、渡船停运时也是无奈，其《阻风京口》诗云："已出三江口，难抛百丈牵。一帆如懒妇，终日但高眠。"其孙女、诗人袁绥的一首《京江晚泊》诗则云："系缆江干正长潮，荻芦风起晚萧萧。人才有数传千古，山水无情送六朝。铁瓮城荒斜照冷，金陵气王阵云销。霸图凭吊空陈迹，乌鹊寒声答丽谯。"此诗写得沉着痛快，无闺阁气，反映了她豪爽的风格。

七、舟中吟唱

"京口竹枝词"是诗人描写京江风景和抒发情怀的一种常见方式，在题材上以咏风俗、歌民情为主，在语言上则采民谚、用口语，力求通俗易懂，雅俗共赏。许多文人在渡江途中喜欢用京口竹枝词的形式描写南来北往的见闻。明代天启进士方拱乾写的两首《京口竹枝词》，浅显易懂："短艇无波也自迟，横风急桨过滩时。不知冷笑缘何事，郎试摇时郎自知。邻舫无心似约同，水程有准不须风。船头男子遥相对，船尾喁喁细雨中。"明代诗人蒋锡畴有诗句："日落江风水气腥，打鱼船过浪冥冥。一声噪子菰蒲晚，无数秋山天外青。卖菜船从京口来，如常一日两三回。今朝见说风波恶，歇定银山不敢开。"诸多作品皆体现了《京口竹枝词》力求通俗易懂的风格。

《京口竹枝词》以描写家乡山水的作品居多。不少喜欢竹枝词的诗人也常借用这种表现形式来抒发对家乡的深情。清初诗人杨棨的一首竹枝词中写道："扬子津头水接天，徒儿浦外乱峰连。他乡争及家乡好，第一江山第一泉。"短短数语不仅点出京江的浩渺气象，而且表现出诗人对家乡的热爱之情。"渺渺寒潮带郭流，茫茫楚尾接吴头。风帆齐指西津渡，此是江南第一洲。紫金深玉水中间，玉砌金铺任往还。引得岩居慕华移，蒜山名又易银山。""月明初出似帘钩，挂在巍巍万岁楼。北人上楼歌一曲，南人对月泪长流。"这些诗句都倾诉了不同诗人的家乡情怀。

《京口竹枝词》除有借词抒发情怀的功能外，诗人还可以借助竹枝词的形式抒发自己的观感。清初诗人孙枝蔚的《润州新竹枝歌》云："劝君休作田舍郎，年年得米纳官仓。江鱼出网长三尺，换酒归来满屋香。"喻示了江边庄稼人的不幸和赋税的沉重。清末民初，南社成员、学者叶玉森是镇江名人。他不仅精通甲骨文字，竹枝词也写得好，委婉之中耐人寻味。如所写"与郎相期待渡亭，江上晓山相对青。郎舟摇向海门去，郎看狮岩醒未醒"。"江干杨柳千万枝，江干女儿双泪垂。江干烟景太萧瑟，只觉西风吹乱丝。"其中的"狮岩"和"西风"均承载家国隐喻，前者针对"洋人讥笑吾国为睡狮，故托狮岩以寄讽"，后者影射欧美列强侵占中国领土。

八、挂帆西上

历史上，京江水面宽广，行船便利，除了接纳南北运河的漕船、商船入江，承担大江南北岸的客运以外，还是长江黄金水道的关键节点。镇江作为长江下游的重要城市，与南方沿江城市的联系十分密切。京江挂帆行，西上可达江宁，江宁西上，可达安徽池州，池州向西，可达江西九江，九江西上，可达湖北鄂州，鄂州向西，可达湖南岳州，岳州西上，可达湖北荆州，通过水路将长江下游的重镇与长江中游的重镇连接起来，不仅为长江的沿岸城市经济发展提供了活力，而且促成了长江中下游地区人员的流动，加速了长江文脉的畅通。唐代诗人杜甫《送许八拾遗归江宁觐省》中的"淮阴清

夜驿，京口渡江航"诗句，唐代诗人孟浩然《早春润州送从弟还乡》中的
"归泛西江水，离筵北固山"诗句，唐代诗人许浑《和浙西从事刘三复送僧南
归》中的"楚客送僧归故乡，海门帆势极潇湘"诗句，都说明了从大运河经
润州江口入江，或从京口驿陆路到润州乘船，沿京江西上，可以到达许多长江
中下游城市。

京江西上的水路贯通，不仅方便了许多文人渡客沿江东下来到润州（如
唐代诗人崔峒《润州送师弟自江夏往台州》中的"远客乘流去，孤帆向夜
开。春风江上使，前日汉阳来"诗句，说明了诗人的这位师弟是由江夏顺江
东下来到润州的），而且为更多的镇江人和在镇江中转的渡客沿京江西上到
今安徽、江西、湖北、湖南的各大城市提供了便利。这对于开拓镇江人的眼
界，促进长江沿岸城市的文化交流，繁荣长江文化无疑是有益的。唐代镇江
籍诗人戴叔伦有《抚州对事后送外生宋埈归饶州觐侍呈上姊夫》诗："淮汴
初丧乱，蒋山烽火起。与君随亲族，奔迸辞故里。京口附商客，海门正狂
风。忧心不敢住，夜发惊浪中。云开方见日，潮尽炉峰出。石壁转棠阴，鄱
阳寄茅室。"记载了他全家从京口上船沿京江西上，至九江，过都昌县，最
后到达饶州鄱阳的过程。唐代诗僧齐己也写过《怀金陵知旧》诗："海门相
别住荆门，六度秋光两鬓根。万象倒心难盖口，一生无事可伤魂。石头城外
青山叠，北固窗前白浪翻。尽是共游题版处，有谁惆怅拂苔痕。"记录了自
己从润州乘船沿京江西上，最后到达湖南的经过。

宋人经镇江赴长江上、下游的也很多，其中官员和军人不少。乾道五年
（1169），陆游在《入蜀记》中记载了他经镇江沿江西上到蜀地任通判的经
历。他在西津渡码头还看到1000多名军人待渡的场景。乾道六年（1170）
四月，周必大任南剑知州，他经九江、铜陵、真州顺长江西下，到达镇江，
然后经江南运河抵达临安，进京述职。另外，镇江还是设宴接待宋金使臣的
场所，使臣通过长江、运河转运镇江时，镇江专门在临江的千秋桥畔建丹阳
馆接待。

明代，经由长江到镇江的名人不少。万历四十二年（1614），地理学家
徐霞客经长江而游镇江，参观了金山、焦山。晚明冒襄的《影梅庵忆语》
记载，他从栖霞龙潭随父回如皋，南京至镇江一段走的就是长江路线。

明代镇江府学教授冯惟敏也在自己的诗稿中谈到了他从京江出发，畅游

长江，后又回到镇江的经过。他在《海浮山堂文稿》"海岳吟社诗序"中说："余客润州二年，又南浮洞庭，泛沅湘，涉昆明。而还也，乃陟崾崃，下三峡，寻大江之源，览万川之会，放舟上游，复归于润。"

清乾隆间，镇江人王文治有"淡墨探花"之誉，他一生好游，足迹遍及江南各地。他做知府时曾远游云南，又乘船从京江西上去湖南探亲，看望弟弟王文明。他去过湖北，拜访好友毕沅。乾隆五十四年（1789）冬，王文治在孙女王玉燕和著名画家潘恭寿的陪同下，从京江沿岸西上，第二次出游到达了湖广总督（驻武昌府）毕沅处。王文治和毕沅是同年进士，毕沅是状元，两人保持着挚友关系。这次王文治到武昌后，住的地方与总督府一江之隔，往来比较方便。他几次过江到武昌拜访毕沅，与其一起鉴赏书画，又应邀为毕沅所藏书画临帖、题跋。

清乾隆五十四年（1789）冬至后的第二天，王文治应毕沅的邀请，和张姚成、罗典等著名学者一起游览了岳麓书院，又登上了岳麓山绝顶。在远眺岳麓山的美景后，王文治即兴赋诗，表达此游的感受，称赞岳麓山这里"海纳万水斯深深，岳罗众山斯森森"，山峰纵横，山水相依。放眼望去，美丽的湘江穿越城池，岳麓山下书院隐约，景色动人。此时，能和毕沅等一班名流登山观景，是一件很快乐的事，诗人顿觉心旷神怡，发出了"人生获此友朋山水乐，不羡蓉城蓬岛为飞仙"的感叹！后来，王文治诗中的佳句被刻入了岳麓书院的诗碑。清丹徒文人陈延禧，他乘船西上，到了南昌，正赶上滕王阁重建完工，他乘兴在阁壁上题律诗一首，得到江西巡抚蔡士英赏识。当蔡士英得知陈延禧已乘船离开时，他专门派员追至江边，把陈延禧请回，并将其诗刻在王勃的《滕王阁序》后面。

沿京江东下的水程不长，过去，长江东流到镇江就与大海交汇，京江成了长江下游的最后一段，不像西上要经过许多沿江城市，来往的船只也没有沿京江西上的多。崔峒在《登润州芙蓉楼》中写道："往来潮有信，朝暮事成非。烟树临沙静，云帆入海稀。"

第二节　江上奇缘

江湖诗派出现于宋高宗、孝宗时期，兴盛于光宗、宁宗、理宗时期，直至宋末，与整个南宋历史相始终。江湖诗派中执牛耳者戴复古，他以在野之身，写江湖之景，诗作繁富，别具一格，在南宋诗坛上久负盛名，是后世江湖诗派标榜的旗帜。他在镇江寓居期间，得到镇江郡守史弥坚等人的帮助，和当地文人结缘，一起欣赏大江东去、江河交汇的奇观，寻访三山的胜景，留下了许多讴歌京江和三山的佳作。除了戴复古，还有两位杰出的江湖诗派诗人兼词人也与京江有缘，他们和戴复古一样，受到镇江地方官员及文人的欢迎和帮助，在这里展示出了他们的才华，成为镇江山水文化的一大传奇。

一、戴复古

戴复古（1167—?），字式之，号石屏，台州黄岩（今浙江台州）人。南宋乾道三年（1167）出生于台州黄岩县南塘。他的家族原是南塘的一个望族，但是到其父戴敏时，家道已渐衰弱。

戴复古一生未入仕途，"以身许诗"，奔走于江湖。他先向徐渊子、林景思等名士请教，讨论诗法；又登陆游之门，学习写诗；还以诗会友，与真德秀、王子文、刘克庄等有声望的文人、隐士在一起品题诗稿、互相唱和，拓宽了诗歌创作的源流。他的诗倾诉了浪迹江湖数十年的感受，富有生活气息，关注民生疾苦，满怀爱国情怀，让人感到伤时忧国的激愤和壮志难酬的悲凉。由于走的地方多，见的世面广，他的学问越来越好，显得"高深而奥密"；诗歌也越来越精，"如逝波之鱼、走圹之兽、抟风之鹏，其机括妙运，殆不可言喻者矣"！福建学者真德秀说："戴君诗句高处不减孟浩然。"《四库全书总目提要》评价戴复古的诗"豪情壮采，直逼苏轼"。

戴复古对镇江很有感情。他喜欢这里的山水，多次应友人相邀到镇江暂住，时间加起来达数年之久。美丽的京江和三山的景色给他提供了写诗的动力。他曾和友人泛舟江上，远望金山，赞美这里："水涌孤峰出，波声日夜闻。重岩戍铁屋，双塔碍行云。天地八窗迥，江淮两岸分。登临多感慨，北雁又成群。"诗人先写了从远处望金山的观感，笔触奔放，气势恢宏，描绘了水漫金山、孤峰突现、涛声拍岸、朝夕不息的气势；突出了寺里山峰、双塔高耸的雄姿，把意象和主题巧妙地结合了起来。诗文中又写了从金山登塔远眺的观感。金山四周上下皆景，天地之宽，江淮之大，尽收眼底。望着这里的锦绣河山和北方归来的群雁，诗人联想到北方大地尚在金兵手中，无限感慨，爱国忧国之情油然而生，诗风亦由奔放变得低沉起来。在诗人眼中，一切景物均与国事民生密切相关，豪放之中自有深沉，正是戴复古写景诗的特点。

焦山的海门和京江潮水也对戴复古有很大的震撼，海的壮观、山的雅致激发了这位江湖诗人的兴致。他写道："江接海冥冥，山连岛树青。似非人境界，宜有佛宫庭。藏压蟠龙宅，潮淹瘗鹤铭。西岩更清绝，心与酒俱醒。"诗人用白描的手法，轻健明快地反映了焦山自然风光的秀美，展示了这里江面开阔、与大海相接的场景，点出了焦山诸峰相连、树木苍翠、鸟鸣其间、佛寺庄严的境域之美；又抓住了《瘗鹤铭》和西岩摩崖石刻的主题，把焦山作为书法名山的特色凸显出来，刻画景物妙趣横生，读来韵味悠长。

戴复古与镇江知府史弥坚的关系密切。史弥坚，中大夫，宝文阁待制，嘉定六年（1213）九月任镇江知府。在任时疏通运河、修建堰闸、整顿军务、恢复文教、营建园林，颇有政绩。喜雨楼在千秋桥南落成时，他邀请了戴复古等文人去题诗祝贺。当时戴复古写了一首《京口喜雨楼落成呈史固叔侍郎》，表达了对楼落成的祝贺。从这首诗中，我们可以看出诗人对镇江的情况是熟悉的，诗中说："京口画楼三百所，第一新楼名喜雨。"一语就点出了镇江名楼多的特色。那时，与喜雨楼相距不远就有月华山上的万岁楼和芙蓉楼，以及北固山上的北固楼、多景楼、石帆楼及附近的望海楼等。从他的诗中，我们还知道喜雨楼落成时，楼上大放花灯，精彩纷呈，形成了"上与星辰共罗列，下映十里莲花池"的奇观。

戴复古在游历江湖的过程中，不少地方官员都敬重他的为人，乐于和他交往。永嘉诗人陈昉说："石屏戴叟以诗行四方，名人巨公皆乐与之游者。有忠益而无诡求，有谦和而无诞傲，所至怡怡如也。"作为江湖诗派诗人，他在生活上得到不少镇江地方官的关照。淮东总卿王野和总领吴渊等都是他的好友，诗酒往还不断。他称赞王野："一代文章手，官如水样清。三军皆饱德，诸将共谈兵。"王野，字子文，浙江金华人，嘉定十三年（1220）进士。淳祐间授两浙转运判官，以察访使出视江防，由嘉兴至京口，颇有政绩。戴复古与镇江知府兼淮东总领吴渊私交很好，交往不断，离别后仍互寄相思。诗中有"济世功名付豪杰，野人事业在林泉。难禁别后相思意，或有封书寄雁边"的佳句。吴渊，字道父，宁国人，嘉定七年（1214）进士，端平中担任镇江郡守，官至参知政事。

戴复古一生无官无禄，晚年为贫困所扰，但从他寓居镇江所作诗文中可看到他泰然处之、随遇而安的乐观心态。他在《京口别石龟翁际可》诗中说："把剑樽前吹地歌，有何留恋此蹉跎。心期难与俗子道，世事不如人意多。莲叶已空犹有藕，菊花虽老不成莎。扁舟四海五湖上，何处不堪披钓蓑。"诗人本来有满肚子的愤懑不平，但他能从山水自然中寻找自我平衡，寻找解脱愁苦的寄托，并把其转化为一种不与世俗同流、自然淡泊的高逸情怀，而对酒当歌亦是戴复古隐居镇江时表现出来的一种清高脱俗。他在《京口遇薛野鹤》中说："天下江山第一州，可能无地著诗流。黄金不爱买官职，白发犹堪上酒楼。懊恨牡丹遭雨厄，叮咛芍药为春留。狂吟有禁风骚歇，语燕啼莺代唱酬。"表现了自己人生遭遇坎坷和借诗酒自娱的落寞心境。

嘉熙元年（1237），戴复古被儿子从镇江接回台州的老家，从此再也没有重出江湖，镇江成了他40年江湖生活的最后一站。

二、刘过

刘过（1154—1206），字改之，号龙洲道人。南宋文学家。吉州太和（今江西泰和）人。人生遭遇坎坷，四次科举皆败北，遂布衣终身。宋光宗时，他上书宰相请求北伐，意见没有被朝廷采纳。但他的文才为陆游、辛弃疾所欣赏，亦与陈亮、岳珂友善。著有《龙洲集》《龙洲词》传世。

刘过工于诗，古体诗、律诗兼备，"诗鸣江西，厄于韦布，放浪荆楚，客食诸侯间"。诗多悲壮之调，如《夜思中原》中有"独有孤臣挥血泪，更无奇杰叫天闻"句等。他的词也有名，以风格豪放为特点，词风与辛弃疾相近，狂逸俊致，多为力主北伐、大声疾呼之作，抒发怀才不遇的感慨。如《沁园春·其九》"拂拭腰间，吹毛剑在，不斩楼兰心不平"，《沁园春·其一》"威撼边城，气吞胡虏，惨淡尘沙吹北风"，《念奴娇》"知音者少"，《贺新郎》"弹铗西来路"等，写得悲壮激越，气势豪壮。与刘克庄、刘辰翁享有"辛派三刘"之誉，又与刘仙伦合称为"庐陵二布衣"。

刘过与辛弃疾的相识极富戏剧性。宋元笔记中记载有两人交游的多件逸事。元代蒋正子在《山房随笔》中细述了他们相识的过程：辛弃疾任浙东安抚使时，刘过慕名前来结交，门房见刘过只是一介布衣，势利眼发作，就不让他进门。刘过愤然与门吏争吵，辛弃疾听见声音招门吏问话，门吏不免添油加醋地说刘过是非，辛弃疾大怒，就准备将刘过逐走，幸好此时陆游与陈亮在旁边，他们把刘过夸奖了一番，说他是当世豪杰，擅长作诗，应该接见。辛弃疾这才让刘过进门，斜眼看他，冷冷问道："你能写诗么？"刘过说："能。"这时酒席上正上羊羹，辛弃疾便命他以此为赋，刘过笑道："天气太冷，我想先喝点酒。"辛弃疾赐酒，刘过接过，一时手颤，有酒液沥流于怀，辛弃疾就让他以"流"字为韵。刘过随即吟道："拔毫已付管城子，烂首曾封关内侯。死后不知身外物，也随樽酒伴风流。"辛弃疾闻之大喜，忙请他共尝羊羹，宴罢得知江湖诗人的难处，赠了他不少财物。

辛弃疾在镇江做知府时也接济过刘过。一天大雪，辛弃疾带领众幕僚登多景楼观雪景，也请了刘过，他出现时敞着衣襟，穿着拖鞋，模样很癫狂，懒洋洋的。在众幕僚前，辛弃疾觉得他有点碍眼，就想刁难他一下，命刘过赋雪，以"难"字为韵，不承想刘过随口就来："功名有分平吴易，贫贱无交访戴难。"辛弃疾赞叹不已，以后两人的交情更深了。

元代郭宵凤的《江湖纪闻》中记载了刘过和辛弃疾交往的一件事，描述了两人之间的江湖豪情：刘过欲回乡探望母亲，向辛弃疾告假，辛弃疾知其囊中羞涩，便有心相助。是夕，二人微服入倡楼（妓院）饮酒，正好遇上一位都吏在左拥右抱宴客作乐，都吏不认得自己的顶头上司辛弃疾，却自恃财大气粗，叫嚣着要包场，命左右随从把辛、刘二人赶出去。二人也不与他相争，大笑着就回去了。随后辛弃疾称有机密文书处理，点名要这都吏前来领命，而此刻都吏早已醉倒在温柔乡中，哪能连夜赶来。辛弃疾遂决定没收其家产，并将其流放以示惩戒，都吏醒来吓出一身冷汗，忙四处找人到辛弃疾面前求情。辛弃疾并不宽恕，病急乱投医的都吏打听到刘过缺钱，便一咬牙掏出五千缗奉上，说是为刘过母亲祝寿，再请辛弃疾开恩。辛弃疾仍不松口，摇摇头连说不行，命都吏将祝寿钱翻倍。都吏虽然心痛如刀绞，但也不敢不从命，如数把钱增到一万缗，辛弃疾才放了他一马。那时宋朝的宰相一月俸禄才三百缗，可见一万缗是笔不小的数目，一个小都吏能拿出这么多钱充当罚金，难保来源干净，辛弃疾此举是"劫富济贫"，同时也给了这位贪官一生难忘的教训。后来，辛弃疾自己掏钱给刘过买了回乡的船，又把一万缗交给他，还特意嘱咐他不要像平时那样乱用。刘过大为感动，作了一首《念奴娇》致意："知音者少，算乾坤许大，著身何处。直待功成方肯退，何日可寻归路。多景楼前，垂虹亭下，一枕眠秋雨。虚名相误，十年枉费辛苦。　　　不是秦赋明光，上书北阙，无惊人之语。我自匆忙天未许，赢得衣裾尘土。白璧追欢，黄金买笑，付与君为主。莼鲈江上，浩然明日归去。"

刘过在多景楼中写过一首抒情诗，曾赢得众人的赞誉。诗云："壮观东南二百州，景于多处最多愁。江流千古英雄泪，山掩诸公富贵羞。北府只今唯有酒，中原在望莫登楼。西风战舰成何事，只送年年使客舟。"在诗人的眼中，北固山雄伟壮观，多景楼远眺风光无限，然"壮观东南"，看到的却是"山河破碎"，"多景"变成了"多愁"，心里有说不出的悲伤。所以，接下来刘过在写"江"和"山"时，眼中的江山雄奇被打了折扣，充满了悲凉。江中流的是壮志难酬的"英雄泪"，山里掩的是屈膝求和的"富贵羞"。主战派为什么要流泪，主和派为什么该羞愧呢？乃是因为他们对沦陷的土地和苦难的人民的态度截然相反。此时此刻诗人的心情与主战派一样伤悲，他因"怀人"而借酒浇愁，因不忍北望失地而劝人"莫登楼"。但是，诗人自己偏偏又看见了江中护送使者北去求和的战舰，这就令人更加悲愤了！在这首诗中，诗人紧扣"情景交融"做文章，点明主旨，抒情达意，使诗中的景与情交融，能够深深地打动读者的心灵。可以看出，诗中处处移情入景，又时时借景抒情，真正做到了感情的脉络贯于始终。

刘过和淮东总领岳珂也是好友，两人结识于开禧元年（1205），在一起唱酬颇多。岳珂资助过他，并邀之参加文宴，还在文集中录了刘过的一首《多景楼》名诗："金焦两山相对起，不尽中流大江水。一楼坐断天中央，收拾淮南数千里。西风把酒闲来游，木叶尽脱人间秋。关河景物异南北，神京不见两泪流。"

三、姜夔

姜夔（1155—1209），字尧章，号白石道人。南宋著名诗人、词人和音乐家。饶州鄱阳（今属江西九江）人。少年孤贫，屡试不第，终生没有做官，一生转徙江湖，靠卖字和朋友接济为生。他虽然仕途不顺，却早有文名，受到杨万里、范成大、辛弃疾等名家赏识，以清客身份被推荐给张鉴等诗坛名家。张鉴曾想将锡山的庄园送他，甚至还想为他买官爵，均被谢绝。他博学多才，工诗词、精音乐、善书法。有《白石道人歌曲》《白石道人诗集》《诗说》《绛帖平》《续书谱》等著作和琴曲《古怨》传世。

姜夔作词的造诣很深。他的词多为记游、咏物和抒写个人身世、离别相思之作，偶尔也流露出对于时事的感慨。其词情意真挚，格律严密，语言华美，风格清幽冷隽，以瘦硬清刚之笔调，矫婉约词柔媚无力之弊。代表作《暗香》《疏影》，借咏叹梅花，感伤身世，抒发郁郁不平之情。清代大诗人王士禛认为："白石，词家大宗，其于诗亦能深造自得。"《四库全书》评述他作诗"以精思独造为宗"，并说："今观其诗，运思精密，而风格高秀，诚有拔于宋人之外者。"王国维《人间词话》也说："古今词人格调之高，无如白石，惜不于意境上用力，故觉无言外之味，弦外之响。"南宋末年的著名词人张炎非常推崇姜夔词，他在《词源》中说："姜白石词如野云孤飞，去留无迹。""不惟清空，又且骚雅，读之使人神观飞越。"此评语影响深远，后人在评价姜词的艺术风格时，大都离不开"清""雅"二字。

姜夔精通音律，能够在通用词调外自创词牌，自制新调曲谱，并能吹弹伴和。旧词调经他的手笔，常有因词意和演唱所需而破格出新，如平韵《满江红》便是例证。只有北宋的周邦彦在自作词曲方面能与他相提并论。晚年，受辛弃疾影响，姜夔的词风有所转变，呈现出豪放风格。

辛弃疾任镇江知府时，曾邀请过姜夔前往做客。姜夔的《永遇乐·次稼轩北固楼词韵》就是和辛词所作，词风和辛弃疾一样豪放。词中写道："云隔迷楼，苔封很石，人向何处？数骑秋烟，一篙寒汐，千古空来去。使君心在，苍崖绿嶂，苦被北门留住。有尊中酒差可饮，大旗尽绣熊虎。　　前身诸葛，来游此地，数语便酬三顾。楼外冥冥，江皋隐隐，认得征西路。中原生聚，神京耆老，南望长淮金鼓。问当时，依依种柳，至今在否？"

这首词的开头写景。作者在北固楼上远望，看到了长江对岸的迷楼被云雾遮隔，若隐若现；近处甘露寺里的很石则长满了青苔，仿佛好长一段时间没有人来抚摸了。当年风云一时的英雄，如今又在什么地方呢？只有那秋烟中的征骑、晚潮上的航船仍然年年往还不息。辛弃疾向往闲散的生活，游荡于青山绿水之间，但为了抗金，实现精忠报国的目标，就不得不留在"北门锁钥"之地的京口，准备北伐。他知道京口有"酒可饮，兵可用"。只要军中大旗一展，各路人马齐聚，自然是军威赫赫，所向披靡。

词的后半部分抒情。作者赞扬了辛弃疾的足智多谋，把他比作诸葛亮，重游京口故地时，寥寥数语就把天下大势剖析清楚。从北固楼远望，虽然烟水茫茫，江岸模糊，但进军中原的路线还可以辨认清楚。中原的百姓、故乡的父老早就想擂鼓迎接北伐军来收复失地了。顺便问问乡亲父老，当时栽下的柳，如今还活着吗？这首词受了辛词的影响，在传统缠绵婉约的词风中，渗透着激越亢奋的情调，显示出慷慨激昂、积极进取的精神。全词意境高远，洋溢着对抗金英雄辛弃疾的热情歌颂和殷切期待，反映了时代的主旋律和广大人民的心声，实为难得的佳作。

第三节　山色雄秀

　　镇江沿江的山很多，文化元素也异常丰富。千百年来，舟过京口的文人、流连津渡的墨客不知有多少，他们远眺大江东去的壮观，欣赏两岸动人的景致，或指点江山，或怀古抒情，或往来诸山之间探胜，对这里的江天开阔、气势雄伟情有独钟，也对沿江分布的大小山头蕴含的文化现象产生了兴趣。可以说，无论乐山的仁者，还是乐水的智者，都能在镇江的山水之间满载而归。尤其是三山丰富的文化现象，在镇江历史文化中占据主导地位，成为历代文人关注的焦点。

　　因为长江的穿越，镇江沿江的大小山倒映水中，变得更加美艳和雄奇。山水相映的美妙，吸引更多的文人墨客到京江来，泛舟其中，欣赏江岸的美景，也留下了数不尽的诗文和画卷。镇江美丽的三山，在景色和美文的衬托下，更是扬名天下。明代都穆《游北固山记》称："京口之山，以金、焦、北固为首，人称三山，其胜概诚天下之最也。"清代名臣阮元书写的"巴蜀西来，潮头几许？金焦北固，鼎足三分"楼联也极有气势，形象地描述了长江与三山相依相雄的景象。据不完全统计，"自魏晋南北朝至清约有千位诗人在游览京口三山时留有登临作品。诸如'丹阳北固是吴关，画出楼台云水间'，'灵山一峰秀，岌然殊众山'，'纵目穷扶桑，出日蒙海雾'等充满画境的诗句，生动摹画了北固山的雄峻，金山的奇丽，焦山的幽清，尽显京口山水之胜"（2017 年"历史典籍与京口文化"学术研讨会暨中国历史文献研究会第 38 届年会论文集镇江特辑）。三山还是有名的赏月佳地，如金山的"妙高秋月"、焦山的"华严月色"、北固山的"江月怀古"，景色都是很美的，再加上蒜山的"西津晓月"，正如清初镇江诗人冷士嵋所云："林开山月迥，水光生夜明。"

一、金山

"长江浩浩西来，水面云山，山上楼台。山水相辉，楼台相映，天地安排。诗句就云山动色，酒杯倾天地忘怀。醉眼睁开，遥望蓬莱：一半烟遮，一半云埋。"这不是仙境却胜似仙境的蓬莱，是元代著名词人赵天锡笔下的金山。

金山原在大江中，唐代杜光庭的《洞天福地记》中说："金山，万川东注，一岛中立。丹辉碧映，揽数州之奇于俯仰间。"明代李植也在《重建金山楞伽台记》中说："金山高一百五十尺，广六百二十步，东望大海，西控百川，南据吴越，北通淮扬。山之状，其游若龙，其浮若玉，其状若牛，安插巨浪之中，孤耸烟波之上。"（《京口三山志选补》卷一八）金山是"峰峦攒水上，秀拔殊众山"的江中浮玉，其建筑也大多与江水相关，如灵观阁下有听潮轩，山中还建有吞海亭等。

金山的寺庙依山而建，殿宇厅堂幢幢相衔，亭台楼阁层层相接。从山下到山顶，一层层殿阁，一座座楼台，将整个山体包裹了起来。远远望去，山就是寺，寺就是山，富丽堂皇，巍峨壮观。金山的奇异，在于它集中体现了唐、宋、元、明、清各个朝代建筑艺术的精华和主要特征，巧妙地将寺、塔、石窟这佛教三大建筑汇集于一山之中。

金山的山水之趣在文人的心中和帝王的笔下都有深深的印记。大文人苏东坡来金山多次，对它的观察也越来越细，金山从早到晚的景色变化都印在了他的脑海之中。他写的"潮随暗浪雪山倾，远浦渔舟钓月明。桥对寺门松径小，槛当泉眼石波清。迢迢绿树江天晓，霭霭红霞海日晴。遥望四边云接水，碧峰千点数鸥轻"诗句，勾画了在金山月夜泛舟和江天晨晓时的景观变化，把江上昼夜不同的瑰丽景色生动而形象地描绘了出来，给人留下了极其深刻的印象。若把诗倒过来读的话，则又是一种不同的意境。"轻鸥数点千峰碧，水接云边四望遥。晴日海霞红霭霭，晓天江树绿迢迢。清波石眼泉当槛，小径松门寺对桥。明月钓舟渔浦远，倾山雪浪暗随潮。"景观的美艳有了新的变化，时间的表述上也由从夜到明变成了从晓到晚，似乎看到的景色更加地鲜明而生动，犹如翻开了新的画卷。这不仅是回文诗的功力，更是金山景色的多变。

明代翰林院编修陆深舟过金山寺江面时，被这里"静夜江声若自山头而下，晓烟未散，凝云低度，则江之流影若与烟云相掩映"的景致触动，吟出"潮声生绝壁，江影落孤云"的佳句。清代康熙皇帝不知去过多少天下名山，但登临金山后仍感觉大不一样，叹曰："历览诸景，江天之胜，未有逾于此者。"康熙皇帝看到的金山确实迷人，不仅有唐代张祜"树色中流见，钟声两岸闻"之诗景，而且有本朝张玉书"江天阁外夜潮生，玉鉴堂前片月明"之诗意，美丽的山水、巧妙的建筑、丰富的人文被有机地结合起来。

二、焦山

焦山，原名樵山，又名狮子山、双峰山，位于镇江东北长江中。在烟波浩渺的长江里，焦山宛如一片碧玉浮于江上，因此也赢得了"浮玉山"的美誉。

焦山的得名，据唐代《润州图经》上说，是"焦光所隐，故以为名"。焦光是东汉末高士，曾隐居于此，以"三诏不仕"的高风亮节而为世人所称。焦山具有独特的风貌，山上大大小小、参差错落的寺庙建筑掩映于古柏翠竹之中，黄墙碧瓦，飞檐斗拱，偶露一角，若隐若现，若有若无，神秘而令人遐想，形成了焦山"山裹寺"的独特景观，与金山"寺裹山"形成鲜明的对比。《水浒传》中"宋江智取润州城"里云："金山上有一座寺，绕山起盖，谓之寺里山；焦山上有一座寺，藏在山凹里，不见形势，谓之山裹寺。这两座山，生在江中，正占着楚尾吴头……"这都准确地道出了焦山寺庙建筑的独树一帜、新颖奇妙和优越的地理位置。

焦山上竹林繁盛、树木葱茏，远远望去，一堆青绿就好像一只大青螺漂浮在白浪上面，使人有一种缥缈而神奇的感觉。焦山没有任何依傍，笔直地耸立在江心。它的周围过去是苍茫无际的江水，波涛从上游不停地奔腾着，向山脚冲过来，气势十分雄壮。有人喜欢把长江比作天堑，而焦山是中流砥柱。用壮观亭的一则古联来形容焦山的气势，似乎更精确："砥柱镇中流，此处好穷千里目；海门吞夜月，何人领取大江秋。"

焦山上的景点很多，称得上星罗棋布、不胜枚举。其中最著名的要算焦山的十六景，它们分别是山门松影、定慧潮音、枯木品泉、华严月色、香林花圃、海云宝墨、自然问道、危楼观日、别峰果园、西崖远景、安隐栖禅、东麓新林、江亭礼佛、岩洞寻仙、石屋藏铭、庵院槐荫。

这些景点都是精选出来的，个个有出处，反映了焦山古花木、古碑刻和古庵堂多的特点。如"海云宝墨"是指原海云庵中收藏的许多前代名流的墨迹石刻。海云庵中原有一个宝墨亭，亭中有宋代苏舜钦书写的仿《瘗鹤铭》原文石刻和其他一些碑刻。在海云庵的屋廊壁间镶嵌的碑刻更多，除摹刻的《瘗鹤铭》外，还有杨继盛、杨一清、文徵明、乾隆皇帝等人的墨迹，琳琅满目。因此，焦山也赢得了"书法山"的美誉。

元代诗人、画家郭天锡喜欢焦山的月色，他曾留宿山中，等到江中的风浪平息，和山僧一起去观赏天上的明月映照在江面的景致，并作诗一首。诗云："扬子江头风浪平，焦山寺里晚钟鸣。炉烟已断灯花落，唤起山僧看月明。"清代两淮盐运使曾燠在焦山看到杨铸的《听琴》诗句"明月在水不在天，秋声在空不在弦"，认为诗人笔下的焦山是"太白佳境"，描写得生动而精准。他深为诗人的才气折服，于是邀请杨铸去扬州为之选订《江西诗征》。

焦山风景秀丽，人迹罕至，是个读书的好地方。明代诗人靳观光《访郭次甫同醉烟云阁》诗云："高楼尘迹迥，小隐客心安。笔砚涛声润，衣裳竹色寒。入云饮玉粒，分露醉金盘。笑指山中历，梅花十月残。"陈永年把自己的两个儿子送到焦山去读书，并写了纪事诗记录了这件事。诗云："鹤丘尘不到，子去下帷初。练影春临帖，潮声夜读书。两峰青玉案，双树绿云居。爱日悲亲老，分阴事拮据。"明代诗人王叔承《李叔茂读书焦山寺漫赠》诗云："忽漫一杯酒，竹边青眼明。开编岩月坠，拈笔海霞生。僧钵龙藏影，书斋鹤就鸣。何时读秋水，过尔坐江声。"后来，清代乾隆间郑板桥选择去焦山读书也是有道理的。

三、北固山

唐代诗人张祜的名句"日月光先到，山河势尽来"，点出了北固山的气势。因为悬水峻壁、形势险要，北固山赢得了"江山相雄"的美誉。正如诗中描述的那样，此山"石壁半空下，插入沧江流。鸟飞不能到，风过回潮头"。这里的江面也是"往来江上帆，到处惊风浪"，有"此山镇京口，迥出沧海湄"的说法。相传三国时，刘备来北固山甘露寺招亲，看到这里雄峙江滨、江天开阔、气势雄伟的景象，赞叹说："此乃天下第一江山也！"到了南朝梁武帝登临后，又书有"天下第一江山"，其声名更加显赫。

北固山山岭逶迤突兀，绵延四百余米，分为前、中、后三峰。前峰、中峰树木荫深，苍翠重叠，不雨而润，不烟而晕；后峰则与之迥异，临江枕水，峭壁如削，上面集中了山中的甘露寺、清晖亭、卫公铁塔、多景楼、北固亭等知名建筑。在上下起伏的三峰之间，有一条长长的山脊相连，宛如一条昂首、翘尾、拱背的巨龙，俗称"龙埂"，有诗云："苍龙惊出海，蜿蜒蹯高冈。安得鞭之起，乘云游八荒。"唐代大诗人李白随永王东巡时到过北固山，很有感触，写诗称："丹阳北固是吴关，画出楼台云水间。千岩烽火连沧海，两岸旌旗绕碧山。"形象地描绘出了永王水师到达润州的盛况和北固山的雄关气势。

北固山以"寺镇山"和三国故事出名，甘露寺建在山的后峰之上。由于三国故事的影响，北固山上的楼阁、亭轩或多或少都与三国的故事有关，甚至山上的石头、道路、墓葬也与三国人物有关。以山上的一只石羊为例，就有一连串的趣闻。石羊被称为"狠石"，它的四腿跪伏在砖台上，头朝江北，尾对寺墙。传说当年曹操率领八十三万大军下江南的时候，诸葛亮曾与孙权骑在此石羊上相商抗曹大计，但也有人说是刘备和孙权在石羊上商议抗曹之事。

唐代罗隐，宋代苏轼、蔡居厚、陆游等都在自己的诗话中谈论过狠石。明代的丹徒县令庞时雍还建了狠石亭，又写了《狠石亭记》。而方志的说法有点不同："石羊盖在城南，吴孙氏隧道也。刘备诣孙权，与俱出猎，因醉，各据一羊。此与诸说迥异，羊既非一，地亦不在甘露寺。"

登临北固山之巅，那种眺望的感觉难以表达，倒映江中的，是妩媚的青山，是临崖的亭阁，是多景的楼台，"金焦两山小，吴楚一江分"的视觉会给人以巨大的震撼，使人有凌云之意，难怪宋代著名词人辛弃疾在这里能写出"何处望神州，满眼风光北固楼"的佳句，算得上是那种视觉的最佳流露。历史上，许多文人墨客都喜欢北固山中的风景，而北固山下江中的百年水文潮位观察站，是江流拍岸景观的忠实记录者。

四、象山

在焦山的南面有一座山，名叫"石公山"。山的形状有点像两只大象相向而伏，所以又叫"象山"。焦山和象山屹立在镇江的东面，是城东的门户。有谚云："石公两象，焦山双狮。狮象对踞，海门在斯。"

象山过去有十景，分别是峨嵋洞、韩公墩、送江亭、钓月矶、石公山房、绿竹轩、翠萝屏、青莲花石、双峰阁、立鹭滩。景点的背后，都有典可寻。如山顶上的韩公墩，相传是宋代名将韩世忠的建旗处，上面驻过兵。山上的送江亭，建于南宋乾道五年（1169），由镇江知府陈天麟所建，取了苏东坡"宦游直送江入海"诗句的意思。山中的青莲花石，也是由于明代万历年间有高僧在石上诵经，感青莲花香而名。

这些景点各有千秋之态，有的雅致，如绿竹轩："轩外惟容竹，轩中且贮书。叩门无过客，长于此君居。"有的景美，如翠萝屏："薜荔垂千尺，朝来叶有霜。秋叶坐相对，无奈是斜阳。"丹徒学者何絜在《象山记》中说："耸壁刻削，高十丈许。去地半，有洞足容百人，曰普贤洞。"说明象山十景之外，尚有其他景点可游。

象山过去还有个渡口，待渡时若近岸无渡船，只要大声呼喊，对岸的渡船就会返回渡客，颇有情趣。在月夜，象山和焦山之间还会出现夜渡，供文人墨客在江面赏月。明代诗人张国诏有《月夜渡焦山》诗："踏破空林翠，来寻渡口船。秋澄江若镜，波浪水生烟。树色凉分夜，潮声静入禅。寂寥人世外，徒倚石头眠。"那时象山渡口一带的江面还盛产银鱼，有"春潮平后卖银鱼"的说法。

常来焦山的隐士冷士嵋对象山渡待渡的印象极佳，其诗云："隔江催唤渡，水阔沙路失。遥看白鸥飞，远知渔艇出。"清代诗人张秉锐也写过《象山渡》诗："波静老渔闲，水阔群鸥聚。斜日冷双峰，隔江人唤渡。"描述了自己去焦山时待渡的闲情雅致。

象山下的江面也是历史上漕粮经过的水道。据《京口山水志》记载："象山下，沿江长一百五十丈，石骨嶙峋，风涛湍悍。冬月，漕河水涸，粮艘由丹徒闸河出口，逆流溯江而上，到此最为艰险。"到了清道光年间，这里修建了长堤，平整了水道，通过水利工程"以杀水势"，保证了航行的安全。

五、汝山

汝山，现名禹山，在城东北十里，一说九里，与焦山对峙，俗称西汝山，以别雩山。南朝山谦之《南徐州记》曰："丹徒县东九里临江，有女山（汝山），山东许贡客刺孙策所也。"孙策驻军丹徒时，曾前往汝山狩猎。因他的坐骑为精骏之马，从骑追护不及，结果孙策单人独骑在山林中遇上了埋伏的三个许贡门客。据裴松之注《三国志》所引《江表传》，孙策正在疾驰之间，见前方出现三个人，便问道："尔等何人？"对方答道："是韩当兵，在此射鹿耳。"韩当乃是孙策手下大将。孙策见三人很是面生，便说道："当兵吾皆识之，未尝见汝等。"说话间，孙策弯弓搭箭，一人应弦而倒。其他两人很是恐慌，忙举弓射向孙策，正中孙策面颊。这时孙策的护卫们才追赶了上来，将另外两名门客杀死。而孙策也因之受伤不治。

汝山曾有一个万寿寺，也有点名气，原是宋安抚使赵纪祥的故居，元代大德年间改成梵刹。明代丹徒文人谈允谦不愿做官，向往归隐的生活，常来寺中和僧人闲话，把这里当作隐逸的好地方。那时寺里的僧人边坐禅边劳作，过着自给自足的日子，这些都给谈允谦留下了好的印象。他写诗赞美了寺僧参禅、耕作两不误的生活方式，也赞美了万寿寺"层层山抱寺，曲曲水当门"，有着优越的地理位置，是一个风景独好的地方。在谈允谦的眼中，这里清晨可以看到京岘山头的白云，夜晚可以听到自焦山传来的鹤鸣，还可以欣赏那种"稻花香引江村路"的田园风光。

若从汝山的顶峰瞭望长江，更是风光无限，这里的江景特别美丽。俯瞰，则微波万顷，浪花翻卷；仰视，则晚霞满天，色彩艳丽。那种大江东去的壮观、山林苍翠的秀色，以及连绵起伏的态势，让人感到天高地广、明净幽远，有一种心情舒畅、浮想联翩的感觉。正如清代诗人朱丰文过此山时写的《白头吟》所云："江涨云涛阔，山回雾霭深。长堤绵碧草，芳树炯修林。日暖烧须蝶，风轻刷羽禽。不应春过半，聊动白头吟。"如今的汝山已经"沧海桑田"，原有的山体已被一栋栋现代建筑取代，只留下更名为"禹山"的个别峰头。

六、月华山

月华山原位于江边，是一个观赏江景的好去处，尤其是山巅的芙蓉楼和万岁楼，更是闻名遐迩，是历代文人聚集的场所。唐代诗人王昌龄在芙蓉楼送友人，写过"一片冰心在玉壶"的名句；另一位唐代诗人孟浩然在万岁楼抒怀，有过"独令乡思更茫茫"的感慨！无论白昼登临，还是月夜高攀，在月华山上都能观赏到美丽的江景和古城的繁华。清代书画家笪重光到月华山赏景，登上山顶遥望阳光下的大江时，很有感慨，如同看到了一幅诗情画意的长卷："万岁楼前江水流，月华峰上见瓜洲。江南江北人如蚁，日日风帆不肯休。"在这位书画家的笔下,写诗如作画一样精彩,诗中有画,整个画面充满了动感。

清代诗人张堂在月夜登上月华山,他的感受又是一番风情:"独上峰头玩月华,秋空如洗雁行斜。楼台远近无灯火,梦落城中十万家。"诗人看到的是江城和谐之景,夜幕下的京口,月色诱人,秋空爽朗,可以清晰地看到大雁飞行的队列;而远近处却在一片宁静之中,看不到零星的灯火,繁华的城市如同一个忙碌了一天的人,在梦乡里入眠了。

月华山上曾有一个红梅阁。传说在唐代有道人在月华山中修炼,因山上有许多地方生长红梅,道人自号"红梅老人",并最终得道成仙。后来清军将领冯子材镇守镇江时可能听说了这个故事,便在山上修建了一阁,额曰"红梅"。清代有个叫陈时若的诗人在登过红梅阁后,对山上红梅怒放的景致印象极深,留了"月华山下路,一步一红梅。梅落有时发,仙踪去不回"的诗句。民国年间,镇江的一众文人曾云集于此举办诗会,成立了"红梅诗社"。

月华山下的绿水潭历史久远,有人说此潭是秦始皇命人开凿的,故又称"秦潭"。唐代诗人陆龟蒙诗中有"松门穿戴寺,荷径绕秦潭"之句,大概是这里的风景打动过他的心,引起了他的共鸣。绿水潭的水很深,是否通江难说,但肯定不是死水,里面有大量的鱼虾在活动。宋代诗人李公异在绿水潭四周徘徊良久,说这里"百丈古潭深,鱼虾不计金。好来秋夜听,深处有龙吟"。

月华山后有夫子庙,据晚清诗人赵贻第游记说,镇江府夫子庙前为月华山,如同照壁,于是赋诗一首以记:"生成照壁月华峰,记得吾乡旧圣宫。更喜后面亭直立,光风霁月势玲珑。"

七、圌山

清代顾祖禹《读史方舆纪要》卷二五云:"圌山,府东北六十里,滨大江。宋置圌山寨于此。"圌山以雄伟险要著称,又以景色秀丽出奇,不仅"壁立千仞,关封三江",又一峰突兀,地成锁钥,极尽险峻之气。千百年来,这里一直是兵家必争之地,历代重兵设防。唐代设"圌山戍",宋代建"圌山寨",明代置"圌山营",清代配"圌山关"。圌山云烟飘渺,峰峦叠翠,洞壑传奇,梵钟长鸣,魅力无穷,成为旅游的胜地。

北宋诗人王令在《润州游山记》开头写到圌山："去润而东，顺江而下，六十里而后至，其山名圌……去圌而西，逆江而上，五十里而远，始有山三：其二合为海门，一为焦山。"这里的"其山名圌"，就是圌山。明代《京口三山志选补》记录王令《润州游山记》时，已改用圌山的称谓。明清以来，有很多墨客骚人登临圌山峰巅，观赏那水天相接、天水一色的绝妙景观，寻找秋雨中的山寺、晚风中的江楼、坐禅中的僧人，留下了许多寄情山水、赞叹圌山风光的吟咏。诗人冷士嵋这样形容圌山的古寺："岸叠圌峰峻，萧条古寺传。人来青嶂里，僧访白云边。江阔鼍龙吼，山高斗月悬。寥寥钟磬外，谁与问逃禅？"如果说峰峦横亘、峭崖突兀为圌山争得了雄伟之势，那么圌山绝顶上的报恩塔和楼阁等更加增辉，有如仙境。登塔可以"直来千仞上，空阔任观瞻"，看到塔影落千仞、屹立大江东的场景，听到钟声接半空、潮声吞日月的鸣响，倚阁可以"沧海夜明先见日，高峰昼冷忽闻笙"。虽然视角不同，美景各异，但那种陶醉的感觉是相同的。

自古以来，圌山有72洞之说，至今能标上名称的尚有箭洞、仙人洞、桃仙洞、观音洞等10余个洞。箭洞是最奇特和最神妙的一个，在山的西南半腰，似一箭洞穿，故得名。相传后羿射日的时候有一箭未中太阳，却射穿了圌山。箭洞呈圆形，顶高百丈，介于两峰之间，仿佛天桥一般，险极妙绝。面北穿洞而望，烟雾缭绕，朦朦胧胧，峭壁峰峦都披上了轻纱，似隐若现，好像九天宫阙、蓬莱仙境；面南穿洞看去，万顷碧野，阡陌相连，渠塘如明镜闪亮，绿树丛里显露青砖红瓦，飘散着袅袅炊烟，仿佛妙笔丹青、天上人间。箭洞在地质上称"天生桥"，又名"正云梁"。游者从下经过，只见"凌空透辟亦奇哉，亘古相传箭射开"，"秦汉珠玑骎石壁，一从风雨洗苍苔"，殆非寻常洞穴。由于箭洞地势险峻，进出此洞似乎不是一件容易的事。

八、五峰山

五峰山，又称"五尖山"，位于城东北60里，与圌山相连，山有五峰，形同笔架，故名"五峰山"。五峰山雄峙江浒，扼锁长江，犹如一个巨大的神龟伸颈探入江中，与对岸的高桥镇（过去叫"顺江洲"）把两公里多宽的江面勒成了不到一公里的隘口，因为极为狭窄，江流至此水势湍急，下游分为南北二汊，而积沙成太平洲。从下游两汊看，无论船只从哪一汊进来，必经过山前，故在此设防，敌方船只均难越此而直驶上游。有人说，五峰山和整个圌山一体，所以将这个关口称为"圌山关"。这里如同大江分流的咽喉，颇有"一夫当关、万夫莫开"的气势，其独特的地理位置，让它变成了一个军事要塞。

五峰山的尾部插入江心，形成了长江千里泻入胸怀的态势，颇为壮观。若破晓前乘船经过此地，可以看到"两岸白收雾，五峰青入江"的动人景色。山谷中有一个叫作"虎涧"的地方特别幽邃，它下面的华岩阁在雾气的笼罩下充满了神秘感。到过五峰山的人，会有一种舒适轻松的感觉，这里的江景山色皆如画卷。清代诗人徐成璐写有一首《五峰山》的诗："好山行欲尽，望里大江分。忽见五峰立，飘然迥出群。石分双涧水，人上一楼云。此地堪栖隐，终朝少俗氛。"

清代光绪年间，有"京江后七子"之誉的诗人解为幹登上五峰山后，眺望远景，看到了"大江东去若飘带，浪下三吴似白烟"的水色；俯视近观，又见到了幽幽深谷、松柏成荫、怪石嶙峋、神态各异的山光。那种云雾迷漫、峰峦叠翠的景致打动了这位才子的心，他脱口吟道："倚剑一长啸，登高跨五峰。欲倾东海水，洗我此心胸。石立惊飞鸟，云行让古松。好风吹满袖，意若与之从。"诗中的豪爽之气、豪放之情、豪迈之言一吐而出，衍生出那种诱人心魄的传奇，使人领略到山水诗的魅力！

九、蒜山

西津渡背靠的山，有蒜山、银山、云台山之名，实为一山，不同时期，称谓的重点不一。总体来说，蒜山的说法最久，银山次之，云台山最短。由于此山的峰峦和地界因长江水道的影响变化太大，古地图中往往分别标注蒜山、银山。

蒜山之名，可追溯到晋代，因山上到处都长满了泽蒜而得名。史书中说，农民起义军首领孙恩在江浙一带聚众 10 余万人，西进屯兵蒜山，被东晋名将刘裕率兵击破，孙恩的军队大败，许多人坠下山崖，落水而死。照这种说法，那时的蒜山能够屯兵数万，山势应该是很壮观的。蒜山又叫"算山"。相传东吴名将周瑜和刘备的军师诸葛亮在山上谋划过抗曹大计。当时曹操大军压境，为了有效抵抗曹军，周瑜和诸葛亮在一起相商计谋。两人各将自己的谋略写在手掌中，结果英雄所见略同，均为"火"字。唐代陆龟蒙写有关于算山的诗："水绕苍山固护来，当时盘踞实雄才。周郎计策清宵定，曹氏楼船白昼灰。五十八年争虎视，三千余骑骋龙媒。何如今日家天下，闾阖门临万国开。"诗人在算山的见闻，无不带有浓厚的三国色彩，正是这种情景，引起了诗人的感慨。

早前金山寺僧人建的一个亭子被称作"蒜山亭"，也有人写成"算山亭"。不过此亭更靠谱的说法是"二翁亭"，因亭子建好后，最先登亭观光的是来自丹阳郡的新旧两任知州林子中和杨次公，故名"二翁亭"。宋代镇江知府杨杰对此典故颇感兴趣，他在《蒜山二翁亭》诗中说："来陪杖履蹑孤峰，故老旁观叹二翁。海上波平千里白，江东兵壮万旗红。云开云合山头月，潮落潮生渡口风。须约蒙庄老仙客，凭栏直下看龙宫。"

到了宋代，蒜山上仍有大片的松林，对隐居者来说这是个幽静的地方。文人苏东坡留居京口时，除了在鹤林寺内的竹院隐居外，在蒜山的松林中也待过一段日子。他在《蒜山松林可卜居，余欲僦其地，地属金山，故作诗与金山元长老》诗中说："蒜山幸有闲田地，招此无家一房客。"有一种归隐于此的念头。当年苏东坡想隐居蒜山松林中，蒜山亭曾是他喜欢的落脚点，在其诗集中还可以查到他在蒜山亭中答林子中和杨次公的诗文。蒜山亭到清代一直保存完好，屹立山巅之上。

从前蒜山的风景很美，白云在山巅上飘浮，山花在松林边开放，流淌的泉水顺着山涧下泻，冲击着阻挡的岩石，卷起了雪白的浪花。山青、水秀、云白、花红，在这里和谐地融为一体，构成了一幅美丽的画卷。南朝时，宋文帝刘义隆游过此山，陪同的诗人颜延之和谢庄写过诗赞美山间的风光。后来诗人鲍照也陪始兴王刘濬上过此山，写有《蒜山被始兴王命作》。

清初，苏州文人陈健夫来到蒜山时，远眺的江景依旧壮观，但望江的心态有了明显的变化，受时局的影响多了点惆怅，诗云："落日饱江烟，苍茫入远天。风回沽酒路，星上打鱼船。瓜步无人渡，邗沟有梦牵。今宵愁不寐，试觅酒家眠。"词人吴伟业登蒜山时，俯视津渡，远眺扬州，似乎也有同感，想到应清廷征召被迫离乡北上的沉痛心情，以及抵达镇江时天降雨雪、阴霾满空的场景，愁怀难解，于是写下了《满江红·蒜山怀古》词："沽酒南徐，听夜雨、江声千尺。记当年、阿童东下，佛狸深入。白面书生成底用？萧郎裙屐偏轻敌。笑风流、北府好谈兵，参军客。　人事改，寒云白。旧垒废，神鸦集。尽沙沉浪洗，断戈残戟。落日楼船鸣铁锁，西风吹尽王侯宅。任黄芦苦竹打寒潮，渔樵笛。"作者带着悲壮激烈的心情来写，所以此词很有气魄，从景色的描写入手，到历史人物、历史事件的叙述，再到世事巨大的变迁，气势磅礴、感情奔放、情绪激荡，是一篇浓郁悲壮、思致深远的怀古佳作。

相传银山的得名与金山有关，因与金山对峙，于是有人将蒜山称为"银山"。根据《至顺镇江志》的记载，元代已经有人把蒜山称为银山。银山上有寺，有人说建于唐宋，也有人说从元代开始出现。银山上还有毗卢阁、观音阁、水陆阁、药师殿等建筑。僧人寂桓在观音阁中做了一件凡人难以想象的事——"刺血书经终其身"。山上还有一个说法台，"供佛引众，禅诵不辍"，看来是一个吸引信徒的地方。说法台的位置比较奇特，明代诗人唐顺之是这样形容的："秋山四面翠屏回，孤石支撑说法台。想见高僧开口处，诸峰曾与点头来。"

根据清代诗人余京《暮春同确士登蒜山憩清宁道院》诗注中的说法，蒜山即银山。余京是很喜欢银山的，他不仅同沈德潜在山上的清宁道院内讨论过诗文，也同友人鲍皋一起登银山欣赏过秋景。有诗云："亭敞北风大，高秋气近冬。山寒坚草木，江怒斗蛟龙。市远难呼酒，崖危欲借筇。夕阳看未厌，村岸冷云封。"山上的亭子、山上的秋意、山上的远景都给他留下了难忘的印象。

清代苏州诗人杨琴登银山观大江后，也被江山壮观震撼："独立吴山顶，秋江入望空。古今开浩荡，南北限英雄。莫恃投鞭势，徒劳击楫功。金焦双影外，犹挂夕阳蓬。"诗人看到的景是美丽雄浑的景，激发的情也是沉雄慷慨的情，情与景结合在一起，感情充沛，气势磅礴，展现出一幅开阔的秋日江山图。难怪杨文聪在《画江行小记》中说："晚登古银山望金焦两峰，如轻鸥浮水上，信笔点染，收之尺幅。"

古往今来，银山中发生过许多感人的故事，有许多文人墨客在这里送别好友。因为从山上下去即是西津渡口，这里就变成了话别的场所。清代丹阳书生于震在山亭中送别友人，百感交集，用诗来表达自己的感情。他在诗中说："如此江湖好，令人忆旧游。那堪携别酒，从此上孤舟。芳草人千里，夕阳山半楼。离情无可寄，江水自东流。"诗中流露出来的送别情是复杂的。临别之景，满目凄然，诗人直抒胸臆，把对朋友的情谊从肺腑中倾倒出来，格调悲凉，动情感人。清代山中还有一座高公书院，是镇江人为纪念康熙年间镇江知府高龙光而建的。此人在镇江，"民怡士熙，惠政颇多"。

云台山之名是近代人的说法。虽然《康熙丹徒县志》记载："银山……又名云台山。"但清代诗人的作品中银山之说仍比较普遍。由于长江水道的变化，西津渡已渐渐地上了岸，云台山的周围也看不到江的边际，多了不少建筑群。其中以英国领事馆最有名，由五栋洋楼组成，建筑风格为东印度式，在国内比较少见，是全国重点文物保护单位，现为镇江博物馆所在地。山脚还有许多民国建筑，颇具特色。如1929年建成的镇江商会建筑，一幢两进，有房屋70多间，占地面积1891平方米，门额由于右任书写，整个建筑为中西结合形制。山腰的一些民国建筑，如绍宗国学藏书楼、镇江"五卅"演讲厅等也是有知名度的。山顶上的赵伯先祠已毁于1937年日军轰炸，取而代之的是一座高耸的云台阁，在瞭望城市山林和长江迂回的景观上，可与临江的北固楼媲美。

山脚下的伯先公园亦相当雅致。1926年，该园为纪念辛亥革命先烈赵伯先而建，发起人冷御秋，设计人陈养材，历时5年建成。园中立有赵伯先烈士铜像，栩栩如生。塑像后有荷花池，周边石砌假山，几可乱真，其上峰峦壁洞，玲珑嵯峨。

十、玉山

玉山的得名与金山有关。由于此山与金山对峙，于是有人将它称为"玉山"，这样京口一地金山、银山、玉山就全有了。据《润州事迹诗钞》称：玉山在蒜山之前，上有龙王庙，据传香火盛行，地位亦高，渡江客可以乘车上山到庙前，为渡江一帆风顺祈福。清代画家周镐的镇江二十四景图中有一幅《西津晓渡》，图中有一条自山顶龙王庙前沿玉山西坡下山的道路。山下有超岸寺，旧为玉山报恩寺，建在原来的浮玉亭遗址上。浮玉亭在玉山脚下，临江，后改为钓鳌亭。宋绍兴间，郡守程迈立每肄习水军，麾节临阅于此。嘉定间，都统制刘元鼎重建，郡守史弥坚名曰东南形胜。明弘治间，郡守王存忠重修过观澜亭。山下还有一座玉山大码头，是西津渡的重要渡口之一。

"天远楼台横北固，夜深灯火见扬州。"这句诗出自北宋官员、诗人杨蟠的《陪润州裴如晦学士游金山回作》，明代有人为其作注时提到了玉山。

注释说："唐宋时金山虽居江中，而玉山尚耸扩，蒜山亦高大，联络之势与北固山未觉甚远。今二山俱颓矣，且瓜渚未成市镇，潮直过扬子桥以抵江都，今已城接南徐之末，岂能复见灯火，此诗是咏唐宋中景概，非今日也。"（《京口三山志选补》卷一九《金山诗话》六）说明当时的玉山还是比较高耸的。

清代诗人石钧写过《登玉山山阁望金山》："玉山与浮玉，相对各峻嶒。天风吹不合，夜夜欲飞腾。岚翠忽如雨，石阑遥倚僧。相携临渡口，杰阁一同登。"清代丹徒学者袁丽生和丹徒县学训导杨绍基、宝晋书院山长席秋岩等一班文人登玉山楼望江，大家十分快乐，作诗纪事。杨绍基在望江诗中说："宝晋讲席来经师，登临共上玉山顶。瞰空台榭清凉境，藏经阁上梵钟沉。钓鳌亭下江涛猛，江流极目接天遥。江豚吹浪狂飙骄，片帆去影没云雾。"记录了众学人探访古迹、望江兴叹的感怀。清代诗人章诏对玉山的寺庙感兴趣，作诗云："江边孤寺石栏围，江水萦纡越钓矶。十里春城松路暝，老僧持钵月中归。"

十一、镇屏山

镇屏山亦称正平山、正屏山、蒸饼山。元《至顺镇江志》记载："正平山在京口城西一里。""按京口三面依山，阙其一以临大江。是山崿于江岸，无崷崒之势，凭高而望，不倾不倚，式正且平。若巨灵恶洪涛之汹涌，遗此镇压。则名固实之宾也。"此山在唐宋时期与蒜山一样，都是西津渡依靠的山头之一。

唐宋时期，江边山头的佛寺不少，与镇屏山邻近的玉山、蒜山上都有寺庙。据传，宋代镇屏山上建有平等寺。南宋绍兴年间，僧人祖华在山头小庵的地基上扩修建寺，因为发现了一块内容为"平等"的石刻门额，故取名平等寺。元至大四年（1311）建成江口坊平等寺，《至顺镇江志》对其规模有记载："栋宇翚飞，金碧绚烂，来者目动神骇，若御风乘云游仙之宫。"

在临江的地方，登上镇屏山顶远眺，可见江水如练、渔船唱晚的场面，不仅西边的金山、蒜山、玉山入目，东边的北固山、象山、焦山也能尽收眼底。尤其是在大潮到来的时候，镇屏山也是一处不错的观潮点。清《乾隆镇江府志》卷二记载："镇屏山在银山侧，下有潮音洞。"潮音洞位于镇屏山北侧山崖下，此处为石灰岩面，岩体北临江，经过千万年江水浸润冲刷侵蚀，形成天然石灰岩洞穴，潮起潮落可以听到江水波浪冲击洞穴的回音。

镇屏山也是江防的要处之一。元代曾有水军驻扎于此，在清咸丰年间，清军和太平军于此交战。如今，在镇屏山北侧的陡崖山体中还可以看到一段10多米长、由乱砖垒砌的太平天国新城城墙遗址。

十二、香山

香山位于高资镇境内，和附近的一些小山丘相比，香山显得挺拔高大，海拔达到 215.8 米。香山的植被很好，树木苍翠，花草遍野。花开时节，山中香气袭人，或许香山正得名于此吧！

清末来香山的一个文人缪镤爱这里遍地盛开的野花，曾结庐山中，体验自然。有一天，他登上山顶，感受到了那种观景的快乐，作诗云："直上最高处，峻嶒石径斜。白横江一线，青散树千家。泉曲通僧灶，山香带野花。结庐曾不远，吾欲老烟霞。"站在香山之巅，诗人放眼望去是有收获的，那浩荡的长江如一条白色的玉带，万户千舍散落在绿树丛中，山谷的泉水在流，通向古老的庙宇，山间的野花怒放，花香四溢，这样的景观是颇为动人的。

香山的北麓，有一座香山寺，偶尔会来几个香客，寺里的僧人悠闲自在。清代丹阳诗人贺宿来香山寺时，把自己登山的乐趣和寺僧的闲致用诗歌的形式描述出来，颇觉有趣："此地尘氛远，幽岩我独攀。树深疑有雨，径曲不知山。春去人来少，日长僧自闲。境空心共寂，坐听水潺潺。"

香山所产大理石也颇有名气，其中以白色最多，是建筑的一大佳材。最早开采者始于明代末期，名金家边采石场，为金姓族人私有。

十三、朝凰山

朝凰山，又名巢凰山。据说因山上曾有凤凰栖息而得名。朝凰山山势较陡，林木葱郁，山顶视野开阔，可远望江中的风帆。有人说，乾隆皇帝微服下江南时曾到过此处。数百年来，当地沿袭一条"铁规"，不准外人进山，所以山中竹海连绵，生态完好。有关此山的民间传闻不少，其中有矗立在半山腰的石头，传说是由太平军一将领所化；有头朝巢凰山的石龟，因石龟背上砌有一座高 4 米的石塔而得名的龟塔；有孤单单地立在山脊，四分之一埋在下面，四分之三露在上面，直径约 6 米，疑似陨石的"天鹅石"。方志中少见朝凰山之说，疑即是曹王山。明代太宗文皇帝车驾渡江，曾经驻跸曹王山，并在山下"行朝三日，臣民入觐"，还提拔了镇江人纪纲担任本地的县丞。

十四、五州山

五州山在城西30里，其余脉直至金山。长江水经过镇江，它也像大坝一样，减轻了水流的冲击。它的山名有多种说法，清末学者李恩绶认为有三种说法流传较广。一种说法取自颜延之侍游曲阿后湖诗中的"望幸倾五州"。《文选》注"九州之地，宋得其五"，古代地方志书认为山名以此。另一种说法源于曾布的诗："海门西北起崇丘，极目参差见五州。"再一种说法是来自蔡肇的诗："西升崇丘望，培塿见五州。"认为登上此山，可以遥望五州大地。还有的地方志中说，在历史上晋宋之间淮北各地有许多移民侨寓到这里，这些"五州之民"居此山左右，故名。

五州山的风景很好，被称为"西天一嶂横五州，桂岩花老吹香秋"。山中因生长兰蕙而闻名。这里山峦起伏，曲径通幽，常年云雾缭绕，烟雨濛濛，朦胧之中透出苍翠之色。清代诗人张曾登临其上，作诗云："萝蹬上空际，禅房深翠微。崖阴春不到，松激雨常飞。落叶埋樵履，寒云恋衲衣。五州遥极目，几点散烟霏。"短短数语，表现出五州山令人陶醉的山色之美，也把诗人登高极目后的快乐、兴奋叙述得清清楚楚。宋代米友仁曾作《五州烟雨图》画卷。画卷中，远山长云，出没万变，山间烟雾腾飞，山顶云霞翻卷，真所谓"气蒸云梦"，极尽江天之胜。李长傅在《镇江地理》第十三章中评述："五州山形势最佳，山形似南京钟山，最高峰曰老人峰，登其巅，长江如带，金山如拳，颇饶胜景。"

五州山相传有八景，即老人峰、天鹅洞、挂锡松、弥勒阁、烟岗亭、千尺井、御辇沟、木棋墩等。还有苏东坡书写的"卧看沧江，夕听流泉"石刻。清代举人茅元铭很欣赏苏东坡的题刻，写了《卧看沧江》诗赞之："沧江一雨后，烟灭净如洗。水光抱峰来，直入万松里。中有忘机人，高卧不肯起。五州几点青，放眼便千里。"从雨后如洗的近景，到放眼千里的远景，通过不同的侧面展示了山上的风景之美。晋永熙中，山中建有因胜寺。据传，梁武帝来五州山时经过因胜寺，为此专门修了上山的辇道，寺也因武帝的光临而出彩，有过一段辉煌的日子。到了清代乾隆年间，因胜寺改称"净因寺"。宋代，参知政事陈升之看中了五州山的风水，葬母于山中，并在山半腰建了显慈寺纪念。过去山上还有个翠岩禅室，有佛家弟子在其中修行，清代书画家笪重光隐居五州山时，就在翠岩禅室里读书。

清雍正九年（1731）初冬，诗人鲍皋约二人同游，登上了五州山，并写了一首《五州绝顶纪游七十韵》长诗，表达了他远眺的快感。他在诗中说，五州山临江傲立，有"峨峨三千丈，亦足雄南徐"之势。登顶观赏，只见"南徐千百山，在下争奔趋"，"长江蟠山趾，山实江景虚"。山水之美不言而喻，诗人用"上游割半楚，中立吞全吴"去形容山的雄伟一点也不为过。正如王文治为潘恭寿《五州烟雨卷》题跋所云："米襄阳尝谓京口诸山纯类三湘奇境，所为墨戏收揽此景居多。五州为京口穷胜处，莲巢生长于斯，日夕坐领其妙，其临仿敷文殆别有会心，宜其烟云变灭出人意表也。"

十五、长山

长山是镇江城西临江的一座名山，它蜿蜒起伏，鲍皋《兰溪赋》曰："入者十步九折，路愈隘而山愈阻。于是悠然而有泉，则兰溪出焉！其声泠泠，若仙人长管激空青也。其势汩汩，若潜蛟弄珠跳寒碧也。尔其吐源高冷，嚼波清冽，泌水方间，颍川比洁。洗深坞之灵云，漱空山之古月。怀沉楚之嘉名，恒流香而靡竭。尔乃凿山为楹，架石成阁……凡为兰溪游者，固已一一而领其胜矣！"有"十里长山"的美誉。清初冷士嵋登临其上，写有《登长山》一诗："峥嵘高嶂倚天回，落日清秋雾色开。河派九流俱北转，江湖万里直西来。边声乱下淮南部，烽火遥连海上台。对此登临怀谢傅，不知谁作济川才。"描绘了楚天极目、江水席卷、清秋千里的景色，抒发了对先贤的敬仰之情。

长山中不仅植被茂盛，"古木如盖，新蒲可剪。岩扉雾开，萝壁霞卷"，声、色、动、静交错辉映；又怪石林立，远看如石浪起伏，层层叠叠。《长山石浪》诗称："叠嶂屏开翠若螺，山腰怪石起层波。缟衣道士闲来往，半在松涛浪里过。"长山是风景奇绝之地，山上有过寄烟阁、簝亭等景点，山麓下有溪水流出。据清代诗人鲍皋《兰溪赋》中说，曾有长者夜里梦见过数百朵兰花，清晨时他在长山行，正好经过小溪，爱其景，遂流连不去，于是把小溪称为"兰溪"。由于山中的景致很美，充满了野趣，唐代诗人戴叔伦有长山《南野》诗赞之："治田长山下，引流坦溪曲。东山有遗垄，南野起新筑。家世素业儒，子孙鄙食禄。披云朝出耕，带月夜归读。身勤竟亡

148

疲，团团欣在目。野芳绿可采，泉美清可掬。茂树延晚凉，早田候秋熟。茶烹松火红，酒吸荷杯绿。解佩临清池，抚琴看修竹。此怀谁所同，此乐君所独。"长山脚下有个驸马庄，远近闻名，相传南宋时有个叫谢廷宠的驸马到过这里。

北宋年间，长山的东边有个白龙庙，神宗赐额"灵渊"。元代文人龚璛曾写过《游长山灵渊庙》诗，描述庙中"勺水神龙宅，龛灯古佛心"的神奇。灵渊庙是古代镇江官员祭祀和求雨的地方。镇江知府或丹徒知县上任时都会带上下属和士绅到这里来宣读祭文，祈求上天的庇护。长山的南边过去也有两个庙，俗称上寺和下寺。清代光绪举人李遵义登长山时在这两个庙歇过脚，其《长山》诗云："五州南脉接长山，磴道盘陀不可攀。上寺鸣钟下寺闻，东湾流水出西湾。桃花雨足泉俱活，柞树云深春早还。见说粮艘渡京口，灵源却在万峰间。"诗中提到了长山与五州山的依存关系，又点出了上寺和下寺的禅境。

十六、白兔山

白兔山北临长江，东靠运河，山势逶迤如龙，主峰海拔 139.8 米，俗称"横山凹"或"横山"。《嘉定镇江志》卷六记载："白兔山，在城东南十五里。"《乾隆镇江府志》卷二记载："白兔山，在城东南十五里，有白兔山神庙及报亲庵（宋刁文守坟庵）。"明《一统志》云："宋刁约墓此，有白兔跃出，故名。"陈庆年《横山草堂丛书》序云："（白兔山）其东侧有唐山庄，刁景纯之旧林也，景纯之葬亦在是山。"白兔山神庙，即今横山凹三茅宫道观。

宋代名臣刁约葬于白兔山，吸引了许多文人到此凭吊。据《光绪丹徒县志》卷二五"明贤"记载："刁约，字景纯。少卓越，刻苦学问。始应举京师，与欧阳永叔、富彦国声誉不相高下。"时称"刁学士"。范仲淹、欧阳修、司马光、王安石、王存、苏轼等达官贵人都与之交往。苏轼《哭刁景纯》诗云："读书想前辈，每恨生不早。纷纷少年场，犹得见此老。"诗中表达了对这位好友的思念之情。刁约在白兔山麓还有一座别墅，叫唐山庄。《京口山水志》记："唐山，在白兔山侧下，有唐山庄，刁约所居。"

白兔山亦因陈庆年撰写的《西石城风俗考》而闻名。这是一部系统记述村落风俗的专志，是反映当地乡村风土人情的重要著作。光绪年间，甘肃提学使俞明震写诗称赞陈庆年的著书之功："先生爱乡土，日饮横山绿。横山有草堂，先生此耕读。初民知有群，风化基亲睦。乐生送死情，节之成礼俗。"

第四节　沿江楼阁

一、北固楼

京江沿岸名楼不少，以北固楼影响最大。《南史·萧正义传》中记："（萧）正义，字公威，初以王子封平乐侯，位太常卿，南徐州刺史。属武帝幸朱方，正义修解宇以待舆驾。初，京城之西有别岭入江，高数十丈，三面临水，号曰北固。蔡谟起楼其上，以置军实。"说明北固楼建于东晋咸康年间，由南徐州刺史蔡谟发起创建。蔡谟仿效名将谢安的江防战略，构建此楼之初是为了加强战备，作为应对长江战事的指挥中心，没想到后来演变成了一个充满文化内涵的景观。

据《梁书·武帝本纪》记载，梁大同十年（544）春三月己酉，武帝"幸京口城北固楼，改名北顾"。究其改名的原因，刘桢《京口记》云："旧北固作固字，梁高祖云：'作镇作固，诚有其语，然北望海口，实为壮观，以理而推，宜改为顾望之顾。'"此次登北固楼，给武帝的印象极深。他在诗中写道："清道巡丘壑，缓步肆登陟。雁行上差池，羊肠转相逼。"先说了登楼的不易，北固山山路崎岖而险窄；接着写"南城连地险，北顾临水侧。深潭下无底，高岸长不测。旧屿石若构，新洲花如织"的观感，描述了北固山山势的壮观和江上沙洲的美丽。时为太子后为简文帝的萧纲也陪驾北固山，同时应和了一首《奉和登北顾楼》诗，说他看到了"雾崖开早日，晴天歇晚虹。去帆入云里，遥星出海中"的动人景象。

登北固楼的文人很多，流传的诗词也不少。南朝梁沈约，唐代张祜，宋代诗僧仲殊、陆游，元代萨都剌、俞德邻，明代黄淮、徐瓒，清代钱谦益、鲍之钟等都写过关于北固楼的诗歌和词作，在"满目江山独倚楼，乾坤俯仰思悠悠"后，他们对远眺的结果描绘生动，曲尽其致。以宋代词人辛弃疾的《南乡子·登京口北固亭有怀》和《永遇乐·京口北固亭怀古》影响最大。前者云："何处望神州？满眼风光北固楼。千古兴亡多少事，悠悠，不尽长江滚滚流。　　年少万兜鍪，坐断东南战未休。天下英雄谁敌手？曹、刘。生子当如孙仲谋！"词人当时登临北固亭（楼），触景生情，引发了对中原故土的思念。词的上片写景，通过历史上无数盛衰兴亡之事，抒发怀古怀乡之情。词的下片颂扬孙权，借古讽今，讥讽了苟且偷安的南宋统治者。词中化用杜甫和曹操诗句，自然贴切。如今这首词已名扬天下。尤其是"何处望神州？满眼风光北固楼"句，历代传颂。后者云："千古江山，英雄无觅，孙仲谋处。舞榭歌台，风流总被雨打风吹去。斜阳草树，寻常巷陌，人道寄奴曾住。想当年，金戈铁马，气吞万里如虎。　　元嘉草草，封狼居胥，赢得仓皇北顾。四十三年，望中犹记，烽火扬州路。可堪回首，佛狸祠下，一片神鸦社鼓。凭谁问：廉颇老矣，尚能饭否？"词的上片通过眼前所见景物，联想并歌颂了两位与京口有关的历史人物孙权与刘裕，慨叹"英雄无觅孙仲谋处"，赞颂了刘裕"金戈铁马、气吞万里"的英雄气概。词的下片借宋文帝草率北伐、导致失败的历史教训，规劝南宋执政者要引以为戒；又写"四十三年"自身经验，希望执政者重视；最后以廉颇自比，表达了作者老当益壮的战斗意志，也暗含自己不被重用的忧虑和落寞。明代著名文学家杨慎在《词品》中评说该词为"稼轩词中第一"。既称北固楼，亦曰北固亭。实际上指的是同一座建筑。

北固楼不仅有名气，也有灵气。楼上的景，楼上的人，楼上的诗，楼上的词，不少都可以在文学史上找到轨迹。如宋代诗人李公异写过《北固楼》，诗云："北固横江尽，东南第一州。六朝都在望，回首倦登楼。"清代顾祖禹《读史方舆纪要》又载："（晋）蔡谟起楼其上，以贮军实。谢安复营葺之。"如今，重建的北固楼高耸伟岸，屹立山巅，登临其上的观感，更胜一筹，不仅金焦在望，西津入目，对岸的瓜洲秀色，扬州的远景依稀可辨，而且京江上飞跃的润扬大桥更是雄伟壮观，赏心悦目。

二、多景楼

多景楼初建于唐代，楼名取自唐朝宰相李德裕《临江亭》诗中"多景悬窗牖"名句。登楼观景，极为壮观，向东远眺，滚滚江流倾泻而下，苍翠的焦山如一只巨大的青螺漂浮在万顷碧波之中；朝西观看，远处千峰万岭，山峦重叠，色彩是愈远愈淡，最后与碧空连为一体。近处的金山益发显得清丽，真是山光水色，奇景多姿，登楼有凌空飞翔之感。故南宋张邦基在《墨庄漫录》中说："镇江府甘露寺，在北固山上。江山之胜，烟云显晦，萃于目前。旧有多景楼，尤为登览之最。"

不过有人对多景楼的建年有疑问，如宋代陈天麟《甘露寺重建多景楼记》中认为："甘露寺多景楼，不知其所始与所以名。寺兴于唐，由李卫公。以后登北固山题咏者，皆不及多景，则楼当建于本朝无疑，独不知其岁月，初为楼谁也？今楼中石刻有米元章诗，且云：'禅师有建楼意，故书。'禅师不载何名，当元章时尚未楼。而东坡先生熙宁甲寅岁自杭过润，与孙巨源、王正仲会于此，赋'江天斜照'，传于乐府，不知与元章赋诗时岁月相去几何，岂有之而中废耶？或云熙宁中主僧应夫为之，是皆不可知也。"

也有人把多景楼和北固楼混为一谈的。宋代在镇江当税务官的赵汝鐩曾赋《多景楼》诗，把在楼中看到的景色渲染得淋漓尽致："北固危登最上层，身浮霄汉手扪星。江连淮海东南胜，山出金焦左右青。天水精神清雁骨，风烟图画入秋屏。萧萧古意凭栏久，目尽斜阳没远汀。"其实两个楼都是独立的实体，只不过多景楼在历史上与北固楼共存的机会不多，大多数时间都被北固楼替代。

历代诗人喜欢登多景楼，他们经常三五成群，到楼中边赏景边吟咏，因此，多景楼文气极盛。以光绪年间为例，楼分三层，层层有联，这些联根据环境的不同长短不一，字数不同，墨迹各异，各逞其彩。从上而下观之，楼最高层的题额"无尽藏"，联云："好景无边，有许多雉堞参差，螺峰绵亘；层楼更上，直看到芜城月色，瓜步烟痕。"中间的一层题额"天下江山第一楼"，联云："俯仰有余情，三面云山供啸傲；簿书时得暇，一楼风月此登临。"楼的最下层也有一短联，云："登楼便欲凌云去；临水应知得月先。"楼中有一副长联是："形胜拓南徐，对秣陵树色，瓜步江光，何处平分吴楚；画图开北固，有米老庵存，卫公塔在，依然映带金焦。"

宋代重修多景楼时，镇江知府张孝祥为此楼写过匾额。张孝祥的书法曾获皇帝赏识。他题匾后，官府提出支付二百两银子作为润笔费。他坚辞不受，官府就改送了百匹绸缎作为谢礼。在庆祝新楼落成的酒宴上，他喝到高兴处，就当场填词，让在场的歌伎们合唱，把百匹绸缎全赏给了演唱的歌伎，一时成为佳话。

宋代多景楼诗词经历了三种变化：北宋时期，登临的文人雅士主要抒写观赏娱乐之情，体现的是"乐感"；到了宋室南渡至南宋中后期，登临的忧国志士主要抒写慷慨激越的复国之志，体现的是"忧患"；而进入宋代末期，登临的遗民隐士主要抒写黍离之悲，体现的是"悲感"。多景楼诗词的时态嬗变，展现出宋代不同阶段的社会风貌和文人士子的心路历程，具有独特的研究价值。

北宋诗人曾巩就是当年"乐感"的代表。他在诗中描述道："欲收嘉景此楼中，徒倚阑干四望通。云乱水光浮紫翠，天含山气入青红。一川钟呗淮南月，万里帆樯海外风。老去衣衿尘土在，只将心目羡冥鸿。"诗中写了多景楼四周的壮丽景色，如蜿蜒曲折的山路、四通八达的长廊、变化莫测的气候、浮光闪烁的远景。山岚的霭气随山风而动，像烟雾似的缭绕在铁柱峰的四周，寺内的铜钟传来鸣响，梵呗悠扬。还有江上的风帆点点，随着潮流而动，一闪一闪地消失在天际。诗人很羡慕那些隐逸的高人，期望像他们一样，能够与大自然交流，隐于其中，乐在其中。

该诗如一幅美丽的山水长卷展现在我们的眼前，通过诗人的笔触和刻画，将天上的云、地上的水，动人的紫翠之色、山气的青红之颜，明月高悬、海风吹拂场景熔于一炉，从不同的角度、不同的方位描绘了登楼所看到的美景，给人身临其境之感。从中我们可以看到曾巩对诗的驾驭能力很强，选词用语收放自如、恰到好处，诗作韵味深长。因此，元代方回说："子固诗一扫（西）昆体，所谓饾饤刻画咸无之，平实清健，自为一家。"

今天的多景楼已被移到了北固山的西崖，像历史上的多次迁移一样，每一次迁建的过程，都是此楼重新装饰的过程。现在的多景楼看上去更加美艳夺目，悬壁临江的意味更浓。在楼上赏景，不仅多景的特点不变，看景的视角更佳。借用李白的"月下飞天镜，云生结海楼"诗句来表达，也并不过分。夜晚，一轮皓月映入北固山下平静的江面，好像是天上飞下来一块晶莹光洁的明镜一般，撩起了站在多景楼上赏月的人悠长深远的遐想；黎明，江上雾气弥漫，当空中云彩渐渐涌起时，山上的楼阁倒映在江水中，如海市蜃楼，这般奇异的景观又引得人们浮想联翩。

三、望海楼

宋代的望海楼位于镇江府衙之后，背依雄伟的北固山，面临浩瀚的长江，风景极秀，气势壮观。在文人描述的"京口画楼三百所"中，望海楼也是享有盛誉的名楼，它坐落在"城中最高处，旁视甘露、金山，如屏障画出，信江南之绝致也"！望海楼既有绰约的人工巧姿，又蕴含着丰富的文化内涵。据《北固山志》记载，北宋四大书法家中的一半都与此楼有缘，蔡襄为望海楼题写匾额，米芾为望海楼挥毫作诗。

望海楼居高临下，紧邻长江，空灵淡远，宜人情性。文人墨客进入楼中，常无法遏止自己的想象和情感的涌动，常会用笔把多年来的失意、对历史的感怀抒发出来。蔡襄（1012—1067），字君谟，福建仙游人，后迁居莆田，天圣八年（1030）进士，历任馆阁校勘、知谏院、直史馆、知制诰、龙图阁直学士、枢密院直学士、翰林学士、三司使、端明殿学士等职。外放地方后，又担任过福建路转运使和泉州、福州、开封、杭州等地的知府。著有《蔡忠惠公文集》。蔡襄的学识渊博，其书艺高深，颇有晋唐风范。其书法学习王羲之、颜真卿、柳公权，浑厚端庄，雄伟遒丽，真、行、草、隶四体都达到了妙胜之境，浑厚端庄，淳淡婉美，自成一体。《宋史·蔡襄传》称："襄工于书，为当时第一，仁宗尤爱之。"宋四大书法家中，苏、黄、米都以行草、行楷见长，而善写楷书的，首推蔡襄。欧阳修称"蔡君谟（书法）独步当世"，苏轼评"君谟行书第一，小楷第二，草书第三，就其所长求其所短，大字为少疏也。"

蔡肇也登过望海楼，其作《望海楼》诗云："城晓通霜白，楼晴映雾残。玉螭取喷薄，铁凤舞高寒。议敢分丹灶，时能御马鞍。腐儒江海意，菱芡得加餐。"描述了一幅清淡高远的画卷。在诗人的视野中，破晓的城市染上了一片片霜白的色彩，放晴后的楼中还散发出残存的一丝丝雾气。此情此景让诗人有了幻觉，空中的雾气仿佛是天上的蛟龙在喷吐，飘来的寒气犹如凤鸟在舞动，这时候怎么敢想去归隐炼丹、去使用马鞍呢。不明事理的书生难以了解深奥的"江海意"，还得继续修身进补，多吸收一些知识，就像吃菱芡有益于人的健康一样。

米芾对望海楼情有独钟，他在诗中对望海楼的奇观和美丽风光进行过描述，诗云："云间铁瓮近青天，缥缈飞楼百尺连。三峡江声流笔底，六朝帆影落尊前。几番画角催红日，无事沧洲起白烟。忽忆赏心何处是？春风秋月两茫然。"米芾的诗，同他的书法一样，都与众不同。他题"望海楼"诗不先写楼，而是从楼所踞的城池写起。镇江古有"铁瓮城"之称，米芾使用了这个古称，又写这"铁瓮"矗立"云间"，邻近青天。对城池如此称谓，是为了给望海楼铺设高接云端的雄奇之态。诗人笔下的"楼"能"飞"，形容楼高如同凌空架构，楼体显飞腾之势。一个"飞"字，既是实际描写，又有夸张意味。"缥缈"写出了云烟缭绕中的飞楼与天相连，犹如仙境。诗人登楼俯瞰的情景也很壮观。望海楼面临大江，拍岸的涛声传入耳际，触发了诗人作诗的雅兴，但诗人却说是江声流到了笔底；江上片片征帆映入眼帘，引动了诗人举樽饮酒的豪情，但诗人却说是帆影落到樽前，可谓妙趣横生。诗人驰骋想象，让江声带着三峡的雄巍，让帆影映衬六朝的繁盛，诗人的见闻感受突出了望海楼的高大久远。在诗人尽情观赏时，远处传来的阵阵画角声，像在催促红日西沉，而日落了，江边又升腾起白色的雾气。诗人向外远望，视线随着地平线延伸。在这里，红日、白烟形成色彩的对比，日落、烟起形成趋向的对比，红日落处、白烟起处形成远近的对比，又组合起来构成一幅完整的画面。然诗人却对此感到茫然，想到六朝虽在此竞逐繁华，但还是随着三峡江声而流逝，无限好的夕阳在画角声中也已西沉，给人"长河落日圆"和"烟波江上使人愁"的意境。这种意境也感染了作者，诗人表达出了仕途不顺的苦闷。

科学家沈括来望海楼写诗书怀，沈括登楼时，北固山正处于茫茫细雨中，雨中观景别有韵味。他在诗中写道："雨声林外尽，秋色望中添。落日挂疏柳，远江横暮檐。好风疑有意，堕叶故争帘。为问楼中客，胡为尽日淹。"诗写得轻快活泼，语言自然，不事雕琢，从淅淅沥沥的雨声，到眼前的一片秋色；从傍晚的落日悬挂于疏柳之上，到远江的水天相接之景收入眼帘。诗人的视角从近到远，心态也随着景物的变化而悲喜交加。风吹纷纷落叶的现象，引起了诗人的无限感慨，自然界的变化是如此强烈，人世间又何尝不是如此，于是诗人产生了发问的冲动，一种"空谷足音之喜，林家真率之情"在诗句中曲曲传出。

明代诗人祝蕃也写过望海楼诗："铁瓮城边暮倚楼，西风吹鬓冷飕飕。淮山满眼英雄尽，江水无情日夜流。匝岸万家烟市暝，插天双石海门秋。平生无限登临兴，看尽南来北去舟。"此诗颇具雄浑气格。

四、石帆楼

石帆楼位于北固山铁柱峰的山顶，又称木末楼、枕江楼。登北固山的人

155

喜欢凭栏远眺，欣赏万里江天之景。放眼望去，江上的风帆历历在目，弯曲的港湾清晰可辨，远处的瓜洲亦笼罩在烟树之中，在江水的衬托下，多了些朦胧色彩。

石帆楼在北固山的名气不小。清代名诗人张曾感叹此楼的文气浓厚，便自号"石帆山人"。鲍之兰有诗云："天堑云连秋水阔，石帆峰远夕阳红。"另外，铁柱峰的气势，也增添了石帆楼的魅力。铁柱峰又称"石帆峰"。旧志书上说，此峰高数丈，"遥望与风帆相乱，故名。"石帆楼下，过去有一处谢玄的钓鱼台。蒋名甲即有《石帆楼远眺》"老夫不解前朝恨，安稳沧波着钓舟"之句，就是讲谢玄钓鱼的典故。眭福祚亦有诗云："巍峨北固真雄壮，片帆直插青云上。"

石帆楼里的楹联很多，文辞优美，内涵丰富。如清代名臣阮元的题石帆楼联，写得就很有气势："巴蜀西来，潮头几许？金焦北固，鼎足三分。"上联先采用问法，想象怪异，描写汹涌澎湃、源远流长的大江湖；下联借用"北固"一词，一语双关，道出在石帆楼上观光的妙处，可以看到三山耸峙大江的形胜。联中以"头""足"两字对应，堪称精妙。光绪年间，镇江知府赵佑宸在登石帆楼时，应寺僧宝鉴上人的邀请，写了一副颇有气势的集句联："槛前碑版留三国；天下江山第一楼。"他抓住了北固山三国文化的亮点，又称颂了"天下江山第一楼"的美誉。扬州知府嵩崎也兴致勃勃地来到石帆楼，恭恭敬敬地题上一联："去无所逐来无恋；月自当空水自流。"嵩崎，字祝三，号渔山、玉堂仙吏，满洲镶红旗人。同治六年（1867）举人，任国子监助教。后曾担任过扬州、宁国、安庆等地的知府。居官清廉，兴办学堂，有政声。他精于诗文，擅长书画，风流潇洒，雅韵出尘。著有《有不为斋诗集》等。光绪庚辰年（1880），时任黑龙江将军伍弥特·希元经过镇江登石帆楼亦有题联："秋色自西来，红树青山皆入画；大江环北固，抚今追昔一登楼。"其时，希元来镇江看清兵操练时，空闲时与友人文焕、刘虎臣登上了石帆楼，被秋色横江、山城如画的景色所迷，就在楼中"低回久之"，反复推敲，然后写了这副楹联来记游踪。

清代，镇江文人也把此楼作为一展才华的好地方。他们在欣赏别人的佳作时，自己也会主动请缨，向楼中的僧人要来笔墨，用匠心和彩笔书写出一副副佳联来。如镇江楹联家赵曾望写过一副石帆楼联："返照入江翻石壁；

东风吹雨到青山。"清代诗人吴士麟与罗志让看了题联后也不过瘾，合题了一联："楼亦临江，终古与此山兀立；石如解语，片帆从何处飞来。"

布衣诗人陈金波的题联也不错："石作帆樯，千古长风吹不去；楼临淮海，二分明月送将来。"写得意味深长，雄浑开阔，这样精巧的搭配，充分显示出石帆楼的风致。当然，楼中还有宋代苏轼的一联："云涌楼台出天上，风摇钟磬落人间。"此联超逸高雅。

在古代，来石帆楼观景的文人都有一种同感，从这里无论看江景、看对岸，还是看古城、看山林，一切皆在秀丽之中，兼有雄壮之气。尤其是夕阳西下时，江天一色，景色也随之变化万端。清代诗人程兆熊登楼夕眺有感而发："楼占诸峰最上层，凭栏先觉意飞腾。白云常在檐端宿，明月翻从杖底升。一径清钟归野衲，半林黄叶挂鱼罾。残秋风景多萧瑟，极目能无百感增。"诗人登上了高楼，觉得夕阳下有一种奇妙的感觉，所见是那么的虚渺，却又是如此的熟悉。那是梦幻的境域，还是现实的美景？这秀丽动人的白云、妖媚醉人的月色和遥远的钟声，让诗人体验到一种淡淡的忧愁，婉转盘旋，挥之不去。

清代女诗人陈蕊珠登过石帆楼，她的感觉是心旷神怡，享受了一种走出庭院观赏美景的欢快。傍晚时分，诗人站在高楼上，看得细微入神，由近景推远景，反复品味，笔下传情，一首美妙的诗歌娓娓道来："柳青桥畔柳烟轻，人士嬉春照水行。几树斜阳摇绝壁，半天归鸟落孤城。南山势接江涛阔，北固雄临海气平。六代消沉俱似梦，白云深锁古今情。"诗中营构了一幅赏心悦目的晚霞景色。柳应时而青，人应时而游，太阳应时而落，倦鸟应时而还，天地万物，各得其所，那该是一种多么安宁、和谐的意境！

清代大书法家王文治和石帆楼的关系不一般，他在楼中书写了《王文治楷书自书诗册》，其中有晋代左思的《咏史》诗、晋代郭璞的《游仙》诗、晋代谢灵运的《登石门最高顶》诗。乾隆二年（1737），他又邀好友高凤翰借寓石帆楼养病，并在楼中创作了许多画作。高凤翰的画以花卉为最，喜绘松、菊、梅、荷花、百合等，尤擅长牡丹。他笔下的牡丹以富艳出名，时用墨画，时用胭脂画，在画幅上又多题字，为当时士大夫所推崇。

五、芙蓉楼

芙蓉楼在月华山的西北角，又名"千秋楼"，由东晋名臣王恭所创，非常壮观，照《太平寰宇记》中的说法，是"楼之最高者也"。芙蓉楼的建筑风格奇特，别致典雅，蜚声古今。在唐代僧人皎然的眼中，这里是观赏日出的佳处，其作有"夜惊潮没鸬鹚堰，朝看日出芙蓉楼"的诗句。宋人汪藻在《京口月观记》中描述道："州治之西有楼焉，并城而出，名曰千秋者。考诸图志，始于王恭之时。由楼西南，循城百余步，忽飞檐曲槛，崒然孤起于城隅之上，望数百里见之者，月观也……客有登而叹曰：'呜呼！壮哉！未之见也。'又曰："其形胜之雄，实足以控制南北，岂直为骚人羁客区区登览之胜哉！"《舆地志》中记载："俗传此楼飞向江外，以铁镇縻之方已。"登临其上，镇江"千嶂所环，中横巨浸，风涛日夜，驾百川而东之"的景色一览无遗。历史上，许多文人墨客喜欢登楼观景，书写华章。

唐代诗人王昌龄写过《芙蓉楼送辛渐》诗："寒雨连江夜入吴，平明送客楚山孤。洛阳亲友如相问，一片冰心在玉壶。"诗人借助在芙蓉楼上看到的雨景，抒发了自己对友人的依依惜别之情。尤其是"一片冰心在玉壶"一句，引典喻今，构思精巧，展现了诗人光明磊落、表里澄澈的坚强性格，被推为千古绝唱。

被誉为"大历十才子"之一的唐代诗人崔峒，也写过一首《登润州芙蓉楼》诗："上古人何在，东流水不归。往来潮有信，朝暮事成非。烟树临沙静，云帆入海稀。郡楼多逸兴，良牧谢玄晖。"诗人以景寄情，从人世变迁、自然变化入手，写到景物的壮观、登楼的乐趣，最后抒发心中的感慨，读后让人回味无穷。

直到清代中期，芙蓉楼都是可以登临的，不过这时候登临的感觉发生了变化，多生苍凉之感。来自江北宝应的读书人朱赛登楼后，写诗云："落日照京口，西风生旅愁。芙蓉不可采，独上芙蓉楼。鸿雁几时别，沧江终古流。空怜春月柳，摇落在深秋。"那种满目深秋的苍茫感，以及暗淡孤寂的悲凉感，在诗人的笔下缓缓流出，映衬出时局的动乱。芙蓉楼被损毁后，到故址寻访的人络绎不绝。清代诗人鲍文逵就写过："王郎送客处，风景殊窈窕。江练抱城回，群峰变昏晓。高甍越千载，栏楯谁所造。岂有仙灵踪，清词以为宝。昔余步城阙，瓴甓犹完好。谁言十载余，萋萋但荒草。一楼系名胜，兴废不可保。何况楼边人，安能长寿考。钟声来北固，野色沉林表。怀古意何如，冰心玉壶皎。"通过笔墨传神的景物刻画，以及回曲涌荡的心声倾吐，表达了楼去人思的伤感。

芙蓉楼在 1992 年移建于金山湖天下第一泉旁，依旧风采照人，红窗黛瓦，在蓝天碧水间显得典雅秀丽。走进楼内，可见唐代诗人王昌龄《芙蓉楼送辛渐》的诗被恭刻在墙面之上。楼雅诗美，堪称双璧。若从芙蓉楼上隔着湖水遥看金山，那种湖光山色更是一幅绝美的图画。尤其是夜晚明月升起时，泛舟塔影湖上，只见微风吹来，清波荡漾，那佛塔的灯光、秀楼的倩影一起倒映在水中，随风飘动，湖光十色，宛如进入了蓬莱仙境。

六、万岁楼

万岁楼在月华山的西南角，又名"月观楼"，亦是由东晋名臣王恭所创。同芙蓉楼一样，在万岁楼上赏景也很不错，登临之，远景苍茫，碧云环绕，易生感事怀乡的悲郁情思。唐代著名诗人皇甫冉《同温丹徒登万岁楼》诗云："高楼独上思依依，极浦遥山合翠微。江客不堪频北望，寒鸿何事又南飞。丹阳古渡寒烟积，瓜步空洲远树稀。闻道王师犹转战，谁能谈笑解重围。"写景自然而含真情，抒怀悲凉而有思致，风光人物，交替用笔，反映了唐诗的特点。王昌龄来万岁楼时，写诗云："江上巍巍万岁楼，不知经历几千秋。年年喜见山长在，日日悲看水独流。猿狖何曾离暮岭，鸬鹚空自泛寒洲。谁堪登望云烟里，向晚茫茫发旅愁。"诗人登高远眺，历历在目，不觉心逐水流而迁，萌发了深深的旅愁。

唐代著名诗人孟浩然也登过万岁楼，并在楼上寄托乡思。他的那首《登万岁楼》诗云："万岁楼头望故乡，独令乡思更茫茫。天寒雁度堪垂泪，日落猿啼欲断肠。曲引古堤临冻浦，斜分远岸近枯杨。今朝偶见同袍友，却喜家书寄八行。"这首抒情诗堪称压卷之作。诗人的描述是动情的，由"天寒雁度"的眼前之景，写到"日落猿啼"的耳畔之声，配以地结冰、树枯黄的凄凉远景，致使人"堪垂泪""欲断肠"，思乡的愁情益发无尽悠长，无限沉重。然而诗人笔锋一转，由愁转喜，在楼上突然遇到了家乡的同袍，可以托他们捎去家书寄托情思。这种情景交融、大起大落的描写手法，形象而生动。

进入北宋以后，僧人仲殊在《京口怀古》诗中说："万岁楼中谁唱月？千秋桥上自吹箫。"宋绍兴八年（1138），镇江知府刘岑对万岁楼进行过一次大规模的整修，使之焕然一新。那时的万岁楼不仅是远方过客的观景之地，也是当地官员和普通百姓朝贺的场所。或许是楼名"万岁"的缘故，这里每逢帝王寿诞的日子，总是格外热闹，分居各地的达官贵人和布衣百姓，会从四面八方蜂拥而至，汇聚在楼上对天拈香，朝贺圣颜。

清代，万岁楼更是诗人望江抒发情怀的佳处。诗人冷士嵋登楼后，被雄浑开阔的江景吸引，对江高吟起来："楼当扬子渡，千古见云横。驿路通闽越，山川入帝京。檐空大海阔，窗豁夜江明。八月风潮壮，涛声满郡城。"他的诗高亢有声，自然流畅，如长江流水一泻千里，而又奔突回环，饶有兴味。清代诗人笪重光登楼望江，同样激动，作诗云："万岁楼前江水流，月华峰上见瓜洲。江南江北人如蚁，日日风帆不肯休。"把楼的气势、江的壮观都展现了出来。清康熙年间，万岁楼上还办过一件有意义的事，时任镇江知府的高韩吾在这里设立编志局，邀请了张九徵等一批名士，日居其中，精择细考，纂修了《康熙镇江府志》，后经过不断地增补，成为镇江历史上纂修规模最大的府志。

七、得江楼

得江楼位于宋代淮东总领衙署内，在府治的西南，万岁楼之下。建楼者乃南宋金石学家、诗人、词人洪适。洪适（1117—1184），初名造，字温伯，又字景温；入仕后改名适，字景伯；晚年自号盘洲老人，饶州鄱阳（今江西鄱阳）人，官至尚书右仆射、同中书门下平章事兼枢密使，封魏国公。与其弟洪遵、洪迈皆以文学负盛名，有"鄱阳英气钟三秀"之誉。其金石学造诣深厚，与欧阳修、赵明诚并称"宋代金石三大家"。

洪适担任过淮东总领，驻地在镇江，负责军队的后勤工作。他的居所在铁瓮城的西边，离江很近，"登埤以望，巨浸横前，境与心远"。居所的周边有数亩空地，于是他官闲之时对空地稍加整理，在其埤之顶，建起了房屋，称为"得江楼"。"右为供军之堂，左为花信之亭。堂言职，亭言景也。"楼主对自己的创意非常满意，认为给家里的庭院添了一个不错的景观。

得江楼建成后，主人很开心，专门给自家的小楼写了一篇《得江楼记》，后来被地方志书载入。记云："江出岷山，行万里。至于朱方，受浙引淮，益大以肆。冲击洄折，过海门而东之。潮生洲灭，不见垠陬；骇涛静练，瞬息异状。金焦二山，屹然中立。形势雄绝，于是为最。昔人谓长江当百万之师，而曰天隔南北，得其险也。至于转漕得之，则陈陈衔舳，费减流

160

马；浮家者得之，则布帆千里，朝发夕届；行商得之，则稛载奇货，什一可逐；骚人得之，则可以导词源，助子墨；渔者得而纲罟，耕者得而溉灌。"在记中，楼主描述了他的观感，长江东注、海门潮头、金焦屹立、百舸争流的奇观都在他的笔下生辉。后来，洪适意犹未尽，又写了一首诗，表达了自己的心境。"官事何时了，凭高思豁然。逐江开北户，望岫顿修椽。繁卉浑相亚，新篁便可怜。归心入春梦，已绕故山前。"

其后，不少在镇（江）官吏都爱此优越区位，于任职期间纷纷添加景点，以增望江之趣。如曹逮建仁亭，钱良臣建爱山堂，宇文子震建细书堂、小蓬莱、山春亭、杏亭，梁季珌建一笑亭等。

八、大观楼

明代景泰年间，江边上建过一座观景楼。那时为了方便渡船的停泊和保证来往过客的安全，从西津渡的老码头向江中延伸修建了一条长堤，镇江知府张岩就在长堤上建造了一座高楼，除了能远眺江景，还可用作救生瞭望台。不知什么原因，后来这座楼消失了踪影，渡口少了座标志性建筑，也给救生造成了麻烦。到了清顺治年间，地方官员又重建了此楼，并取名"大观楼"。

由于大观楼建在长堤上，四周没有建筑物阻挡，视野很开阔，登临而上，西郊山林、江中百舸等一幅意境高远的山水画卷立刻呈现在游人的眼前。因此，又有人给大观楼起了个新的美称，叫"伟观楼"。

秋高气爽时，总会有来自各地的渡客登楼，看山色、观江景。从这里望扬州显得格外清楚，堪称一绝。清代诗人丁兆鹤登楼后是这样写诗形容的："九日登楼佳兴通，雨余晴翠郁诸峰。一天秋气归黄叶，千里江光走白龙。孤舫乘风吹短笛，片云随雁度寒钟。金陵山色扬州月，迸入南徐酒味浓。"诗中的景物描写细腻有致，富有季节的特征，把那种雨后山中的翠色、江水奔腾的壮观，以及云动、雁飞、钟鸣、月色统统表现出来，静中有动，动中有声，绘声绘色的描写、自然流畅的言语，透出了诗人深厚的笔力。

京口驻防旗营诗人施峻登上大观楼望江，也顿觉心胸开阔，充满诗情，脱口吟道："不用分吴楚，登临眼界开。水争归壑去，山欲化云来。近代无骚客，当年有霸才。渔舟真画景，载得夕阳回。"这位马背上征战的旗人武将，用起笔来也是得心应手，一首《大观楼》诗写得有滋有味，丝毫不弱于汉家诗人。

春天登大观楼，感觉也是不错的。正如宋僧仲殊所言："江南二月多芳草，春在濛濛细雨中。"借助于春意的盎然，镇江城市山林的美色更容易凸显出来，此时观景似乎比秋色更让人快乐些。丹徒诗人法重正在《大观楼春望词》中感言："大观楼傍绿杨津，一片江山万里春。碧到吴天青到楚，东风吹老倦游人。"笔墨不多，却满眼春色。

不仅本地的诗人喜欢登大观楼，江北的文人来往穿梭时也喜欢登楼小聚。泰州诗人储沄与好友黄交三、赵宪、吉澄鉴等人在大观楼中雅集，一边品尝壶中的美酒，一边远眺山林的秀色，那种快乐的心情难以言表，于是趁着兴致歌咏起来："天气晴明曙色开，危楼高耸踞江台。云迷树杪潮声乱，窗对沙洲日影来。豪侠久埋横槊志，风流空负济川才。湖山阅历从兹始，好友衔杯亦快哉！"美景、抱负、友情，一一道来，诗中有画，画中有诗，可见这位布衣诗人才气非凡。

九、见山楼

见山楼是清初镇江的一座私家读书楼，颇有名气。楼主叫祝应瑞，是本地的著名诗人、画家。他原是丹徒白沙洲人，在老家就建过一座见山楼。清代诗人程梦星喜欢白沙洲的景致，遍览后，发现了十三处景观，见山楼算其中的一处。祝应瑞举家迁到镇江城西后，怀念在白沙洲见山楼中读书的时光，又重建了见山楼。《京口耆旧集》中说他："迁居京口，筑见山楼。"在镇寓居的原苏州知府陈鹏年在《见山楼小记》说："祝子荔亭，京江佳士也。家富藏书，琴尊罗列，几砚精良。其所居地最胜，面山而背江，因筑小楼，为习静之所，颜曰'见山'。先是，其祖居白沙，在大江中。其曾王父所建有宾月楼，望之与兹楼远相映带，一时人士咸有诗歌。余以癸巳夏北来，未得一观其落成也。然接其书，读其诗，为指画京江之上某水某山。凡是宾月楼所见，与兹楼同。南徐山水，号称奇胜，已尽收祝氏二楼中。而后先相望，不愧堂构。祝氏可谓有人矣！他日，余再过京江，得一登君家之二楼，则江上之青山与江中之明月，祝氏又安得专为己有哉！"

见山楼是一座古色古香、适宜观景的小楼。它的建筑颇具匠心，闹中取静，视野开阔。祝应瑞好友茅绂在见山楼落成时说："拓地编茅傍古槐，楼成一望信佳哉！人从天水中间立，窗与金焦对面开。海底月升穿树入，城头霞散扑檐来。客过莫道无供给，槛外长江是酒杯。"话中流露出羡慕之情。另一位友人盛赓来到见山楼后，对看到的景色赞不绝口，夸这里"无穷芳草连天绿，几树飞花映水红。最是晚晴看不够，数峰无语夕阳中"。见山楼建成后，接待过许多文人雅士。《雪桥诗话》中说："荔亭自丹徒白沙迁居京口，陈恪勤公、王己山、章江蒚、余江干咸来宴集，倡和称极盛。"

如王步青（己山）写的《见山楼记》中说："岁二月，舟过西郊，访祝君荔亭，登其所谓见山楼者。君家近市，楼翼然矗起闾巷间。画舫三楹，绮疏四辟，北面长江，左右群山绵亘，涣若云奔，错若棋置……若夫楼以下有亭、有廊、有阁，老树扶疏，竹梧环翠，一亩之宫，曲有奥趣。"诗人鲍皋《见山楼即席醉歌》曰："空中绿云忽破碎，散作千山万山翠。君楼在市不在山，却共诸山翠相对。"说明见山楼的位置在镇江西门外西津古渡附近，应距江边不远。

祝应瑞原是两淮盐运使司（驻地扬州）内的一个小官，政治上并没有得到重用。他的上司两淮盐运使卢见曾在他离官后才知道埋没了一个才子，十分懊悔。之后他每到镇江来，都到祝府拜访，两人结为好友。祝应瑞把自己画的一幅《老渔图》拿来请卢见曾观赏，卢见曾很高兴，挥笔在画上题了"披图重认旧同官，白眼名流谢过难。烟月一竿纶在手，而今真作老渔看"的诗句，借助诗歌的雅趣，一个堂堂的两淮盐运使在过去的下属面前公开承认错误，真是难能可贵。

祝应瑞的诗以蕴藉含蓄、饶有兴味闻名。他写诗时喜欢反复推敲，求得佳句。《雪桥诗话》载其"汲泉动山影，放鹤破天青""潮声出丛树，山翠渡空江""落日淡空巷，古藤垂老墙""梦回灯影下，人在雁声中"等，都是当时人喜欢传诵的佳句。镇江府同知商盘在《挽诗人祝荔亭诗序》中说："荔亭，润州人。能诗，尤工五字。"

祝应瑞人缘很好，待客热情大方，众多文人经常聚集在见山楼中，一起吟诗作画。有的文人还喜欢在见山楼中住上一段日子，利用这里宽松的居住环境，静下来做一些个人喜爱的事情。清代诗人沈德潜未显之时，曾寄寓见山楼中，编成了有名的《古诗源》，在当时流行很广，影响很大。为此，沈德潜在《古诗源》的序言中落款为"康熙己亥夏五长洲沈德潜书于南徐之见山楼"。

　　文人蒋璋是见山楼的常客，他喜欢与楼的主人对饮，常常"楼头酒人凭栏立"，观赏西南角的山色，聆听邻家女的笛声。他在诗中写道："深秋何处可释愁，喜见山色登君楼。"到了此时此地，心中的烦恼就会不知不觉地消失。

　　书法家王文治没有与祝应瑞直接来往，但王文治与见山楼仍有密切的关系。祝应瑞亡故后，见山楼没有传人，转到了王文治侄子的名下。《王梦楼诗集》中有记："见山楼，故祝氏荔亭所筑，诸乡老觞咏其间。今年春首，家侄兰洲此焉卜居。潘子莲巢为绘长卷，罗含新宅，原为庾信之居；摩诘为图，堪状辋川之胜。聊题短句，用记吾曹"。王文治小时候就对见山楼的印象不错，他回忆说："忆余童卯岁，早识见山楼。略借烟岚润，自然花竹幽。苍寒偏近郭，超越恰如舟。多少耆英辈，题诗纪胜游。"在其侄子要去河南洛阳的时候，他请画家潘恭寿绘了一幅《焦山图》让侄子带走，并在图上题诗云："见山楼上见焦山，云里青螺白玉盘。自是爱山君有癖，将山携到洛阳看。"叮嘱他不要忘了家乡的山水。

　　祝应瑞和苏州知府陈鹏年的交情匪浅。陈鹏年在焦山打捞上来《瘗鹤铭》的残石，又为这些残石建了亭子加以保护，给镇江做了一件大好事。那时打捞上来的《瘗鹤铭》残石字迹模糊，需要逐一辨认并加以考证。陈鹏年便请祝应瑞来帮忙，收集考证古代有关《瘗鹤铭》的材料。祝应瑞接到任务后，多方收集相关文献，仔细考证残存文字，下了不少功夫，最后撰成了《瘗鹤铭考》；为了方便研究和观赏《瘗鹤铭》，祝应瑞又画了《瘗鹤铭》的《观碑图》。在《观碑图》完成后，许多文人赶来庆贺，鲍皋等人还应邀在《观碑图》上题诗作文，风靡文坛。

　　见山楼中还建过一个小阁，名叫"鹿东阁"。来楼中做客的文人逛祝氏庭园时，也喜欢到这个不起眼的小阁里坐坐。丹徒诗人江毓玘在阁中题诗云："何不白舫泛晴澜，何不骄马嘶巉岏。荆榛满地风波险，花下小车乘最安。""有时寻诗丁卯宅，瑶台宴罢晓天碧。有时招隐听黄鹂，俗韵都删借鼓吹。春成日日句留处，胡芦酒空便归去。"如今见山楼已经消失，但在那里编成的《占诗源》仍在世间流传，它的历史价值、社会影响、文坛轶事并没有因楼的消亡而失去。

十、吸江楼

吸江亭初建于宋代，原在焦山的东峰之上，是焦山著名的景观之一。诗人陆游对这座亭子颇为喜爱，他于《入蜀记》中说："焦山旧有吸江亭，最为佳处。"明代弘治年间，僧人妙福、妙瑛将吸江亭从东峰原址迁出，移建到西峰的顶上。到了清代乾隆年间，吸江亭又复建于东峰，回到了旧址。同治年间，常镇通海兵备道沈秉成改亭为楼，亭的模样发生了明显的变化，比过去的亭子高出了一大截，成了三层八角的形状，仍沿"吸江"之名。

吸江亭位于山巅，雄峙天穹，俯瞰沧溟，它那挺拔的气势、美观的造型常为游人津津乐道。焦山十六景中的"吸江观日"即缘于此。北宋学士孙觌有《吸江亭》诗两首，其二曰："万顷苍茫一岛孤，瀺瀺云海现毗卢。问君吸取西江水，中有曹溪一滴无。"清代名士齐彦槐有诗云："东望海漫漫，扶桑涌一丸。曾登岱岳顶，不及此楼观。水气连天白，霞光照壁丹。遥闻曙钟动，江阔万鹰盘。"清晨，从亭中望去，便会看到在东方天水连接的地方出现一抹曙光，一轮红日冉冉而升，跃出江面，霎时天水之间，霞光万道，光彩耀目。此情此景，在宋代词人陆游的眼中，就是一幅"天水尽赤，真伟观也"的美丽画卷。在落日下的吸江楼观景，清初诗人王士禛看到的则是："返照入长江，江流自平远。坐眺爱青山，白云独归晚。"又是另一番夕照江面、云绕青山的迷人气象。

吸江亭内，过去供奉着一尊木雕四面佛像，分向东、西、南、北，故又名"四面佛亭"。清光绪十二年（1886），扬州才子方尔谦一日与其弟方尔咸同游至四面佛亭，焦山寺僧慕名以四面佛为题索联。方尔谦应了下来，他略加思索，即得句："面面相窥，佛也须有靠背；高高在上，人到此即回头。"僧人读后叹为观止。此联因地发挥，又深蕴禅机。上联赋佛以人情，点佛当在心中，而不是盲目崇拜；下联结合峰顶实境，却又暗含"回头是岸"的佛家哲理。时年仅13岁的方尔谦，能作佛理如此精深的联语，令人钦佩。

清代诗人戴启文写过一首《四面佛亭》诗，很有气魄："孤亭凌绝顶，举首近苍穹。石磴千寻上，江天四大空。涛声流足底，云气荡胸中。法界原无碍，凭高目力穷。"把吸江亭绝佳的观景位置描绘了出来。从亭中"推窗四顾，圌山崎于左，北固耸于前，长江形势，宛然在目，盖踞山之绝顶矣"

（庄俞《我一游记》）。吸江亭后被拆毁，于 1942 年在原址重建。

十一、华严阁

焦山华严阁临江而立，背倚峭壁，占地面积约 300 平方米，是一座两层临水建筑。在此阁中观赏江景，会有一种独特的意境和韵味，这里侧耳可听涛声，举首能望明月，因此焦山旧十六景中专门列出"华严月色"作为一景，是很有道理的。每当皓月当空，在古寺悠扬的钟声衬托下，焦山的江面银涛万顷，波光荡漾，碧空广阔，清晰明亮，天上的月亮和水中的月影交相辉映，整个华严阁恍若处于一个神奇的琉璃水晶世界之中。在众多文人墨客眼中，这里无疑成了焦山观景的绝佳处。

诗人余京来焦山时，曾宿华严阁赏月，被这里的涛声、月色惊呆了，他取来墨笔，抓住瞬间的特色，作了精彩的描述："皓月出云旋堕水，青山隔岸正当门。金蛇搅浪光难定，巨象乘潮势欲奔。"短短二十八字，便有不凡的气势，突出了华严阁赏月的奇效，令人叹绝！在诗人的眼中，这里既有目之所见：一轮明月从淡淡的云层中穿出，照亮了江面，也把对岸的青山清楚地展现在眼前；又有耳之所闻：翻滚的江涛撞击在坚实的焦山堤岸上，传来巨响，卷起层层的白浪，犹如金蛇搅浪、巨象乘潮那样惊心动魄。诗人通过多角度的仔细观察，把月亮穿行云间的神秘感、青山起伏的苍茫意、潮水涌动的浪涛声都描述了出来，使人惊叹于大自然的神奇造化。

除了赏月观景，华严阁还是一处修身养性的场所。这里的环境布置非常雅致，文房四宝齐备，并选派有懂文墨的僧人接待四方的来客。阁中悬挂的名联不少，多与月色相关。如"千江有水千江月，万里无云万里天""江光月色两无尘，一片清水同皎洁"等，以与"华严月色"的意境相配。由于过往的僧人和居士较多，阁中还有一番淡淡的禅意。来自无锡的朱克敏登阁后有感："杰阁凭临霄汉间，四周松桧锁禅关。频年入户只容月，无处开窗不是山。久住故应销世虑，暂登亦觉净尘颜。飘然便拟从僧隐，一卷楞严任鬓斑。"俨然一方净土。

十二、松寥阁

在焦山自然庵的西边有松寥阁，初建于明万历年间，由僧人明湛创建，原叫"松寥山房"，后改称"松寥阁"。松寥阁的位置极佳，可以直接观赏焦山潮汐的起伏和日出夕落的变化。清代诗人鲍桂星在此停留后说："高阁俯松寥，双螺涌暮潮。"

松寥阁的左边有屋三楹，精雅而轩爽，曲栏之外即为大江，江中船舶扬帆而过，不时惊起栖息中的水鸟，盘旋于阁的上方。右边亦有楼三楹，几案帐榻置于内，供游人暂住。到了夏季，来此避暑的人不少。有一年夏天，镇江著名学者陈庆年到松寥阁中避暑，把这里当成了自己的书房。他还从焦山书藏借来手抄本《嘉定镇江志》，利用避暑的机会对手抄本进行了认真的校勘，写成了《嘉定镇江志校勘记》。

在松寥阁中，过去有清代苏州知府陈鹏年题写的两副楹联，一联云："千年鹤钵依然在；万丈龙宫夺得来。"一联云："月色如昼；江流有声。"此人对焦山特别有感情，做过不少好事。两江总督端方也喜欢松寥阁，来焦山常过此，题有"佳处留庵"匾，他还把自己珍藏的镇江进士王文治的《快雨堂诗稿》手卷赠于阁中的僧人收藏，供游人观赏。松寥阁也是文人喜欢聚集的地方。清代翰林洪亮吉选择在这里和镇江的文友聚会。京江画派的领军人物张崟以诗文记录与洪亮吉聚会的场景，发出"秋气觉词客，吟情拓一窗。胜游能有几，奇士况无双"的感叹。

松寥阁对游山的文人来说似乎特别有亲和力，是一个充满雅趣和适宜展卷吟咏的地方。游山的文人累了，常借此休息或过夜。诗人姚元之于此宿夜后，心情非常放松，快乐之余，不禁吟咏起来："临江小阁若为家，午夜花香客梦赊。他日轻舟须记取，短墙一桂一枇杷。"近代阜宁诗人顾恩溥在阁中留宿后，也认为其中别有风味："禅房小住夜清幽，卧听江潮向枕流。残月一钩横北固，疏星几点落扬州。"诗虽不长，但格调轻松而活泼，仔细品味，饶有风趣。

十三、枕江阁

焦山临江处有一个枕江阁。枕江阁很适合用来观景，远看江面，会发现一种"帆明遥海月，钟散广陵烟"的逸趣。游人从阁上俯视，可以看到江水拍岸的场景，那轰鸣的撞击声和翻卷的浪花如在脚下。枕江阁的南面是象山，远远望去，象山炮台炮垒环列，非常壮观。

枕江阁亦称退思斋，前后皆楼，回廊四通，前楼三面都是明窗，仰视对岸的象山，青苍一色；俯视则大江东去，银涛上下翻腾，潮声绕楼而鸣。此楼雅致，陈列有许多名家的墨迹。游人到焦山寻找那种闲适自得的氛围，喜欢到这里停留暂住。阁中曾藏有宋代名将岳飞和明代大学士杨一清的墨宝各一幅，上面的题诗不少，增加了墨迹的艺术价值。阁中收藏的作品以清人的居多，又以一幅八大山人的书画最为珍贵，画中所绘鸟兽、人物栩栩如生。

枕江阁中另有一宝乃是曾为阮元所藏的西汉定陶鼎。此鼎高七寸三分，身长四寸二分。鼎的上方有盖，盖高一寸六分，盖上有三环，各高二寸二分，二耳长二寸二分，三足高二寸。鼎保存完好，看上去非常古朴，古色古香。登阁之人，都会品评一番，从中寻找乐趣。有些喜欢舞文弄墨的，还要乘着兴致来上几笔，因而阁中有关赏鼎品鉴的诗文不少。

十四、化城阁

位于金山西边的化城阁，也是镇江历史上文人登临较多的名阁之一。宋代诗僧仲殊游遍镇江后，一口气写了《南徐好》十首词，赞美当地的景观，化城阁就是其中之一。仲殊在其一词中说："浮玉旧花宫，啄破琉璃闲世界，化城楼阁在虚空，杳雾锁重重。天共水，高下混相通，云外月轮波底见，倚栏人在一光中，此景与谁同。"这位诗僧不仅诗写得好，词也有名气。他对化城阁的描写相当精彩，构思精巧，空间层次分明，有远看、近瞧，天上、地下，水里、空中，浮云、明月，景物的形容多姿多彩，显示出其高超的文字水平。

化城阁也是镇江登高望远的绝佳之地。阁在虚空，香雾环绕，好像多了点神秘的色彩，容易引发人更多的联想。宋代大诗人王安石登临阁上时，发出了"化城出天半，远色有诸岭"的惊叹，并写了《化城阁集句》："层空凭风迥，两岸闻钟声。凿翠开户牖，拘云有高营。化城若云出，仰攀日月行。俯视大江奔，茫茫与天平。大江盘嵌根，回波自成浪。却略罗翠屏，秀色各异状。楞伽海中山，杳出霄汉上。中有不死庭，天龙尽回向。惜我不得往，侧坐渺难望。登兹翻百忧，意欲铲叠嶂。忽忆年少时，孤屿坐题诗。空怀焉能果，唯有故人知。"宋代诗人贺铸也登过化城阁，写有"朝登化城阁，写睇沧江东。岿然瘗鹤山，屏截横流中"的诗句，写景状物，另有一层意境。

十五、焦东阁

焦东阁位于焦山附近，为清代学者周伯义所筑。周伯义，字子如，号"焦东野叟""焦东周生"。他自幼为孤，由母亲抚养和教读。长大后，他求学于文人张学仲的门下，得到了张学仲的传授。他考中秀才后，一直没有中举，以授徒教馆为生。清末镇江名人姚锡光、高觐昌、张祥书等都是他的学生。后来名气大了，被封了个候选教谕。周伯义的学问很好，纵览百家，知识面宽，又勤于著述，擅长诗、古文、词，书法行、楷、篆、隶俱工，还善刻印，喜欢收藏金石字画。著有《焦山志》《金山志》《北固山志》《京口从军图序》《焦东阁诗存》《焦东阁日记》等。

周伯义治学严谨，他筑"焦东阁"是为了读书。曾自题此阁云："四周杨柳拥楼台，客到荆扉始一开。书籍古今收秘本，门墙吴越聚英才。一池砚水容沧海，五夜灯光烛上台。良友好诗看不尽，纷同花片日飞来。"从中可以看出诗人的高雅脱俗。太平天国战争中，他避乱去了扬州，后来一度居于扬州，创作了笔记小说《扬州梦》。不过，即使在扬州居住的日子里，他仍然保持着和镇江文人的交往，许多京口文坛趣事中都有他的身影。

十六、萧爽阁

在城西的银山上曾建有萧爽阁，然年代不可考，至清乾隆年间，萧爽阁开始热闹起来，来往的游人比较多。那时阁中的僧人叫露芳，号本悟，是个中年出家的和尚，本身学养深厚，诗文有功底，书法有逸趣，著有《萧爽阁诗钞》。此僧的一大乐趣是结交文友，赏月的时候常邀名士到阁中聚会，一起观光，吟诗助兴。诗友和露芳之间的唱酬不断，为萧爽阁添过不少趣事。有一次诗人鲍皋月夜留宿于此，写了一首诗送给露芳，叙述了他当时的心境。诗云："半峰藏绀宇，片月浮银屏。江海无边白，林峦太古青。鸟依香阁住，虫倚石床听。福地真萧爽，高眠梦未醒。"

"淡墨探花"王文治喜欢在阁中望月，面对月光如水的银山风景，不由他不发诗兴。于是，僧人露芳的诗囊里又多了一首王文治的诗："海天万里此凭阑，丈室灯微滴漏残。云起忽兼春树断，楼空不尽暮江寒。久怜伏枕违巾舃，可信飞仙有羽翰。夜半谁家歌水调，拂衣真欲问渔竿。"一天夜雪，王文治还召集了自己的一班好友来阁中聚会，同露芳一起饮酒、赋诗、赏雪景。

僧人露芳也会推出一些文雅美事，增加聚会的乐趣。他曾借萧爽阁出新的机会，把诗人张曾、李御、黄月波、殷石琴等文友邀请来，共同庆祝阁的新颜。从这位僧人当时的举动来看，他的性格是爽朗而又有风趣，因为"无钱沽酒醉陶潜"，朋友相会时无法开怀畅饮，露芳提出代以赏梅为乐，博取雅趣。照露芳的说法，"梅花为我留佳客，时送清香入破帘"，看来阁外怒放的梅花，还真是值得玩味呢！

第五节　名山书藏

一、文宗阁

文宗阁建于乾隆四十四年（1779），毁于咸丰三年（1853），存续了74年。它位于乾隆行宫之左，坐北朝南，隔着庭院有门楼三间与阁相对，两旁的侧面有走廊与楼连接，将阁连成四合院形式。阁前面对江水，银涛雪浪，气势不凡；阁后紧贴金山，山崖陡峭，峰峦苍翠。阁中典籍瑶版，墨香阵阵，是读书藏书的好地方。

文宗阁为庋藏《四库全书》而建。《四库全书》是中国历史上卷帙最大的一部丛书，有种类1万余种，数量超18万卷，几乎汇集了清代乾隆以前的所有古籍。可以说"《四库全书》承载了中华民族文明，是中华民族的宝藏，是世界性巨制。《四库全书》是中华文化精粹，文献大成，是文献化的民族精神，反映了中华文化的连续性、传承性、自觉性"（陈晓华《四库学》第三辑）。该书编成后，乾隆皇帝非常重视，称之"荟萃古今载籍，至为美备"（中国第一历史档案馆《纂修四库全书档案》）。传旨分抄七部，先后藏在北京皇宫的文渊阁、圆明园的文源阁、承德避暑山庄的文津阁、沈阳故宫的文溯阁、镇江金山寺的文宗阁、扬州天宁寺的文汇阁、杭州圣因寺的文澜阁。

长期以来，人们对"京都内外七阁，唯文宗阁题名不用水旁"争论不休。一种解释是，文宗阁的"宗"字原本有水旁，当为"淙"，省略水旁是乾隆皇帝喻示文宗阁四面环水的原因。另一种解释是，清代学者张崟《文澜阁四库全书浅说》中说："案四库七阁名字均取水旁，虽镇江文宗，外似独异，而细籀其涵意，则固寓江河朝宗于海之意。"其实，文宗阁题名"宗"字既非省略水旁，也不只是江河朝宗于海的意思。乾隆皇帝题匾额"文宗"，有文宗阁先贮藏《古今图书集成》的缘故。乾隆皇帝写过《题文宗阁》，诗云："皇祖图书集大成，区分五百廿函盛。空前绝后菁华焕，内圣外王模楷呈。秀稡江山称此地，文宗今古贮层甍。略观大意那知要，知要仍惟在力行。"诗中的"文宗"有对祖宗传书的"尊崇"之意。后来，乾隆皇帝又写了《再题文宗阁》，诗云："四库全书钞四部，八年未藏费功勤。集成拔萃石渠者，颁贮思公天下云。今古英华率全荟，江山秀丽与平分。百川于此朝宗海，是地诚应庋此文。"重申了对祖宗传书的尊崇。同时，他也认为镇江有百川朝宗海的特色，这里藏《四库全书》符合自己以水立义的想法。乾隆皇帝希望《四库全书》能像长江运河之水源源不断，永远保存下去。故在京杭运河的源头北京和末端杭州、在长江和运河交汇的节点镇江和扬州各放一部《四库全书》，是深思熟虑之举。

国家图书馆有一部《文宗阁四库全书装函清册》，记载了当初入阁藏书的函数及书名。庋藏文宗阁的《四库全书》抄本有 3461 种，79309 卷，36482 册，分装在 6221 个函套中。其中，经部有 5402 册，分装了 947 函，使用青色函套；史部有 9463 册，分装了 1625 函，使用红色函套；子部有 9084 册，分装了 1593 函，使用白色函套；集部有 12398 册，分装了 2042 函，使用黑色函套。经、史、子、集四部抄本，分别采用了不同颜色的函套来包装。入藏《四库全书》后，又配了一套《四库全书总目》，有 127 册，分装了 22 函，使用了黄色函套。当时文宗阁内藏书还有《古今图书集成》5020 册，分装了 520 函；有《钦定全唐文》504 册，分装了 50 函；有《钦定明鉴》24 册，分装了 2 函。

文宗阁仿照宁波范氏天一阁的兴建模式，重视防火、防盗，看上去书卷气息浓厚。在嘉庆年间修成的《两淮盐法志》中，保存有清代画家高棨绘制的文宗阁的草图，是当时实景的真实描绘。文宗阁由两淮盐运使督造，并负责日常的经营管理。同扬州的文汇阁一样，文宗阁每年都要聘请"绅士十许人，司其曝检借收"的事宜。文宗阁还专门设了典书官，负责藏书的保管和整理。典书官由两淮盐运使推荐学识渊博的名士，奏请朝廷充任。在文宗阁典书官中，以学者汪中最有名气。

咸丰三年（1853）春，太平军自瓜洲攻占镇江，战火殃及金山，文宗阁及阁内藏书俱成灰烬。同治四年（1865）五月，藏书家莫友芝受两江总督曾国藩的委托，专程来镇江访求幸存的文宗阁残本，"悉心咨访，并谓阁书向由两淮盐运使经管，每阁岁派绅士十余人，司其曝检借收。咸丰二三年间，毛贼且至扬州，绅士曾呈请运使刘良驹，筹费移书，避深山中，坚不肯应。比贼大及，阁书扃钥完固，竟不能夺出一书。镇江阁在金山，僧闻贼将至，亟督僧众移运佛藏，避之五峰下院，而典守阁书者，扬州绅士；僧不得预闻，故亦听付贼炬，惟有浩叹。"最终失望而归。

文宗阁被毁后，不少有识之士和镇江文人多次要求重建。江苏学政溥良提出了筹建文宗阁的倡议，因时局动乱未果。光绪十二年（1886），长沙王先谦视学江苏，考诸生卷题目是"拟修复镇江文宗阁钞藏"，希望引起社会的关注。光绪十七年（1891），王仁堪调任镇江知府，又制订了修复文宗阁计划，准备动手时一道圣旨下来，随即赶赴苏州知府任，计划也落了空。

2010 年 3 月，在文宗阁原址东侧，参照清代画家高崶绘制的写真图式样，重建了文宗阁。此阁占地面积 934 平方米，建筑面积 1286 平方米，主体建筑藏书楼为硬山顶重楼式，上悬乾隆帝亲题"文宗阁"和"江山永秀"牌匾。藏书楼为三层，一层正厅屏风上书写的是清代镇江诗人张慰埶所作的《文宗阁赋》。东厅为其他六阁图文资料，西厅为乾隆帝《再题文宗阁》《文宗阁写真图》《金山图》。二楼为藏书处，收藏故宫博物院监制的线装《四库全书》1184 册，共 148 函。三楼为文宗阁学术研讨厅。

二、焦山书藏

焦山书藏是中国第二大寺院书藏，由清代名臣阮元等人创办。阮元（1764—1849），字伯元，号芸台，江苏仪征人。清乾隆五十四年（1789）进士，选庶吉士，授翰林院编修。历任少詹事、南书房行走、詹事、行政、侍郎、经筵讲官，浙江、河南、江西巡抚，国史馆总纂。嘉庆十七年（1812）任漕运总督，嘉庆二十一年（1816）任湖广总督，次年改任两广总督，后任云贵总督，晚年任体仁阁大学士。阮元曾在扬州文选巷家庙西建藏书楼，因所藏最有名的书为宋版《文选》，故曰"文选楼"。

嘉庆十八年（1813）春，阮元在瓜洲与焦山诗僧借庵、翠屏洲诗人王豫谈到藏书事，商定在焦山上设立书藏。嘉庆十九年（1814），阮元指派道员丁百川等人在焦山西麓的海西庵内建起了藏书楼，用来收藏各地捐赠的书籍，取名"焦山书藏"。它的问世体现了"书赖名山藏"的特点，代表了一种新的藏书思想和藏书模式。为了加强焦山书藏的管理，阮元做了大量的工作，从书库的布局、书橱的制造到书籍的编排，他都亲自过问，就连刻铜章、书楼匾、管钥匙一类的小事也都亲自嘱办，还专门写了《焦山书藏记》，制订了《焦山书藏条例》，其中规定："书既入藏，不许复出。纵有翻阅之人，照天一阁之例，但在楼中，毋出楼门。烟灯毋许近楼。寺僧有鬻借乱者，外人有携窃涂损者，必究之。"他还从自己在扬州的私人藏书楼中选出 206 种图书 1400 余册率先捐给了焦山书藏。在他的影响下，各方社会名贤和藏书家纷纷给焦山书藏捐赠图书，其中杭州著名藏书家丁丙就捐了 1000 多册图书，仅次于阮元。其他捐书的人还有慈溪的冯祖宪，黟县的李宗湄，巴陵的方功惠，六合的徐孙麟，独山的莫绳孙，扬州的汪喜孙，镇江邑人王豫、释清恒、陈庆年，苏州的吴大澂，番禺的梁鼎芬等学者和藏书家。在众人的扶持下，焦山书藏发展很快，牙签万轴，善本尤多，藏书最多时达到了 3570 种，4002 部，59747 卷，21470 册。

焦山书藏创立后，阮元又请海西庵诗僧清恒编成了《焦山书藏书目》12 卷，按照入藏书的先后顺序，登记、著录了古籍 1400 余种，25000 多卷，10000 余册。这些著录的图书，先后被整齐地排放在书橱内，书橱的排列又按照《瘗鹤铭》文字的顺序排列，保证了图书得到有序的管理，为学者使用藏书提供了方便。

广东著名学者梁鼎芬是焦山书藏的有力支持者，他长年居住在书藏内读书，对其读书环境和藏书状况非常熟悉，不仅自己带头向焦山书藏捐赠图书，支持书藏的发展，还到处劝说其他藏书家向书藏捐书。康有为也是焦山书藏的常客，他在这里看了不少书籍，还为《焦山书藏书目》写过跋言。饱经兵燹之后，学者陈庆年发现书藏仍存有阮元当年捐赠的宋《嘉定镇江志》和元《至顺镇江志》抄本，异常兴奋，专门居焦山多日，校勘二志，又亲自誊录清稿，发往金陵付印，为后人保存下珍稀的方志。1929 年，柳诒徵、陈去病、庄蕴宽等 20 人在焦山设立了焦山书藏委员会，聘请学者张东山帮助编目。张东山病逝后，又请其子张祖言继其事。1934 年秋，《焦山书藏书目》完成，分经、史、子、集、志、丛六编，著录藏书 1834 种，2041 部，34447 卷，12122 册，为当时在焦山编辑《江苏通志稿》的专家和来书藏查阅的读者提供了便利。可惜抗战爆发后，1937 年 12 月日寇飞机轰炸焦山时炸毁了书藏。

三、绍宗国学藏书楼

20世纪30年代初，镇江士绅吴寄尘在云台山创建"绍宗国学藏书楼"，以示承继文宗阁之意。在筹建藏书楼的过程中，他得到了冷御秋、丁传科、赵蜀琴等人的支持。主楼的建筑经费吴寄尘承担大半，余数由冷御秋、丁传科、赵蜀琴等分担。丁传科还捐款14000元，又捐赠大丰垦田2000亩年息，作为筹建藏书楼的经费。藏书楼的主楼分两层，为欧式建筑风格，由上海扬子建筑公司承建，1933年完工。

藏书楼落成后，吴寄尘首先捐出自己的20000余册藏书，又发起成立"绍宗国学藏书楼筹备委员会"，成员有吴寄尘、冷御秋、丁传科、柳诒徵、尹石公、陆小波、严惠宇等著名人士。吴寄尘病故后，改由冷御秋、柳诒徵、尹石公三人负责藏书楼日常事务，担任藏书楼管理委员会的常务委员。委员则由胡笔江、唐寿民、陈光甫、吴蕴斋、吴言钦、严惠宇、包允恭等社会名流担任。他们共同分担藏书楼的经费开支。

藏书楼内设有专职的图书管理员，负责藏书的分类编目和开放管理。吴士湛、王璇伯、殷吉符、李竹虚、赵乃隆、江世荣、江万里、曹沛然、王云轩、杨玉书、吴仲升、乔风德等人先后在藏书楼供职。藏书楼划归镇江市文管会和镇江市博物馆管理后，又聘请过鲍鼎、丁志安、沈芷痕等博学之士来楼中管理藏书。其中，鲍鼎对藏书楼的贡献最大，他把全部藏书编成了一套完整的古籍书目，著录藏书3700多种，70000余册。抗日战争爆发后，日军占领镇江时，致使藏书楼20000余册古籍散失。抗日战争胜利后，在柳诒徵等人的倡导下，经过社会捐赠和筹集，藏书楼渐渐恢复元气。唐寿民、柳诒徵、丁蓬卿等人捐书最多，数量均超过了1000册。

1950年，镇江实业家严惠宇在上海开办的大东烟厂因资金周转发生困难，无钱给工人发工资，厂里的工会封存了烟厂的资产，其中包含大批珍贵的图书。时任镇江市人民政府文教局局长的姚荷生知道了这一消息，马上向市政府汇报，获得批准后，由文教局派人到上海烟厂去协商，希望得到这批图书。厂工会同意了他们的要求，答应无偿捐赠这批图书。后来这批图书被运回镇江，藏于绍宗国学藏书楼。在上海文史馆任职的柳诒徵和尹石公回镇江时知道此事，对此大加赞许，又回上海征集了大批书籍运回镇江，交文管会保存。

镇江乡贤陆小波对藏书楼也大力支持，他亲自到上海征集图书文物，动员中国银行总经理唐寿民把藏书捐给藏书楼。唐寿民将自己购置的二十四史等大部头书籍捐给了藏书楼。1951 年 7 月，镇江市人民政府为了妥善保管好征集的图书，拨款 1200 万元维修了藏书楼。同年 10 月，柳诒徵把自己在镇的 1200 余册藏书和 200 多册杂志捐给藏书楼。大港人赵汉生也把自己收藏的字画、碑帖拓片送给了藏书楼。1952 年，镇江大藏书家丁传靖之子丁蘧卿将父亲的 40 多箱图书捐给了藏书楼。后来，丁传靖在天津的藏书也被装了 103 个书箱送到藏书楼。1953 年 8 月，常熟的松禅图书馆也向藏书楼捐书 83 箱。

藏书楼藏书最多时达 90000 册。其中不少是善本，有元刻本 5 部，近 100 册；明刻本 196 部，4000 余册。这些刻本不少出自有名的官方刻书机构和私人刻书家，反映了当时的刻书风格，是刻书中的精品。其中著名书法家林佶的《渔洋山人菁华录》《尧峰文钞》《午亭文编》写刻精本，质量上乘，是清代私家刻书的上品。新中国成立后，藏书楼中有 120 多种（4000 余册）古籍被列入国家善本书目。

从藏书楼所藏书目来看，有些很珍贵的钞本。其中，清代满族词人顾太清（号太清春）的《东海渔歌》抄本是词人况周颐送给吴寄尘六十寿辰的礼物，每页用宣纸衬托，每册封面和封底用虎皮笺制成，共 4 册，装帧精致。刻书家南陵徐乃昌曾依据这部抄本，雕版行世。顾太清享有盛名，有"男有纳兰性德，女有太清春"之誉。楼中的康有为藏书，也是稀见珍本。戊戌变法失败后，康有为的"万木草堂"藏书楼被清政府查抄，传世的藏书已不多，他随身携带的 35 种"万木草堂"藏书能被绍宗国学藏书楼收入囊中，实属稀见。藏书楼还有不少大丛书，如《四部丛刊》《四库全书珍本》《万有文库》等。

第六节　滨江高士

镇江滨江而生，群山连绵，这种奇妙的山水组合构成了清幽开阔的自然图景，不同于狭窄局促、人工痕迹颇重的小山小水。自然环境内化在人的文化心理结构上，这里的山容易养育宽厚刚毅、质朴平实的人文品性；这里的水容易培育纯洁大气、宽容达观的人文品格。这样风骨卓异的一方山水，对那些热爱自然、崇尚自由的古代文人有着强大的吸引力。这里的山水特性与文人高洁、旷达的精神气质无比契合，他们坚守生命的本质，坚守人格的独立与心灵的自由，远离浊世，潜心于山水中著书立说，让智慧与精神万古流芳。而文人的存在又衬托了镇江山水的灵秀文气，他们对周围民众潜移默化，对当时的社会风气乃至后代都有深刻的影响。

一、焦光

"寺以名山胜，山缘隐士名。"三诏洞是祭祀东汉隐士焦光（一作焦先）的地方。这个洞不深，有半间瓦屋房大小，却是诗人笔下"古洞仙云合"的地方。洞内供有焦光的坐像一尊，布衣麻鞋，手执书卷，神态超逸。来到焦山的香客进香时也不会忘了这里，常来洞里给这位山中隐士点上一炷清香。隐士仙逝至今已过了千年，这里的香火依旧不绝。焦山原十六景中有一处"岩洞寻仙"的景观，说的就是三诏洞，其洞前三诏坊石柱联云："襟江带海回天地；青壁丹崖照古今。"经过多年的演变，洞中的焦光已由一个隐士的身份转化为一个海内皆知的神仙了。

焦光，字孝然，山西河东人。东汉末年，天下大乱，他携带家室迁徙到京口城东江中的焦山，因爱其山水幽胜，便在焦山西麓的一岩穴外，结草为庐，隐居下来。他"日日入山伐薪以布施，从西村头一家起"（《京口三山志》卷五），为附近的村民做过许多好事。在劳作的同时，他还抽出时间读书。据《焦山志》中说，他在焦山炼丹修道，常到山中采集药材。后来在焦山的观音庵中还保存有焦光的炼丹炉，山中也有过炼丹井，只是现在已不知去向。

东汉名士郑玄曾向汉献帝启奏："原闻名士焦光，洞隐焦山。焦光德行高洁，才智过人，堪委重任。"献帝准奏，先后三次下诏，要焦光到洛阳做官，他始终没有答应，一直在山中终老其身。他三度拒诏的故事，后来被世人传为美谈。同时的名士蔡邕写了《焦公赞》称赞他的德行，清人齐彦槐也有诗赞："半岭有岩石，相传高士居。往还三凤诏，生死一蜗庐。凿井能医病，巢山不著书。茅庵如可傍，吾欲友樵渔。"为了纪念这位高士，焦光隐居过的岩洞也被称为"三诏洞"了。

二、李绅

李绅（772—846），字公垂，自幼好学。元和元年（806），李绅考中进士，补国子监助教。皇帝见他学识渊博，才学出众，招他为翰林学士。后离京入节度使李锜幕府，到润州居住。因不满李锜谋叛而下狱。李锜被杀后获释，回无锡惠山寺读书。元和四年（809），赴长安任校书郎，历任右拾遗、翰林学士、御史中丞、户部侍郎、江州刺史、浙东观察使、河南尹、汴州刺史、宣武军节度使、宋亳汴颖观察使、淮南节度使等职，入京拜相后，任同中书门下平章事，尚书右仆射门下侍郎，封赵国公。李绅与元稹、白居易共倡新乐府诗体，是新乐府运动的主要参与者之一，有《乐府新题》20首。他创作的两首《悯农》诗脍炙人口，妇孺皆知，在中国文学史上产生过深远影响。一首是："锄禾日当午，汗滴禾下土。谁知盘中餐，粒粒皆辛苦。"一首是："春种一粒粟，秋收万颗子。四海无闲田，农夫犹饿死。"

李绅与李德裕的关系十分密切。李德裕曾三度担任润州刺史，在润州的时间很长。李绅也常到润州与之相见，对官衙附近的北固山一带情况非常熟悉。他的《却到金陵登北固亭》一诗在唐诗中很有名气，诗人描述了当年登亭的感觉："龙形江影隔云深，虎势山光入浪沉。潮蹙海风驱万里，日浮天堑洞千寻。众峰作限横空碧，一柱中维彻底金。还叱楫师看五两，莫令辜负济川心。"登山远眺，自西向东的长江，如一条龙形的白练，弯曲着，流动着，延伸着，把远处厚厚的云雾隔开。雄险的北固山倒映在江中，与浪花一起起伏，折射出如万花筒般的多姿多态。浪潮在海风的劲吹下，如骏马奔驰，飞流直下，冲向东海。日光照射在江面上，更显得长江天险风光无限。掉头西望，连绵的群山一片苍翠，把整个天空映衬出碧色，金山屹立江中，在阳光的反射下，亦是金灿灿的。如此波澜壮阔的江景和宛然天作的山色，诗人以"莫令辜负济川心"自勉，激励自己努力实现抱负，有所作为。

三、米芾

米芾（1052—1108），祖籍太原，迁居襄阳，又落户润州。宋神宗继位后，不忘米芾母亲阎氏的乳母情，赐给了米芾一个秘书省校书郎的官职，米芾从此走上仕途，负责当时文书的校对，后又被徽宗招为书画学博士，后任礼部员外郎（别称南宫），人称"米南宫"。他能诗文，擅书画，精鉴别，集书画家、鉴定家、收藏家于一身，首创了"米家山水"，并成为"宋四家"（苏、米、黄、蔡）之一。

米芾有真才实学，因不善官场逢迎，未能在仕途上飞黄腾达。但官运不畅让他有了很多时间来读书和钻研书画艺术。他在书法上用功很深，书体潇洒奔放，又严于法度，以行书方面的成就最大。他的绘画水平很高，人物、山水、松石、梅兰、竹菊无所不画，以山水画成就最高。他喜欢江南水乡瞬息万变的"烟云雾景""天真平淡"和"不装巧趣"的风貌，创造的"米氏云山"作品信笔作来，烟云掩映。他的临摹功夫也很深，曾经临摹过不少"二王"的作品，达到以假乱真的程度。

米芾不仅在书画上获得了成功，有着丰富的实践经验，他还善于对自己的实践经验进行总结，不断地对书画理论进行研讨，勤于著述。著有《书史》《海岳名言》《宝章待访录》《画史》等，显示了他在书画理论方面卓越的胆识和超人的鉴赏力。米芾也有自己的文集，据《宋史·艺文志》书目记载，有《山林集》100 卷，可惜没有流传下来。现在还可以看到的他的文集尚有《宝晋山林集拾遗》8 卷、《宝晋英光集》6 卷。

在镇江，米芾的知名度很高，他先在江边的北固山麓建起了海岳庵居住，后又在千秋桥筑居所，在鹤林寺修精舍，遍访镇江山水，尤其是江边的三山和南郊的黄鹤山，留下了许多他的墨迹和诗文。在对镇江山水的临摹与创作中，他发现了"鹤林烟雨"的秀丽和"城市山林"的壮观，用自己的匠心和彩笔，创作了多幅不朽名作，从而使"米家山水"名扬天下。

四、吴琚

吴琚（约 1189 年前后在世），南宋书法家，字居父，号云壑，汴（今河南开封）人。太宁郡王吴益之子，宋高宗吴皇后之侄。性寡嗜，日临古帖以自娱，习吏事。乾道九年（1173），以恩荫授临安通判。其后历尚书郎、镇安军节度使。复知明州，兼沿海制置使。宁宗时，知鄂州，再知庆元府。尝使金，金人重其信义。位至少师，判建康府兼保守，世称"吴七郡王"。

吴琚好书画，工诗词，尤精翰墨，孝宗常召之论诗作字。《江宁府志》云："琚留守建康，近城与东楼平楼下，设维摩榻，酷爱古梅，日临钟（繇）、王（羲之）帖。"擅正、行、草体，大字极工。北固山上"天下第一江山"的墨迹，乃为吴琚所书。其书法特点酷似米芾，有"米南宫外，一步不窥"之说。然其性情比米芾的狂放怪诞要温和得多。《宋史翼》本传

178

云："陈傅良在太学，琚执弟子礼，惜名畏义，不以戚畹自骄。"可见他极有道德修养，尽管吴氏学米书可以达到乱真的地步，但由于他们性格上的差异，在运笔结体上，吴书更为俊逸俏丽。董其昌评吴琚云："书似米元章，而俊俏过之。"著有《云壑集》，传世书迹有《观伎帖》《与寿父帖》《焦山题名诗帖》《碎锦帖》《七言绝句》等。

吴琚酷爱书法，他对镇江的山水情有独钟，多次盘桓此地，北固山和焦山都有他的墨迹。尤其是焦山，有书法山之誉，是他最喜欢的去处，留下的诗刻也多。山中的"大字之祖"《瘗鹤铭》，是他多次寻访的对象。绍熙二年（1191），他赴官襄阳的途中，在焦山题写了《春日焦山观〈瘗鹤铭〉》诗："昔爱山樵书，今踏山樵路。江边春事动，梅柳皆可赋。荦确石径微，白浪洒衣履。临渊鱼龙惊，扪崖猿鸟惧。古刻难细读，断缺苍藓护。岁月岂易考，书法但增慕。摩挲复三叹，欲去还小住。习气未扫除，齿发恨迟暮。华亭鹤自归，长江只东注。寂寥千古意，落日起烟雾。"

吴琚的词作亦佳，其《酹江月》云："玉虹遥挂，望青山隐隐，一眉如抹。忽觉天风吹海立，好似春霆初发。白马凌空，琼鳌驾水，日夜朝天阙。飞龙舞凤，郁葱环拱吴越。　　此景天下应无，东南形胜，伟观真奇绝。好是吴儿飞彩帜，蹴起一江秋雪。黄屋天临，水犀云拥，看击中流楫。晚来波静，海门飞上明月。"隐约透露出其欲劝朝廷重整山河的志士襟怀。

五、郭第

郭第，字次甫，苏州人。为人性格豪爽，好游山川，擅长诗作，在当地颇有名气。他喜欢道家来去自主、自由自在的心态，自号五游子、郭山人，以云游道人自居。先是在淮安府城西的钵池山中修炼，后来到镇江焦山云游，他在焦山选择了人迹罕至的山中荒地，斩荆棘丛莽，辟地构建了二间房室，取号"云飞"，又筑丹室、药灶以利炼丹之用。其"云飞"室内的布置相当典雅，名画、法书、丹鼎放置其间，偶有题跋于上，分外引人关注。亦喜欢望江作诗，有佳句"水断瓜洲驿，江连北固城"等。许多文人到焦山都会到郭第的"云飞"室聚集，谈诗论画。郭第又好客善饮，山中美食亦多，所以一年四季都会有客人慕名寻访。一时名流王世贞、李攀龙、汪道昆、屠隆、于慎行等都多次来焦山与郭第相会，与之饮酒品诗为乐。明代著名学者、诗人王世贞《焦山访郭道人次父不值用陶韵》诗云："爱彼江上山，息此尘中鞅。故人今何许，令我发遐想。云胡焦居士，亦复舍山往。鸟雀渐以骄，菉葹渐以长。"明代文学家、诗人于慎行也有《焦山赠郭次父》诗，诗称："千盘鸟道上珠林，萧瑟秋悲未可禁。江北江南烟树色，峰前峰后海潮音。孤标自擢芙蓉影，片石长飞鸑鷟阴。不向烟霞逢地主，古今隐迹迥难寻。"

一些远方的学者、诗人长途跋涉赶到焦山赏景时，也不忘和郭第这位山中的文人相会。如明嘉靖四十二年（1563）广东顺德人欧大任，以岁贡生资格试于大廷，考官展卷阅览，惊叹其为一代之才，特荐御览，列为第一。他"博涉经史，工古文辞诗赋"，声名远播，慕名来到焦山拜访郭第。明代文人梁可澜也是广东顺德人，其博学工诗，隐居罗浮。他慕葛洪修炼故事，自号三十二峰太狂长啸仙。他和郭第都是同道，喜欢云游之客，在一起相会非常开心，专门提到在一起喝酒之乐。其《夏日村居次焦山郭次甫韵》诗云："万里天光海气凉，阑干十二海天长。粟春铁树飞泉响，酒压金茎玉露香。柳岸客过桃叶渡，柴门人指杏花乡。阴阴绿树江村晚，倦鸟归来带夕阳。"

明代文人李流芳创作的散文《游焦山小记》中，还特别提到寻访郭第故居的事，原文如下："二十七日，雨初霁，与伯美约为焦山之游。孟阳、鲁生适自瓜洲来会，亟呼小艇共载。到山，访湛公于松寥山房，不遇。步至山后，观海门二石，还登焦先岭，寻郭山人故居，小憩山椒亭子。"

郭第在焦山隐居期间，也结识了不少当地文友，与名画家陈永年和隐于金山的孔承宠交厚。"郭五游居焦山，与陈从训永年友善。冬日大雪，五游与一僧立山岩，望大江中有孤舟，自金山冒雪鼓棹而下。五游曰：'是必灵峰山人来矣。'僧疑未答。顷舟泊，果灵峰载酒相访也。僧笑曰：'较王子猷，兴致不为更高耶。'"陈永年，字从训，江苏丹徒人，嘉靖万历时名士，能诗文，精鉴赏，藏宋元巨迹甚多，最有名的是米芾《多景楼诗》、倪瓒《山阴丘壑图》。亦善草书，宗法王献之《十七帖》及孙过庭，运笔流畅，跌宕有致。孔承宠，自称曲阜圣裔，苏州浒墅人，能诗。"金山多有异人至，但人未能辨之。孔承宠初住藏殿书补残经，一僧全，问曰：'汝书经费自何出？'孔曰：'自办。'僧袖出丹砂数两，曰：'此养成熟砂，三分可成一两。'语毕即去。"万历中，丹徒县令欲修《金山志》，托往金山博访事迹。长年隐居金山，为金山修复经卷。三人各具所长，郭第善诗、陈永年善画，孔承宠善词，他们志趣相投，优势互补，还立誓死后要葬在一起。

六、程康庄

程康庄（1613—1679），字坦如，号昆仑，山西武乡人。明代崇祯年间拔贡，于清代康熙年间出任镇江府通判之职，共有近八年之久。他"在镇江摄大营（京口旗营）理事官，治讼不少偏，民甚赖之。公余与诸生赋诗论文无虚日"，是一位管理地方刑狱事务方面的官员，也是一个知名学者。名士钱谦益在《自课堂集序》中评述道："观昆仑之诗文，才气横溢，词源倒流，如喷泉之涌出，如龙气之直上，徐而按之。辞有体要，文有原委，不骋奇于篇什，不求工于字句，如武库之有五兵，如玉府之有六玉，井井乎其行列也，离离乎其相属也。进而扣所有，愈出而愈不穷也……昆仑之学，其发源于乃祖远矣。"当时名人陈际泰、罗万藻、杨彝等都与之交往，诗歌唱酬。

程康庄随清军驻防镇江后，入乡随俗，考察民情，很快与文士何絜、程世英、姜宸英等成了好友，曾给何絜、程世英撰写的《文概》作序。清代诗人王士禄在《程昆仑招集万岁楼》诗中夸他"参佐风流如谢朓"。清代词人陈维崧在《满江红·舟次润州访程昆仑别驾》词中说："公到日，雄关铁锁，东流无恙，上党地为天下脊，使君文在先秦上……"程康庄余暇时喜欢浪迹于镇江山水之间，留下了《金山寺》《焦山》《甘露寺》《润州刘司李环山堂》《万岁楼》《长相思·望焦山》《念奴娇·万岁楼春望》《焦山古鼎诗跋》等诸多有关江边景点的诗文。他与清代名士王士禄、王士禛兄弟是密友，互有唱和之作。《乾隆镇江府志》卷三四《名宦·程康庄》载："时王祭酒士正为扬州推官，吴总制兴祚知无锡县，倡导风雅，俱能大致天下之客。而京口之馆舍，宾至如归，与两地相望。论者比之为三君焉。"程康庄曾应邀为王士禄、王士禛兄弟的《焦山古鼎诗》作跋。著有《昆仑文选》4卷。

有一次，程康庄和好友张南溟、程苍孚、袁重其到北固山甘露寺山门前，看见寺的门榜上有"天下第一江山"六个大字，为宋淮东路总管延陵吴琚所书，被书法家董文敏称为"江南第一名榜"。他看到门榜上的六字侵蚀严重，字迹暗淡，就决定将六个字照原样刻在石壁上永久保存。他邀请当时寓居在镇江的著名书法家宋曹来临摹吴琚的字迹，保持了原字的特点，达到了"原字双钩，惊鸾之美"的效果，之后又自己掏钱，请刻匠将宋曹临摹的吴琚字迹细心地刻到石壁上，为镇江保存了珍贵的"天下第一江山"石刻。

程康庄平生喜欢书法，对焦山的《瘗鹤铭》石刻格外留心。当时《瘗鹤铭》石刻已塌入江中，只有冬天枯水季才能看到它露出水面的内容。"而论者谓瘦捷清拔，大字之妙，无过于此。后之览观者，流连反复，相与考其源流，穷其年代。"为了让游人不受季节的影响，随时都能观赏到《瘗鹤铭》，他开动脑筋，派人四处寻找《瘗鹤铭》的残本，均没有收获。正在惆怅的时候，有个叫计逋客的人给他送来了《玉烟堂帖》，"从初拓全本仿而刻之，而神情近似"。他看后很高兴，捐出了自己的俸禄，找来了石匠，按照《玉烟堂帖》上的《瘗鹤铭》字迹重新刻石，让"后世登临之士，得共赏之"。这样以后，无论何时来焦山的游人都可以看到《瘗鹤铭》的模样。为了更好地保护《瘗鹤铭》，时任镇江知府钱升在焦山立石建亭，并写了记文，通判程康庄也写了《瘗鹤铭》的跋文，刻石于焦山佛殿的廊壁上。

七、陈鹏年

陈鹏年（1663—1723），字北溟，又字沧州，湖南湘潭人。康熙三十年（1691）进士，历官浙江西安（今浙江衢州）知县、江南山阳（今江苏淮安）知县、江宁知府、苏州知府、河道总督。有《道荣堂文集》传世。

陈鹏年因打捞焦山《瘗鹤铭》残石而闻名镇江，但对他为何被软禁在镇江的经历却很少有人说得清楚，方志中也没有相关资料。陈鹏年《重立瘗鹤铭碑记》中说："余自庚寅十月，再罢郡，羁系京江，足不逾户庭且三年。越壬辰冬，蒙天语昭雪，洞极隐微，禁网始疏。乃间以扁舟，一至山下，寻探崖壁，乃命工人求遗文，出之重渊。自冬徂春，凡阅三月，厥功乃成，是为癸巳二月既望。"说出了他寓居镇江的一段经历。

清康熙四十九年（1710），时任两江总督的噶礼罗织罪状诬陷陈鹏年，结果陈鹏年被罢免了苏州知府的职务，羁禁镇江三年之久。他先是被软禁在月华山附近的城隍庙内，行动不得自由。直到康熙五十一年（1712）才解除软禁，移居城南的张氏草堂。这一年的冬天，他乘舟到焦山，探访了摩崖石刻，有了打捞《瘗鹤铭》残石的打算。他请来了打捞的人员，花费了三个月的工夫，最终打捞起了《瘗鹤铭》残石，并建亭保护这些残石，为镇江保存了一件无价之宝。

被软禁于城隍庙期间，陈鹏年是非常苦闷的，他在自述诗中说："淹留挂弹章，仓卒闭穹室。永巷高若城，幽房暗如漆。宾朋并羁绁，坐卧仅容膝。我鬓霜作华，我床雪如窟。"被封闭在黑暗的室内，没有宾朋好友的造访，坐在冰冷的床上，头发都愁白了，好在他结识了城隍庙内的一班道士，与他们渐渐成了朋友。当时城隍庙内有一个北极阁，建在古迎仙道院的旧址上，里面有一个姓梁的道士和陈鹏年关系特别好，帮他排忧解难，度过了艰难岁月。两人不仅在一起赏月谈道，参悟哲理，梁道士还会告诉他一些外面的消息，帮助他化解孤独之感。陈鹏年曾应梁道士的请求，写过《迎仙道院北极阁记》，离别时还特地写了《月华山歌为梁道士作》的诗歌，酬谢这位在患难中结识的朋友。

陈鹏年对镇江是很有感情的。他少年时就生活在月华山下，亲自栽种过银杏树。他被软禁在这里时，看到手植的银杏树已经合抱，非常感慨。尽管身陷困境，他对镇江发生的事仍然特别关心。镇江干旱无雨、井泉枯竭、地震、房屋倒塌等事情都记在了他的《京江纪事》中。他被解禁恢复人身自由后，便移居到城南的张氏草堂，这时来见他的文人立刻多了起来，门庭若市，"求画者踵至，挥汗不倦"。他为镇江文人祝应瑞写了《见山楼记》，也请祝应瑞帮助他绘制了《焦山〈瘗鹤铭〉碑图》。余暇时，他还乘船到京江上欣赏景色，写过《京江杂诗》："杰阁俯城阴，阑干每一临。曲阿秦郡县，北府宋园林。山色分吴楚，江流自古今。春风满天地，无限望乡心。"

八、郑板桥

郑板桥（1693—1766），原名郑燮，字克柔，号理庵，又号板桥居士，江苏兴化人。"扬州八怪"之一。他的诗、书、画被誉为"三绝"，蜚声中外。其父郑之本考中过廪生，以授徒为业。郑板桥自幼聪明，3岁开始识字，8岁在父亲的指导下作文联。父亲死后，家境贫寒，他仍坚持刻苦读书，自云："腹内诗书存千卷，床头金银无半文。"后在徽州友人程之骏的资助下，选择在焦山别峰庵读书。

郑板桥擅长绘花卉木石，尤其以竹子最佳，与众不同。他画竹有一特点，都是参照纸窗粉壁上日光月影的投影，这样绘就的竹子千奇百怪。他还喜欢在画中的竹石间题款或题诗，抒发自己的感悟，曾题诗曰："吾之竹清俗雅脱乎？书法有行款，竹更要行款，书法有浓淡，竹更要有浓淡，书法有疏密，竹更要有疏密。"他给画竹的题诗也很出色，如小诗"咬定青山不放松，立根原在破岩中。千磨万击还坚劲，任尔东西南北风"，点出竹的"处境"，又点明竹的坚贞，经得起各种磨难考验，具有顶天立地、昂然不屈的风格，令人起敬。他绘的兰叶也绝妙，以焦墨挥毫，借草书中之中竖、长撇运之，多不乱，少不疏，脱尽旧习，别有创意。所作书画作品极多，流传极广。

郑板桥以画成名，但其内心深处还是想以读书谋求功名，实现其建功立业的抱负。焦山的别峰庵为他提供了良好的读书条件。别峰庵，创建年代不详，因其地处两峰间别出峰上，故名"别峰庵"。僧人佛印写过一首小诗戏云："绝顶无寻处，何人为指南。回头见知识，原在别峰庵。"别峰庵风景别致，环境优美，鸟语花香，人迹罕至，是个修身养性的好地方。从庵中远眺山水，可见大江如练，蜿蜒而下。回归的船队传来渔歌唱晚的声音，水鸟贴着江面纷飞，江豚排队跳跃前行。对岸沙洲的港湾，在树荫的笼罩下隐约难辨。晚霞映衬下的金山，更是光彩夺目。清代康熙年间，从浙江来的陈涵星知府在庵中题过一联："沧海云开腾日月；清江潮落舞蛟龙。"

郑板桥喜欢庵前的美景和庵内的幽静，除了佛殿和客堂外，还有庭院小斋，供文人借读。他开始与山间的梵钟为伴，潜心于书斋之中，着力在八股文上下功夫，为参加京城会试做准备。在此期间，他给其弟郑墨写过几封信谈读书感受，告诫弟弟读书要有重点，要精读部分书。他说："吾弟读书，《四书》之上有《六经》，《六经》之下有《左》、《史》、《庄》、《骚》、贾董策略、诸葛表章、韩文杜诗而已，只此数书，终身读不尽，终身受用不尽。《六经》之文，至矣尽矣，而又有至之至者；浑沦磅礴，阔大精微，却是家常日用，《禹贡》《洪范》《月令》《七月流火》是也，当刻刻寻讨贯串，一刻离不得。"劝他的弟弟在研读"四书五经"和练习八股文上下功夫。

他自己在练习八股文时，还以明清的八股名家董思白、韩慕庐、方百川、方灵皋为榜样，"以鲜秀之笔，作为制艺，取重当时"。经过不断努力，他撰写了大量的范文，积累了丰富的经验，八股文写作能力有了快速的提高，在第二年进京考试时金榜题名，考中了二甲第八十八名进士。

除了读书，焦山秀丽的风景和山中的书法环境也给了郑板桥不少启示。

山中的修竹，很是对他的口味。他在《题自然庵墨竹》的诗中说："静室焦山十五家，家家有竹有篱笆。画来出纸飞腾上，欲向天边扫暮霞。"从诗中可以看出，他在焦山还研究书画。在他的眼中，焦山的修竹也像自己的苦读一样，有一番凌云的抱负。郑板桥是康熙朝的秀才、雍正时的举人、乾隆间的进士，跨越三朝，持之以恒地参加科举，终于在 50 岁时到官场走了一回，做过 12 年山东范县和潍县的知县，在任修筑城池，荒年迫使富豪平价售粮，为老百姓干了不少好事。后因得罪权贵，毅然辞官返里。著有《板桥全集》。

现在上焦山，还可以看到别峰庵。它是一座方形的四合院，院中有小斋三间，天井中有一个小花坛，花树一株，修竹数竿，沿袭了过去典雅朴素的风格，门扉上有他读书时写的一对妙联："室雅何须大；花香不在多。"语言的清新凝练，意境的开阔深远，感慨的沉郁动人，远远超过了当时其他人的楹联。郑板桥在别峰庵读书时，留下了不少珍贵的墨宝，其中"难得糊涂"的书帖最受众人欢迎。

九、沈德潜

沈德潜（1673—1769），字确士，号归愚，长洲（今江苏苏州）人。乾隆元年（1736），以廪生试博学鸿词未遇。四年（1739）中进士，授编修，累迁侍读、左庶子、侍讲学士、日讲起居注官、阁学士，官至礼部侍郎。著有《归愚诗文钞》《竹啸轩诗钞》《说诗晬语》等。

沈德潜和镇江缘分匪浅，他曾在镇江诗人兼画家祝应瑞的见山楼中住过一段日子，利用幽静的环境，看了不少诗集，编成了流行极为广的《古诗源》。在他的《古诗源》序言中有"康熙己亥夏五长洲沈德潜书于南徐之见山楼"字样，以告知世人编书的场所，感谢祝应瑞提供的帮助。《古诗源》分 14 卷，选编的宗旨很明确，是为了探寻诗歌之源，所以取名《古诗源》。它选编的范围也很广，内容丰富，上溯先秦、下迄隋代的古诗都在收录之列。从其选诗标准来看，其艺术见解独到，客观上反映了古代诗歌发展的真实面貌。书中还选录了不少古代歌谣和汉魏六朝乐府，以为初学诗歌的人导源。沈德潜注重从文人的创作中选择那些有社会内容的作品，特别注意知人论世。在对作品的评论中，他力图发现诗歌内容、风格与时代、作家人品及胸襟之间的联系，崇尚诗歌的雅正，重视作品的风骨，提倡自然，反对雕琢。

沈德潜在江南常镇道道台魏荔彤家教馆时，认识了镇江诗坛的领军人物余京、鲍皋、张曾，他们常在一起畅游山水，踏访古迹，对酒当歌，度过了一段快乐的时光。他到京城做了高官后，还时常怀念三人和其他在京口的旧友。他在《怀南徐诸子》诗中写道："海岳庵前结古欢，归来每忆旧诗坛。百年身世知音几，两地关河会面难。南国霜清吴苑晚，西津木落大江寒。何时更踏三山顶，万里登临眼界宽。"抒发了对京口友人的思念之情。在镇江的时候，沈德潜和他的朋友一起出游过许多的名胜古迹，他上金山、游焦山、登南山，云台山上的道院也是他的寓居之所。有"天下第一江山"美誉的北固山在他的脑海里更是经常浮现，所以才会有"海岳庵前结古欢"的举动。他曾为山上的甘露寺题联，用"峰巅片石留三国；槛外长江咽六朝"点出了古寺与三国文化的关联，又说明了古寺临江的气势，写得有声有色。

沈德潜的《次京口作》写了泊舟江口的观景，诗云："山头甘露寺，隔岸佛狸城。为忆南朝事，因谈北府兵。天空寒雁落，人静晚潮生。邻舫闻吹笛，偏伤旅客情。"诗人在舟中望着江边北固山头的甘露寺，又回望对岸的佛狸祠，似乎受到一种震撼，南朝的兴衰、人物的沉浮、北府兵的善战都在他的脑海中浮现，然而这些人和事又该向何处寻觅，诗人心中不免泛起了一丝惆怅。随着江景渐落黄昏，暗淡的天空下归来的寒雁纷纷降落，寻找栖息的树梢；喧闹的城市已经逐渐沉寂，只听见晚潮撞击江堤的声响。突然，邻船上传来的一阵笛声，引起了舟上旅客的心情浮动，有了思乡的念头。

十、谢启昆

谢启昆（1737—1802），字蕴山，江西南康人。博闻强识，擅长作诗。乾隆二十六年（1761）考中进士，又在朝廷的大考中获得第一，被选拔充任庶吉士，授编修。后来负责河南乡试的阅卷，选拔了不少人才。乾隆三十七年（1772），他调任镇江知府，后又调任扬州知府，京江两岸都留下了他的政绩。在任勤于政事，为官清廉。嘉庆四年（1799），升广西巡抚。著有《树经堂集》《小学考》等。

谢启昆在镇江北固山前峰府衙内住了三年，镇江的山水之美给他留下了深刻的印象，"爱吾乡江山之美，士民之善，著于歌咏"。他写了大量的诗文，赞叹这里的山川秀色，感叹这里"南徐富山泽，雄秀兹土最。多士钟其

灵，文明申吴会。精庐既广启，众材实崇荟"。江山的美丽、民风的善良难
以言说。又赞美这里"楼阁参差倚白云，三山缥缈望中分。酒边灯火沧江
动，天上笙歌下界闻。欢洽醺酿偕掾吏，舞酣鹡鸰羡将军。行台政简多休
暇，此事推公独出群"。三山的美艳、江边的灯火，都成为他诗作中描述的
对象。他曾用"山川称第一，刺史住三年"概括他在镇江三年对当地山川
的总体印象。

　　谢启昆对镇江的人文非常重视，曾多次到镇江的宝晋书院视察，和书院
的学生一起座谈，"时与诸生谈旧事"，和他们一起探索作诗的心得体会。
他对镇江的民生建设也很重视，曾创作了八首《京江口号》，留心记载镇江
发生的事。其中一首是"救生艇子不论钱，性命安危系长年。月黑一灯红到
岸，布帆已泊戍楼前"，记载了镇江救生红船的事情。

　　谢启昆在维护江边的名胜古迹上不遗余力，做了许多好事，为镇江留下
了丰富的文化内涵。他修复了北固山的望海楼，重建了有斐亭，建造了红雨
轩，构筑了天香榭，最大的手笔是"斩新开佛国，特地换琳宫"，耗费六千
金重修甘露寺，使甘露寺焕然一新。他还精心绘制过《金焦揽胜图小照》，
展现金焦的秀色。

　　十一、汪中

　　汪中（1744—1794），字容甫，江苏江都人，"扬州学派"的杰出代表。
清代盛行幕宾制度，未仕的学者文人多入幕为客，汪中也不例外。自乾隆三十
五年（1770）起，他就入了沈业富幕，后又在朱筠和毕沅幕下。在与幕友的
交往中，他增长了学识，成长为"通儒"。乾隆四十二年（1777）被谢墉侍郎
看中，选拔为贡生。平时，他喜欢结交文士，与任大椿、程瑶田、章学诚、孙
星衍、洪亮吉、王念孙、刘台拱等学者交往密切。曾遍考先秦典籍，对历代学
制兴废都有研究，又沿袭了清代顾炎武、阎若璩、惠栋、戴震以来的"汉
学"，在经学、小学、史学、诸子、金石诸方面取得了显著成绩。他的骈文创
作更是冠绝一时，尤以《盐船赋》擅名，有很大的社会影响。

　　汪中一生虽然没有获得过值得炫耀的功名，但他在学术上的造诣赢得了
世人的尊敬。清代名家江藩在《汉学师承记》中评价汪中说："博综典籍，
谙究儒墨，经耳无遗，触目成诵，遂为通人。"著名学者刘台拱也称赞他说：
"博闻强记，通知古今。才、学、识三者皆有以过人。为文钩贯经史，熔铸

汉唐，宏丽渊雅，卓然自成一家。"著有《述学内外篇》《广陵通典》《左氏春秋释疑》《经义知新记》等。

乾隆五十五年（1790），乾隆皇帝下旨纂修发往"南三阁"的《四库全书》已经陆续到位。由于前面在文渊、文源二阁的《四库全书》中发现了错误，进行了复校，因此对发到"南三阁"的《四库全书》也提出了重新校勘的命令。这时两淮盐政戴全德向朝廷推荐了汪中，让他承担文汇阁和文宗阁《四库全书》的校勘任务。得到批准后，汪中担任了镇江文宗阁的典书官，主持校勘《四库全书》，开始了校书生涯。在汪中担任文宗阁典书官期间，他对所藏的典籍，尤其是《四库全书》进行了认真的校勘，撰写了20多万字的校勘札记，改正了《四库全书》的不少错误。清嘉庆进士李兆洛在《汪容甫精法楼校书记》中称："先生当时以泛览为精研，第举而综贯之。绅绎其余绪，冥合手会，归成一家言，庸不为学者盛业，而不可易言也。"直到乾隆五十九年（1794），他都一直在文宗阁典书官的位置上。

汪中在文宗阁校书的出色表现，为时人敬重。他去世后，镇江人士将他入祀金山，纪念他为文宗阁做出的贡献。汪中校勘《四库全书》的文字整理出来传世的很少，许多内容都没有能够保存下来。他的文宗阁校书笔记，仅存被收入《新编汪中集》中的《文宗阁杂记》《文宗阁杂记续编》和《文宗阁杂记三编》。汪中对京江有特殊的感情，由于家居江的北岸，人却常年在江南岸的文宗阁校书，他经常需要渡江，因此希望江上能够建桥来方便两岸的来往。他提出了《京口建浮桥疏》，建议从牌湾到瓜洲之间建一条浮桥，交"会于金山"，以免"行人舟楫之劳"，这一想法是极有远见的。

十二、梁鼎芬

梁鼎芬（1859—1919），字星海，号节庵，广东番禺人。晚清著名学者、藏书家。他18岁中举，22岁进士及第，入翰林，可谓少年得志。历任知府、按察使、布政使，曾因弹劾李鸿章名震朝野。后应张之洞聘，主讲广东广州书院和南京钟山书院，为《昌言报》主笔。辛亥革命前有反帝主战思想。后任溥仪老师，被授"毓庆宫行走"。诗词多慷慨愤世之作，与罗惇曧等人并称"岭南近代四家"。

梁鼎芬在其被贬官时，曾隐居镇江焦山书藏读书两年多。光绪十六年（1890）四月到光绪十八年（1892）秋，他在赴张之洞湖广总督幕府前都住在焦山的海西庵内，以读书著书为乐。在焦山，他还做了一件重要事，即帮助焦山书藏整理图书。当时，焦山书藏内善本不少，名家点校本不乏，梁鼎芬对它们进行了整理，撰写了《焦山藏书约》1卷、《焦山书藏书目》1卷、《焦山书藏续》1卷，并写过《检理焦山书藏讫口占二首示庵主佛如》记录此事："焦山书藏今始见，千卷签函余再题。他日丰湖倘相较，有人访古过桥西。""金山杰阁委飞尘，灵隐高台闪碧磷。此屋岿然不受劫，今朝应有检书人。"他还利用自己的关系，发动亲朋好友为焦山书藏捐书。梁鼎芬曾经将自己的数百箱藏书分作三份，一份赠给焦山书藏，一份保存在广州梁氏祠堂，一份留在身边随时调用。伦明《辛亥以来藏书纪事诗》中这样说到梁鼎芬："花之寺里遇花间，语及瑶华我恶颜。晚慕东坡留带意，分书一部与焦山。"因伦明到焦山时还看到梁鼎芬的赠书。

在焦山书藏隐居期间，梁鼎芬专赴杭州，拜访了八千卷楼大藏书家丁丙，劝说他向焦山书藏捐书。他跟丁丙讲，在此之前，他已经去过焦山书藏，那里的藏书情况很好，要捐出自己的部分藏书给焦山书藏，也希望丁丙能够给焦山书藏捐书。梁鼎芬说："岁游焦山，见书藏未毁，瑶函秘籍，如在桃花源，不遭秦火。山僧尚守成规，簿录管匙，虽历七八十年，流传弗替，可谓难矣。"丁丙在梁鼎芬的劝说下，拿出自己的部分藏书，又劝说自己的朋友拿出来一部分，总计451部，有1000多册，一同捐给了焦山书藏。梁鼎芬在焦山书藏隐居期间，还重修了杨继盛的祠堂。他对明代忠臣杨继盛非常敬重，专门刻了他的人物像，镶嵌在海西庵的墙壁上，还劝人刊刻杨继盛的文集流传于世。

梁鼎芬和当时的镇江知府王仁堪是好友，两人相交达16年之久。早在翰林院时，他们就曾经"议事联名"。在镇江时，又在一起聚会，"写杯尽欢"。其《陪王太守登镇江城楼》诗云："天下争传铁瓮名，使君政暇一登城。沉吟乾湜南征记，慨慕刘牢北府兵。田野尚荒廉吏贵，市廛无实远人轻。又看番舶沿江上，桑土绸缪计可成。"当得知梁鼎芬在焦山书藏隐居时生活困苦，"贫不能支"，王仁堪就为他赠资送米，帮他分忧解难。而王仁堪在苏州病逝后，梁鼎芬已赴广州，但他听说王仁堪居官两袖清风，已到无钱安葬的境地时，就四处向自己的学生写信呼吁，"厚集群力，为送死养生之计"，帮助王仁堪的家人料理后事，不愧为患难见真情的典范。

十三、冒广生

冒广生（1873—1959），字鹤亭，号疢斋，江苏如皋人。清光绪二十年（1894）中举，授刑部郎中，后参与了"公车上书"。民国时期，历任农商部全国经济调查会会长、江浙等地海关监督、中山大学教授、南京国史馆纂修等职，在文化传播方面有诸多贡献。他学养深厚，在经学、史学、诸子、诗词诸方面均有造诣，尤以词学成就最显。其代表作《小三吾亭词话》，保留了大量近代词人的词作和学术行踪，是今天研究近代词人的重要参考资料。他提出了词来源于唐诗中的五言、七言绝句的观点，认为词的本体是绝句，而以简驭繁，用增、减、摊、破的方法来加以变化，渐进为词，指出填词不一定要墨守四声，这些观点在词坛上给人耳目一新的感觉。1919年，他担任镇江海关监督，上任后将母亲周夫人接到镇江尽孝。两年后，他转任外地，常回镇江来照看母亲。母亲去世后，他又回镇江守孝两年，前后在镇江居住了四年多。

在镇江期间，冒广生与当地的文人交往密切。他与镇江学者陈庆年在金山长夜谈诗，又与著名学者傅增湘夜宿妙高台论文。丁传靖从北京归来，两人又在一起对诗谈词。他和镇江的僧人关系也很好，和他们联诗唱酬，写过《京口五僧咏》，这里的五僧分别是兴善庵的济南、江天寺的青权、鹤林寺的福灯、玉峰庵的鹤洲、超岸寺的怡斋。又写过《京口后五僧咏》，这里的五僧分别是江天寺的宗仰、江天寺的松月、招隐寺的辉山、竹林寺的圆明、鹤林寺的闻光。他还委托过鹤林寺方丈闻光代为拓印鹤林寺壁上的陈均题诗若干首，寄给他的温州友人刘绍宽。他在镇江时写过不少诗词，抒发他在这里的感受，有《润州杂诗十二首》和《满江红·京口怀古十词》等，其中一词就是描述第一次鸦片战争镇江保卫战的。词云："碧眼紫髯，九万里，大秦之国。忍泪读，残黎日记，嘻嘻出出。横海船来江不险，轰天雷迅城都墨。枉青州，四百好男儿，头颅掷。　　伊里布，箸方失。颜崇礼，冠堪溺。问北门锁钥，是谁之责！之子天骄殊未已，长城自坏嗟何及。便方重，从此恨刘郎，蓬山隔。"

冒广生在镇江时还助力重刻元《至顺镇江志》。他会见藏书家吴昌绶时，此人劝他重刻一下镇江的宋元两部方志，他记在了心里。后来他与陈庆年会面时，得知陈庆年已经刻了宋《嘉定镇江志》，而元《至顺镇江志》因资金匮乏，还没有刻成。冒广生于是请陈庆年拿来写本，召集刻工合计，需要六百金。冒广生先自出百金，又和镇江士绅柳肇庆和于树深商量，不到一个月，就募捐到了所需经费。他还应陈庆年的邀请，撰写了重刻《至顺镇江志》的序文，序中描述了刊刻此志的缘起、经过。重刻《至顺镇江志》是冒广生对镇江文化的一大贡献，因为其具有重要价值。

冒广生还参与了镇江的其他诸多文化事务。比如他曾经在镇江南郊的王家山作《新复王梦楼先生三世坟墓碑记》，又为镇江文人于树深所藏"周忠介公与友人书"信札题跋。他还应鹤林寺方丈的邀请为《黄鹤山志》写了序言。在镇江守孝期间，又写过《招隐山志》和《京口夹山志》的序言。他在镇时的官声也很好，离任时万人相送。镇江商界和文化界人士倡议为他立德政碑，称赞他："其办交涉也，纯然一出之诚，以取外人之信用。一旦有事，义所不可，千回百折，以浩然之气，充塞其间。举一切要挟恫吓，漠然不为之少动，外人亦知公耿介，互为退让。公语人若有天幸，实则临时之正气，平日之积诚，有以潜移而默化之也。"他在与美国长老会、日本商人、日本军人的谈判交涉中，均能秉持正气，维护了地方和国家的尊严。

第七节　江边禅寺

镇江的宗教文化繁荣，沿江诸山中的古寺众多，高僧辈出。金山的江天禅寺、焦山的定慧寺、北固山的甘露寺、圌山的绍隆寺、宝华山的隆昌寺都是远近闻名的大寺，历史悠久，僧人众多，佛学精深，传承有序。寺院的建筑也令人称奇，或山裹寺，或寺裹山。山中俯仰可见的文物遗迹遗珍，承载着佛教的兴衰演变。如金山宝塔从上到下辉映着佛的符号，北固铁塔的舍利子展现出高僧的光辉，焦山佛学院的北藏经卷代表了佛学的精深。

一、江天禅寺

沿江古寺中以金山江天禅寺最为有名。进山门第一眼就看到清康熙帝写的"江天禅寺"匾额。门前的一尊大香炉金光闪闪，成为金山寺富丽堂皇的象征。山门旁边的天王殿墙壁上，不知何时被嵌上了"东晋古刹"的字样，让人感受到这座寺院的久远。过山门的天王殿，两侧有四大金刚塑像，威风凛凛，不可一世。从天王殿后门出来，就能看到大雄宝殿，位于一个高大的方形石台上，巍峨壮观。殿内迎面供奉三尊大佛，形体伟岸，仪态安详。大佛座下，则有二十四诸天像。殿的四面卷棚上塑有五十六尊形态各异的罗汉，如同赴会赶斋，凌空而降。在殿后的山坡上，分布着由夕照阁、观音阁、楞伽台、藏经楼、慈寿塔等组成的建筑群，构成了"寺裹山"的特点，成为金山寺建筑的一大奇观。江天禅寺还巧妙地利用了自然风貌，将寺、塔、石窟融为一体，依据山形地势的走向，筑楼建阁，造台立亭，使建筑与自然景色相映成趣。

江天禅寺，初名"泽心寺"，宋真宗赵恒改为"龙游寺"。宋徽宗赵佶崇尚道教，又改龙游寺为"神霄玉清万寿宫"。到了清代，康熙皇帝正式赐名"江天禅寺"，一直沿用至今。江天禅寺与扬州高旻寺、成都文殊院、新都宝光寺并称长江流域禅宗四大丛林；与普陀寺、文殊院、大明寺也旗鼓相当，同列中国四大名寺。在寺僧人最多时超过了 3000 人，并且把超岸寺作为自己的下院。

江天禅寺佛教宗派以禅宗为主，口口相传中，许多僧人功德圆满，修成正果。从金山第一代禅宗祖师灵坦，到后来的法海、了元、克勤、长在、隐儒、宗仰、太虚、慈舟等，都是有名的高僧。江天禅寺在佛学界的影响很大，这里是最早举办水陆法会的场所。梁天监年间，梁武帝下诏请金山的宝志禅师等编译藏经，编纂水陆仪轨，又在金山泽心寺启建水陆普度大斋胜会，做道场 49 天。天监四年（505），梁武帝亲自来到泽心寺主持水陆法会，普度水陆众生。自此以后，水陆法会受到历代朝野的重视。

二、定慧寺

焦山定慧寺久负盛名，最早建于东汉末年。今寺宇由天王殿、大雄宝殿、藏经楼等一系列建筑组成，自成体系，规模庞大。整个建筑群隐于焦山脚下苍翠的丛林之中，形成了"山裹寺"的建筑风格。穿过焦山的山门，可以看到定慧寺内的天王殿，里面的四大金刚造型生动。天王殿后仍是高耸的大雄宝殿。其正门两侧挂着中国佛教协会原会长赵朴初和焦山定慧寺原方丈茗山撰写的楹联："面面涌风涛，悉皆黄檗婆心，棒喝声高尘不动；亭亭亘今古，常住普贤愿海，虚室界尽鹤飞来。"另有联云："从东汉开山，经一千八百载，利生宏法；自初唐建殿，历五代十朝人，不变随缘。"仿佛告知世人已进入佛门净域。

在大雄宝殿的正中供奉着释迦牟尼的佛像，左边是消灾延寿药师佛，右边为阿弥陀佛。三尊佛像的背面是海岛图，图上绘制了大慈大悲的观世音菩萨，面容和蔼可亲。她的两旁侍立着小龙女和善财童子，后面则是各路神仙在佛国的众身像。大殿的东西两侧有十八罗汉塑像，各具情态。殿正中的梁上有清代康熙皇帝题写的"香林"匾额。每到烧香的季节，这里烟气袅袅，来此顶礼膜拜的善男信女络绎不绝。走出大雄宝殿，便来到藏经楼。这里残存的明永乐北藏《金刚经》卷尤为珍贵。

焦山定慧寺佛学底蕴深厚，高僧辈出，如法宝寂、神邕、闻曳、妙福、远尘、见源、巨超、慧超、月辉、雪烦、智光、茗山等。他们通过口口相传，将佛法世代传承。寺内还设有佛学院，培养和造就佛学人才。民国期间，佛学院创办过《中流》月刊，当时颇有影响，于此发表过不少重要的佛学理论文章。

焦山庵堂众多，有海云庵、祖觉庵、五圣庵、双峰庵、海若庵、三官庵、香林庵、宝莲庵、石壁庵、水晶庵、碧山庵等，鼎盛时号"十八房"。庄俞《我一游记》记载，焦山小庵多达32家，这些小庵是佛寺的组成部分，具有浓厚的禅意，又有丰富的文化内涵。以海门庵为例，既有僧人在内修行，传出诵经的梵音，也有文人在此苦读、书画家在此挥毫、鉴赏家在此品赏。庵里的文化氛围浓厚，文气可与书院媲美，是夏季读书和纳凉的佳处，有诗云："竹抱小楼空，窗开四面风。衔花松径鹿，振羽草根虫。雨未来江岛，凉先透佛宫。叫人动情思，一路海棠红。"宋代佛印禅师为之撰写过诗文，留下了"九派长江会海门，海门开口等闲吞。汪洋万顷吾庵外，一人鱼虾作水浑"的感叹！到了清代，书法家王文治又为它题写了匾额，书画家郑板桥为它题写了楹联："楚尾吴头，一片青山入座；淮南江北，半潭秋水烹茶。"

三、甘露寺

甘露寺坐落在北固山的后峰，素有"寺镇山"的说法。该寺是佛门修行地，宝幡高悬，僧人诵经，梵钟鸣响，山中还有个铁塔。历史上，诸多海外僧侣来甘露寺参禅受业，如"殿锁南朝像，龛禅外国僧"所云，其中来的最多的"外国僧"是日本僧人。

关于甘露寺的来历，说法各异。有人说是三国时的猛将张飞所建，有人说是吴主孙皓时建，有人称是唐宝历年间润州刺史李德裕施宅创建。这些说法，以唐朝建的说法比较靠谱。甘露寺初建于北固山下。宋真宗祥符年间，寺僧祖宣见山下的寺庙倒塌，打算把寺庙移建到山顶。祖宣是皇帝的舅舅，其提议自然得到重视。据说真宗皇帝为移建甘露寺下了诏书，指派转运使陈尧主持，并赐良田4000亩以供寺里开支。甘露寺移建上山后，殿宇辉煌，规模宏伟。光绪《北固山志》记载，当时有寺宇200余间，僧侣500多人。不过这个宋代移建山上的说法存疑，因为唐末诗人周朴《题甘露寺》中说："层阁叠危壁，瑞因千古名。几连扬子路，独倚润州城。云近衔江色，雕高背磬声。僧居上方久，端坐见营营。"可见甘露寺在唐代时就已经在山上了。

宋神宗熙宁年间，寺僧应夫再次扩建寺宇，并在李卫公石塔的基础上建造了铁塔。元代甘露寺又多了一口铜钟，至正九年（1349）造，周遭刻心经一部，下方刻镇江路达鲁花赤马速忽、镇江路总管李世安之名。明洪武初年，太祖亲选高僧常钦出任甘露寺住持。他讲经时，听众有千余人。宣德年间，寺僧弦理继任甘露寺住持，先后修建法堂、多景楼、大悲阁、千佛阁、凝虚楼、雨花楼、大雄宝殿、禅堂、海岳庵、垂寺轩等，寺内房屋多达百余间。正统年间，甘露寺又大兴土木。明人王直在《甘露寺兴造记》中说："正统三年（1438），甘露寺兴起之功成，寺之耆旧具本末以报，巡抚侍郎周公恂如书来求记，按寺乃吴主孙皓所作，时改元甘露，因以为名。"明代大学士杨一清称赞改造后的甘露寺："向来山水留题处，此是人间第一禅。"清人萨载题甘露寺联云："露降何年，萝径石门开法界；寺临无地，海云江月拥祥轮。"这些都表明了甘露寺的禅意愈发深厚。

清代，北固山甘露寺住持长老八十岁时，有人贺以联句："住持第一江山，问长老几生慧福；游遍大千世界，知寿星即是如来。"此联巧用佛教名词，紧紧扣住了人（方丈）、地（北固山）、事（贺寿）这三要素。上联用问句，借"第一江山"颂扬长老修行高深，而下联以"如来"赞扬长老恩泽广被，充满佛家修性安禅的格调。这些都说明甘露寺是真正的佛寺，并未因刘备招亲故事的流传而改变其佛寺的性质。

清代康熙、乾隆皇帝先后来过甘露寺，并在北固山上建有行宫。乾隆年间，镇江士绅捐款白银8300余两，在山下扩建寺宇、僧房共240余间。然道光和咸丰年间的两次战火，甘露寺遭到毁灭性破坏。现存的甘露寺是光绪年间修建的，有大雄宝殿、天王殿、观音殿、伽蓝殿、藏经殿、三元殿、祖师殿、接引佛殿、弥勒殿等。山上还建有成都将军魁玉、兵部尚书彭玉麟、陕甘总督杨岳斌等人的专祠。

四、绍隆寺

圌山绍隆寺建于宋绍兴年间，但不久便被毁坏。明朝初年，由僧众信徒募化重建，名曰"莲觉寺"。清代康熙皇帝南巡时，见绍隆寺"上有奇特山峰，下显真象龙脉"，认为"非高僧大德者不可居之"，便将寺赐给了金山寺作为下院，赐名"灵觉宝寺"，又将玄烨母亲的师傅铁舟海和尚赐葬寺旁。嘉庆初年，绍隆寺再次修缮，礼部侍郎茅元铭题写了"绍隆禅院"门额。"绍隆"有佛家"绍隆佛种续佛慧命"的意思，希望寺院能绍继金山禅宗，兴隆历代香火。咸丰年间，金山寺毁于战火，僧众全都移居下院，绍隆寺盛极一时，香火鼎盛，香客盈门。清代诗人吴芝山在《绍隆禅院》诗中称其："五峰屏列海中来，金碧辉煌佛殿开。地脉遥连西竺国，天花飞坠说经台。白猿献果闻梵语，玄鹤衔珠听法回。高塔凭虚舒老眼，苍穹北极是三台。"

绍隆寺法会远近有名。以"妙法莲华经法会"影响最大，盛时参加法会诵经念佛、顶礼膜拜的僧众、居士和信徒有1000余人。《妙法莲华经》是佛学的重要经典之一，主张迎佛说法的唯一目的是使众生都得到和佛一样的智慧，并自以其法微妙如莲华居尘不染。每逢举行法会时，绍隆寺的僧人便早早地撞起晨钟，寺中的大和尚身着黄色僧袍，斜系百寿主衣，率领身穿黑色僧衣、斜系袈裟的僧侣进入大雄宝殿，众僧手执手鼓、木鱼、禅钟等法器，相对分班站立。大和尚洒净拈香，引磬一声，于是众乐齐作，在梵音奏鸣之中，僧众唱赞念诵经文，其声悠扬起伏，犹如海潮，人称"海潮音"。在念佛声中，不时叩首拜佛，行礼如仪，一派庄严肃穆。

明清以来，许多墨客骚人来此，登上峰巅，观赏那水天相接的风景，寻找那秋雨绵绵的山寺，他们借宿于晚风中的江楼，与坐禅中的僧人对话，写下了不少赞叹圌山风光的诗文。镇江诗人冷士嵋在《圌山古寺》诗中说："岸叠圌峰峻，萧条古寺传。人来青嶂里，僧访白云边。江阔鼍龙吼，山高斗月悬。寥寥钟磬外，谁与问逃禅。"不多的语句就把山的高耸、寺的久远、江的气势、钟的禅意都描绘了出来。尤其是"人来青嶂里，僧访白云边"

之句，令人回味无穷。

五、东霞寺

东霞寺位于圌山南麓，有"金盘托月"之誉。据《大港镇志》记载，该寺建于唐朝宝历年间，原名显孝褒亲院，后清道光皇帝敕赐"东霞寺"之名。鼎盛期，该寺规模宏大，有大雄宝殿、满功殿、观音堂、藏经楼等殿宇九十九间半。同其他的寺院一样，东霞寺也接待文人留宿。清代诗人朱祜《东霞寺留别》有诗云："秋来逸兴满沧洲，一月招提已滞留。樵客劳歌黄落路，棋僧间卧翠微楼。香飘桂树钟初定，望入芙蓉院更幽。回首兔裘还此地，化城何处有丹邱。"寺院周边清净幽雅，牡丹遍地，桂子飘香。清代诗人张世清尤喜寺中牡丹，花开的季节必来此欣赏，有诗云："赚得韶光到梵宫，四围云影衬娇红。托根不向繁华地，过眼难教色相空。香染青莲环法座，种分瑶岛领春风。洛阳诗酒应增价，未及清吟粥鼓中。"可惜该寺毁于太平天国及抗日战争的战火，如今仅存一座空殿和少数厢房。

六、观音洞

观音洞在云台山麓，从西津渡昭关石塔下穿过时，就能看到它。观音洞的来历颇为传奇，说是因为西津渡一带的江面开阔流湍，天气不好的时候，江上行舟很危险。有一次，观世音菩萨踩祥云过镇江，目睹了江面上船毁人亡的惨烈一幕，她大慈大悲伸出援手，把一个个在波涛中挣扎的遇难者救上了岸。人们为了感谢观世音菩萨的恩德，在山体上凿了观音洞，塑了一座观音像纪念她。观音洞的两侧有两处神殿。东侧是眼光菩萨的"普陀岩殿"，西侧为地藏王菩萨的"地藏殿"。由于观音洞供奉的观世音菩萨是民间最崇拜的神，多年来一直香火不断。

观音洞创于何时，说法不一。有说观音洞开凿于唐代，那时西津渡江面"鱼龙互闪烁，黑浪高于天"，水患连年发生，民不聊生，苦不堪言。于是润州刺史李德裕派兵巡防守护，守军将天然岩洞开凿成观音洞，来表达人们祈祷观世音菩萨保佑平安的美好愿望。还有一说认为观音洞建于宋朝，清咸丰九年（1859）重修。观音洞口石额上刻有"观音洞"三字，是由宜兴书法家陈任旸所书。

七、紫阳洞和铁柱宫

紫阳洞和铁柱宫是两处道教场所。紫阳洞因宋代道教金丹派著名人物张紫阳真人曾在此居住，后人在这里供奉他，故名紫阳洞。明代《正德丹徒县志》记载："紫阳洞，在西津渡银山，岁庚辰闰八月十八日，皇上尝幸。"文中所称"皇上"，即明代正德皇帝朱厚照。或因皇帝来过紫阳洞，渡江前来参拜的香客信徒很多。铁柱宫，又称铁柱行宫，明代崇祯十年（1637）由寓居镇江的江西道教信徒兴建，供奉两晋道教明派"许祖"许逊真人。清代康熙十年（1671）重修，宫中有铁柱，传为许逊所铸，以镇蛟螭之害。洞内有石凿像台、供台平台、烧香池等遗迹。相传许逊撰写过《灵剑子》等道教经典。

铁柱宫虽为道观，但也是望江看景的好地方。清代诗人李绂曾寓住铁柱宫楼中，"凭窗日夜对江流"，欣赏"帆来帆去争何事，潮落潮生经几秋"的京江景象。

八、超岸禅寺

超岸禅寺原名玉山报恩寺，始建于元至大三年（1310）。传说康熙皇帝南巡时驻扎在金山行宫，他在过江时被大风所阻，随波到了玉山报恩寺，康熙皇帝认为此寺与自己有缘，于是按照佛家"超度众生，共登彼岸"之意，将其改名为"超岸寺"。寺内原有观音殿、观澜亭、钓鳌亭等建筑。清咸丰年间毁于战火，清末重建。寺内有天王殿、大雄宝殿、藏经楼、偏殿等建筑。寺门上题"超岸禅寺"四个大字。天王殿门额为"大总持门"，由同治状元陆润庠书。殿内弥勒佛和韦驮坐镇，四大金刚护卫。大雄宝殿于清光绪十八年（1892）建，藏经楼于宣统元年（1909）建，寺庙总占地面积约3000平方米。

明末兴化人李长科等曾在寺内与僧人长镜一起建立避风馆，供渡客待渡之用，同时也提供借宿。清代，曹寅督理江南织造兼任巡视两淮盐政时经常路过玉山大码头，有时遇到风阻，就住宿在避风馆，并写过《夜雨宿玉山寺》。避风馆内有阁，是待渡客望江的佳处。清代诗人陈玉琪和他的好友登上避风馆阁楼望江，心潮澎湃，把美丽的江景融入诗意。诗云："衮衮登楼兴，披襟坐上头。果知天地大，不尽古今愁。孤塔烟中断，诸峰波面浮。凭栏一长啸，明月夜横秋。"清代诗人田雯到避风馆时的心情也不错，欣赏到了"鸭觜小船趁潮上，樱桃时节打鲥鱼"的美景。清代画家黄均曾应镇江官府的邀请，绘制了《京口十二景图》，其中有一幅名曰"超岸风帆"，从图中镇江同知吴云的题识看，有"闲倚长廊俯碧流，风帆如织过高楼"的句子，大概也是避风馆中的作品。

或许是来往扬州旧宅的方便，清代女诗人骆绮兰也选择在避风馆附近安了家。她聪颖能文，工书画，喜吟咏。曾不顾世俗偏见，拜性灵派的代表人物袁枚为师，骆绮兰曾有诗云："载酒独登楼，凭栏四望收。江光初过雨，山意欲成秋。霸业随流水，孤城起暮愁。微茫烟树外，帆影落瓜洲。"诗风荡气回肠，浮想联翩，将怀古之情融于山水之中，颇有豪气。

超岸寺曾是金山江天禅寺的下院，后为"玉山佛学院"，这是镇江第一所佛学院，由守培法师创建，接待过许多前来研习佛学的海内外僧人，对后来的竹林佛学院和焦山佛学院有很大的影响。

九、香山寺

香山寺位于今丹徒高资港附近的唐驾庄村南，始建于南朝，成制于唐，距今已有近 1500 年的历史。虽历经沧桑，屡毁屡兴，但建筑古貌仍存。过去，在高资港来往的渡客都喜欢这座黄墙碧瓦的寺庙，常来寺内拜佛祈福求好运。清乾隆二十四年（1759），香山寺扩容，建成天王殿、大雄宝殿等四十九间半佛教建筑，气势壮观。

据《光绪丹徒县志》记载，诗人邹祗谟曾来过香山寺，有其所作《露中由玉山避风馆至香山寺》诗为证，讲了他在"东风连久吹，江岸生晓雾。水光接空濛，疑与神灵遇"的时候，突然想到了寻求香山寺的神灵庇护。邹祗谟是顺治进士，著名诗人、词人，其《丽农词》与王士禛《衍波词》、彭孙遹《延露词》并称"三名家词"。顺治七年（1650），江浙士人在嘉兴南湖集会，他和吴伟业、尤侗、徐乾学、曹尔堪、毛奇龄、朱彝尊等均赴会，时称"十郡大社"。著有《远志斋集》《丽农词》。丹阳诗人贺宿也写过《香山寺》，诗云："此地尘氛远，幽岩我独攀。树深疑有雨，径曲不知山。春去人来少，日长僧自闲。境空心共寂，坐听水潺潺。"赞美了寺宇的幽静和周围的山水清音。

香山寺内有一眼"观音泉"，古称香山泉。泉水终年汩汩，清澈见底。香山居士缪镆对香山泉特别感兴趣，他在《登香山》诗中，用"泉曲通僧灶，山香带野花"的句子，描写了登山看泉、花香扑鼻的野趣。

第八节　沿江佛塔

镇江是佛教重镇，城内梵刹林立，成为城市的景观和标志。更有趣的是，这些佛塔门类齐全，有木塔、铁塔、石塔、砖塔等。而除了位于老南门外的鼎石山僧伽塔在运河边外，其他基本都沿江而立。

一、慈寿塔

慈寿塔雄峙于金山的西北角，是金山的标志性建筑，它始建于齐梁年间，被毁后于唐朝再建，再毁后于宋朝复建。慈寿塔原来有两座，南北相向，一曰"荐寿"，一曰"荐慈"，俗称"双塔"，由宋代丞相曾布兴建。明代，在日本画僧雪舟绘作的《大唐扬子江心金山龙游寺》上，还清楚地画着两座对称的宝塔，后来双塔都倒掉了。明隆庆年间，在荐寿北塔的基础上，又重建了新塔。清咸丰年间，太平军和清军交战时，此塔又毁于战火之中。现存的慈寿塔是光绪年间重新修建的。

慈寿塔秀丽挺拔，立于山巅之上，分七级八面，内有旋式木梯，外有栏杆相倚，面面有景可赏，层层风光各异。宋王安石有诗云："数重楼枕层层石，四面窗开面面风。忽见鸟飞平地上，始惊身在半空中。插云金碧虹千丈，倚汉嶙峋玉一峰。想得高秋凉月夜，分明人世蕊珠宫。"与整个金山寺配合得恰到好处。游人登塔向四周远眺，景色收入眼帘，顿觉心旷神怡。无论帝王将相，还是才子佳人，都喜欢登临其上，以饱眼福。而从山脚下往塔上看去，山脚下的人会不由自主地产生一种向上腾升的感觉，塔在人的眼中更显得高不可攀，反映了我国古代劳动人民高超的建筑艺术。

慈寿塔的外花墙上刻有"天地同庚"四个大字，这是清代光绪年间湖南书童李远安的手笔。据说，慈禧太后过六十大寿，各地官员都携带着厚礼进京祝寿。两江总督刘坤一听说金山寺方丈隐儒法师重修了慈寿塔，就借此做文章，进京对慈禧太后说，他特地在江南的镇江金山寺建了一座慈寿塔，祝她健康长寿。慈禧太后听了心花怒放，就问刘坤一："你祝我长寿，那你看我能活多少岁呢？"刘坤一被问得张口结舌，满头大汗。正在左右为难时，书童李远安给他递上了一张纸条。刘坤一看后，如获至宝，赶紧呈上。慈禧太后看了也眉开眼笑，奖赏了刘坤一。原来纸上写的是"天地同庚"四个字。

对京江而言，慈寿塔的铃铛还是渡船的警示符。苏轼《大风留金山两日》诗云："塔上一铃独自语，明日颠风当断渡。朝来白浪打苍崖，倒射轩窗作飞雨。龙骧万斛不敢过，渔艇一叶从掀舞。细思城市有底忙，却笑蛟龙为谁怒。"讲塔铃在风中鸣响，如自言自语，述说着明天有狂风不能渡船。晨起风果然劲吹，白浪拍击着山崖，卷起的水珠又倒射船窗化成了飞雨。高大宽阔的楼船尚不敢航行，一叶小小的渔舟却敢随风浪起伏，细想到湖州又有何事可忙，反笑蛟龙为什么要掀起怒涛呢。

二、焦山塔

焦山建塔可以追溯到 600 多年前。元《至顺镇江志》卷九载："元大德中，江浙金省周文英渡江阻风，不能济，遂许建塔于寺。有顷，风止，果得渡江，是岁乃捐资建塔，及九年而后成。"该塔名曰"镇寺塔"。当时建塔时，有人说焦山的山形如龟，不适合建塔，施工挖土时发现了数只乌龟，传说建成后寺果然多事。但这一说法并没有在焦山的志书中得到验证。

元代文人陈元峤登过焦山镇寺塔，并写诗云："远寻兰若访参寥，仰见龙蛇窟宅高。试上云梯舒望眼，蓬莱咫尺限云涛。"虽然不知元代的塔是什么模样，但登塔给人游兴还是无疑的。那时有人下塔后感言："老树云间鸟宿，洞深月落潮回。此时此兴不浅，何日何年再来！"说得很有情趣，用欢快来形容也不为过。

不知什么时候，焦山的塔没了，成为山僧的一大憾事。20 世纪 90 年代，茗山法师主持寺务，他发宏愿，四处化缘，利用自己在佛界的影响力，为建塔筹集资金，几乎用了一生的努力，终于"千年古刹卧云柏，春色今朝分外浓。不见浮图六百载，巍巍万佛峙山峰"，万佛塔建成后，焦山僧人的自豪感又回来了。

三、铁塔

铁塔在北固山后峰的东南角，清晖亭旁，原为石塔，始建于唐代宝历年间，是由曾三度担任润州刺史、后来官至唐宰相的卫国公李德裕建造的。据说他造此塔的目的是"资穆皇之冥福"，因此人们又将此塔称作"卫公塔"。石塔在北宋乾符年间被毁，到元丰年间，寺僧应夫化缘了一笔钱，在原来的基石上建造了九层铁塔。明万历年间，铁塔被大风吹倒，寺僧性成、功琪又多方化缘，将塔改建成七层铁塔。清光绪年间，铁塔遭受雷击，上面的四层被击落，只剩下了三层。以后，由于自然损坏等原因，又只剩下了莲座和顶端两层。1960 年修复时，把原来落在地面上的五、六层稍加整理，再累加上两层，共计四层，就是现在铁塔的样貌。

铁塔约 8 米高，塔基及一、二层是宋代原物，三、四层为明代所铸，是我国仅存的六座古铁塔之一，也是江苏省唯一的铁塔。它的结构呈平面八角形，每层都有四个门，层层都铸有精致的佛像和飞天像图案，姿态生动，仿佛在喻示着一个个佛门故事。塔基的须弥座上刻有卷浪、莲瓣、螭龙等图案，造型精美，生动逼真，确为艺术上的精品，充分显示了我国古代冶铁行业的高超水平。后人惊呼铁塔是："塔上鬼工铸，高标压危峰。江心秋月上，倒影慑蛟龙。"有着非凡的气势，不愧为山中的宝物。

元代诗人萨都剌认为，铁塔是甘露寺的象征和标志。他称甘露寺为铁塔寺，还专门在铁塔旁抒怀，称这里"夜灯明铁塔，秋雨暗松林"。也有人做了一个生动的比喻："长江好似砚池波，提起金焦当墨磨。铁塔一枝堪作笔，青天够写几行多。"这首诗给铁塔增添了光彩。清代诗人鲍之钟写过《铁塔歌》："江干铁塔何巍峨，凌云亭处横岩阿。卫公创建自唐代，支擎日月凌沧波。"

铁塔还有镇塔之宝，乃是释迦牟尼的舍利子和金棺、银椁等，是最有价值的佛门宝物。1960 年修复铁塔时，在塔基下深约 3 米半的地方，发现一个地宫，里面放置有一个长方形的大石函，上面盖有宋元丰元年（1078）四月八日"润州甘露寺重瘗舍利塔记"石刻一方。大石函内还有一些唐代石刻数方，其中"李德裕重瘗长干寺阿育王塔舍利记"和"李德裕重瘗禅众寺舍利题记"石刻最为有名。

四、昭关塔

昭关塔位于西津渡古街上。它的建筑年代可以追溯到元代，历经数百年风雨后，依然挺立如故，保持着昔日的风采。昭关塔高约 5 米，分塔座、塔身、塔颈、塔顶等部分，用石头分段雕成，是典型的喇嘛塔的式样，矗立于通道的上方，是一个过街石塔。塔的底层有四根石柱，支撑着塔的重量。塔座则分为两层，以"亚"字形叠涩法凿成。塔座的上面是一个莲花座，塔身扁圆，呈钵形。再上面又是一个"亚"字形的塔颈，上复一莲座。塔的顶端呈瓶子的样子，上部置法轮，下部华盖为仰莲瓣座。

塔上雕刻着不少精美的纹饰和文字，如东西门额上有"昭关"字样，右方和左方的边款上刻有修塔时镇江府知府、同知、通判、推官、经历、知事和丹徒县知县、县丞、主簿、典史等人姓名。后面刻有"万历十年壬午十月重修"募缘的僧人名字。两根石柱的外侧刻有"当愿众生，所共瞻仰"八字，另两根石柱的外侧刻有"当愿众生，受天人供"八字。四根塔柱内侧刻有"南无大方佛华严经"。石塔南北两面的横额上刻有大书梵文六字真言，两侧边款上刻有"法轮常转""佛日增辉""河清海晏""天下太平"字样，呈现出原汁原味的历史风貌，2006年被国务院公布为全国重点文物保护单位。

五、圌山塔

圌山塔，又名"报恩塔"，始建于明崇祯年间，由吏部郎中陈观阳出资兴建。此塔高约30米，砖石砌造，高七级，塔尖为一葫芦形铜顶，十分壮观。虽历经三百多年风雨的洗礼，塔至今仍雄姿如故，高耸于圌山之巅，有"万里长江第一塔"之誉。此塔气势不凡，清初诗人冷士嵋在圌山塔的诗中说："雁塔诸天外，苍濛一气兼……直来千仞上，空阔任观瞻。"从这里可以欣赏的景物很多：远观长江静如练，城市山林美；俯视箭洞腾雾气，古庙栖山中。加之圌山本身峰峦起伏，形势险要，塔借势而增威，蔚然大观。

圌山塔的基座非常牢固，建筑在山顶的整块巨石上。塔中央的岩石上凿有深穴为地宫，内置石函，石函中有铜盒，铜盒中藏了镇塔之宝，分别是：琥珀茄形挂饰一只、珊瑚龙一支、玛瑙牌一块、水晶印一对、宝石六颗、珍珠六粒、玉牌两块、元宝两只。

圌山塔并非由僧人化缘所建，它是一个明代官员的善举，既然是出于报恩的目的，就与佛门有缘。在圌山塔刹的覆钵上铸有尊胜陀罗尼咒语，腰箍上铸有"大清光绪岁次癸巳佛成道日敬书此咒与法界众生同圆种智"字样，说明塔的建筑、塔的装饰都有佛家的灵气在闪烁。到了香火鼎盛的季节，来山中寺庙烧香的佛教信徒很多。

第九节　碑刻文化

镇江的名山、名寺很多，文人墨客也多，留下的碑文石刻就更多。这些与史共存的碑文石刻，内容丰富，包罗万象，纪实入微，一事一叙，是研究京江文化的重要组成部分。这些碑文石刻有的记载佛经、佛事，如梁代的陀罗尼经幢和元代赵子昂书的《甘露寺水陆堂记碑》；有的记载史书、史事，如后唐韩滉的《春秋通例》石刻和明代的《辛丰镇巡兵官役不得擅取民夫记碑》；有的劝政廉，如唐代岑植撰的德政碑；有的劝农耕，如宋代冯多福撰的《次劝农诗刻》；有的碑文石刻讲城建和水利，如宋代史弥坚的《重修土城记碑》和《重浚归水澳记碑》；有的讲学校和藏书，如宋代汪藻的《重修府学碑》和清代阮元的《焦山书藏记碑》；有的为名山增色，如宋代苏东坡在五州山上的《卧看沧江》石刻；有的为名刹生辉，如梁代晋安王萧纲撰的《招隐刹铭》。碑文石刻中最多的要算是历代文人写的诗文和游记，如宋代米芾的《甘露寺诗》石刻、宋代陆游的《多景楼记》石刻等。

一、《瘗鹤铭》

过去在焦山的西侧山下有一个瘗鹤岩，大名鼎鼎的《瘗鹤铭》就刻在此岩上。南宋绍兴年间，由于雷击的缘故，不知何时此岩毁塌坠入江中，《瘗鹤铭》石刻亦随之沉入，在江水长年不断的冲刷下，石刻变得残缺不全了。当然，除了自然的损坏，还有人为的因素。"有使者过，命工凿取之。石头重不可取，只得十许字，又以重不能携，但携一二字去，弃其余，为此碑残缺之由。"直到清代苏州知府陈鹏年因祸避居镇江时将沉入江中的《瘗鹤铭》残石打捞上岸，又建亭加以保护后，《瘗鹤铭》才重见天日。

在唐代以前，《瘗鹤铭》并没有引起多少人的注意，唐人著作中只有孙处元的《润州图经》提到过它。到了北宋后，《瘗鹤铭》逐渐受到学者和书法家的推崇。最早注意到《瘗鹤铭》的是文学家欧阳修，后来是书画家黄庭坚。黄庭坚为苏东坡的书法高论"大字难于结密而无间，小字难于宽绰而有余"作注时称："结密而无间，惟《瘗鹤铭》足以当之……《瘗鹤铭》者，大字之祖也。"

随着时间的推移，《瘗鹤铭》那笔势开张、点书飞动、天然错落、潇洒纵横和同兼篆、隶、草三体书法之长的特点越来越引起人们的重视，有"碑中之王"的美誉，在书法界的地位越来越高。然而由于《瘗鹤铭》的铭文中仅记干支，没有年号，以致后来的人无法判断它的年代。于是人们从不同的视角、不同的年代、不同的笔锋、不同的称谓去判定它的书写者，有人认为是王羲之所书，有人认为是顾况所书，还有人认为是陶弘景所书，甚至有人认为是王瓒所书或隋代人所书。

虽然清初时《瘗鹤铭》已经残缺不全，但这丝毫也没有影响书法家对它的喜好，书法家对此铭的研究更加醉心。清代书法家翁方纲赞扬此铭"寥寥乎数十字之仅存，而兼赅上下数千年之字学"。在书法爱好者的眼中，《瘗鹤铭》结体舒展，笔法圆通，兼含隶意，以雄浑峻拔的北碑意趣强调形体，参差错落而又生动奇趣。一代文宗阮元对《瘗鹤铭》也是赞美有加，曾为《瘗鹤铭》残片大字整理编号。嘉庆十八年（1813）春，阮元在焦山设立"焦山书藏"，以《瘗鹤铭》"相、此、胎、禽"等35字编号，并将其所捐的宋、元《镇江志》编为"相字第一号"和"相字第二号"。对于《瘗鹤铭》的书法艺术，阮元评价说："短笺长卷，意态挥洒，则帖擅其长；界格方严，法书深刻，则碑据其胜。"大书法家王文治对《瘗鹤铭》也十分神往。60岁那年，他赶上"花神节"赴焦山自然庵中赏梅，并作《快雨堂临书》记盛。此卷开篇临《乐毅论》，后书《洛神赋》《瘗鹤铭》。书铭后，王文治很有感悟，"观此千古名迹后，方悟黄字多从此中来"，认为宋代书法家黄庭坚评价"大字无过《瘗鹤铭》"极有见地，《瘗鹤铭》对黄庭坚的书法影响很大。

随着清代碑学的兴盛，《瘗鹤铭》受到了更多书法家的青睐，深受此碑影响的书法家有高凤翰、郑板桥、何绍基、赵之谦、沈曾植、曾熙、李瑞清等。郑板桥的"六分半书"作品最能体现他的书法艺术特点："书法《瘗鹤铭》而兼黄鲁直，合其意为分书"，说明了郑板桥的"六分半书"与《瘗鹤铭》的内在关系。雍正十三年（1735），郑板桥读书焦山，常游于山中的古松、翠竹、峭壁间。当时焦山西侧的沿江一带，全为峭岩陡壁，其间有宋、元、明历代游客的题名、题诗刻石，琳琅满目，美不胜收。山中的《瘗鹤铭》更使郑板桥如醉如痴，为之颠倒，为他的书法研究提供了借鉴。有书法家评述，郑板桥的"六分半书"隶、楷结合，是从《瘗鹤铭》中得到启示、吸取营养的。如清人蒋士铨写绝句评述："未识顽仙郑板桥，其人非佛亦非妖。晚摹瘗鹤兼山谷，别开临池路一条。"

何绍基，道光十六年（1836）进士，晚清诗人、画家、书法家。字子贞，号东洲，别号东洲居士，晚号蝯叟。咸丰年间出任四川学政。历主济南泺源书院、长沙城南书院。通经史，精小学、金石碑版。何绍基的书法成就很高，他的楷书具有颜体字的宽博，兼容北朝碑刻及欧阳询、欧阳通书法的特点，集众所长，又有所创新，《瘗鹤铭石鼓歌合册》就是其书法代表作之一。道光十二年（1832）秋，何绍基回京应试，考试结束后，他沿运河南下，来到镇江焦山，冒雪手拓了《瘗鹤铭》。至今中国国家图书馆仍藏有何绍基旧藏的水前拓本。同治元年（1862）春，地方官海琴宴请何绍基于所建篆石亭，何绍基为其作《瘗鹤铭》集字联："留得铭词篆山石；相于仙侣集江亭"，并临摹了《瘗鹤铭》。

道光十九年（1839），龚自珍辞官南归，在途中他得到了书法家包世臣赠送的一册《瘗鹤铭》拓本，反复欣赏后，即兴赋诗题其上："从今誓学六朝书，不肆山阴肆隐居。万古焦山一痕石，飞升有术此权舆。"

清代书法家曾熙对《瘗鹤铭》也进行过深入研究，他认为《瘗鹤铭》笔法和王羲之笔法有不少相通之处："唐太宗评书，称王右军笔法，势似欹而反正，惟此石足以当之。"曾熙还说："鹤铭如画家画松，各有奇骨耳。"在曾熙的楷书中，包含了不少以《瘗鹤铭》风格面貌为基底的力作。曾熙堪称"碑学运动"的得力践行者，其楷书得《张黑女》《瘗鹤铭》之精髓，形成了圆秀蕴藉、气势飞动的典型风格。他还珍藏有《瘗鹤铭》的水后拓本。

康有为在焦山读书期间也多次造访《瘗鹤铭》，对《瘗鹤铭》评价很高，他说："楷书之传世者，不啻千件充栋。但大字之妙，莫过于《瘗鹤铭》。"他在刘文清旧藏本《瘗鹤铭》跋中说："大字之妙莫过于《瘗鹤铭》，因其魄力雄伟，如龙奔江海，虎震山岳，历代书家之临此者，惟东坡得其神，山谷得其形，外此不足道也！"康有为在《广艺舟双楫》中对《瘗鹤铭》称赞有加："笔力厚实，仪态正大，伟然令人起敬。""瘦劲，大人气态，精神飞越，大手大脚，敞步迈去，极有派势。""大方，高雅，自生魅力，浓郁，笔笔郑重，有千钧之力。""派力雄强，大模大样，无意皆意，方钩极有味。""气态轩昂，图傲乎不可一世，气足处全由收处显示出来，笔笔相关如一体。"认为《瘗鹤铭》既有南派书风的俊逸恬静典雅，又有北派书风的粗犷豪放雄浑。

《瘗鹤铭》究竟是何人手笔，至今仍争论不休。清末民初，汪康年《雅言录》中有一段趣话："《瘗鹤铭》沉江千余年矣！宋时捞出……端午桥尚书督两江时，令人募有以佚文献者，每字酬五十金。已而，有人持残刻求售，云曾为何梦华所藏，端如数酬之，嵌诸新石而为之跋，置诸定慧寺。然字势波磔与原石似不甚同，不知其为真、赝。"这种真假难辨的现象使《瘗鹤铭》遗存的争论更复杂了！

二、海云宝墨

在焦山有一景"海云宝墨"，这里收藏着历代名人的墨迹石刻。后来在此基础上进一步扩展，利用海云庵、香林庵和玉峰庵旧址，扩建成焦山碑林，成为全国重点文物保护单位。

焦山碑林陈列有六朝至唐、宋、元、明、清各个时期的珍贵碑刻400余方。其中宝墨轩内的古人遗墨石刻最多，有明代杨一清、杨继盛、文徵明等人的作品。杨继盛诗的石刻，看后饶有趣味。这首诗开始题一小注，称"访唐子荆川到此，因名山与己号音相同，喜而赋之"。诗云："杨子怀人渡扬子，椒山无意合焦山。地灵人杰天然巧，瞬息神游万古间。"这里的唐荆川，即唐顺之，是古文学家。杨继盛是明代名臣，他的别号"椒山"，同焦山的字音相同，所以写了这首诗，被刻到了石壁上。后来在这首诗的石刻上方，又有人题刻了"忠贤遗墨"四个大字。

除《瘗鹤铭》外，焦山碑林中有名的碑刻还有晋代大书法家王羲之的隋《开皇本兰亭》石刻；唐代颜真卿的题多宝塔五言诗刻；被誉为"初唐妙品"的佛门之物唐《魏法师碑》；宋代苏东坡的题词石刻、黄庭坚的《蓄狸说》石刻、米芾临《兰亭禊帖》和《禹迹图》的碑刻；元代赵子昂书的《赤壁赋》石刻；明代杨继盛的《题焦山诗》石刻；清代成亲王永瑆书的《归去来辞》《澄鉴堂法帖》石刻等。碑林里还有一座御碑亭，里面矗立着一块高大的石碑，在碑的阴、阳面分别刻有乾隆皇帝亲笔书写的《游焦山作歌三叠旧韵》《自金山放舟至焦山五叠苏轼韵》，字迹清晰，工整秀丽。此碑不仅醒目，而且特别壮观，石材之佳、之厚、之大都超过了其他碑刻，给人留下了深刻的印象。

三、摩崖石刻

闻名于世的摩崖石刻分布在焦山西麓沿江口一带，陡岩峭壁，在从浮玉岩、观音岩、雷轰岩、巨公岩、瘗鹤岩到栈道岩的近百米岩石上，有从六朝到民国时期各代的名流雅士、骚人墨客的题记和题刻。这些题记和题刻多约百方，字体有正、草、隶、篆等，篇幅形制也长短不一，少则几字题跋，多则百字铭文。其中不乏忧国忧民之作、怀古咏今之文；既有述道家之言，又有谈佛理之论，真是琳琅满目，美不胜收。明代状元申时行有诗云："布金法界栖云净，浮玉仙岩架壑高。石壁题留俱幻迹，摩挲读遍首频骚。"

在摩崖石刻中，最醒目的当数宋代书画家赵孟奎写在浮玉岩上的"浮玉"两个大字，苍劲秀丽。宋代的米芾、吴琚、陆游等，明代的黄淮、徐有贞、谢琛等，清代的笪重光、王文治、陶澍、张问陶、梁章钜、彭玉麟、刘墉、洪亮吉、陆润庠等，近代的康有为、李根源等，都有刻石作品。其中，清代刻石多达百余方。

在焦山，保存最完好的石刻要数陆游与友人踏雪寻访《瘗鹤铭》留下的散文石刻。人们至今还可以看到陆游遒劲有力的书法。陆游在任职镇江通判时期，正逢好友韩元吉来镇江探亲。一个雪后初晴的日子，陆游邀请了韩元吉、何德器、张玉仲等诗友登上焦山，观看著名的《瘗鹤铭》。陆游题壁记录这次尽兴的出游，焦山僧人将这段话刻在了江边石壁上。全文是："陆务观、何德器、张玉仲、韩无咎，隆兴甲申闰月二十九日，踏雪观《瘗鹤铭》，置酒上方。烽火未息，望风樯战舰在烟霭间，慨然尽醉。薄晚泛舟，自甘露寺以归。明年二月壬午，圜禅师刻之石，务观书。"历经千年，此石刻已被列为全国重点文物保护单位。

四、甘露石刻

在北固山后峰上，有一处比较开阔的廊壁，上面嵌有"天下第一江山"六个大字，此石刻字体雄秀刚劲，气势磅礴。相传三国时，刘备来北固山甘露寺联姻，看到这里雄峙江滨，江天开阔，气势雄伟，不禁赞叹道："此乃天下第一江山也！"到了六朝时，梁武帝萧衍登临北固山，被这里的景色感染，兴致勃勃地写下了"天下第一江山"的大字，作为镇山之宝。后来不知什么原因，梁武帝的题字失去了踪迹。到了宋代，著名书法家吴琚把这六个大字重新写了出来，刻在木头上。清代康熙年间，镇江府通判程康庄又做了件好事，将吴琚书写的六个大字临摹勒石，把它镶嵌在廊壁上。南宋爱国诗人陆游的《水调歌头·多景楼》也曾由南宋张孝祥书刻于北固山崖上，并写了题记，可惜现在已找不到了。

清代诗人谈安凯在《读甘露寺碑记》里讲述了北固山长廊所蕴含的石刻现象。他说："山寺残碑卧曲廊，我来拂拭认前唐。历观古寺苔纹瘦，行到高峰松影凉。六代风流随逝水，千年陈迹剩斜阳。只余宝晋书声满，尚间疏钟彻上方。"根据《北固山志》的记载，长廊在甘露寺天王殿后，直行向后峰的东部顶端延伸，内又分为 21 间。西边的后墙上嵌碑，前面有短墙作栏。长廊的每一间内分布有不同的作品展示，充满了丰富的文化内涵。除了有宋吴琚书"天下第一江山"外，长廊的第 4 间、第 5 间分别是镇江知府蒯德模、镇海将军撰写并刻石的重修内外城和府城墙的记文；第 7 间、第 8 间、第 13 间、第 15 间、第 16 间、第 17 间分别是来山的宦游官员和外地诗人的诗作石刻；第 9 间、第 11 间、第 12 间、第 19 间镶嵌着"甘露流芳""天下第一江山""与物造游""宏开鹫岭"等字样的石碑；第 10 间是文人撰写的考证跋文石刻。

民国期间，书法家李根源在《镇扬游记》中记载自己来北固山中时，曾看过"清高宗御制石碑一，重修甘露寺禅堂记，顺治丙申石廷柱撰彭杨二公祠记"等十余方石碑。在北固山后峰五圣岩下、观音洞洞口石壁上还有"云房风窟"摩崖题记，为明代万历年间丹徒县令庞时雍所题行书。在北固山西北山崖滨江偏西处有"溜马涧"题记，系明代崇祯十二年（1639）贵州人朱云熙题书。在北固山后峰五圣崖下，横刻有"笑虎岩"三个大字，落款为"李宁斋"。在北固山西崖壁上，横刻有"勒马"二字，为"吴以德题"。还有铁塔下地宫出土的石刻，也都弥足珍贵。

五、金山碑刻

金山中的碑文以历代文人诗文碑最多，当然佛家经卷的石刻也不少。如宋代曾巩撰写的《重建水陆堂记》、留云亭旁的张孝祥书"玉鉴堂"和"妙高台"、苏轼撰写的"万丈碧潭"、米芾撰写的《重九会郡楼诸诗》，以及洪迈撰文、吴琚书写的《重建金山佛殿记》等均被刻成碑文或石刻。元代赵孟頫书写的《金山建水陆大会碑记》和《赤壁赋》，明代周忱撰文、李时勉书写的《妙空岩记》，李东阳撰的《长江行》，杨一清写的《游金山诗》等多篇佳作，也都在金山的亭台楼阁立碑或石排山的崖刻中。据说，明代李东阳、杨一清、沈周、祝允明、王守仁、文徵明等二百多位骚人墨客登临金山，吟诗填词，撰文作记，金山为他们立的诗碑超过 120 块。所惜这些诗碑大多毁于清咸丰年间的战火之中。《古今图书集成》中说："石排山，亦曰石簰，其上多昔人镌刻，水啮苔侵，悉不可辨。"证明其上石刻是很多的。

　　清代康熙皇帝驻跸金山时，留有"江天一览"碑刻，称赞这里观赏"山寺托长江之安流，见水天之相接"的盛状。或许是受江上百舸争流景象的启迪，康熙皇帝还撰写了著名的《操舟说》，文中谈到"器之利用而致远者，陆行莫如车，水行莫如舟。舟之为用也逸于车，而险或过之。若享其逸而不入于险，则恃乎操舟者之有其道也"等内容，说明了康熙皇帝的非凡见识。此文后经大臣张玉书书丹勒石。

第四章

江上沙洲

月望高妙

　　因长江在此迂回，京江地貌的多变得以充分展现。江水受潮汐作用，不仅将金山及江心的中泠泉送上了岸，衍生了骑驴上金山的典故，更将曾可以屯兵 10 万的蒜山拖下了水，如今只剩下岸边一个不起眼的小丘。涌动的京江水流往复冲刷，时而向西延伸，时而又向东拓宽，像魔术师般在江面堆积分一长串大大小小的沙洲，形成大片的湿地和良田，滋养了世代镇江人。这些沙洲有时又被冲得无影无踪，甚至连汉代的半个丹徒古城都消失在这条神秘的"江练"中，显示了大自然的鬼斧神工。明代王守仁游焦山所作诗句"长江二月春水生，坐没洲渚浮太清"，生动地反映了江水与沙洲之间的互动关系。

第一节　沙洲变迁

　　春秋时期，长江是在今镇江、扬州一带入海的，入海口呈喇叭形状，直到圌山以上才见收窄。长江裹挟着大量泥沙涌入海湾，泥沙随着水流减缓逐渐积淀，长年累月，在骤然开阔的海湾内就堆积出许多大小不等、形态各异的沙洲。梁武帝在北固山上观光时，曾用"旧屿石若构，新洲花如织"来形容江洲胜景。清代画家周镐的《京江二十四景》中有一幅《半江红树》，亦生动描绘了京江中沙洲的风貌。这些沙洲在历史上以动人的景色吸引了诸多过客，亦以丰富的人文造就了不少英才。清朝康熙年间，镇江附近江面上有名字的沙洲有 50 多个，到光绪年间增加到了 80 多个。这些大大小小的沙洲分为三段，即鲇鱼套以西的 10 多个沙洲为上洲，焦山到圌山之间的 30 多个沙洲为中洲，圌山以东至三江口之间的 30 多个沙洲为下洲，形成了环绕镇江港口的沙洲群。

　　虽历经变迁，今京江仍有一些沙洲分布。如太平洲，即今天的扬中市。顺江洲，变成了今天的高桥镇。润扬大桥下的世业洲，是习近平总书记视察过的地方。江心洲、新民洲、征润洲等芦苇丛生，保持着湿地风貌。

一、瓜洲

瓜洲，亦称瓜埠洲、瓜步洲，因其初如瓜形而得名，在唐代隶润州管辖。从润州江口至扬子津渡，"旧阔四十里"，"自隋以前扬子镇尚临江，炀帝开邗沟至扬子即入江……至唐时，江滨始积沙二十五里"。南宋绍兴年间，吴表臣有《论沿江防守奏》云："大江之南，上自荆、鄂，下至常、润，不过十郡之间，其要紧处不过七渡：上流最紧者三，荆南之公安、石首，岳之北津；中流最紧者二，鄂之武昌，太平之采石；下流最紧者二，建康之宣化，镇江之瓜州是也。"这说明瓜洲在宋代有一段时间属于镇江。

《唐书·音训》："京口，在润州城东北甘露寺侧。瓜步，在今真州西六十里，距扬州一百二十里，宋文帝馈百牢于魏处也。"按今扬州西南二十里有瓜洲。土人云："其洲为瓜步也。"伊娄渠今无其名，疑今瓜洲北至扬子运渠是其地。这说明京口漕路由瓜洲始。唐玄宗记载此事，则谓之瓜洲浦。

《开沙志》载："吴主亮城广陵，古时无瓜洲。"晋代时，长江喇叭口下移至海安以下，京江的江心因泥沙堆积出现分叉处，瓜洲在这个时候"出水"。"润州大江本与扬子桥为对岸，瓜洲乃江中一渚耳。"（《京口三山志选补》卷三引《蔡宽夫诗话》）瓜洲在更长的时间内归扬州管辖，它始于晋，盛于唐。从隋唐开始，京口至瓜洲奠定了中国南北大运河江河交汇点的枢纽地位。明代时，瓜洲有很多有关漕运的建置，不仅有漕运府、屯船坞、瓜洲仓，还有瓜洲坝、通惠闸和广惠闸等。隆庆六年（1572），瓜洲闸坝更替，始建通惠闸和广惠闸，并设闸关。《嘉庆瓜洲志》说："瓜洲虽弹丸，然瞰京口，接建康，际沧海，襟大江，实七省咽喉，全扬保障也。且每岁漕艘数百万浮江而至，百州贸易迁徙之人，往还络绎，必停泊于是。"《世宗宪皇帝实录》卷七一一记载，雍正六年（1728）七月，河道总督齐苏勒等疏言称："瓜洲河道，乃粮船经行要区。"

唐末，瓜洲开始建城垒。南宋乾道四年（1168），瓜洲开始筑城。于树滋在笔记中称："明嘉靖间，都御史郑晓以巡抚兼海防。知府吴桂芳建言：'倭人犯，顺沿海郡县，有城则守，始奏筑瓜洲城。'逾年城成，东西跨坝，周一千五百四十三丈，高二丈一尺，厚半之。"（于树滋《瓜洲建城史》）元代设置有行省，明代设置有同知署，清代设置有巡检行署、漕运府、都督府等。

　　唐代李白、白居易，宋代王安石、陆游，明代郑成功，清代康熙、乾隆、郑板桥、查慎行等，都曾在瓜洲留下作品。白居易《长相思》说"汴水流，泗水流，流到瓜洲古渡头"。陆游诗中有"楼船夜雪瓜洲渡，铁马秋风大散关"。查慎行《阻风瓜洲望金山》诗云："狂飙高驾海门开，雪浪千堆倒卷回。雾气欲吞吞不得，绀宫浮出小蓬莱。"唐代高僧鉴真东渡日本，据说其造船、买船、登船等都在瓜洲。意大利马可·波罗在其游记中，也有对瓜洲的地理位置与历史作用的描述。

　　瓜洲城内的私宅花园、亭台楼阁不少。建于明代万历年间的大观楼，据说是曹雪芹《红楼梦》笔下大观楼的原型。江边的观潮亭、江风山月亭、曲江亭等都是观看广陵潮的佳处。康熙、乾隆南巡时在瓜洲留宿过的锦春园也颇具特色，充满诗情画意。瓜洲过去还有著名的十景，即石桥踏月、天池夜雨、江楼阅武、漕舰乘风、东城柳岸、桃坞早莺、芦汀新雁、雪水钓艇、金山塔灯、银岭晴岚。

　　瓜洲的东门外有个彤云阁，称"门连江水阁连云"，也是望江佳处。丹徒学者王豫和其妹王琼来瓜洲时曾登上此阁观赏江景。王豫写了《彤云阁记》，记载了彤云阁的地理形制及其祖父王元臣重修彤云阁的过程。彤云阁初建于宋代，右边为柳营，平沙硕曼，风景宜人。乾隆四十二年（1777）兵乱后，王元臣捐出白银一千多两重新修缮，彤云阁焕然一新。彤云阁耸峙江滨，与蒜山对望，在此远眺南岸山水，可以"倾百里耳目之观、收群山水于座上"。王琼写了《与家兄柳村登彤云阁》，诗云："窗飞瓜步雨，帘卷蒜山云。帆影隔林见，涛声拍岸闻。"

　　在江水的冲刷下，瓜洲的地理位置不断地发生着变化。唐代中叶，瓜洲已与北岸相连。南宋后，瓜洲和对岸的京口距离越来越近。据说，站在瓜洲城楼上可以同金山上的人互相喊话。《读史方舆纪要》载："唐宋以来，滨江周渚日增，江流日狭，宋时瓜洲渡口犹十八里，今（明末）瓜洲至京口不过七八里。"清康熙五十五年（1716）后，长江主泓道转向世业洲南汊，江流直冲北岸瓜洲。为了保护江岸，瓜洲修筑了"箍江大岸"，并置铁牛于岸顶以图征服江潮。然而，"箍江大岸"并没有能够护住瓜洲。到了嘉庆年间，瓜洲已经"东至丹徒连城洲西，西至花园港，南至金山，北至扬子桥，东北至冯家桥"，成为镇江与瓜洲之间新的漕运通道。光绪二十一年（1895），瓜洲旧城彻底坍入江中。南岸的征润洲在泥沙的堆积中不停扩张，并将触角伸向了当年的古瓜洲城址。

二、开沙洲

开沙洲是镇江历史上面积较大的沙洲之一，三国时即已存在。开沙洲"首衔焦屿，尾抢圌峰，长六十里"。在长期的演变过程中，开沙洲逐渐形成了一个人口流动的规律，就是一个姓氏的人家群居在一处，大则成镇，小则成庄。例如，大港的人赵姓为多、孩溪的人胡姓为多、苦竹的人王姓为多、黄墟的人殷姓为多。他们居住在一起，合族繁衍，田地连阡，宅舍相传。

开沙洲上姓李的人也不少。南宋初，李太二由徽州祁门县（今安徽黄山）迁到开沙洲马沙圩，成为开沙李氏的始迁祖。据《丹徒开沙李氏宗谱》记载，李太二生二子，即千三、千八，衍为两大支。李千三有三子九孙，李千八有四子十一孙，合族分二十支，成为望族。李氏宗族出过不少名人。如李保龄年少时考取上海南洋公学铁路专科，毕业后被清政府授予"奏奖举人"称号。1911年，李保龄与李四光、唐时清等人一道，官派赴英国伯明翰大学矿冶工程系留学。学成归国后，李保龄先后在北洋大学、天津开滦煤矿总局等处从事地质教学和矿山采掘工作。1922年，李保龄与丁文江、翁文灏、李四光等在北京创立中国地质学会。1926年秋，李保龄与翁文灏、李四光、谢家荣等11人共同发起成立中华矿冶工程学会。1928年1月，他在《民国矿冶》上发表《今后整理中国矿业之商榷》，为矿业开发利用提供建议。1936年，他撰写的《全国矿业要览》由北洋工学院出版，引起矿业界的关注。其女李佩是"两弹一星"元勋郭永怀先生的夫人，长期担任中国科学技术大学和中国科学院大学的英语教授，培养了一大批优秀人才，被称作"中国应用语言学之母"。国际小行星中心将编号为212796号、212797号的小行星命名为"郭永怀星"和"李佩星"。

开沙洲的景色很美。早在唐代，文人就把目光投向了这里，欣赏这里的山光水色。唐代诗人刘长卿对开沙洲的江中月色印象最深，曾在江边对月吟咏："空洲夕烟敛，望月秋江里。历历沙上人，月中孤渡水。"到了明代，来开沙洲的文人变得更多。他们对这里的景色进行了分类，于是就有了八景。后来的诗人把八景命名为堤柳垂金、村寺晓钟、古柏凌寒，渔舟夜泊、汀洲落雁、孤渡风帆、涛声吼月、芦沟清晓。

在诗人的眼中，开沙洲充满了野趣。且不说那长堤的嫩柳袅袅随风、高大的柏树傲雪凌寒；就是那"芦荻秋深花乱飞，成行雁字下斜晖"和"日落江枫鸟倦归，扁舟一叶泊渔矶"，也是很动人的。明代万历时，牟霞对开沙洲的晨晓有过精彩描述："晨钟唤起半天霞，野寺声先十万家。响彻鱼龙波浪阔，惊飞鸥鹭水云赊。遥连仙梵浮沧海，远应渔歌度白沙。数杵敲残尘梦破，辉辉曙色满蒹葭。"该诗摹状景物，有声有色，有形有意，那拂晓的钟声、浮现的云霞、惊飞的水鸟、绿色的蒹葭，在沙洲的晨曦中显得十分和谐，把人带进了明净深远的境界。

开沙洲和南朝宋武帝刘裕似乎也能拉上点关系，传说他儿子的墓就在开沙洲的古柏庵内。《开沙志》说，宋武帝从广陵渡江，驻扎在开沙洲时，他的儿子染上了重病，最后无药可治死了，就葬在了这里。墓地旁有一棵巨大的古柏，丈高一百五十尺，二十围，明代时犹发新枝。

在宋朝，丹徒谏壁设有开沙巡检司，专职管理沙洲。其时，"全洲居民稠密，田土广阔"，"烟树云林，生齿稠叠"，"人文风淳，里人俗美"。开沙洲的物产很丰富，莲、梅、杏、李、石榴、枇杷、枣、柿、香橼、木瓜应有尽有。竹子的种类也不少，有春慈竹、潇湘竹、水竹、侯竹、朱竹、方竹、灰竹、凤尾竹等。沙洲四周的水面更是渔民的宝地，不仅可以打到鲫鱼、鲢鱼，而且可以打到鲥鱼、河豚、银鱼、鲈鱼等。

开沙洲上的桃林也是远近闻名的。桃花盛开的季节，沙洲上就是一片花的海洋，到处飘逸着花的芳香。虽然附近的沙洲上也盛产桃子，有大片的桃林，但都不如开沙洲的规模大、产桃多和景色美。诗人丁时需写过一首《桃岸蒸霞》诗，生动地描述了桃林的秀色和盛状："夭桃万树锁春娇，霞印长堤似六桥。玉洞朝飞虹气壮，赤城暮卷彩云遥。艳侵柳幕烟俱紫，影映晴川碧亦俏。我欲携樽长过此，武陵深处泛诗瓢。"

白沙洲与开沙洲相邻不远，过去有摆渡来往渡客。由于白沙洲面积不大，所以也有人把白沙洲视为开沙洲的一部分。白沙洲其实在隋代就已经存在了。"隋帝幸江都宫，入杭粉舟溺，晾之于沙，白练数十里，迷楼相望，遂名白沙。"元代郭景星在白沙洲有自己的别墅。郭景星，字元德，曾任台州路黄岩州判官。其友人杨如山写过《宿郭元德别业》诗："二十年来此约违，胜游今日坐忘归。两江流水平沙断，百里长堤万柳围。"在白沙洲上居住的人以丁姓最多，"丁族，白沙初祖也"。在以后的繁衍过程中，丁族也是比较兴旺的，"有行著于乡者，或以德望，或以著述，或以理学名儒"，出了不少读书人。如丁元吉，其博学好古，尤精于易，是镇江有名的学者，著述甚丰，游其门者甚众。

远望白沙洲的景色，如同展开了一幅画卷：竹柳繁茂，村烟渺渺，犹如世外桃源："绿水青山带白沙，小舟行傍野人家。"宋理宗时，地方官丁景阳登上焦山眺望白沙洲时激动不已，叹曰："此秦之武陵源也！"到了康熙朝，江都来的翰林程梦星把白沙洲的景观归纳成十三处，分别取名为耕烟阁、香叶山堂、见山楼、华黍斋、小山秋、冬溪白云亭、溉岩、筷竿径、芙蓉花、度鹤桥、因是庵、寸草亭、乳桐岭。他还给每个景观都配了五言诗。整个沙洲，田园风光、芦滩湿地、大江风貌、农家小院相映成趣。清代诗人殷调元擅长用竹枝词来反映当地的农家情趣，他写过一组《江洲竹枝词》，在沙洲中广泛流传，诗云："不须金碧侈高楼，小结蓬庐亦自幽。二月河豚三月笋，最关情处是江洲。""溪光如镜乍新磨，临水柴门处处多。记得桃花吹落后，一群雏鸭泛红波。""境入芳洲别有天，养鱼栽竹自年年。阿郎若问侬家业，十里芦滩当种田。""更饶风味蟹当先，不论尖团进酒筵。几处夜灯明荻港，爬沙声听未曾眠。"诗人用明快的语调、生动的笔触勾绘出一幅美丽的农家长卷。

开沙洲在江水的冲刷下，地形地貌不断地发生变化，越来越小，成为一座美丽、生态、安静的江中绿岛，有了"江心洲"的新说法。江心洲是白鱀豚与江豚时常出没的地段，滩涂湿地资源也很丰富。江心洲的野菜颇有名气，其中马兰头、枸杞头、菊花脑、紫柴笋、野水芹、芦蒿薹、野茭白、荠菜等8种味道鲜美的野菜被称为"滩八样"。江心洲拥有地方传统农业优势，岛上净水、净土、净气，自然条件很好，盛产无公害时令水果。

三、顺江洲

顺江洲形成于明洪武初年，其前身属开沙洲。唐宋年间，开沙之尾曹府圩、马沙圩、后曹府等先后坍入江中。明弘治十八年（1505）前后，在原沙之东复涨芦滩万亩，称补沙洲、还沙洲等。以后诸沙洲互相淤并，复涨顺江洲。100多年后，又与北岸南新洲相接，有补顺洲、代粮洲、补额洲等大小沙洲15个。按《开沙志》的说法，顺江洲距离镇江府城大约30里。"论地形势则柳港、黄港、大港诸山列屏于南，圌关、五峰锁钥于东，南新、丁梁、蓝骆等洲拥散于北，皇庄、乐基、心宅与补顺、补新、补兴诸圩接壤于西。方圆四十余里，江流环抱，烟火相联，田地膏腴，世业耕读云！"它犹如漂浮在江面上，随着江水的起伏此坍彼涨。如过去的曹府、马沙二圩，尽坍入江，而到了弘治年间，坍陷的地方又涨成了芦滩万亩。大自然真是会造物弄人，也因此引起了一场多年的争地纠纷。

在芦滩的南面住着严姓的人家，北面住着朱姓的人家。两家多年来一直为芦滩的划界争吵不休，最后官司打到了县衙，惊动了丹徒、江都两地的知县。于是两地的知县亲自出马，到芦滩断案，指令两姓人家各派一人骑马，围着芦滩转，直到他们相遇的地方作为分界点。结果姓严的善骑，占得十之六七，姓朱的得到了十之三四。芦滩分隔后，知县又劝两家结姻，化解了多年的结怨。

顺江洲位于三江口西，对岸为江都县境。浓厚的文化氛围和田园韵味使历史上许多名家，包括名人沈德潜、名宦张之洞、名师翁同龢等都很喜欢这里，并应邀为当地的书香人家题传、题赞。康熙年间，江苏布政使陈鹏年与顺江洲的诸生周西樵来往密切。周西樵学问好，善画花鸟。他们两人曾一起游焦山，畅叙友情。陈鹏年落难时，还在顺江洲长安圩的周家寄住过很长一段日子。清人王荫槐是顺江洲有名的文人，嘉庆十八年（1813）中举，选授安徽贵池教谕。

在文人的笔下，顺江洲也有八景，分别是堤柳垂金、桃岸蒸虾、晓窗吹旭、沧江烟雨、涛声吼月、渔舟晚泊、芦汀落雁、江天映雪。其中，"堤柳垂金"可看到"裁剪任春风，浅深描古渡。占得菜花先，夕阳黄万树"的动人景色；"沧江烟雨"可欣赏"风雨战菰蒲，潮声助澎湃。遥望隔江山，一幅米家画"的美丽画卷。

桃花盛开的季节，是顺江洲最热闹的时候。从这里到山北港10余里的江岸上，桃林连绵不绝，行船如在画中走。顺江洲的商贸也是比较繁忙的，据说明代顺江洲上的酒舍有100余家。《开沙志》说：这里"载酤苏松史桥，列市珍货悉备。南北数十余洲居民，皆往来贸易，生齿富庶，而风俗淳朴"。

顺江洲有过一个吴姓望族，出了不少名人。族人吴省钦和吴省兰兄弟文采出众，功名显赫，但史书中很难看到他们的传记，只有民国《续丹徒县志》"选举志·召辟"条目下提了一下吴省钦的名字，注出他在乾隆二十二年（1757），因为乾隆皇帝南巡献赋召试，被赐举人，授内阁中书。《清诗汇》和《湖海诗传》录有吴省钦的诗文，并在其诗下附有小传："字充之，号白华，南汇人，乾隆二十二年召试，赐内阁中书，二十八年成进士，官至左都御史，有《白华诗钞》。"清人王昶《蒲褐山房诗话》称："白华著撰，精心果力，不屑蹈袭前人。少日与赵损之、张少华同学渔洋竹垞，既而虽开蹊径，句必坚凝，意归清峻。入词垣，大考翰林第一。由是衡文荆楚，以及西川，遇山属水，刻处辄以五七字写之。或以东野、长江为比，未尽然也。散体文于唐似孙樵、刘蜕，于宋似穆修、柳开，亦复夐然自异。"吴省兰官至侍郎，担任过学政。《清史稿》虽然没有二人传记，但"艺文志"部分列有吴省钦的《白华前稿》《白华后稿》，以及吴省兰的《听彝堂偶存稿》，说明二人的诗文为当时名流所重。

两兄弟文才虽好，但名声不佳。吴省兰先为和珅之师，和坤当政时，吴少兰与其兄反拜和珅为师。吴省钦是朝廷任用的监察高官，可他在众人弹劾和珅时一言不发，于是嘉庆皇帝把他看作和珅引用之人并将其革职。正如柳诒徵的评述："吾邑之志，不载吴氏兄弟科第官职，实有《春秋》笔削，《左氏》不书之义法。惜今人不知此义，第知举显宦以为乡里重。"

顺江洲至今尚存，已演变成现在的高桥镇，被国家生态环境部授予"全国环境优美乡镇"称号。高桥镇已基本形成化纤、皮毛、电器、木业、轴承、医疗器械六大支柱产业，并且是有名的淡水产品的养殖基地，农业项目开发前景可观。

四、翠屏洲

翠屏洲，又称佛感洲，位于焦山之北对岸，是清康熙年间形成的沙洲，风景宜人。清代解襕的《翠屏洲记》是这样形容的："洲环江水中，群山排拥如屏障。其东狮象耸踞，其西金银交拱，其南北固峭壁，青色撑云，远者五峰、五洲、八公、九华，峦壑窈窕，影混碧虚，天地钟秀，于此不少矣。"洲上秀竹成林，高树参天，溪水潺潺流过竹间，不时传出悦耳的声响；花香伴随着莺啼鸟语，清风吹拂，顿觉香溢四野，美妙而天成。清嘉庆七年

（1802），洪亮吉和一批镇江文人在焦山崖下避暑，称："崖正面翠屏洲，他日桃花盛开，尚当携腊屐过此一览其胜耳！"江苏巡抚梁章钜来翠屏洲观光时也对那片"一重一掩，迤逦可数百步"的桃花十分欣赏，赞曰"武陵源不过如是"。

许多清代诗人和画家喜欢留宿翠屏洲吟诗作画。"京江后七子"中的应让、吴朴和京江画派的顾鹤庆等，都在这里留下过他们的作品。有位叫蔡之钟的清代诗人也对这里情意绵绵，停留在翠屏洲的西溪畔久久不愿离去，写下了"鹤梦一溪月，寒烟竹树深。幽怀淡自足，对此欲横琴。四顾清溪畔，林深杳不分。空波何淡荡，一片化寒云"的诗句。除西溪外，文人笔下的诗文还提到了六处景观，分别是苔矶、虹桥、绿杨湾、寒碧塘、盟鸥溆、芙蓉沼。凡是到过这些景点的人，都会感受到那里的野趣。坐卧苔矶上可以感触到"扑面双峰青，湿衣凉露白。芦中人不归，坐钓矶边石"的乐趣；站在虹桥上，可看到"人渡海西迟，揖峰亭可爱。一虹树里明，影落斜阳外"的景观。

翠屏洲上住着当地著名的学者王豫。王豫（1768—1826），号柳村，又号翠洲农，是阮元的密友之一，精通诗文，"闭户江干，啸咏自适"。他酷爱藏书和著述，清江都诗人吴涣《过翠屏洲王柳村村居》称之："柳抱藏书屋，花明卖酒楼。斯人追正始，选集著千秋。"王豫的诗和平中正，有唐人遗风。大江南北的许多诗人慕名而至，和他结为好友。虽然他和阮元地位悬殊，一个布衣，一个总督，但两人性格相近，很谈得来。嘉庆十二年（1807），阮元来翠屏洲拜访王豫，两人环洲共游。阮元的弟弟阮亨还在邻近建起了尔雅山房。尔雅山房内的曲江亭是很好的观景点，尤其是江水涨潮的时候，巨浪拍岸的场景很是壮观。有一次，阮元和文友在亭中观潮，称"以此地乃汉广陵曲江枚乘观涛处也"。京江画派名家张崟曾多次到曲江亭作画题咏。

有一天，阮元在王豫的种竹轩中发现了很多江苏八郡诗人的诗集，于是萌发了编一部江苏诗人文集的想法，提议"仿《两浙𬨎轩录》而为之"。他认为通过藏书、编书、刻书的转换过程，可以让王豫的藏书更好地发挥效用，让更多的人共享藏书成果。他在为《江苏诗征》撰写的序言中陈述了编书的经过，给予了王豫很高的评价。他说："岁丙寅、丁卯间，伏处乡里，见翠屏洲王君柳村储积国朝人诗集甚多，而江苏尤备，柳村欲有所辑，名之曰《江苏诗征》。余乃岁资纸笔钞胥，柳村遂益肆力征考，于各家小传、诗话，尤多采择。尝下榻拥书于焦山佛阁中，月色江声，与千百诗人精魄相荡。铁冶亭制府，闻而异之，因题其阁曰'诗征阁'。柳村选诗谨守归愚《别裁》家法，虽各适诸家之才与派，而大旨衷于雅正、忠节、孝义。布衣逸士，诗集未行于世者，所录尤多，可谓摅怀旧之蓄念，发潜德之幽光者矣。丙子岁，辑成五千四百三十余家，勒为一百八十七卷，属余订之。"阮元将文稿带至广东任上，又请在广东的同里学者江藩、许衍和凌曙帮忙删订。考虑到广东刻书技良价廉，他决定在广东将文稿刻成雕版，再携回江南刷印。至今，研究明末清代江苏诗人的作品，《江苏诗征》仍是重要的参考资料。

王豫在地方上做过不少好事，如和阮元一起创办焦山书藏，和张学仁一起编选《京江耆旧集》。他的种竹轩四周都是竹子。清代诗人石钧称："修竹垂杨环绕村舍，登楼而望，则三山峙列，江海浩瀚。"（《颐道堂诗外集》卷三）轩前生长着一株碧桃，有出尘之致，王豫常常在它开花的时候邀请朋友前来观赏。

嘉庆道光年间，盐商起家的钟大志在翠屏洲上的虹桥附近建了钟家花园。据说，花园有房舍九十九间半，沿途石子铺路，门前有放生池，架拱桥如长虹。

五、太平洲

太平洲，位于镇江圌山下，三江口东，古名兰洲。从东晋开始，圌山一带的江面出现了明显的变化，不断有小沙洲出现。这些沙洲慢慢地相互连接，形成了一个两三公里宽、十至二十公里长的条状岛屿。唐宋时，这个岛屿进一步延伸扩大。明初，这个沙洲开始有人居住。据说沙洲的中部地区曾为明代中山王徐达的封地。清末民初，扬中名士姚湘《太平洲始末记·疆域志》云："有明崛兴，真人斯起，其时海防扼要，中山（徐达）统兵于前，麻督（麻贵）镇守于后。"徐氏后裔与民争田，乡民王福兴告御状，徐氏后裔得到"宁加卿千石禄，莫夺我细民田"的回答，为此，洲上的徐氏庄房改名兴达庙，徐氏的属地称细民洲。

清中期后，太平洲虽然涨坍无常，但涨多坍少，分散的沙洲逐渐连接成片，形成了几块较大的沙洲，即乐生洲、宝晋洲、育婴洲、德兴洲、细民洲、永安洲等。其中，乐生洲为丹徒官洲，宝晋洲为宝晋书院官洲，育婴洲为育婴堂公洲，德兴洲为驻防八旗旗产。清代京口旗营驻扎后，在德兴洲的北边围地3800亩作为养马场。镇江水师出于江上巡查、停靠给养的需要，在太平洲建立了水师衙署，管辖镇江至武汉的水上防务、救援和纠纷调解。

据《光绪丹徒县志》记载，太平洲"纵长八十余里，横阔二十余里。其东北为通州泰兴县境，东南为常州府武进县境，西北为扬州府江都县和甘泉县境，南为丹阳县境，惟西南为丹徒县境，中分数洲，其自西至东，从三江口分流，江面狭窄，或三五里，或一二里不等。对岸自大路镇起，过姚家桥、匡家桥，直与常州孟河口相望，而止六邑连界"。该洲多家族混居，民风非常淳朴。"吾乡多聚族而居之，近则相亲，朝夕过从，有吉凶缓急，族之人往来庆慰。"

明清时期，太平洲隶属四邑，到清光绪五年（1879）分属四府六县（镇江府、常州府、扬州府、通州府；丹徒县、丹阳县、甘泉县、武进县、江都县、泰兴县）。光绪三十年（1904）设太平厅，成为太平洲有独立建制的开始。民国初年（1912），太平洲改称扬中，取"扬子江中"的意思。扬中的北面与扬州、泰州隔江相望，南面与镇江、常州一衣带水。康熙年间，太平洲上建有下东岳庙，有大小殿堂百余间。

咸丰年间，镇江兵乱频繁，郡人多避居太平洲。洲上的文人增多，开始有人注意描述江洲的美景。清代诗人解南的《秋日东洲晚望》就是这方面的代表作，诗云："秋来风景最阑珊，四顾苍茫夕照残。柳暗阴霏疑作雨，山凝暮霭忽成团。长空雁去冲云断，茅舍人归戴月寒。家在江南黄叶里，一般清意待谁看。"清末民初李伯通也有《次三江营望太平洲》诗："江流绕太平，水色白如练。隔江望圌山，塔势凌空见。布帆从东来，极目鸟飞倦。春风扇阳和，梅柳抱荒店。停车劳仆夫，一笑村沽贱。"该诗把江的水色、山的雄伟、舟的东来、柳的绕屋等细致描绘了出来。

扬中水资源丰富，拥有长江岸线102公里，其中沿江深水岸线达53公里。岸线等级较高，多属贴岸深水岸线。扬中有好几座长江大桥，十几处港口，十几条河道，还有丰富的渔产品。桥多、港多、河多、鱼多是扬中的骄傲。扬中人胆大，经商起家的人很多。这些人富了以后不忘家乡，又纷纷返回岛上，"一张白纸绘蓝图"，把乡镇企业办得红红火火，给当地人带来了实惠。扬中人实干，勇立经济潮头，以自己的聪明才干取得了骄人的成绩。

扬中人把竹子、柳条、芦苇作为"三宝"，制作了大量的工艺品。把鲥鱼、刀鱼、河豚作为"三鲜"，推出自己的江鲜牌。如今，鲥鱼难寻、刀鱼日稀，他们积极发展河豚文化，成功地把到扬中吃河豚做成了食圈风尚。如今的扬中，已不再是普通的沙洲孤岛，已是一座清丽现代的长江岛城。

六、世业洲

世业洲，原名胭脂花粉洲，又名泗叶青沙洲。明代中期，京江与金山不远处的一段江面上，先后涨出了北新、回龙、沙漫等洲。这些洲慢慢地随着水流变化，相互连接，成了大块沙地，通称北新洲。到了清康熙年间，北新洲和西南面的沙洲又连了起来，面积进一步扩大。清乾隆年间，阮元购买了胭脂花粉洲，改洲名为"世业"，意为世袭家业。《光绪丹徒县志》附图中标明了"世业洲"的地名和方位，东为征润洲，南为青沙洲。镇江丹徒民间对世业洲地名的来历有不同说法。有人说洲形如鹰（近似椭圆形），神鹰名事业，故名事业洲，改名世业洲。还有一种传说是八仙乘四条小船经此，叫"四叶舟"，谐音成"世业洲"。

阮元之父阮承信以阮氏甲科世衍，世系日繁，因无宗祠家庙不符合礼制，便开始在洲上建族祠、修祖墓、造家庙。阮元为了满足父亲的要求，又继续购买江中沙洲，以每年芦苇收入作祭祀的公积金，故又名"礼祀洲"。初购时，沙洲面积不大，数十年后成大洲。洲上每年芦苇的收入颇丰，足赡祭祀诸用。阮元《北渚二叔墓表》说，其父因年高体弱，委托堂弟阮承鸿经理礼祀洲事务（《揅经室再续集》卷二）。

清人林苏门《邗江三百吟》中有"买芦柴"条注："阮家有礼祀洲，但产芦柴，遂阳秀才经理甚善。嘉庆十年，伯元中丞居忧归里，因闻铺户柴斤不足，即嘱加斤发市，以恤贫者。一时闻风，远迩相率借来。"

世业洲为京江的冲积洲之一，面积44平方公里，数百年来一直是镇江、扬州之间独立的小岛。2005年建成通车的润扬长江公路大桥横跨世业洲，连接南北两岸，使世业洲同南北区域的主干道联系起来，成为衔接镇江和扬州旅游地的重要一环。这里环境幽静，空气清新，是长江江苏段颇具生态特色的健康低碳岛。2014年12月，习近平总书记在视察时，称赞"这里的风景比画更漂亮"。

七、征润洲

征润洲，由乾隆年间涨出的定业、天补、征人、还青等洲连结而成。清康熙年间，金山以西的江中分布有不少沙洲，如征润洲、征润新洲、青沙洲、定业洲、蒲业洲、永固洲等，经过不断地东移、连接，逐渐形成了一个大洲，通称征润洲。1905年，征润洲头出现沙嘴，江流逐渐反趋北岸，在南岸金山附近形成回旋。长江上游带来的大量泥沙在南岸原有沙洲上沉淀，淤淀日高，致使西津渡以西征润洲的淤涨新沙不断向南向东扩展，堵住了鲇鱼套河。鲇鱼套河长15里，位于金山西南，因其形状首大尾小而得名，是木商停泊筏簰、堆栈货物之所。

1912年，征润洲的洲尾水下部分对西津渡产生影响。1921年，征润洲自西而东接涨不已，越过云台山，向东延伸了近3公里，形成了大面积沙滩。1929年，其面积"从六千多亩扩大为一万八千多亩，洲尾已伸到了镇江海关"。1936年，其面积又涨出2100亩，南北宽度在3公里左右。征润洲沙滩叠涨，横亘江中，致使沿江一带码头泊位淤浅，西津渡也早已上了岸。尽管有许多码头几次将栈桥延长，把趸船向江中延伸，但轮船停靠仍然困难，直接影响了镇江的商务和贸易活动。原来的商埠区除木材市场和民船码头仍在大京口以西的旧址外，长江航运码头已全部迁移到平政桥以东。如今，征润洲面积越来越大，已分成焦西滩和焦北滩两大部分。

第二节　沙洲水产

一、江豚

京江中沙洲之间的江面过去常有潮水出现，水中也会有江豚出没。宋人苏辙望江时看到过江豚的身影，并在诗中描述了大致情形："下视万物微，惟觉沧海宽。潮来声汹汹，望极空漫漫。一一渡海舶，冉冉移樯竿。水怪时出没，群嬉类猴猿。"因不知道水中究竟是什么东西，诗人故以水怪名之。苏辙说的"水怪"，就是本地人说的"江豚"。过去在京江，尤其是在焦山附近的沙洲江面看到江豚是常事。由于江豚的模样有点像猪，因此民间俗称其为"江猪"。《至顺镇江志·土产》载："江豚，生扬子江中，状如豚，黑色，出没波涛间，鼻中作声。其出，必有大风，土人以此占侯。"许浑《金陵怀古》诗中也有"江豚吹浪夜还风"的句子，看来江豚在古代充当了气象预报员的角色。

江豚的出现是很久以前的事了。一开始人们不知道它是什么东西，都觉得好奇。元代浙江遂昌学者尹廷高在京口渡江时碰上了江豚，他虽然学富五车，担任过处州路（今浙江丽水一带）的儒学教授，但并不认识此物。他看到江豚时非常激动，称之为"海怪"。其《雨中渡扬子江见海怪出没》诗写道："吴头楚尾天一隅，长江浩渺云模糊。中流风急浪花涌，船头黄帽惊相呼。蜿蜒海怪互出没，踊跃与我为先驱。神闲意定若无见，自信胆气由来粗。江神雅识诗客意，故尔献状聊相娱。"可能他自己也没想到，在京口渡江时长了见识，开了眼界。明代对江豚的认知已经普及，朝鲜人崔溥在金山看到它时已经直呼其名，称"江豚戏浪，若战马群奔然"。

江豚游姿很美，还能在水中跳跃式行进。清代诗人李慎传在描写江豚的诗中这样说："万斛龙骧远浪中，扬帆直过海门东。劝郎一叶休轻渡，镇日江豚就拜风。"人们把江豚在江中游泳时的一浮一没谓为"拜风"。目前，长江镇江段水质保持在二类，拥有长江江豚密度最大的豚类保护区，区域面积达 57.3 平方公里，常年有 20 多头江豚在保护区内活动。江豚这一古老而珍稀的物种在京江生存状况良好。

二、鲥鱼

沙洲附近的江面曾是沿海洄游鱼类的天堂。每到春秋之交，不少近海地区活动的洄游鱼类就纷纷回溯到长江产卵。镇江焦山和大港一带的水域是洄游鱼类活动最为频繁的地方。

鲥鱼洄游江中产卵有严格的季节性，有"时鱼"之称。明冯时可在《雨航杂录》中说："鲥鱼者，夏以时至故名，本海鱼季春出扬子江中，游至汉阳生子而复还海，鳞细白如银，多骨而速腐。"早在北宋时，鲥鱼就已成了许多食客盘中的美餐。刁约作《怀京口故居》诗云："鲚鲥美味供春网，柑橘清香寄夜航。"

焦山附近江面过去是捕捞鲥鱼的最佳地点，这里水流急，漩涡多，江底虫藻麇集，鱼食丰盛。清代陈任旸在《耐叟日记》中说，在鲥鱼到来的前三日，会有一种黑色的小虫浮在江面上。在焦山大门附近的水面上，这种小虫特别多。打鱼的人会抓住这个时机来下网，并把这种小虫趣称为"鲥鱼粮"。

镇江的文人也把打捞鲥鱼的季节当作欣赏江景的时节。"京口七子"之一的张崇兰对此有过精彩的描述："正江头楝花风起，嘉鱼鲜美，时至轻舠撑出垂杨外，细散千丝，沉水渔郎，喜看挂网银鳞照眼明。"至于鲥鱼能否垂钓上钩，尚没有发现这方面的记载。不过，清代名臣张玉书在忆江中鲥鱼时写过"箭镞霜鳞五月肥，长竿犹系钓鱼矶"的诗句。

在焦山观江景、食鲥鱼是件雅事。明人王叔承写过友人赵学甫邀其在焦东阁聚会的事。他专门从瓜洲带了雪酒，又从邻近的沙洲买了鲥鱼赶到焦山，赋诗说："故人尊酒晚相催，水上飞楼亦快哉。卖得江珍冲浪出，载将寒雪隔天来。"他还写过《晓坐云烟阁邬汝翼内人送鲥鱼到》诗："费却贫家几百钱，飞鳞如雪破朝烟。饶宅厅下齐眉案，可有江头五月鲜。"近代广东屈向邦（1895—1975）的《粤东诗话》中也有这样的趣闻："丙子初夏客金陵，同社欲择地为鲥鱼之会，予曰渔洋诗云：鲥鱼出水浪花溅，北固楼头四月天，何等雅致，何不雅集焦山枕山阁乎？众称妙。时渔者放舟象、焦两山间，得数尾，即烹而食之，鲜腴冠平生所尝。"鲥鱼非常娇嫩，离水即亡，所以要想吃到活鲥鱼，只能就地加工。

明永乐年间，宫廷里的权贵们把鲥鱼列为贡品，从此鲥鱼身价大增，却害苦了众多百姓。鲥鱼保鲜不易，要想把刚起水的鲥鱼及时送到北京，在全靠人畜水运的年代，难度是可想而知的。镇江到北京有2500多里，而规定送达的时间只有三天，就是说每天的传递速度必须超过800里。清初吴嘉纪在《打鲥鱼》诗的注释里愤怒地说："君不见金台铁瓮路三千，却限时辰二十二。"

为了满足宫廷的需要，从镇江到北京沿途纷纷设立驿站，配置专门的马匹和骑手负责运输。驿站之间如路途稍长，中间还设有腰站，即两个驿站之间的换马处。传送鲥鱼的事如同接力赛，据说江中渔船还没有落网，地方官员和担任传递任务的驿站马匹和人员就已在岸边等候，鱼一到手，立刻马不停蹄日夜向京城飞奔。每到一中转处，人马全换，交接均在行进中完成。清初沈名荪《进鲜行》诗描述过镇江进贡鲥鱼的过程："江南四月桃花水，鲥鱼腥风满江起。朱书檄下如火催，郡县纷纷捉渔子。大网小网载满船，官吏未饱民受鞭。百千中选能几尾，每尾匣装银色铅。浓油泼冰养贮好，臣某恭封驰上道。钲声远来尘飞扬，行人惊避下道旁。县官骑马鞠躬立，打叠蛋酒供冰汤。三千里路不三日，知毙几人马几匹？马伤人死何足论，只求好鱼呈至尊。"

鲥鱼不仅鲜腴，而且营养丰富，含有大量的蛋白质、铁、钙、磷等营养物质。吃鲥鱼，无论是清蒸还是红烧，都不需要去鳞，因为鲥鱼的鱼鳞有保鲜的作用。在镇江，鲥鱼的做法很精细。以清蒸鲥鱼为例，厨师会在鲥鱼上铺上火腿、香菇、青蚕豆瓣等辅料。吃时，蘸上镇江香醋，配以新鲜的姜丝，口感极佳。

三、刀鱼

据《养鱼经》记载，刀鲚，狭薄而首大，长者盈尺，其形如刀。鲚初春出江中，常常成为文人观赏的对象。宋代梅尧臣诗云："日乱杨花四散开，江边鲿鱼无数来。"沈括诗云："日暮雨藏卢橘市，春深花满鲚鱼滩。"刀鲚、鲿鱼、鲚鱼都指刀鱼。历史上，刀鱼是焦山水域的常客，每年三月会成群结队地从东海进入京江。每逢捕捞季节，江面上渔舟云集，渔网遍撒，场面十分壮观。到了光绪年间，刀鱼的捕捞量大不如前，刀鱼价格随之上扬。清代诗人清瑞在《刀鱼》诗中称："扬子江头雪作涛，纤鳞泼泼形如刀。渔人举网巨浪里，银花耀彩腾光毫。鼓鬣扬鬐出浪早，登街人卖贵而少。诚知价贵物应稀，烹来能尽几人饱。"

相传，刀鱼在水中为避免被渔网捕获，就想身上带把刀，以便破网而出。于是，刀鱼就去龙宫向龙王讨刀。龙王说，干脆就把你变成一把刀。龙王施展法术，将刀鱼变成了扁薄狭长、形如尖刀的模样。可刀鱼虽然形如尖刀，却刀锋太钝，而且变长后力气不足，被渔人网住后仍然割不破渔网，只能成为网中之物。

刀鱼的身价与时间有着密切的关系。清明节前的刀鱼比清明节后的值钱得多，因为鲜嫩。一过清明，刀鱼的刺就会慢慢地变硬，吃起来就不那么方便了。刀鱼的做法多种多样，可以清蒸、红烧等。为了解决刀鱼刺多的问题，有的厨师会专门制作刀鱼丝、水晶刀鱼球等。

四、河豚

过去，太平洲一带的水域常有河豚出现。不过因鲥鱼、刀鱼的影响更大，导致人们对河豚的记载不多。河豚因其能发出一种咕咕的声音，故又叫"吹肚鱼"。它的体型像纺锤，呈椭圆形，头圆口小有花纹，紫鳍青背白肚皮，无鳞，腹中有气囊，能吸气膨胀。河豚每年春夏溯江而上产卵。焦山附近和太平洲范围内的河豚最为肥美，口感特别好。

京江画派代表画家顾鹤庆应该是画过河豚的，他在《忆江南》诗中云："江南寒食杏花村，漠漠春阴北郭门。记得松寮僧屋住，一江烟雨洗河豚。"河豚之味美人所共知，每到上市的季节，都有许多人把尝河豚之鲜当作乐事。王文治《李樵南宅食河豚》诗云："渌水桥边屋，离怀酌酒论。新潮涨江浦，小市卖河豚。盘饤皆殊味，风期真故园。"

河豚生于江淮之间，有芒刺，有毒。稍有不慎碰到它的毒液，可能就丢了性命。清明节后，河豚的毒性更加厉害，故有"拼死吃河豚"的说法。苏州文人范烟桥吃过河豚后，对它的鲜美和主人烹制的小心谨慎印象深刻。他在随笔中说，河豚"大约味似螃蟹，而鲜嫩过之。店主人亦慎重，菜叶紧裹，以酱烧之。其毒在肝，子次之，血又次之，必洗涤尽净，然后可烹，故至少须一二小时之久。"镇江的美食家赵醉侯也对品尝河豚有自己的心得，认为："江市河豚正满鲥，山荆仔细为烹调。就中最爱西施乳，惜少坡公为解嘲。"他说的"西施乳"，是河豚最美味可口的部分，即雄性河豚腹部的那块肥腴之肉。所以苏东坡才会在诗中说"更洗河豚烹腹腴"。苏东坡对河豚上市的季节把握得也很准，指出"蒌蒿满地芦芽短，正是河豚欲上时"。

第五章

津渡浦口

炮验公石

　　长江镇江段长达 200 多公里，沿岸浦口众多，渡口遍布。仅镇江城内就有西津渡（三国时称蒜山渡，唐称金陵渡）、京口渡（甘露港渡）、石公渡、焦山渡等，丹徒境内有高资渡、丹徒渡、谏壁渡、大港渡、沙窑渡、韩桥渡、袁公义渡，扬中境内有惜字洲渡、三岔港渡、南旺桥渡等。也有一些河流直接通江，如李长傅在《镇江地理》中说："便民河由高资乡东来，至金山分为两支入江，一在西经金山西麓，名金山河；一在东，名新河，水涨时亦可通船。"然而通江的河流与江南运河相连的不多，根据《中国历史地图集》所示，南朝齐代徒阳运河的入江口已向西延伸至蒜山东侧，就是隋唐以后著名的江南运河入江处大京口。至此，形成了江南运河丹徒口（南朝齐）、大京口（宋代）等入江的格局。

第一节　五口通江

　　东吴定都建业之初，吴会漕输主要是丹徒水道，由京口或丹徒口出江，达于建业。按照入江口开辟的年代排序，依次为丹徒口、甘露口、大京口、小京口、越河口（今谏壁口）。六朝至隋唐时期，部分自然的"浦""渡"被改造为人工利用的"港"。例如，北固浦被开拓利用后称甘露港。其时以镇江大、小京口为中心，沿江西侧有下蜀港、炭渚港、高资港、洪信港、乐亭港，东侧有谏壁港、泄沟港、大港、黄港等。循江南运河向东南有丁卯港和丹徒东港、丹徒西港（在丹徒镇），直至丹阳港。

　　唐宋时期，镇江发展为江南运河五口通江的港口城市。如今，大运河镇江段通江口仍有三处：古运河的小京口、丹徒口和现在处于江南运河主航道上的谏壁口。

　　一、丹徒口

　　徒阳运河，南起云阳（今丹阳），北由丹徒入江，是江南运河最北段的通江河道，也是镇江境内最早的人工改造河道。宋代《艺文类聚·京口记》载："县城东南大路过长岗五里得屠儿浦者，昔诸屠儿居此小浦，因以为名也。"丹徒口是秦代从徒儿浦西移之后开辟的入江口。《江河要津》强调："秦以前，丹徒水道就已存在，其濒江河口即'徒儿浦'，是北通长江、南通云阳的'直道'，这是现在已知的大运河镇江段最早的入江口。"清代杨棨《京口山水志》载："徒儿浦，在城东二十里。"

据刘桢《京口记》载，秦始皇三十七年（前210），秦始皇第五次东巡，在徒儿浦"将徒人过此"，由江入河，循水东南至余杭，然后"还过吴，从江乘渡"。叶廷珪《海录》也称："徒儿浦在丹徒，秦始皇将徒人过此得名。"徒儿浦和江乘（今南京下蜀至栖霞山一带）承担了秦始皇及随从来往的渡运。秦始皇此行还有一番作为，他派赭衣徒凿断京岘山东南龙目湖中的长冈，不仅凿了水道，还凿了新的入江口，使"水北注江矣"。这一做法还使丹徒水道的入江口由徒儿浦向西迁移了十余里，缩短了入江口和邗沟的距离，改善了江南入淮的航线。据李吉甫《元和郡县图志》记载，秦始皇还开凿了丹阳北冈山，将丹徒水引到了丹阳境内，"截其直道，使之阿曲，故曰曲阿"。

隋以前，运河主要从丹徒入江口通江。《光绪丹徒县志》记载了同治四年（1865）运河及入江口距离的测量：丹徒入江口，由江口至南闸入漕河，计三百十九丈二尺，为一里二百七十八步。那时的江南，有浏河、白茆河、孟河入江。但是这几条河都不能作为江南运河入江口，因为距吴王夫差开凿的邗沟太远。邗沟凿于与京口相对的蜀岗，"吴城邗，沟通江淮"。从地理位置看，长江南岸丹徒段江水较深、岸线平直，宜于船只通航。加上此段距离邗沟较近，能降低船在江海航行的风险。

东吴迁都建业后，为保持都城与经济中心太湖流域的航运通畅，避开丹徒水道长江入海口的风险航道，又打通了一条通往建业的水道。唐《建康实录》记载：东吴赤乌八年（245），孙权"使陈勋作屯田，发屯兵三万，凿句容中道，至云阳西城，以通吴会船舰，号破岗渎。建上、下埭，通会市，作邸阁……其渎在句容县东南二十五里，上七埭入延陵，下七埭入江宁县，于是东郡船舰不复行京江矣"。破岗渎上的埭是中国最早有文献记载的埭。根据《晋书·谢安传》记载，"埭"即拦水之土坝，多设于江河水流湍急、沿路险阻之处，用牛或人力助船通过。破岗渎上的埭比东晋时期谢安所建的邵伯埭早了近一百年，展示了镇江河工技术的巨大成就。

丹徒入江口建有水闸，用来调节长江与运河之间的水位。陆献《丹徒横闸改建议》云："镇江府城西有大闸，城东十余里曰丹徒镇，有横闸，又十余里曰越河，有越闸，三闸引江水入丹徒河济运。横闸俗名丹徒闸。"（《皇朝经世文编》卷一〇四）到了清代，江中的运粮船空放回运河时，多从横闸绕过府城进入运河。丹徒横闸旁建有一座龙王庙，林则徐曾为该庙题联："南宋溯忠门，香火传来，犹是钱塘江上；东吴怡德水，帆樯驶过，免经铁瓮城头。"道光十二年（1832），林则徐出任江苏巡抚。在任期间，他事必躬亲，详究地方情况，了解河工利弊。他曾在丹徒口借大王庙作为行辕，谢绝地方官供应，自备膳食，每餐豆腐一碗、肉一碟。他在督查的过程中，了解到丹徒口一带的漕帮有不法行为。"每年漕船归次之后，凡商民船只经过，小则讹诈钱文，大则肆行抢夺。其讹诈之法，或将漕船横截河中，往来船只非给钱不能放行，名曰'买渡钱'。或择河边浅窄之处，两船直长并泊，使南北船只俱不能行，必积至千百号之多，阻滞至三四日之久，然后有沿河地棍，名曰'河快'者，向各船科敛钱文给付漕船。令其抽单分泊以便各船行走，名曰'排帮费'，迨至受兑开行。"（《清林文忠公则徐年谱》）林则徐派兵弹压，收缴兵器，杀一儆百，骄横的运丁不敢再寻衅滋事，保证了漕船顺利入江。林则徐对江河水利工程也很重视，道光十五年（1835）正月二十九日，他上奏朝廷，称："镇江为漕运咽喉，江浙两省粮船皆所必由之路……总因该处运河本系凿山通道，并无水源，只恃引江入河，以资浮送。而江水又不宜过大。若运河灌输盈满，于行舟固为顺利，而沿江田地早已被淹。如江水落低，则利于洲田，又不利于漕运。"要解决这个问题，唯有先浚深横闸至京口河段。

清江苏抚臣陶澍写过《漕船由丹徒闸出江疏》："嘉庆二十四年冬间，因潮小阻滞，漕船未能归次，曾将浙江空船不入京口，径从横闸试行，议者纷纷……遂将各船截回。其时先到之船业已过闸，驶入运河并无妨碍，可见横闸出江非不可行，实由人情之畏难而苟安也。"因此，他主张只要加强防护措施，就可让"江浙漕船，由闸出江"（《皇朝经世文编》卷一〇四），提升丹徒闸通航效率。

清代杨棨在《京口山水志》中记述了木商改建丹徒水闸门的朝向及形制，使改建后的丹徒闸便于木排从长江入闸进入江南运河。但水闸改制加剧了运河的淤淀，使河床不断增高，以致"十万役夫齐荷锸，芦蓬雪压不胜寒"。运河的疏浚成为丹徒、丹阳一带农民的沉重负担，以至于杨棨在《新乐府·木客乐》中说："丹徒闸门一何廓，打鼓发船木客乐。木排下闸如下滩，一老旁观重慨叹。"木商欢乐、老农慨叹，反映了当时治水过程中的不平衡状况。

丹徒入江口的开通，促进了与之相连的丹徒镇的发展。秦把谷阳改称丹徒，置丹徒县。六朝以后，丹徒镇一直为县治所在。宋雍熙四年（987），丹徒镇由县治降为县属镇。清初诗人冷士嵋《修永宁桥记》云："镇旧有桥，东西烟井，万家夹渠而居，恃桥以通往来。""万家夹渠"说明了丹徒古镇的兴旺发达。

旧时丹徒镇上有一通元观，其内有一江楼，是瞭望江景的好地方。清代诗人吴锡麒来镇江游玩，曾经泊舟丹徒镇，与友人沈梅村游通元观，登江楼，俯瞰京江的壮阔和古镇的繁华。他在诗中说："大江东去水悠悠，烟火千家绕郭稠。客子登临悲落日，神仙居处爱高楼。春生红树三山回，书寄青天一雁留。津鼓忽喧京口驿，峭风齐见布帆收。"晚清诗人王闿运也有《丹徒江楼望风作》诗："南风霏濛雨，寒江动春气。舍舟登江楼，清晖霭远至。漾漾万里流，长空写吾意。瓜步横苍湄，烟樯蠢如荠。"

过去，丹徒镇的渡口和对江的新洲渡口是互相连通的。清代诗人赵继先有《丹徒镇》诗："弭棹傍新洲，系缆青枫树。淡月渡江来，斜通秣陵路。野寺暮钟声，悠悠隔烟雾。"该诗记录了两地渡口之间的通联关系。清代词人周仲宽也有《送张芴山返蓝家渡》词："恨子不是长江水，远逐行舟、远逐行舟，送到蓝家古渡头。恨君却是长江水，一去悠悠、一去悠悠，不见江南见水流。"在注释中，作者点明了蓝家渡在朱方（丹徒）镇对面的新洲。

二、甘露口

《元和郡县图志》卷二五载："京者，绝高丘也。京上郡城，城前浦口，即是京口。"这一说法与京口为孙吴京城前的入江河道是一致的。这条河道与唐以后逐渐涸废的北固山东侧的润浦位置完全相合，可见，润浦就是京口。孙吴京城前的入江河道是一条重要的河道，曾从北固山东侧入江，并延伸至东门外的丁卯桥入丹徒水道。东汉建安十三年（208），孙权为抵御南下的曹操大军，将都督府迁到了京口。东吴以水军立国，太湖流域是其经济命脉，开凿京口是其"前引荆、楚之固，东引吴、会之粟"（《读史方舆纪要》卷二〇）的战略措施。京口凿通后，"丹徒水道入通吴会，孙权初镇之"。京口（河）是徒阳运河北段入江口的第二次西迁。

孙权开凿的通江口也称甘露入江口，它位于北固山脚下，又称甘露渡，亦称北固浦。从这里可以乘船入江，进而从长江进入江南运河的分支水道，再转入大运河的主流。"穿北水关绕近正峰，由月华山西麓南去达关外。"由于渡口临近北固悬崖，到这里停泊的船只不少，泛舟从长江入渡口上北固山的人很多，形成了"渡因山而兴、山因渡而活"的局面。甘露渡不仅是来往江上的通道，后来也成为连接运河和长江的良港。

宋嘉定八年（1215），镇江郡守史弥坚在甘露港西浚治海鲜河，"以泊防江之舟"。嘉定十一年（1218），史弥坚又主持重修了京口澳闸，除浚治河道和重修闸门外，还将归水澳和东北方向的甘露港相连，并在甘露港修上下闸，形成一组复式船闸，以便在京口闸集船过多时，让部分船只由甘露港过闸，经关河入运河，减少京口闸的压力。他还将北固山下的原有沼泽连为秋月潭，作为一个新的积水澳（澳为人工水库），使澳中能停相当数量的船只，类似一个挖入式港池，提升了甘露港的锚泊能力和通过能力。元、明时期，甘露港仍然是江浙各地运粮入江的港口。

甘露港的水利工程还有程公坝，分上坝和下坝两部分。上坝在甘露港，下坝在京口港，相去二里多。宋咸淳六年（1270），镇江郡守赵溍立以启闸泄渠水不便，改立二坝。甘露渡周围的风景也很迷人。从北固山"观音洞循樱桃园至甘露港，夹路长杨，水流清浅"。在桃花盛开的季节，从甘露渡回望北固山，可以看到山下桃花成片，一直延伸到渡口。诗人鲍之兰在渡口看到连片的桃花后，兴奋地写了一首观花诗："河汉绿波澄，人家似武陵。桃花千万树，夹岸暖蒸霞。白间梨边雪，红飘柳下会。繁华驻仙境，过眼记吾曾。"宋人方岳有《过北固山下旧居》诗，其中"池塘燕子旧人家，杨柳春寒一径斜"句说明他在甘露渡附近住过。

三、大京口

东吴、南齐先后对丹徒水道进行了大规模疏浚。据《续纂江苏水利全案正编》记载，南朝齐时，全面浚治丹徒水道，主要入江口向西延伸到大京口。隋大业六年（610）十二月，隋炀帝敕开江南运河，自京口至余杭（今杭州）800里，按照"广十余丈，使可通龙舟"的要求予以扩浚。江南运河开通后，水运加快发展，确立了京口的水运枢纽地位。

唐开元年间，齐瀚在瓜洲开凿伊娄河时，为了让江南运河的出江口门这个漕路接近他开凿的伊娄河，他把漕运船的出江口从北固山下迁移到大京口，自此江南运河入江到北岸，缩短了航程，更加便捷通畅。方志中有多处对江口埭闸的记载。《至顺镇江志》记载："京口闸在城西北京口港口，距江口一里许，莫究其所始。唐撤闸置堰，开元中徙漕路由此。"这说明唐代江南运河漕路是由京口埭渡江至瓜洲北上的。唐人孙逖有《下京口埭夜行》诗："孤帆度绿氛，寒浦落红曛。江树朝来出，吴歌夜渐闻。南溟接潮水，北斗近乡云。行役从兹去，归情入雁群。"证明了京口埭的存在。

大京口作为通江河道，形成于唐开元二十六年（738）。为了调节长江和运河之间的水位落差，镇江郡守常采取利用埭闸蓄水的方式来保障船只顺利进出江河。从丁卯埭到京口埭，从京口闸到京口多级澳闸，从始建小京口闸到重修大京口闸等，这类努力从来就没有停止过。大京口当漕渠之口以通漕舟，每潮涨则开以通舟，潮落则闭以蓄水。闸外江滩，横直各二十丈，可以藏舟，东南百万粟，每岁取途于此。但大京口是江河沙泥易淤之处，蓄水就成了重要问题。时间久了，渠渐浅狭，闸亦废坏。为了保证漕路的通畅，历届官府多次在大京口疏浚水道。

宋治平四年（1067），于废埭处建京口闸。崇宁五年（1106），疏浚镇常段运河时，再修京口大闸。为了扩充水源，元符二年（1099）、乾道八年（1172）、淳熙二年（1175）、嘉定十一年（1218），镇江官府均组织人力对大京口进行浚治。《至顺镇江志》卷二记载，京口闸"宝祐中重建。闸柱石刻：'宝祐六年（1258）二月，淮东总领兼知镇江府赵与訔重建。'"到了元代，官府复建京口闸，以引江潮济运。《光绪丹徒县志》卷四载："元天历二年（1329）复。是年七月，江浙行省委检校徐承务，同本路官便宜区画，车通潮水以济运河。总管郭珪言：江口元有程公、鳝鱼二坝及黄水、石砫，每岁江潮满溢于此，车灌运河。今岁上流无雨，水源艰涩，潮势既少，北岸益高，徒步五里方可登舟。纵欲车水入闸，人力莫为。达鲁花赤明里答失言：京口旧闸久废，江皋一里，皆成淤塞。闸东又作土埦，以蓄河水。江潮虽涨，阻隔不通，莫若开掘淤沙，撤去土埦，仍于江口置闸，以时启闭为便。是年十月九日，竣事，民甚便之。"

明代建文年间，刘辰"擢监察御史，出知镇江府，勤于职事。濒江田八十余顷，久沦于水，赋如故，以辰言得除。京口闸废，转漕者道新河出江，舟数败。辰修故闸，公私皆便"（《明史》列传卷三八）。刘辰引蓄江水调剂运河水量，附近山水亦经闸口下泄长江。天顺三年（1459），镇江官府又浚漕河，修京口、甘露闸。弘治四年（1491），都御史吕锺复修京口闸。崇祯五年（1632）后，修复京口、丹徒、吕城、奔牛诸闸。

清代，京口闸与大京口屡浚屡修，雍正、嘉庆、光绪年间均重修过京口闸。据《光绪续纂江苏水利全案工役财用表》记载：光绪六年（1880）四月十二日，镇江知府赵佑宸、丹徒县知县冯寿镜禀水利工程总局拆修京口大闸。光绪九年（1883），丹徒知县马海曙重修京口闸。

民国时，连接大京口的运河水道阻隔不通，被土填埋，成了今天的中华路。

四、小京口

唐中期前，镇江焦山以东是入海口，能引海潮济运，运河出江口的水源比较有保证。唐中期后，入海口东移，镇江段长江潮差下降，海潮不能抬升运河水位。至宋代，运河出江口经常出现淤堵，以至于"公私之舟望吾州跬步不进"。在宋代，江南运河京口入江口段位于南北大运河最繁忙的河段，漕、商、军、旅、使、贡集并而涌，经常超负荷运转。因此，两宋期间，镇江官府十分重视对运河出江口门的浚治和多口门布局，对港口进行了综合、大规模、多功能的建设，又多次疏浚了江南运河入江口。

淳化元年（990）至景定三年（1262），江南运河镇江段和镇江沿江河口的治理建设，不仅规模大、频率高，水工技术亦超越前朝，尤其是以京口澳闸为代表的水运设施建设，体现了两宋水运科技的高水平。北宋镇江官府曾诏令曾孝蕴负责建造京口澳闸，保证引潮蓄水和通船。元符二年（1099），京口澳闸建成，为闸埦合一形式。闸室的南端为埦，北端为闸，以引潮蓄水和通航。京口澳闸有五座闸门，组成一组四级船闸。闸旁开挖积水澳和归水澳，用以调节船闸水位。归水澳长200丈，最宽处50丈，深1.5

丈。南宋初，京口闸一度闸坏渠淤，积水澳亦废毁，后经扩建，扭转了通航不利的局面。《至顺镇江志》卷二载："宋嘉定八年（1215），郡守史弥坚《浚渠记》云：'沿渠而闸者五，首曰京口闸，次曰腰闸，又其次曰下、中、上三闸。海潮登应，则视时节次第启闭，以出纳浮江之舟。腰闸久废，余四闸岁久木朽石泐，择美材密石而更葺之。'"南宋嘉定十一年（1218），史弥坚扩建了集航运、引潮、蓄水、供水、锚地、避风、码头、仓储于一体的京口多级澳闸，确保了京口闸的引潮和通船功效。

运河入江口的浚治工程也规模浩大。嘉定十一年（1218），浚治镇江江口至南水门长达 1869 丈的一段，拓宽至 10 余丈，深达丈余，加上修缮京口闸、甘露港闸，共用 376592 工、钱 240014 缗、米 18881 石，远超前代。

两宋期间，镇江官府还根据镇江江河交汇的特色和港口功能多样的需要，对河口体系和港口布局进行了调整和拓展。天圣七年（1029），在主漕河（大京口）东开凿了新河（小京口）；皇祐二年（1050）、政和六年（1116）、嘉定八年（1215）分别在小京口以东开凿了海鲜河、甘露港，在大京口之西开凿了蒜山漕河。运河镇江段北端的水源增多，形成了主次相配、功能全面的河口体系。

庆元二年（1196）、嘉定十一年（1218），镇江官府在京口闸、甘露港、丹徒、谏壁建水闸设石砝，主要用于引潮入渠，蓄住漕河的水。这种浚旧渠、开新渠、建多口门、建水闸同时运用的方法，起到了开源节流的作用。通过不断的治理，宋代的运河镇江段及口门始终是江南大运河的入江主口门。"以出纳浮江之舟，拍岸洪流，畅无留碍，扬枻维楫，舟人叹呼。"到了元代，各入江口日见水浅，有碍船行。明代天顺初年，经过浚治，小京口成为江南运河的主要入江口。日本僧人在《参天台五台山记》中说，宋熙宁五年（1072）九月，其乘船到达镇江，"十二日，丙辰，天晴，卯时，出船，过一里，出水门，向扬子江，广大如海，有数百船"。这说明入江口通江的船只还是很多的。

五、越河口

由江口至越河闸入运河，计 1179 尺，为 6.5 里之距。由于谏壁口宽度约四倍于丹徒口，开凿成本高、难度大，且距瓜洲较远，自古以来漕运多不走谏壁口，该口通江河只是资潮水济漕而已，不影响客船从谏壁口入江。在谏壁口泊舟，可以欣赏江景。清代王豫《舟泊谏壁江口》诗描述了"大江月落鱼龙静，极浦霜寒鸿雁多"的场景。清末，谏壁口外面的江面宽二里多，客船可从江上通过入江口进入江南运河，到达苏常等地。由于往来的船多，谏壁口成为"船只过江之要道口。西南约二里，为谏壁镇，水陆交通，居民四五百户，商业繁盛"（高允昌《调查镇江上下游水道笔记》）。

"丹徒涧壁有二石砝，后废。宋庆元年间，总领朱晞颜以漕渠干涸，创二砝引江潮入渠，当时便之，涧壁港在县东三十里。《南史》作'谏'，南唐《卢绛传》作'涧'。"（《古今图书集成·方舆汇编·职方典·镇江府》卷七二六）今天的谏壁口变化很大，已成为实际意义上的通江口，替代了其他通江口。

谏壁船闸位于苏南运河入江口门处，是京杭运河苏南段唯一直达长江的船闸，有"江南第一闸"的美誉。谏壁船闸现为双线船闸，一线船闸建于1982年，设计船舶通过能力为4000万吨，现船舶通过量约9000万吨。二线船闸建于2003年，设计船舶通过能力为4500万吨，现船舶通过量约1亿吨。2022年货物通过量为1.18亿吨，船舶通过量为2亿吨。每天都有大批船只从这里进入苏南、浙江和上海，也有大批船只经此前往长江其他流域。随着京杭大运河苏南段航道"三改二"工程的进行，谏壁船闸将建成"世界内河最大单梯级船闸"。

第二节　西津渡

西津渡，古称西渚，三国时叫蒜山渡，唐代称金陵渡，宋代以后曰西津渡。明代顾祖禹《读史方舆纪要》说："今城西北三里曰西津渡，为南北时渡口，古谓之西渚……唐时亦曰蒜山渡，宋置西津寨于此，俗谓之西马头，即江口也。亦曰京口港。"这里曾是著名的江南古渡，与扬州的瓜洲隔江相望。西津渡也是古代用兵的地方。相传三国时渡口背依蒜山，山麓驻扎有东吴水师。蒜山在历史上是重要战场，刘裕在此大战孙恩，打出了威风，增添了霸气。宋代《太平寰宇记》说："蒜山，陆龟蒙题曰算山，以周瑜、武侯议拒曹操谋算于此。"

241

一、吴楚要津

西津渡是镇江历史上最繁忙的渡口，大量的货物经过这里入江。隋及以前，西津渡与扬州邗江的古扬子津相对而渡。隋以后，长江河道北移，扬子津被泥沙淤塞，西津渡便与瓜洲渡相对渡。西津渡依蒜山而立，据大江南北之冲，航路四达，防江控海，素有"吴楚要津""长江锁钥""漕挽咽喉""浙盐门户"之称。古代诗人表述了漕船出西津渡过江的盛景："粮艘次第出西津，一片旗幡照水滨。稳渡中流入瓜口，飞章驰驿奏枫寰。"

西津渡过去是重要的客旅通道，从这里过江的人很多。据《资治通鉴》记载，建安十五年（210），刘备来京口见孙权，商议借荆州的事情，就是从西津渡口登的岸。唐敬宗时，浙西节度使李德裕驻镇江，时两浙、福建流行瘟疫，老百姓纷纷从润州蒜山渡江至亳州（今安徽境内），求圣水治病保平安。李德裕《亳州圣水状》记录："两浙、福建百姓渡江者日三五千人。"其《王智兴度僧尼状》又记录，苏常一带的老百姓"一日一百余人"从蒜山渡过江，到泗州落发受戒，"意在规避王徭"。后来渡江的人越来越多，"使命客旅，络绎往回，日不暇给"。宋代，西津渡依然十分繁忙。陆游过镇江时，在《入蜀记》中记载："两日间，阅往来渡者，无虑千人，大抵都军人也。"他在《老学庵笔记》卷一中还记载了宋徽宗到润州时，从西津渡上岸："徽宗南幸至润，郡官迎驾西津。"

从宋代开始，西津渡开始得到有效管理，主要是加强了渡口的安全管理。宋大观元年（1107），北宋官府在西津渡和瓜洲渡各置都巡检，以维护治安，制止艄工水手对客旅"邀阻横索"。针对渡口"民间以小船渡载，每遇风涛，必有覆溺之患"的问题，南宋乾道年间，镇江郡守蔡洸在西津渡"置巨舫五，仍采昔人遗制，各植旗一，以利、涉、大、川、吉为识"，同时限定每船载客定额，按序轮流发船，此后"鲜有风溺所患"。这是把西津渡纳入官府统一管理的最早记载。明代画家祝允明曾用《江行》来构思其船发西津渡、入江远行的意境，诗云："渡口人争发，出江舟已微。钟声离岸小，帆影逐星稀。"清代以后，由于江滩淤涨，江岸逐渐北移，西津渡口下移到玉山脚下的超岸寺旁。

二、英才荟萃

西津渡依山临水，背依青翠的云台山，面临奔腾的长江水。登山远眺，满眼风光；临渡惜别，思潮起伏。古往今来，不知有多少文人墨客在此抒情吟诵。唐代诗人张祜夜宿金陵渡驿站，作《题金陵渡》诗。宋代名人苏东坡喜欢蒜山松林的景致，对润州好友许遵谈到想借隐于此："酒泉钟鼓还江左，青壁丹崖借隐居。"他还写诗问金山寺的大和尚佛印能否借蒜山松林作为自己的隐居地："蒜山幸有闲田地，招此无家一房客。"日本画家雪舟创作的《唐土胜景图卷》和清代京江画派画家周镐的《京江二十四景·西津晓渡》，都是以西津渡为主体描绘出来的。

观音洞是明代西津渡的一个重要场所。明初学者丁元吉偏爱观音洞的环境，在此收徒。丁元吉，字无咎，人称"易洞先生"，丹徒人。他的父亲丁宁中过举人，做过小官。丁元吉喜欢读书，精研《易》理，并将自己的居所名为"易洞"。为了生计，丁元吉放弃了科举，未弱冠即教授乡里，并以谆谆善教、学行高古而受到生徒的敬重。他宽厚仁爱，才思宏远，擅诗文，喜欢考古论事，又精通医学。官府慕其学问深、人品好，聘请他编纂《成化镇江府志》。从现存的《万历镇江府志》中可以找到丁元吉为《成化镇江府志》撰写的序，可知此志"实创于易洞，而正德、万历诸志因之"。

丁元吉的儿子丁玑，字玉夫，号朴斋。丁玑"幼服庭训，毅然以兴起斯文为己任"，成化十四年（1478）考中进士，授中书舍人。曾上奏数千言，论治道本末、时政得失。历任广东按察副使、广东提学副使、四川按察使等。丁玑对经学有兴趣，读过许多经学方面的著作，精通诗文，喜欢吟诵，著有《洪范正误》1卷、《四礼仪注》4卷、《大学疑义》1卷、《初斋集》10卷。

明代礼部尚书倪岳的文章浩瀚流转，不屑雕章琢句，气韵自成。他对丁元吉非常敬重，其《易洞为京口丁无咎赋》赞美了丁元吉的才学深厚："铁瓮城西小洞迂，碧窗深阒称吾儒。心从天地穷三画，道向羲文究两图。点罢尚惊秋露滴，读残真爱晚风呼。丁宽旧学今谁继，刚见临池凤有雏。"这首赋为我们提供了一个重要的信息：丁氏所居之洞在城西，即今所谓观音洞。

丁元吉门生众多。大学士靳贵早年曾问学于丁元吉，对先生很尊重，在《上易洞先生书》中说："昔程夫子入关，而关中学者多所裁正。先生此行，广信之士当必有登龙门而醉德、坐春风而豹变者矣！第吾党、吾徒无所考德问业，不无私恨于中耳。"当他听说丁元吉返回的消息时，兴奋不已。"润人闻车从将还，不胜喜慰，夏五之时，想再可侍左右矣！"（《戒庵文集》卷五）丁元吉去世后，他专门写了《哭丁易洞先生》，诗中有"华岳中峰一夕摧，南徐衿佩更谁依。行藏空载伊川易，笑语宁闻坡老诗"的句子，表达了对先生的怀念之情。

靳贵，号戒庵，先世由庐州迁京口。清《光绪丹徒县志》记载："靳贵，字充道。举乡试第一、会试第二、廷试第三人及第，授编修，选东宫讲官，历左中允谕德，太常寺少卿，礼部、吏部侍郎，礼部尚书，文渊阁大学士，进太子太保，户部尚书，武英殿大学士。"大宦官刘瑾把持朝政时，曾向靳贵咨询朝政要事，让靳贵配合他秘密抄录京官的奏章进呈朝廷，以打击不听话的京官。靳贵为人正直，没有听从刘瑾的意见，遭到刘瑾忌恨。后来刘瑾挑出《大明会典》中的一些小毛病，将一些翰林学士贬官降职，靳贵也受到牵连，被降为光禄卿。也许是武宗的眷顾，不久，靳贵官复原职，改任吏部右侍郎兼学士，后又晋升为礼部尚书、文渊阁大学士，参预朝政，加太子太保、武英殿大学士衔。

韦椿是丁元吉的高徒，字大年，号秋山，丹徒人。他少年聪慧，长大后更是博览群籍，苦读理学兼经史。丁元吉是其父之友。韦椿在丁元吉的精心培育下多才多艺，"兼综六经诸子史，尤习读易"。他的才学闻名乡里，"诗有陶韦风，画得苏黄笔意"，受到了杨一清、靳贵等人的敬重。明代弘治间，镇江知府熊佑、王守忠慕其名，欲向朝廷荐其为官，均被他婉言谢绝。他花费了不少工夫整理丁元吉的文章，编印了《易洞先生文集》。

医官钱组也是丁元吉的门生。钱组，字宗玉，号屋舟。生于镇江的一个医学世家，据《钱氏宗谱》记载，"自先祖钱臻为元太医院医士后，其后代从事于医学的子孙中，为医官医士者有七十余人，可谓盛矣"。钱组官声和医术都闻名于朝，"为人尤高洁，著有《屋舟诗草》"。靳贵为《屋舟诗草》撰写了序言，称赞他"得易洞之心传"。钱组与许多文人和官员都是好友。他与杨一清关系密切，两人虽然宦游各地，但书信致文不断。杨一清曾题扇寄赠钱屋舟："人将舟作屋，公以屋为舟。吾身一天地，踪迹任沉浮。"又有《梦与屋舟翁夜话丁卯桥山庄》："不见屋舟三四载，一枕分明梦见之。

二老白头今夕话，万松明月此楼诗。"

丁元吉的弟子还有冉晦之。柳诒徵著《丹徒里乘》载，晦之盖以儒而隐于医，尝师易洞。"同门"靳贵与之交情深厚，寄冉晦之书，曰："闻说悬壶客，壶中日月闲。菊香封寿酒，花暖护慈颜。庆泽中泠水，遐龄北固山。春风还解事，助尔舞斑斓。"又说："某之于晦之，幸生同邻比又同受学于易洞先生之门，气味又同晦之不我鄙夷，尝与引为而同进于古道，是虽有不同焉者鲜矣。"

据清末民初学者陈庆年考证，明正德《京口三山志》的编者张莱，也是丁元吉门下的学生。他在《京口三山志》跋中写道："莱，字廷心，正德甲戌进士，授户部主事，尝督粮畿甸，计课浔阳，悉称职。为人孝友肫笃，从丁易洞先生游，体验扩充，学益以邃。尝以心庵颜其室，因以自号。所著有《心庵集》《江山钟秀集》，皆不传。"

西津渡江边，曾有一个需亭，相传这个亭子能追溯到三国时期。刘备亲自来到江口，与孙权商议借荆州共同抗曹，孙权答应了，并向朝廷进表推荐刘备做荆州牧。刘备返回时，孙权又把他送到江边。孙权对着大江看了很久，然后对刘备说："我与你联合共同恢复汉室的大业，事情安定下来后，我愿意和你一起从这里乘船游沧海！"刘备说："我也正有此意。"后来，孙权送刘备于"府治西九里江津之上"。为了纪念这件事，人们在他们分手的地方建起了需亭，后亭毁。宋乾道年间，郡守陈天麟进行了重建。

三、古街横陈

西津渡古街是镇江文物古迹保存最多、最集中、最完好的一条老街，有国家级文物保护单位3处，省市级文物保护单位37处。老街古朴宁静，文化氛围浓厚。数十级石阶沿坡而上，一道雕花砖砌的拱券门立于坡顶，上书"西津渡街"，为佛教协会原会长赵朴初的手笔。穿过券门，是千年古道。券门之外是大道通衢，两旁是高大、瑰丽的建筑，门内却是小巧古朴的中式阁楼、亭台、塔庙，中间夹一条青石板铺就的弯曲小道。入口道旁的左侧，坐落着原英国领事馆的旧址。右侧不远处有一旁门，门外有五十三层台阶，就是人们常说的银山门"五十三坡"，取佛教故事中善财童子"五十三参"后获得正果的意思。

沿古街前行约百米可见由东向西的四道券门，券门的石额上分别刻有

"同登觉路""共渡慈航""飞阁流丹""层峦耸翠"。进入券门也就到了古街最具文化内涵的核心区域。这里有唐代的渡口客栈小山楼遗址、宋代的道教铁柱宫遗址、创于宋而沿袭至民国的西津渡救生会旧址、宋代道教金丹派祖师张紫阳的紫阳洞和符箓派的观音洞遗址、元代的昭关石塔等。其中，昭关石塔最有名气，系元武宗海山皇帝命画塑元大都白塔寺工匠刘高仿京刹梵相而作的金山般若禅院的一部分。

穿过石塔沿阶而下，直至待渡亭，坡道上的青石板上有深深的车辙，是当年独轮车运货时留下的印迹。在路边的待渡亭小憩，可以欣赏壁上的《西津晓渡图》，可以联想当年过客在此俯视滚滚长江、怀着各式心情待渡的场景。传说乾隆皇帝曾在待渡亭钓鱼为乐。出亭下坡，在天柱宫的台阶壁上，有一块刻有"一眼看千年"字样的奇石，下面是从汉代到清朝不同时期路面的原型。俯视稍余，会感到一丝幽幽的古意和一种独特的韵致。若不经意间漫步到重建的"金陵小山楼"客栈门前，那穿梭的胡同风中，仿佛还能听到唐代著名诗人张祜在这里吟咏金陵津渡的余音。

古街的深处是商铺区。一条狭窄的街道贯穿其中，两侧街景精彩纷呈。那一间间大小不等的商铺、一条条长短不一的胡同、一块块墨香点点的匾额，再加上古色古香的陈设、富于地方特色的小吃，确实容易引发人们浓厚的思古幽情。据古街的长者说，过去这不长的街道上有 150 多家店铺，有卖饮食小吃的，有卖五金杂货的，有卖文房四宝的，还有许多为船家服务的木匠店、缆绳店等，应有尽有。那时候，古街上不仅店铺多，人气也旺，整天车水马龙，川流不息。清代诗人章诏描述过云台山下观灯的场景："山郭张灯几万家，满街飞赶赤城霞。何人倚醉扶鸠主，看遍春城十里花。"古街的灯会异常热闹。古街又是去金山寺烧香的一条捷径，骑驴上金山的人多喜欢借道于此。那青石板路面上深深的车辙印，印证了古街的繁华。

最吸引人眼球的是老屋。那随着山坡起伏绵延的小楼错落有致，沿街小弄堂前的"长安里""吉瑞里西街""德安里"等题额仍清晰可辨。小弄深处还可以找到当年爱国人士李公朴居住过的老屋。置身其中，似乎不知不觉中又多了点神秘感。就连见多识广的英籍华人女作家韩素音置身西津渡古街时，也忍不住赞叹说："漫步在这条古朴典雅的古街道上，仿佛是在一座天然历史博物馆内散步。"中国文物学会原会长罗哲文先生更是把这里誉为

"中国古渡博物馆"。

古街上的建筑多为明清时期的遗迹，砖木结构、飞檐雕花的窗栏一律油漆成朱红色，给人以"飞阁流丹"的感觉。错落有致的两层小楼，翘阁飞檐，窗上的雕花，斑驳的柜台，清一色的木格门窗，诉说着"千年古渡，千年老街"的沧桑。

第三节　沿江津港

据《丹徒地理志略》记载，镇江沿江共有九港："自铁炉山东迳高资镇入江者为第一港。自五州山长山东及大岘山西出七里港者为第二港。自入运河绕出京口闸入江者为第三港。自白兔山北及长岗西皆出丹徒镇闸口者为第四港。东雩山北诸水亦皆出谏壁铁锚港者为第五港。雩山东合马湾苦竹诸水出孩溪桥者为第六港。又有自陈湾柳湖及圌山西面诸水入洪溪为大港，则第七港也。五峰山西韩桥港为第八港。圌山后收沙腰之水出江者为山北港，乃第九港。"下面主要介绍其中的七港。

一、七里港

七里港位于城西七里处，历史上曾是"镇江米市"的重要中转港。七里港云集的千百粮艘，沟通了长江中下游的粮米市场，还辗转海路营销闽、广之地。为提高七里港运力，明英宗多次在朝廷召集大臣进行研究，"命粮储河道都御史李秉通七里港口，引江水注之"（《明史》卷六二）。清代中期，七里港渐淤，乾隆皇帝亲自督导开便民河，其中高资至金山河段称运粮河，部分替代了原七里港的运粮功能。清代诗人孙嘉轼曾经经过七里港，写下了《京江夜泊七里港》："日落樯头映晚霞，江禽带水立平沙。村童驱犊穿花径，笑指西边是我家。"

二、下澫港

如果说七里港是直面长江的"外港"，下澫港则是受跑马山庇护的"内港"。今人在跑马山与李家大山之间可见一条长 1500 米、宽 300 米、深 20 米的地质凹槽，这便是古代下澫港的所在。宋《嘉定镇江志》载："下鼻塘、下鼻港皆在城西十八里。"东吴时这里设有刺奸屯。东晋时，大臣郗鉴在其西面筑有两垒。《江南经略》载："下鼻浦在镇江城西十八里（有小墩二，在浦东西，长高二丈，形类人鼻在口下，故名）。"因有跑马山遮护，下鼻港曾是隐蔽性极好的军港，两宋时有水军常驻，有舰船巡检，可随时应对突发战事。

三、洪信港

宋《嘉定镇江志》云："洪信港，在城西南二十五里。"洪信港位于五州山中段北侧。在近代开通镇句公路前，古城与句容、江宁的交通当数经五州山北侧的水陆两路最为便捷。因该港处古代交通要道，北宋还在洪信港附近设洪信铺，铺兵定员 16 人，负责邮传兼治安。

四、高资港

高资港的交通地位十分重要。早在南朝梁武帝时期，高资港就已成为海路上的良港，船只从这里可达朝鲜半岛。唐朝时期，高资因其良好的港口位置而成为江淮要冲，"舟车之轻从，邮置之经纬，漕运之转输，军期之传送，未有不由此途者"（《宋会要辑稿·方域》）。有两位唐朝名人在高资留下了足迹。一位是大将尉迟敬德，他出资修建了东方桥；一位是贤臣魏徵，他在玄武门事变后来到高资的山林中隐居。唐太宗李世民亲赴高资请魏徵到朝廷担任要职。魏徵折服于李世民的诚意，特在高资修建了接驾亭，此处因此被命名为唐驾庄。

北宋时高资港改称高义港。元代开设高资港东西二渡，分别通往江北真州（今仪征）瓦庙子和铁淀港。港口由高资河通往句容腹地。清乾隆皇帝南巡时曾经过高资港。高资港附近还设有高资营和战船场，并设有巡检司。高资港是镇江西部港湾中唯一至今仍在使用的重要港口，是江南岸线难得的深水港。港口已有 1 万吨级、3.5 万吨级两个深水码头投入使用，另有两个 5 万吨级煤炭专用码头正在筹建。港口附近的高资镇始建于宋代，是江南名镇。

五、炭渚港

炭渚港是丹徒西端的一个老港。炭渚二字，意指富藏泥炭的沙洲。泥炭系煤炭的初始形态，燃烧可供炊灶、取暖之用。宋《嘉定镇江志》记载："炭渚港，在城西南四十里。"炭渚位于古代丹徒、句容两县界首，是交通要地上的一个节点。宋代设炭渚铺，铺兵定员 26 人。

六、萧家港

南宋期间，南朝梁萧统的后人从外地又回到了丹徒，在长江边圌山脚下繁衍生息，于是有了萧家湾和萧家港。丹徒萧氏一族的始祖是萧汉杰，其"精通韬略，兼全文武"，能诗善文，著有《友山文集》，是宋理宗时的进士，官至建康路同知。他在归乡途中，因大风上岸避险，被当地景致吸引，遂入籍丹徒，购田筑屋为子孙谋。到了明万历四十一年（1613），该族"人丁万余，各为分谱，以称巨族"。族中出了不少通过科举获取功名的读书人。

萧家港不远处的大路镇，历史悠久。清中叶，大路镇形成街市，保存着众多的民居建筑。这里靠近江边，水运发达，物资转运的便利和随之而来的大量商机孕育了不少富户，其中以王氏家族比较有名。据《大路镇志》记载，王氏宗族随宋室南渡，由山东迁居此处。王氏后裔中有一个号称"王百万"的人，是民国时期镇上的富豪。他不断地建房造屋，其后人又继续扩建，使村落形成弄堂。据当地人讲，"王百万"投巨资建造了九座一字排开的房子，均以"堂"为名，其中一正堂、有余堂、敦水堂、培德堂等至今保存完好。大路镇的李氏家族也人才济济，出了辛亥革命的将领李竞成。

七、洪溪港

洪溪港，又称安港、鸿溪港，即今天的大港，位于镇江东郊，北临京江，东依圌山。历史上，此港常停泊船只，并有渡船驶向江中各沙洲。南宋名将韩世忠驻军圌山时开挖了 36 处港汊作为军港，其中洪溪港规模最大。元明时，过往此港的船只越来越多。为加强管理，明朝镇江府在此设安港巡检司。如今，大港发生了巨变，成为镇江最大的深水港口，也是长江三角洲重要的江海河、铁公水联运综合性对外开放港口和国家主枢纽港之一。港口旁边的大港镇，历史同样悠久。大港镇周围山中出土的宜侯夨簋是镇江具有三千年文字历史的见证。北宋雍熙年间大港设镇，商贸发展迅速，成为连接各江上沙洲的中转站。洪溪港为大港镇的百姓出行提供了便利。当年，赵声去金陵参加书院考试，就是从洪溪港出发，通过焦山水道，到达镇江码头换乘轮船，经京江西上而达金陵的。据赵声《赵伯先日记鳞爪》记载：（1901）"正月初七日，由家动身，至金陵就馆。……由鸿溪乘扁舟至焦山下，日已暮矣。灯下至镇江西门外轮船码头，晚餐于三益楼栈，二鼓后，登瑞丰小轮，三鼓后，起碇而驶，一夜未睡。"宋代诗人蔡肇写过《大港即事二首》："村落家家有酒沽，黄童白叟醉相扶。恨无韩滉丹青手，更作丰年几幅图。""野草追随岸接罳，紫荆门巷日平西。自言今岁春耕早，腊雪消来水一犁。"清代诗人张正路有《大港渡江口占》诗："微风吹浪蹙鱼鳞，日夕沙头唤渡人。一样开帆剪江水，伤心不复似西津。"

第四节　津渡人文

一、宋徽宗出逃镇江

宋徽宗赵佶（1082—1135）是宋神宗的第十一个儿子，一位有名的书法家。但作为皇帝，他办了不少引狼入室的蠢事。如他派人和北方的金王朝订立共同灭辽的"海上之盟"，结果金兵入关灭辽之后，开始侵犯北宋。宣和七年（1125）十一月，金兵分两路南下，长驱直入。宋徽宗不敢抵抗，逊位太子，成太上皇。太子赵桓即位，是为钦宗。宋徽宗听到金军渡过黄河的消息，连忙出逃，在童贯、高俅带领的士兵的护驾下，浩浩荡荡地渡过长江，到达镇江的码头。由于宋徽宗带头出逃，许多公卿士大夫也纷纷举家南下，追随徽宗，镇江江边的行宫几乎变成了第二朝廷。

徽宗在镇江做起了复辟梦，"墨制纷然，专易守令，迁官赐报，略无虚日"，又"缮营宫室，移植花竹，购买园池，科须百出"。他还通过行营使司和发运使司向东南各地发布了三道"圣旨"：一为《截递角》，不许东南各地官府向都城开封传递任何公文；二为《止勤王》，不许东南各地驻军开赴开封勤王，截留路过镇江的三千两浙勤王兵作为卫队；三为《留粮纲》，不许东南各地向开封运送包括粮食在内的任何物资。这三道"圣旨"让朝廷不能号令东南，"监司莫知所从，州县观望风旨"，加剧了靖康之变前的朝局动荡。后在宋钦宗和李纲等大臣的劝谏下，宋徽宗复辟的想法破灭。

二、文天祥北固脱险

宋恭帝德祐二年（1276）正月，文天祥被任命为右丞相，代表南宋政权入元营谈判。他断然拒绝投降，被元将伯颜扣押。临安沦陷，文天祥被押送北上，途经平江、无锡、常州来到镇江。在镇江停留时，他与随行的帐前将官余元庆和义士杜浒谋划从北固山下江边乘隙逃脱。在杜浒的帮助下，他们找到了一位为元军管船的同乡，获得了船只，又找到了一位愿意带路的老兵。行动那天，他们把看守灌得酩酊大醉，然后乘着夜色避开关卡，来到在甘露寺下江边等候的小船上。因长江中沙洲已为敌兵占领，无法过江，他们便绕道北行，向真州驶去，途中除些被元军的巡船追上来盘查。他们经长江口南下，历尽艰辛，转至福建募集将士，继续抗元。文天祥在渡江途中写了15首诗，记述从定计、谋人、得船、踏路、出隘、候船、江上遭遇元军巡逻船、侥幸脱险的全过程。诗的总名为《指南录》。其中，《扬子江》是文天祥经长江口南下时写下的一首七言绝句："几日随风北海游，回从扬子大江头。臣心一片磁针石，不指南方不肯休。"首二句纪行，叙述他自镇江逃脱，绕道北行，在海上漂流数日后，又回到长江口的艰险经历。末二句抒情，以"磁针石"比喻忠于宋朝的一片丹心。北固山下的文天祥京口脱险遗址纪事碑，记录了他江边脱险的史实。

三、洪起畏"不降则走"

以江为镜，照出了许多像文天祥这样的人物。他们逆境时正气凛然，视死如归，谱写了人生的巅峰时刻。但也有一些人，顺境时慷慨激昂，义愤填膺，可到了关键时刻就经不住考验，当了逃兵，洪起畏就是一个例子。咸淳十年（1274）八月，洪起畏担任镇江知府。此时，南宋朝廷已到绝境，面临整个防御体系被突破的危险。作为负有守土之责的镇江知府，洪起畏深知"京口，京都第一重门户，而失之，行阙岌岌乎危矣"（《宋季三朝政要》）。于是，他在镇江城内张贴告示，书写"家在临安，职守京口。北骑若来，有死不走"（清陈衍《元诗纪事》卷四五）的誓言，表达自己与镇江城共存亡的信念。

洪起畏出身官宦世家，曾祖父洪钺为太子少师，祖父洪咨夔为端明殿学士，父亲洪勋亦为端明殿学士。他饱读诗书，凭借出众的才华，得到吴渊、马光祖、王致远等人的赏识，仕途初始顺风顺水，并且颇有抱负，认为即便当官了，也"不可以此改其度"，即不能改变做人的原则，依然要以从前的标准要求自己。所以他初到镇江知府任上时，口号还是蛮响的。元将伯颜率大军攻宋，自襄阳顺汉水入长江，水陆并进，"旌旗延袤，前后数百里"。元军与宋大臣贾似道率领的13万士兵和2500艘战舰相遇芜湖丁家洲一带，双方激战后，宋军大败，"败兵蔽江而下"。主帅贾似道乘单舟逃至扬州，而随军移运供馈钱粮的参谋官洪起畏也逃回了镇江。

丁家洲之战吓破了洪起畏的胆，他回到江边的镇江府衙不是整顿兵马，固守城池，而是将数月前"有死不走"的誓言抛于脑后，"弃印遁去"，被时人戏谑为"不降则走"。据《至顺镇江志》记载，其逃跑日期为"二月二十四日"，距丁家洲之战仅过去了四天。文人周密还将此事写入笔记《癸辛杂识》，视"洪起畏守京口"为贪生怕死、言行不一的反面典型。

四、冷士嵋归隐焦山

冷士嵋，字又湄，自号秋江散人，世居丹徒镇，明末诸生。其兄冷之曦弃文习武，先随史可法守扬州，后来做了高杰的参将，参加过扬州抗清保卫战。高杰兵败后，冷之曦渡江收集残兵退守丹阳，最后在抵抗清军的交战中被俘，不屈而死。这件事对冷士嵋的刺激很大，他发誓终生不入城市，以教授生徒自给，不为清廷效力。他整日身穿蓑衣，头戴笠帽，脚穿芒鞋，不少人觉得奇怪，就问他为什么总是这样穿着。他回答说："吾戴箬笠，痛胜国之天不复见；著芒鞋，痛胜国之地不复履。"他在自己的居处构建了江泠阁，作为读书写作的地方，"以图书诗史自娱"。他的藏书达两万余卷。著有《江泠阁诗集》《江泠阁文集》等。

冷士嵋精通文史，"为文数千言立就，博辨条达，自成一家"，不少学者，如张自烈、魏禧、魏礼、宗元豫、盛远、文点等，都和他有来往，相互赠答。冷士嵋的诗歌也有名气，古体诗有汉魏之风，近体诗宗初唐盛唐，清淡超卓，寄托深远，在清初京口诗人中独树一帜，"四方求诗文者，络绎不绝"。晚年，他力学杜甫，多激壮之音。

冷士嵋好游山水，近则南京、扬州、苏州，远至浙江、安徽、两湖、关中等地，穷览名胜。由于游历多，见识广，他写的山水诗往往能紧扣景物，抓住特点。有一次他乘舟从圌山脚下过，在很短的行程中做出了精准的观察，形象地勾画了圌山的"雄、险、秀、奇"。诗云："沿舟溯海门，四顾两峰见。石壁插江心，数山横水面。"他的《题妙高峰》写得同样精彩："天拔一峰起，波空四面开。江光浮岛屿，潭影浸楼台。折苇番僧渡，乘槎海客来。何须更壶峤，此地即蓬莱。"该诗突出了金山一峰中立、四面水环、江中浮玉、楼台倒影的独特地貌，又点明此地不凡，是众僧来朝、香客来拜的佛门境域。

冷士嵋对焦山的印象最深，往返焦山和象山渡口的摆渡次数也多。他来焦山似乎比到其他地方更轻松，常以一些有趣味的小诗记景抒情。其《十一诗》云："一蓑一笠一渔钩，一个渔翁一叶舟。一舵一帆兼一桨，一人独钓一江秋。"晚年，他极度贫困，寄居于焦山僧舍。

五、林则徐托付魏源

清道光二十一年（1841）五月，在广东抗击英国侵略者的林则徐被革去四品卿衔，与邓廷桢从重发配新疆伊犁，效力"赎罪"。六月，林则徐从杭州动身，沿运河北上赴戍，船至镇江时，或许是出于个人情感，他决定在这里作短暂停留。客居扬州的魏源闻讯赶到镇江，与林则徐会晤，并陪同林则徐过江。

林则徐与魏源相识已久，感情深厚。在镇江江口的府驿宿舍中，两人对榻倾谈，面对国势沉沦、外侮日亟的局面，他们忧愤在胸，百感交集。最后，林则徐将自己在广州积累的资料和《四洲志》手稿等交给魏源，嘱咐魏源编纂《海国图志》一书，以唤醒国人"睁眼看世界"。事后，魏源作《江口晤林少穆制府》诗两首追忆当时情景。诗云："万感苍茫日，相逢一语无。风雷憎蠖屈，岁月笑龙屠。方术三年艾，河山两戒图。乘槎天上事，商略到鸥凫。""聚散凭今夕，欢愁并一身。与君宵对榻，三度雨翻蘋。去国桃千树，忧时突再薪。不辞京日月，肝胆醉轮囷。"

魏源不负所托，根据林则徐提供的资料，"再据历代史志，及明以来岛志，又近日夷图、夷语，钩稽贯串"，精心编纂，于1842年"夷艘出江甫逾三月"的时候，将《海国图志》的50卷本刊刻问世。1847—1848年，魏源又将《海国图志》增补为60卷本，刊于扬州。到1852年，又扩充为百卷本。《海国图志》是一部介绍西方国家科学技术和世界地理历史知识的综合性图书，详细叙述了世界各地和各国的历史政治、风土人情，主张学习西方国家的科学技术，提出了"师夷长技以制夷"的主张，对洋务运动的出现、晚清军事近代化及日本明治维新运动的兴起都有积极的影响。

六、孙中山关注港口

镇江位于江河交汇处，津渡码头多，地位很重要。孙中山十分关心和重视长江镇江段的整治和镇江商埠的建设，在《建国方略》中强调：镇江位于运河与长江交汇之处，"在汽机未用以前，为南北内地河运中心重要之地。而若将旧日内地运河浚复，且增浚新运河，则此地必能恢复其昔日之伟观，且更加重要。因镇江为挈合黄河流域与长江流域中间之联锁，而又以运河之南端直通中国最富饶之钱塘江流域。所以此镇江一市，将来欲不成为商业中心，亦不可得也"。镇江作为长江沿岸重要港航商埠，"控长江运河之锁钥，司南北交通之枢纽，帆樯幂密，舳舻相望，几希追步沪汉，隐握大江南北经济之权衡"。究其根源，与江河交汇于此有很大的关系，所以有"镇江商埠之繁殷艳著，其根源于本地擅地理位置之形胜"的说法。1928年，民国政府决定把江苏省省会迁到镇江。孙中山对镇江的评述无疑是重要的得分项。

孙中山曾为镇江制订长远的发展计划，以便镇江更好地利用长江的优势。他说："依吾整治长江计划，则在镇江前面，吾人既以大幅余地，在六英方里以上者加入镇江。此项大江南面新填之余地，当利用以为吾人新镇江之都市计划。而江北沿岸之地，亦当由国家收用，以再建一都市。盖以黄河流域全部，欲以水路与江通，惟恃此一口，故江北此一市当然超越江南之市也。镇江、扬州之间，须建船坞，以便内地船舶；又当加最新设备，以便内地船只与航洋船之间，盘运货物之用。此港既用以为东海岸食盐收集之中心，同时又为其分销之中心，如此则可用新式方法，以省运输之费。江之两岸须以石或士敏士（cement，水泥）坚结筑成堤岸，而更筑应潮高下之火车渡头，以便联络南北两岸铁路客车、货车之往来。至于商业发达之后，又需建桥梁于江上，且凿地道于江下，以便两岸货物来往。街道须令宽阔，以适合现代之要求。其临江街道及其附近，应预定为工商业所用。此区之后面，即为住宅，各种新式公共营造均应具备。至于此市镇计划详细之点，吾则让之专门家。"

第五节　津渡景观

一、北固山石壁

北固山以险峻著称。北固山高度不过50多米，为什么给人险峻之感？这恐怕要归功于它后峰的石壁，若无石壁，北固山何以称险，又如何称雄？石壁的临江刀削式姿态赢得了世人的惊叹，为北固山争得了险峻之山的殊荣。

据《光绪北固山志》记载："石壁在后峰，北东西沿江，长三十四丈五尺余，高十四丈。"由于石壁被各种灌木杂树覆盖，其下又是滔滔的江水，难以攀登，所以很少有人了解它的"庐山真面目"。甚至像陆游这样对北固山并不陌生的大文人也"上当受骗"。陆游在《入蜀记》中记录乾道六年（1170）六月二十三日到甘露寺的情况，云："拜李文饶祠，登多景楼，楼后亦非故址，主僧化昭所筑，登览之胜，实过于旧。此山多峭壁，如削，皆土也。史以为石壁，绝误云。"

事实是北固山的石壁绝真，如削皆石。从江上望去，石色苍润，石骨奥巧，石径曲折，石崖陡峭。壁下是拍岸的江水和回旋的深涡，壁上则是黄黑交杂，如屏如墙，有千岩万壑之气象。高松生其巅，杂树出其罅，衬上如珠帘层叠横比的斧痕和裂石而出的古藤，苍朱交映，还真是一种不易见到的奇观。若临崖端，引手援树下顾，定会目眩心悸。历史上有不少诗人写过石壁诗或石壁歌，来赞美这一天降的奇景。

明代苏州的大藏书家顾元庆来北固山时，被北固山的气势震惊，这里的峰峦、古镬、楼台和铁塔给他留下了深刻的印象。尤其是临江的石壁，激起了他的诗兴，促使他写下了"绝壁倚江滨，千峰带夕曛。断冈余王气，古镬隐雷文。沧海风烟接，高楼鼓角闻。上方萧索尽，一塔出尘埃"的诗句。冷士嵋这样评价石壁："山阻京口之险，崒然拔空怒起者几二百尺。壁石悬坚，斩而下绝，盖所谓北固者也。"（《北固山亭记》）对北固山来说，大自然的鬼斧神工实在太奇特！号称"土山"的北固山，就其属性来说，前峰、中峰、后峰到处是松散的土壤，唯有后峰临江的北壁天生一道石壁，用来勇敢地阻击滚滚的巨浪，这不能不说是一种奇观。大自然在这里用最原始也最直接的方式表达了自己的伟大。

清代镇江诗人解㭎是北固山的常客，对石壁的观察十分细致，但仍对土山后峰为石壁的状况不得其解。他的《石壁》诗充满了疑问："峭壁疑从天外来，波涛不洗旧时苔。石流远逐金鳌起，翠嶂遥临铁瓮开。山带六朝青不断，江流千里浪初回。薜萝空挂西风老，谁向悬崖到处栽。"直到今天，似乎也没有人能解答他的疑问。

另一位清代诗人陈量也是石壁的观赏者，写过《甘露寺石壁歌》，描述惊涛撞击石壁的轰鸣，以及壁间植被的奇貌。在他的笔下："海门涛声撞天立，万叠银涛如马疾。涛声欲括石帆石，亏得石根有石壁。者壁不由工凿成，乃是五丁巨斧来经营！欹侧偃仰无不有，望之令人心胆惊。二十八宿摩其顶，绝地凌云回日景。恍如插戟护仙垣，石笋陆离铺作锦。上有镔铁之浮图，下有习坎之龙居。飞岩直上几千仞，太古老藤连络扶。黄州壁虽赤，燹炼皆损失，夔州壁虽青，烧后亦凋零。此壁完且久，呵护依仙灵。"石壁的神奇与壮观的确令人惊叹！

二、秋月潭

在北固山临江石壁下有一个小潭，小潭的名字颇有诗意，叫"秋月潭"。清代诗人蔡之定以"观音洞口潺潺水，流尽秋潭月半痕"来描写秋月潭。若仔细在北固山峭壁的崖石间找寻，仍可辨认出旧刻"秋月潭"的字样。

由于沙滩在江与潭之间堆积，秋月潭失去了长江水源的补充。今天的秋月潭和昔日的秋月潭已经无法相比，体量大幅缩减，盛况不再。唯有深不见底的水面，仍令人浮想联翩。《嘉定镇江志》说，宋代的秋月潭极为壮观。嘉定年间，邻近的甘露港设有上下两道水闸，用来调节水位，以供上游来的船舶停泊避风。后考虑到两闸之间不足容纳多舟，又决定寻找新的水面来扩大停船的数量。镇江知府史弥坚发现当时的北固山下有水泽，深不见底，就把它扩大为潭。在此基础上，史弥坚又把潭同外面的水道打通，直接与通江的绿水澳连接，用来隐藏防江军船和其他船舶，以避江中狂风巨浪的袭击。秋月潭能隐藏多舟，说明面积很大。

清初诗人钱谦益到过北固山，又去了秋水潭，见那里成了清军驻扎的营地，颇有感慨。他在诗中说："秋月潭前帝驻师，风云飒沓护征旗。楼船漂血朝追寇，御笔临流夜咏诗。遂使一家天堑合，不教六代地形亏。圣朝倘问龙兴事，眼底长江是王基。"

秋月潭是一个很美的地方，在此泊船者可以在船上欣赏北固山崖下的美景。风平浪静时，水潭犹如一面巨大的明镜，潭水可以映出天上的皓月，也可以将山崖的青翠和临崖的楼台一起倒映出来，犹如梦幻中的景致。

明代，焦山和尚祖印在秋月潭转了一圈便来了灵感，作诗云："山壁空题秋月潭，岭云江水小春天。白头传说当年事，落日寒鸦噪野田。"清代诗人张国谟也写过一首《秋月潭》，耐人寻味。诗人是这样描述秋月潭的："藏舟访遗迹，扶杖过山家。无复空潭影，惟余峭壁斜。林深时见月，莎浅夜鸣蛙。古字烟岚里，秋潭落野花。"诗中语不多，景不少，有潭中藏舟，有悬崖峭壁，有树梢明月，有半夜蛙鸣，有烟岚弥漫，有野花飘零，写得不粘不滞，淡雅疏秀，没有一点斧凿的痕迹。

三、北固山观音洞

在北固山后峰五圣岩下，有一个观音洞。此洞深约三丈，高阔各丈余。据《北固山志》记载，观音洞在石壁下，元朝至顺年间，曾有寺里的和尚利用石洞建屋，在里面修行，供奉观音像。明代的镇江府学距离北固山不远，府学教授高一福闲时喜欢到北固山游玩，登高望远，写诗作文。有一次他逛到了五圣岩下，发现了观音洞，觉得这里非常幽静，就到洞中转了一圈。后来他在诗中说："古洞苍崖境最幽，红光不到好禅修。藤岩坐寂传空谷，斗室谈玄剖聚沤。日耀慧灯千古镜，风超苦海四时舟。何时会到非分想，顿觉摩尼自在游。"

在观音洞的洞壁上，有明末丹徒知县庞时雍题写的"云房风窟"四个大字。过去洞前还有"小普陀"的题额，不知何人所题。光绪年间，曾有来自湖北一带的云游僧在洞里供奉观音像，并把该洞改名为卧龙洞。《北固山志》说，光绪年间，浙西有号仙都山樵者来北固山，把卧龙洞与五圣岩、秋月潭、五岳塔、走马涧、蝦蟆石、甘露门、石帆峰、真柱石、凌云亭并称山后十景。"相传天阴云气有卧龙其下，今有僧在洞外建屋三楹，有楼塑各像焉。"

新中国成立初期，洞内尚能看到观音像及莲花宝座。现在观音洞还在，游客仍会寻访。游客从北固山下的栈桥上经过，可以看见石壁的下面仍有个不大的三角形山洞。不过若没有导游指引导，没有多少人知道这里是当年香火旺盛的观音洞。由于洞的周围长满了杂乱的树丛，要找"云房风窟"石刻的话，必须近观。

四、海岳庵

海岳庵位于北固山后峰的西麓，是甘露渡不远处一个很不错的景点。北宋哲宗时，大书画家米芾爱慕北固山下的宜人风光，就用自己珍藏的灵璧石向苏仲恭学士换得北固山下的一块住宅园地，建了一处别墅，初名"净名斋"，后改为"海岳庵"，并自题其居曰"天开海岳"，又自号"海岳外史"。他在海岳庵题联，云："神护卫公塔；天留米老庵。"清代郑板桥也在海岳庵内题了一联："临流可吸西江水；隔岸拳擎北固山。"

蒋之奇是米芾的好友，也是知名的书法家。蒋之奇，字颖叔，常州宜兴

（今属江苏）人。嘉祐二年（1057）考中进士。官太常博士，后又考中"贤良方正科"，升为监察御史。宋神宗即位后，蒋之奇转为殿中御史。熙宁中，历任多地发运副使。元祐初，任天章阁待制，知潭州。绍圣中，召为中书舍人，知开封府，进翰林学士兼侍读。崇宁元年（1102），知枢密院事，出知杭州，后因病而归。他工于书法，尤工篆书，作品有苏轼、黄庭坚笔意。传世墨迹有《辱书帖》《北客帖》等。他写过《寄米元章卜居北固山》诗，云："京城汩没兴如何，归棹翩翩返薜萝。尽室生涯寄京口，满床图籍锁岩阿。六朝人物东流尽，千古江山北固多。为借文殊方丈地，中间容个病维摩。"可见，他对米芾居住在海岳庵这样宽松自在的环境里很是羡慕。

在蒋之奇看来，北固山陡入江中，三面临水，金山、焦山遥相呼应，向南远眺，则"云气涨漫，冈岭出没，林树隐现"，俨然一幅天然图画，故而产生了米芾笔下的《海岳庵图》。《北固山记迹》云："米南宫海岳图，陈叔方尝寄云林简云：此图拙古，俗眼罕识。前辈尝评其画云：'大米造妙入无言。'"（《京口三山志选补》卷一）"千古江山北固多"，北固山水给这位大画家提供了丰富的创作素材。同时，海岳庵优越的自然环境配以山头的佛教净域，给了大画家宁静的心态。米芾在这里不仅构思作画，而且精研理论，写出《书史》《画史》这样的书画名著。

米友仁也对其父在海岳庵中绘画自如有深刻的认识，说："先公居镇江四十年，作庵于城之东高阁上，以海岳命名。此画乃庵上所见，大抵山水奇观，变态万千，多在晨晴晦雨间，世人鲜复如此。"米芾多次登上北固山眺望金、焦、南郊诸山的自然景色，所以能"极江南烟云变灭之趣"，抓住江南特色的云山烟雨，创造了独特的"米氏云山"。

到了明清时代，海岳庵依然是一个吸引文人的地方。明代镇江府学教授冯惟敏在这里参加"海岳吟社"的活动，在《西津折柳卷送蒋山人》诗序中说："山人雅好书史，尤喜学诗。既与郡之名辈结社海岳庵中，而余守博士职多暇，时获过从。诗社啸歌之余，听谈名理，辄复称一快事。"（《海浮山堂诗稿》卷二）为了表示对苏东坡和米芾的敬重，王士禛也泛舟前来探访旧地，到庵中恭恭敬敬地拜苏、米二公像。王士禛在拜苏、米二公像后写道："前辈风流地，为庵易研山。净名犹故迹，摩衲识清颜，江月长如此，高人去不远。惟应余翰墨，终古照人间。"

五、研山园

南宋时，岳珂在镇江做官，在海岳庵遗址上新建了一个精致的小园。这个小园很特别，从园名、楼名、景名的题写，到楹联、诗词的书写，都渗透了米芾的诗文。岳珂不仅以米芾当年拥有的奇石"研山"为园名，并且用米芾诗文中的词语来题写园中的各个景点，如宜之堂、抱云堂、陟巇亭、英光祠、小万有、彤霞谷、春漪亭、鹏云厅、里之楼、清吟楼、二妙堂、洒碧亭、静香亭、映岚山房、涤研池等。《京口三山志选补》卷一有记："元章画海岳庵图，率意而写，极有天趣，自写其真刻石寺中。后总领岳公得之为研山园。公好古博雅，摘南宫诗中所语，名其胜处。"

岳珂对米芾非常崇拜。宋冯多福《研山园记》说："《蔡氏丛谈》载米南宫以研山于苏学士家易甘露寺地以为宅，好事者多传道之。余思欲一至其处，且观所谓'海岳庵'者，米氏已不复存，总领岳公得之为崇台别墅。公好古博雅，晋宋而下书法名迹宝珍所藏，而于南宫翰墨，尤为爱玩，悉摘南宫诗中语名其胜概之处。"他构建了清吟楼、英风堂，用来收藏米芾的诗文书画，并在静香亭中藏有米芾观赏过的一些奇石。

岳珂曾在拜读和赏析米芾帖的过程中写了大量的"心得"，如《米元章甘露诗帖赞》云："公尝有净名之诗曰：殷勤顾景物，为尔老南徐。考乎此篇，则出无晴雨之待，观无阴霁之殊。昼呼竹舆，暮咏归涂。既不舍于斯须，共必迩于海岳之故庐。如曰易砚山之宝储，登楼平章，维王及苏，自西徂乐，乃犹奠居。此所谓舍其旧而新是图，予固因以验予记与跋之皆不诬也。"又如《米元章海岳诗帖赞》云："海岳之东西，见于印而验于碑。观乎此诗，景与物随。于呼噫嘻，此皆是也，夫岂复有今是而昨非。江汤汤其不移，山窿窿其不亏。登兮览兮，予言其如之。"

北宋绍圣四年（1097）至元符二年（1099），米芾担任涟水军使期间，经常在寓所瑞墨堂中玩山石，临池习书。米芾酷爱异石，据《宋稗类钞》载："米元章守涟水，地近灵璧，蓄石甚富，一一品目，加以美字。"南宋开禧二年（1206），岳珂参与抗金北伐时，途经涟水，专访"瑞墨堂"故址，看到"荒垒颓垣中，有十数立石，皆灵璧，奇甚"。据说，其中有一块立石镌有米芾的题名，于是他千方百计地将立石弄回镇江。

这块立石是一灵璧石，高七尺，阔五尺，青碧玉润，形如飞云欲坠。石体上刻有"元符元年二月丙申米芾题"字样，又有"泗滨浮玉"四篆字。由于立石奇特，明人陈继儒将它录到《太平清话》和《妮古录》中。考米芾于元符元年正在涟水军使任上，说明这块奇石应是经过米芾品目清供的"瑞墨堂"遗物。米芾在题写"泗滨浮玉"时，可能考虑到这块奇石出自灵璧，得自涟水。灵璧濒临泗水，盛产磬石，《尚书·禹贡》中已有"泗滨浮磬"之记载。而涟水为泗水入淮所经，亦属"泗滨"范围。米芾得到此石后，见它状若镇江有浮玉之称的焦山，就借鉴《尚书·禹贡》中的文字，改"泗滨浮磬"为"泗滨浮玉"，既表明奇石的来历，又描述出它的形体，还寄寓着他对定居之地的情感，可谓用心良苦。

米芾藏书的习惯，也在岳珂的身上得到了体现。岳珂的研山园不仅收藏了许多米芾的诗文书画，也收藏了大量的藏书，为他编著书籍创造了条件。岳珂一生著作甚多，有《吁天辩诬》《天定录》等，是研究岳飞的重要资料。又有《桯史》《玉楮集》《棠湖诗稿》《小戴记集解》《刊正九经三传沿革例》等。清代叶昌炽《藏书纪事诗》将他列为南宋著名藏书家。

六、宝晋书院

过去北固山西麓的凤凰池边，柳成荫，树成行，环境静幽，是适宜读书的好地方。南宋淳祐八年（1248），蒙古兵南侵江淮，大批的江淮士子避难京口。太常寺少卿龚基先为了方便这些流散的两淮士人研习儒学，提出了创办书院的主张。当时的郡守王埜接受了他的倡议，在凤凰池旁边创办了书院。书院建好后，王埜将此事上报朝廷，宋理宗亲自书写了"淮海书院"匾额。淮海书院有田产135顷、地产50顷、山92亩等，用来维持日常的教学开支。明初，淮海书院并入县学。

乾隆二十八年（1763），丹徒知县贵中孚念淮海书院久废，为培养人才，把海岳庵改建成书院，并入藏了宝晋斋旧砚。《宝晋书院志》云："康熙年间，何公天培治园亭海岳庵侧，工人掘地得砚，携去，莫识为米氏物也。好古者见有宝晋斋字，劝藏之。后其孙贫不能守，转质他姓，因赎之，藏于书院中，以为襄阳先生遗爱云。砚长七寸，广四寸，高二寸许，面为圆图，受墨襄阳，自为铭曰：'彼美兰亭，贻自右军。展卷悠然，如行山阴。江左风流，万古弥馨。图之于砚，临池生云。其值千缗，宁易鹅群。'砚阴有宝晋斋三大字，亦襄阳笔。四围虚其一，其前左右三面刻兰亭图，崇山峻岭，茂林修竹，景物宛然。其后下端既虚洞，上端镌云林主藏四篆字，未知果属倪公否？惜刓其二足，其右足尚可粘合，左则已失之矣。丹铅余暇，一再摩挲，想见当年与南唐宝石同位置于匡斋，暝写晨书，几供濡染。今先生名如光岳，历久弥新，而此砚亦借以不朽，且若灭若没，维有历年，乃于搜采之余，乘时利见，岂斯砚诚有灵乎？亦襄阳实式凭之也。后之览者，亦将有感于斯夫。"因米芾的海岳庵中有收藏书画的宝晋斋，书院遂命名为宝晋书院。

宝晋书院的教学内容重八股，主要围绕科举考试展开，为"单衣寒士，有志上进者"通过科举入仕而铺路。书院遵循朱子白鹿洞书院的规章，每月上课两次，分别是初六上课、十八斋课。镇江知府黎世序离任时，专门到宝晋书院和诸生谈话，并赠诗勉励他们。他在诗中说："江天海岳壮文澜，北固山斋拭目看。问字我惭一日长，研经君耐九秋寒。曾追苏米敦弦诵，敢向河淮策治安。临别片言顺记取，科名容易立身难。"镇江知府谢启昆是书院常客，有余暇时，会和书院学生一起切磋课艺，点评诗文。他的《宝晋书院》诗写得饶有风味："欲求漫士观多士，酷爱名山访研山。北固楼台自超旷，南徐文物许追攀。未曾读律初从政，不好为师也抗颜。时与诸生谈旧事，题名绕辟叩禅关。"

同治年间，镇江知府赵佑宸对宝晋书院十分重视。"公暇以培植人材为首务，性好阅文，爱才如命，多所拔识于宿学，重用周伯义于英年，重张宝森。丁太守立钧未达时，偶应书院课，尤奇赏之。"（《江苏通志稿·人物底稿·丹徒征访录·赵佑宸传》）他曾为书院题联，云"六载守京江，所期寒士欢颜，安得万间广厦；一庵怀海岳，差幸昔贤遗迹，犹存千古名山"，又两次增扩书院规模，划拨田产供书院享用。他还将宝晋洲上的公产，包括三万多亩芦滩，都拨给了宝晋书院。

宝晋书院内有苏东坡、米芾等先贤遗像可以瞻仰，有丰富的藏书可以阅读。清代诗人刘锽在《宝晋书院落成志喜》中称："地经前辈辟，事待后贤成。气象江天阔，规模海岳宏。衣冠盈道气，松竹和书声。苏米芳踪在，流连趣自在。"清代诗人孙露在宝晋书院瞻苏东坡遗像后说："第一江山着此人，飘然玉局想前身。天回奏疏须眉古，地重东南俎豆新。千载文章余旧迹，三州功业胜清尘。怜才尚记宣仁语，筇屐风流仰蜀岷。"清代诗人柳蓁在宝晋书院读书时，非常怀念海岳庵主人米芾，写诗云：“松楝崔巍辟讲堂，依稀旧迹忆襄阳。帘前江绕西津远，槛外云随北固长。此日作人深教泽，从来华国重文章。偶游弄月吟风地，满目春光乐未央。”清代诗人李万白来宝晋书院，也被雅致的环境感染，写道：“北郭秋火杳霭间，石帆深处隔尘寰。碧横古涧门前水，红映疏林屋上山。两点金焦供指顾，千秋苏米许追攀。只今弄月吟风地，静对江鸥自往还。”

道光年间，宝晋书院内有一棵桧树，长得壮实而苍翠，具有苍劲挺拔的姿态。清代诗人张学仲常在桧树下散步，写过《宝晋书院古桧歌》：“斋前老桧劲且直，枝干槎枒势欹侧。翠叶浓分翰墨香，霜皮厚染诗书色。不与桃李争春华，阍淡亦如人悃愊。鸟啄虫穿春复秋，柏叶松身人不识。”他称赞这棵老桧树阅世千年，形态古拙，是北固山麓古木参天的见证。

七、凤凰池

凤凰池坐落于北固山中峰脚下，原是一个不太规则的长方形池塘。池塘里的水不深，水面上露出了几丛水草。由于临近江边，江风不断，池塘里水波不息，水草随风飘动，不时还有小鱼儿穿梭其间。所以，虽然明代以后凤凰池就不通江，却始终保持着清波荡漾的状态。池边曾植有不少垂柳，弯弯的绿枝垂在池面上，构成了一幅美丽的画卷。宋代淮海书院就坐落在距离凤凰池不远的地方。

据传，凤凰池因凤凰栖息于此而得名，但山志中少有这方面的记载。不过，凤凰池边有一个凤凰亭，倒是路人皆知的事实。据《北固山志》记载，明代开国皇帝朱元璋曾驾临凤凰池，召见过镇江地方上的士绅（如丁熙拱等）谈话，有“守法、守业、守诚”之谕。随朱元璋一起来的庐陵诗人王臣，在颂诗中称“山云欲到龙初起，池水空清凤未还”。

凤凰池是北固山下欣赏明月倒影的一个好地方。过去，中秋时节这里会聚集一些风雅之士，他们一边在池边漫步，欣赏池中倒悬的明月；一边在池边抒情，抒发自己的观感。清代诗人解榢与蔡生甫、王豫等朋友就曾在池边共赏明月，作诗云：“凤池仍皓月，几度客同看。云敛秋山净，钟清鹤梦残。天光依树落，人影入溪寒。把袂情何极，茫茫宇宙宽。”凤凰池不仅水面如明镜一样清晰可辨，将周围的美景倒映其中，而且池中的明月亦与天上的明月同步，人动而月移，给人一种奇妙的感觉。

凤凰亭也是到北固山游玩的人临时休息和观景的地方。过去游人从山上下来，累了总喜欢在亭中休息，看看水中的游鱼和荡漾的碧波，放松一下心情。甘露寺内的僧人修行之余也不忘到这里走走。北固山房的住持僧如愚写过《凤凰池》小诗："清池但使灵源在，犹待丹山彩凤来。小构茅亭池上住，山窗日向镜中开。"诗中描写了这里的清雅，还提到了池边建亭的事。到了清代，凤凰池失去了往日的宁静，邻近处成了清军训练的大教场。据《京口八旗志》记载，这里的大教场是清军在镇江最大的教场，光绪年间占地面积仍有二百九十亩。由于整天马不停蹄，喊声不断，一些游人心生不满。有人写了一首《凤凰池》小诗，嘲讽说："渺渺一池水，刚临阅武场。凤凰不可见，万马浴斜阳。"

八、谢玄钓鲈处

北固山石帆楼下临江处，留下了东晋名将谢玄钓鱼的故事。至今在北固山后峰的西北麓还可以看到后人草书的"钓鲈处"三字。谢玄（343—388），字幼度，陈郡阳夏（今河南太康）人，谢裒之孙，谢奕之子，谢安之侄。他有经国才略，善于治军。早年为大司马桓温部将。淝水之战后，他又率兵乘胜开拓中原，收复了河南、山东、陕西南部等广大地区，后奉命镇守淮阴。谢玄患病后，上疏请求解除职务，诏令不许。在让谢玄移镇东阳城后，朝廷为谢玄派了一名医士，允许他回京口治病。谢玄奉诏回京口，病情却长期不见好转，后来抱病去会稽郡任职。太元十三年（388），谢玄在会稽去世。朝廷追赠车骑将军、开府仪同三司，谥号献武。

谢玄是以京口为大本营的北府军的创立者。太元二年（377），为抵御前秦袭扰，谢安荐谢玄为建武将军、兖州刺史，领广陵相，监江北诸军事，他招募北来民众中的骁勇之士，组建训练了一支精锐部队。太元四年（379），谢玄加领徐州刺史，镇京口。东晋称京口为"北府"，所以称这支军队为"北府兵"。桓温曾说："京口酒可饮，箕可用，兵可使。"

谢玄有一大爱好就是钓鱼，传说他在江中钓鱼台上一连钓上来47尾鲈鱼。《全晋文》收录了他的十篇文章，有四篇谈到了钓鱼的感受。其《与兄书》中云："居家大都无所为，正以垂纶为事，足以永日。北固下大鲈鱼，手钓得四十九枚。"钓鱼钓多了，他就把鱼做成腌鱼分送给亲朋好友。鲈鱼口大，下颌突出，银灰色，背部和背鳍上有小黑斑。性凶猛，以鱼、虾为食。个体大，最大可至 50 斤，一般为 3~5 斤。喜栖息于近岸浅海及咸、淡水交汇处，亦可上溯江河淡水区。东晋时，焦山以东即为海面，北固山水域据江临海，很适合鲈鱼生长，所以谢玄喜欢在这里钓鲈鱼。

九、笠庵

临近甘露渡，有一个叫笠庵的小庵，颇有名气。笠庵建于明代崇祯年间，环境幽静，周边长满了竹木和花草，有人写诗云："峭壁面江立，北固峙高岭。下有古笠庵，掩映疏竹林。"从庵中远眺，可以欣赏到江中的飞鸟、落日的余晖、晚归的渔船，激发创作灵感。清代诗人杨试昕留宿笠庵时写过一首小诗，诗境特别优美。诗云："山居秋夜长，横琴复垂钓。遥见一僧归，江月微相照。"清代诗人张曾《雨宿笠庵》云："山雨忽然收，风生古石楼。飞来半轮月，洗出一江秋。水鸟栖仍起，寒萤湿不流。此时孤枕兴，吟啸助渔讴。"诗人抓住了雨后景色的变化，淡笔随意一挥，便把笠庵周边的秀美之貌点缀出来，接着笔锋一转，又描述了留宿笠庵的欢快。整首诗一气呵成，尤其是"山雨"用"收"来形容，"江秋"用"洗"来形容，令人回味。

十、柳青桥

北固山后峰脚下，过去有一条海涵河通江。海涵河上横跨着一座小桥，或许是桥畔柳树成荫的缘故，小桥被当地人称为"柳青桥"。从历史上诸多诗人的描述来看，柳青桥边的风光是很动人的。加上柳青桥边还有几座错落有致的酒楼，既方便游山的人饮酒，又方便游山的人从酒楼中观赏北固山的美景，所以时常有文人在此逗留。这样的酒香之中也不免会增加文气，更增添了酒楼的风雅。在镇江诗人陈蕊珠的眼里，"柳青桥畔柳烟轻，人士嬉春照水行"。她把这里看成一个很有情趣的地方。传说，明代计成的子孙就居住在柳青桥附近。有"淡墨探花"之称的王文治与他的一班好友饮酒北固山下时曾说："草色侵衣带，花香入酒瓢。春光留不住，新绿已遮桥。"这里的桥当指柳青桥。

若赶上那阴雨绵绵的季节，柳青桥边看景的雅趣就更多了。"一夜东风吹细雨，草痕绿过柳青桥。"清代柳青桥旁住过一位隐居的高士叫潘陆，字江如，他很有风骨，"四壁萧然，而北海之座恒满"，诗文也写得好，著有《穆溪集》。

当时的读书人尊称潘陆为"江如先生"。他"弃儒冠，转客江湖"，很喜爱北固山的风景。在柳青桥旁安居下来后，他闭门谢客，只与当地的布衣诗人交往，以品评诗文为乐。凡是做官的人招之，他一概不见。桥边的酒楼里有时会出现这位隐士的身影。他在柳青桥酒楼观景时，有过这样的描述："春风烂漫百花朝，山上红芳江上潮。过尽游人看不厌，日斜半醉柳青桥。"

潘陆有个哥哥叫潘高，两人的关系很好。潘高写过《待舍弟京口消息》诗："江边消息自应来，日上平桥数十回。惆怅东风啼鸟尽，青春无主野棠开。"潘高在诗中表现了自己到江边等候弟弟消息的迫切心情。潘高也来过镇江。他拂晓时去焦山顶上欣赏江景，听到了"落木声萧骚"，看到了"寒潮势奔泻"，暮归山庄后，又享受了茅舍生活的野趣——"可怜江上月，先我在茅舍。酌酒劝影形，嗒然坐清夜"。

潘陆去世后，不少文人都很怀念他，时有寻访其故居的。诗友顾梦游来到这里，写下了《北固怀潘江如家在山下》诗："暝色俯苍然，波光接远天。清霜初染树，新月忽平弘。有客秋为别，怀人夜可怜。望中栖隐处，高柳出墟烟。"清代诗人程兆熊非常敬重这位隐士的风范，写诗云："高士沦亡旧，书堂剩落晖。空怜芳草路，止有白鸥飞。怅望春江晚，萧条过客稀。年年桥畔柳，犹自拂人衣。"

十一、京口驿

历史上，京口驿不仅仅是一个普通驿站，承担着多项职能。它不仅负责传达公文邮件，而且负责为来自大江南北的过路官员、使客提供食宿。官员的招待标准根据等级有严格规定，使客的招待则比较灵活，没有那么多规矩。驿站也有为过往官员、使客提供车、马等交通工具，以及杠夫、水夫、马夫等劳力运输物品的任务。官员犯罪，在押解发配的途中过境镇江时，驿站有临时监所的职能。京口驿还负责转运一些特殊的军需品和上交朝廷的贡品。此外，京口驿还有飞报军情、重大灾情之责，重要的军情和灾情由驿站派员限时传递。不论烈日、寒风，还是大雨、冰雪，传送急件的驿使都身背公文袋，不分昼夜，快马加鞭，在驿道上飞奔。

明代以前，京口驿称镇江驿。明洪武九年（1376），朱元璋令翰林学士订正全国俚俗不雅之驿名，镇江驿改称京口驿。照方志中的说法，京口驿起源于宋代。不过，唐代诗人储光羲（润州延陵人）写过《京口送别王四谊》

265

诗："江上枫林秋，江中秋水流。清晨惜分袂，秋日尚同舟。落潮洗鱼浦，倾荷枕驿楼。明年菊花熟，洛东泛舫游。"诗中提到"倾荷枕驿楼"，似乎说明京口驿在唐代就有了。当时，对岸的扬州已经有杨子驿，一江之隔，京口有驿站也是很正常的。

京口驿曾是江口泊舟和运河入江的中转站。官员和使客从京江入运河，或从运河入京江，常会在这里停留。高丽人崔溥在《漂海录》卷三中记录了留宿京口驿的事："二十一日，至扬子江。是日阴。臣等自南水关溯砖城河，傍府城而南而西，过新坝至京口驿留泊。夕，步过京口闸至通津递运所。通津水浅，必待潮至乃可通大江，故改乘船，留待潮候，以为渡江之备。"日本人策彦周良在《入明记》中写道："（嘉靖十九年）正月三日，辰刻，击鼓发船，渡扬子江。午时，至镇江府京口驿。"又记："八月四日，丑刻，开船。申刻，着京口驿，舟行百八十里。""八月七日，快晴，辰刻，开船。巳刻，到丹徒坝而泊焉，舟行十八里。午刻，解缆。申刻，着云阳驿。"

明万历七年（1579），镇江知府钟庚阳将京口驿迁到临江的京口闸附近。清代中期，京口驿又迁移到老西门附近的运河边。《光绪丹徒县志》中有对京口驿的描述：位于大西门外的北首，旧制滨河朝西。驿站有一座大石码头，两座小石码头，两座吹亭，东西辕门有两个石狮子。驿站前后共有三进。第一进头门，住着马夫、水手、轿夫头领等；第二进仪门，住着来往各地的官员和使客；第三进是驿卒、役夫的住房。京口驿内还配备有轿房、餐房、马房、兽医房、囚犯房、草料房等辅助设施。当年的京口驿规模大、机构全，有驿丞、驿卒、马夫、水手、馆夫、伙夫、轿夫等五百余人，还有七十多匹马、三十多艘船、一百多间房。

皇华亭是京口驿内的标志性建筑，也是迎送官员、使客的主要场所和驿站的管理中心。皇华亭的正面有一长排照壁，显示着某种官衙的威严。尽管驿站的最高官员级别不高（一般为九品），但因其管理相对独立，驿站都会建照壁，来证明自己也是官衙的一种。照壁侧面如同一幅长卷，来往官员、使客把这里作为即兴挥毫的地方，写下了许多诗作，经久传唱。其中有一些是抒发爱国主义情怀的杰作，如无名氏《京口驿题壁诗十八首》中"事机一再误庸臣，江海疏防失要津""天险重重如此易，伤心我国太无人"等慷慨激愤之言。有一位叫谢兰生的诗人，看了照壁上的诗文非常激动，抄录下来编入《咏梅轩杂记》。后来这些题壁诗又被其他描述鸦片战争的诗歌集选收，影响越来越大。

清代画家周镐为京口驿留下了重重一笔。他的《京江二十四景》中有《林开古驿》，画的就是京口驿。画上有题咏，云："林开古驿贯中吴，黛瓦青砖接舳舻。放眼钱塘终不远，皇华亭上小投壶。"这不禁让后人去联想当年京口驿的盛状。

十二、竹江园

在镇江城东郊的尧山脚下，有一处私家园林叫竹江园，它是读书人陆五修修建的。陆五修和冷士嵋是好朋友，两人意气相投，来往密切。冷士嵋写过多首诗记录他们的交往，如《陆五修书斋》《秋夜五修斋中玩月有怀子发》等。陆五修去世后，不时过访友人故园的冷士嵋写了《过故陆氏园林》《登陆氏故江峰阁》怀念他。

从冷士嵋为竹江园作记的描述看，此园营造得很有品位，"树底穿黄鸟，阶前散绿荫"，"花飞石床研，风响竹斋琴"。

冷士嵋在游记中这样写道："堑沟以周流水，环篱以城内外，凿池以通潮汐。崇以高阁，瞰大江之奔流，豁以危亭，揽烟云之幻变。远岫纳之窗中，飞鸟起之足下。前有鸣琴之轩，后有燕休之室。"竹江园的风景之秀、环境之雅、亭阁之奇让这位远近闻名的隐士开了眼界，吸引他多次造访此地。冷士嵋《春日过陆氏竹江园》诗云："市远江桥外，花傍绿渠边。山禽下书幌，野水到阶除。茶灶幽人社，松窗处士庐。柴门荫高柳，垂钓得溪渔。"

在竹江园中，陆五修种了许多花草树木，其中以梅花和竹子最有特色。

十三、京江第一村

西津渡内曾有一个古老的村落，名气很大，有"第一村"的说法。清代文人缪镔有《为于子道征士作第一村图并题》："江左名流地，溪山此最真。涛声来北固，树色接西津。野水浮舟浅，归人唤渡频。桑麻风景好，却胜武陵春。"

清代名臣洪亮吉曾造访此村，有《第一村图并序》："京江西头第一村，大水细入吞柴门。柴门开处一峰立，直上棱棱百千级。水边杨柳分三层，鸟巢人屋鱼有曙。水光不动山云化，鱼鸟与人皆入画。东瞻北固南五州，屋背更压金山头。征君兄弟文笔优，辟屋别筑藏书楼。草堂时来第一流，十日五日能勾留。万株青竹竿，百顷香水稻，九派江流入怀抱。君不见晋人风流安可效，合署此村名有道。"诗前有序云："于征君宗林，家在蒜山之麓，相传即晋时孙子荆所居第一村也。壬戌六月十日，征君招余过洲上信宿，并命幼弟渊问业于余。坐次，出此图索题，因作长句以赠。"序中的"晋时孙子荆"，当指晋人孙楚。

孙楚（220—293），字子荆，西晋文学家，太原中都（今山西平遥）人。祖父孙资，魏骠骑将军。父孙宏，南阳太守。孙楚才藻卓绝，爽迈不群，生性刚毅，不畏权势。任卫将军司马时，在武库井中发现有"龙"存在。群臣多欲以祥瑞致贺朝廷，孙楚独上言道："顷闻武库井中有二龙，群臣或有谓之祯祥而称贺者……夫龙或俯鳞潜于重泉，或攀云汉游乎苍昊。而今蟠于坎井，同于蛙虾者，岂独管库之士或有隐伏，厮役之贤没于行伍？故龙见光景，有所感悟。愿陛下赦小过，举贤才，垂梦于傅岩，望想于渭滨。修学宫，起淹滞，申命公卿，举独行君子可淳风厉俗者，又举亮拔秀异之才，可以拨烦理难，矫世抗言者。无系世族，必先逸贱。"这充分表现了他直言敢谏的品格。孙子荆所居第一村亦有孙楚别墅一说。

十四、蒜山别业

张崟（1761—1829），字宝崖，号夕庵、夕道人、且翁，又号樵山居士、观白居士，京江画派的领军人物。他的老宅就建在京江边的蒜山脚下。据说，张崟的父亲继承了祖上丰厚的遗产，于是在蒜山脚下兴建了自己的住所。待张崟继承后，他给住宅起了一个别致的称谓——蒜山别业。

张崟自幼喜欢诗词和书画，与乾隆时的镇江诗人李御等走得很近，常在一起分韵作诗。在画法上，他与邓石如、黄灿等画家交往较多。他利用家中收藏的书画自学临摹，并虚心向其他画家讨教切磋，技艺快速提升，具有"内师古人，外师造化"的风格。他绘制的《京口三山图卷》大气壮观，改变了以往将金山、焦山、北固山单独绘制做法，更利于集中展示镇江山水的秀美。

据张履《张夕庵自传》记载，张崟的"旧居在蒜山，颇有池馆之胜，祀先于皆吉堂，供佛于澄华室，供大士于大士阁，礼斗于梧桐阁，作画于书画轩，其余如晴佳阁、白华居、敦本堂、绣珠室，或为藏书之府，或为作画之斋，或为栖息之堂，或为游宴之处"。这说明张氏的蒜山别业内景致还是不错的，馆阁颇盛。

张崟晚年生活清苦，卖画度日。其自书诗云："平生从未入官衙，道院僧房处处家。纵赖雕虫为活计，不将厚颜作生涯。"扬州盐运使丁淮欲来访，他托病推辞。江苏巡抚陶澍在江口临东亭会见镇江名流，他也不去。有一年，镇江发大水，灾民遍野，他虽家资不丰，仍出粟以济。后来，他甚至卖掉了蒜山别业，用卖房子的钱继续救济灾民。

第六节　津渡诗歌

甘露渡因山而兴，北固山上的美景和人文深深地吸引着南来北往的渡客。千百年来，不知有多少文人墨客吟咏于此，留下佳作。文人雅士常会在待渡时刻和渡江途中通过诗文来传情达意。这些诗文寓情于景，含蓄深沉，有强烈的感染力，是渡口文化的精华所在。

一、古渡渺千秋

唐代诗人戴叔伦曾徘徊于甘露渡前，望着大江有感而发，写下"大江横万里，古渡渺千秋。浩浩波声险，苍苍天色愁。三分归汉鼎，一水限吴州。霸国今何在？清波长自流"。诗人感叹了大江的波澜壮阔，追溯渡口的沧桑巨变，赞叹了长江和古渡的辽阔雄奇，又记录了渡江的凶险和气候的多变，最后触景生情，追怀起三国时代东吴凭借长江天险割据江东的往事，感慨岁月多变，昔日的争斗与霸业不复存在，只有江水长流不息。

北宋诗文革新运动中与欧阳修、苏舜钦齐名的梅尧臣，世称宛陵先生。他提倡诗写景形象，意于言外。刘克庄称其为宋诗的开山祖师。梅尧臣对京江怀有深厚情愫，写过《和颖上人南徐十咏·其三》等诗。他对甘露渡口的印象很深，江面的大潮、远来的帆船在其脑海中构成了一幅雄奇的画卷。他欣赏良久，感悟良多，把这里作为记忆京口最好的地方。他是这样描述渡口的："江头潮正平，日落土山口。坐见远来舟，高帆忽前后。将随入浦风，稍渡遥圻柳。客无南北虞，始信承平久。"

到了明代，著名诗人王世贞经过甘露渡时心情不如梅尧臣那般悠然。江面上风大浪急，渡船停止了摆渡，也不知道什么时候才能恢复渡客。他十分焦急，写了《过甘露渡》来表述渴望开船的心情。他在诗中说："金陵望中山抹烟，铁瓮城头浪拍天。居人尽说风波恶，江口何时不放船。"这里的"居人尽说风波恶"是有来历的。早在唐代，诗人孟浩然就描述过甘露渡的凶险，诗云："北固临江口，夷山近海滨。江风白浪起，愁煞渡头人。"（《京口三山志选补》卷二注明：旧志误刻西津渡）

二、泊舟甘露渡

一些泊舟甘露渡的文人为北固山下江岸的壮观和美丽所感染，写过精彩的诗文。唐代诗人王湾的《次北固山下》就是其中的代表作，不少人是通过这首诗知道北固山这个地名的。

王湾，号为德，洛阳（今属河南洛阳）人，开元初年进士，授荥阳县主簿。开元五年（717），参编《群书四部录》，承担了集部的编撰和选辑工作。书成后，因功授任洛阳尉。王湾"词翰早著""尝往来吴楚间"，被江南清丽的山水倾倒。他写过一些歌咏江南山水的佳作，其中最出名的便与北固山有关。北固山大江的气派、青翠的山峰、行舟的快乐、风帆的变换，皆令王湾感慨万千。其《次北固山下》诗堪称"北固山绝唱"。他在诗中是这样描述的："客路青山外，行舟绿水前。潮平两岸阔，风正一帆悬。海日生残夜，江春入旧年。乡书何处达，归雁洛阳边。""海日生残夜，江春入旧年"，这两句炼字炼句极见功底。作者把"日"与"春"作为新生事物的象征，用主语来强调，又用"生"字和"入"字使之拟人化，赋予其人的意志和情思。作者对景物、节令的描写，蕴含着一种自然的理趣。海日生于残夜，将驱尽黑暗；江春，那江上景物所表现的"春意"，闯入旧年，将赶走严冬。该诗不仅写景逼真、叙事确切，而且表现出具有普遍意义的生活真理，给人以乐观、积极、向上的力量。《次北固山下》中的"海日生残夜，江春入旧年"两句，得到当时的宰相张说的高度赞赏。这首诗对盛唐诗坛产生了重要的影响。直到唐末，诗人郑谷还在说"何如海日生残夜，一句能令万古传"，表达出极度的惊羡之意。明代的胡应麟认为诗中的"海日生残夜，江春入旧年"二句，是区别盛唐与初唐、中唐诗界限的标志。

三、津渡小山楼

除了甘露渡，则以西津渡最引人关注。西津渡是渡客的主要渡江通道，也是文人墨客的云集之所。西津渡背依蒜山，前临长江，风浪起处银涛翻滚，往还两岸的船舶只能停摆。待渡的文人暂留于此，往往凭楼北望，心情复杂。

唐代诗人张祜的《题金陵渡》非常有名。这是一首题写在金陵渡口一座小楼的壁上诗。这里的金陵渡就是西津渡。诗人寄居于渡口的小楼中，心情不怎么好。他刚从杭州来，带着一肚子的怨气和牢骚。在杭州，他本想得到大诗人白居易的举荐获取功名，他觉得凭着自己的才情和名声，这并不是一件难事，没有想到钱塘的读书人徐凝也找到了白居易。两个"走后门"的碰到了一起，又都自视清高，在州府的官邸内演出了"擅场之争"。结果，白居易青睐于徐凝，张祜败兴而归，一个人待在西津渡口的小楼中喝闷酒。谁也没有想到，正是他在渡口小楼的一待和在窗口的一望，瓜洲的神韵喷薄而出。沉寂的诗情又在诗人的心头澎湃起来，由不得诗人不写，而这一写惊天动地，竟成了千古绝唱。"金陵津渡小山楼，一宿行人自可愁。潮落夜江斜月里，两三星火是瓜洲。"这首诗的起笔看起来平淡而轻松。诗人路过金陵，寄居渡口的"小山楼"中，旅怀萧索，自然就会生出愁思来。江潮初落，月已西斜，诗人凭楼远眺，夜色苍茫中的大江让人愁思萦绕。诗人通过落潮、斜月、夜色，勾画出宁静的意境，衬托了羁旅的愁思。最后一句对瓜洲的描写，极为精彩。瓜洲是西津渡对岸的一个沙洲。在夜色笼罩、四处沉寂的环境中，唯有远处的瓜洲还有两三点星星似的灯光不时闪烁，在夜江上显得格外明亮。这一暗一明、一静一动的描写，使两三星火与斜月、夜江明暗相衬，融成一体。这首诗的意境清美至极，宁静至极，在那斜月、星火之外，羁旅之愁若隐若现。所以说，诗的性情往往不以人的意志为转移，刻意的描写并不一定能写出好诗，偏是这有意无意的自然流露最见神采。

四、津渡抒情诗

许多诗人在西津渡和瓜洲渡之间往还或待渡，然后在赏景之余留下诗作。唐代诗人卢纶的《泊扬子江岸》诗云："山映南徐暮，千帆入古津。鱼惊出浦火，月照渡江人。清镜催双鬓，沧波寄一身。空怜莎草色，长接故园春。"该诗抒发了浓浓的津渡情感。宋代王安石的《泊船瓜洲》诗云："京口瓜洲一水间，钟山只隔数重山。春风又绿江南岸，明月何时照我还。"这首诗几乎家喻户晓。诗人人在江北，心已飞向了江南，对岸京口春景的勃勃生机，吸引着诗人的回归。"绿"字原为形容词，本诗用作动词，特别精彩。据洪迈《容斋续笔》卷八记载，这是诗人尝试了"到""过""人""满"等字，经十几次改动才确定的。这首诗清新婉丽，浑然天成，显示出江南春景生机勃勃，分外吸引人。清代诗人杨棨写过《西津棹歌》："长天渺渺水迢迢，一送行人万里遥。江雨江风吹不去，愿郎船似两金焦。"该诗用朴实的语言，把妻子祈求载丈夫的船像金山、焦山一样抵御风浪侵袭后安然归来的心态描写了出来。

西津渡留下的观景诗很多。宋代诗人蔡槃诗云："烟际系孤舟，芦花两岸秋。江空双雁落，天迥一星流。急鼓西津渡，残云北固楼。商人茅店下，沽酒话扬州。"宋代诗人秦观诗云："西津江口月初弦，水气昏昏上接天。清渚白沙茫不辨，只应灯火是渔船。"元代诗人张昱诗云："把酒临风听棹声，河边官柳绿相迎。几潮路到瓜洲渡，隔岸山连铁瓮城。月色夜留江叟笛，花枝春覆寺楼筝。赠行不用歌杨柳，此日还家足太平。"这些诗歌绘景传情，充满了动感、情感。

清代戏曲家、文学家蒋士铨也写过冬夜泊船润州津渡的诗："孤城浪打朔风骄，铁瓮阴阴锁丽谯。微雨夜沽京口酒，大江横截广陵潮。船胶涸水帆俱落，人击层冰冻未消。小泊不妨侵晓去，海门寒日射金焦。"诗中风吹浪打的城楼，如被锁闭在阴沉的铁瓮中；细雨中诗人驱寒上岸沽酒，回船看见了长江白浪滔天、截断广陵潮的场景；船民敲击冰块，防止船被冻住；天方破晓，泊船离岸，在"海门"欣赏朝阳，迎接新的一天。

五、古驿泊船诗

京口驿地处长江口，临近西津渡。这里既是江船入运河的通道，又是河船入长江的路径，周边的风景很美。来这里的人大都喜欢在驿站前俯视那九曲回环的运河水缓缓流过，在皇华亭中远望那烟波缥缈的如练长江。船停泊在此，人居驿站盘桓，可以欣赏镇江的山水奇观。北固山上，临崖的亭阁印刻着东吴的传奇；多景楼雄峙，承载着唐宋诗文的华彩。许多诗人、墨客在京口驿寄宿后都会被这里的景色感动，认识到有一种诗意的存在。

明人袁宏道船泊京口驿时，发现船只川流不息，不禁为京口驿重要的水道位置叫好，赞曰："陆程华容道，水程京口驿。"明代的边贡，"弘治四

272

杰"之一，对京口驿印象很好，给出了"古驿寻京口，寒城过石头"的评价。明代官员陆金归途中留宿京口驿，观景的感慨与思乡的急迫难以言表，感叹道："风帆如马过维扬，满目烟花路渺茫。江上滩痕收暮雨，渡头人影立斜阳。十年季子裘应敝，三月王孙草正芳。今夜月明京口驿，计程应喜近家乡。"

嘉靖二十九年（1550）除夕，日本天龙寺和尚策彦周良停泊在京口驿。他在船上欣赏了江边的风景，感慨时光流逝，思念远处的都城，表露了作为客使仰慕中国的真挚情意，留下了"望远玉堂金马上，迹浮春水白鸥前。几回借问长安路，舟子掀篷指日边"的诗句。

到了清代，来往的官员和使者对京口驿关注更多，许多人都在停留后有所思索。清初著名词人蒋敦复在《满江红》中专门点出"瓜步垒，京口驿"，强调京口驿在长江、运河水道中的特殊性。康熙年间"蓉湖七子"之一的吴遵锁在《泊京口》诗中描述了自己的观感："铁瓮城边万井开，寒潮日夜此萦回。眼看北固还襟带，事忆南朝尽草莱。千里破帆京口驿，一江清磬妙高台。榜人催起残更梦，飒飒长风动地来。"诗人把铁瓮城的变迁、北固山引发的联想、南朝的历史兴衰、京口驿的泊舟感受，以及金山妙高台的境界等，巧妙地融为一体。

在众多的诗词作品中，让人印象深刻的有张问陶的《晚泊镇江京口驿》："船头风静白鸥双，萍叶随潮也渡江。沽酒自寻京口驿，六朝山影在篷窗。"诗人先描述了江面风平浪静、白色鸥鸟成双成对栖息船头的景色；接着点出了江上飘浮的萍叶伴随潮水涌动，附着在船体上渡江的现象；又写了诗人乘兴至京口驿沽酒的乐趣；最后描述了诗人回到船上，推窗看到远处的山影，思绪绵绵不断。全诗清旷闲远，朴素淡雅，语不多而情无限。张问陶，字仲冶，号船山，遂宁人。他的诗空灵沉郁，独辟奇境。徐世昌《晚晴簃诗汇》称"有清二百余年，蜀中诗人无出其右者"。

第七节　津渡救生

镇江津渡众多，来往渡江的船也多。其中有一种三吴浪船，上建有窗户堂房，多用杉木，行力在梢后，有巨橹一支，两三人推轧前走，速度快，缺点是平衡差，人物载其中，不可偏重一石，否则就会侧翻，故又称"天平船"。此种船轻便、价廉，在运河中数不胜数，其最担心"只有镇江一横渡，俟风静涉过，又渡清江浦，溯黄河浅水二百里，则入闸河安稳路矣"（《天工开物·舟车》）。尤其是西津渡，像此类轻便的船只渡江面临的安全压力很大。历史上，京江西津渡一带水流湍急，经常出现风涛巨浪的情况，增加了来往渡船被颠覆的危险。宋代文人张舜民从西津渡去金山，"自南岸登小舟，风雨暴作，大浪如屋出没其间，比达寺下，已见灯矣"（张舜民《画墁集》卷七）。宋政和六年（1116）八月，皇帝御书："敕镇江府旁临大江，舟楫往来，每遇风涛，无港河容泊，以故三年之间，溺舟船凡五百余艘，人命常十倍其数，甚可伤恻。访闻西有旧河，可以避急，岁久湮废，宜令发运司计度，深行浚治，以免沉溺之患，委官处画，早令告功。"（《古今图书集成·方舆汇编·职方典·镇江府》卷七二六）可见，当时朝廷希望通过建避风港的方法来规避过江渡船的风险。

北宋天圣四年（1026）四月，翰林学士夏竦言："金山羊栏、左里、大孤、小孤、马当、长芦口等处，皆津济艰险，风浪卒起，舟船立至倾覆，逐年沉溺人命不少。乞于津渡险恶处官置小船十数只，差水手乘驾，专切救应。其诸路江河险恶处，亦乞勘会施行。"（《宋会要辑稿·方域》）宋仁宗采纳了他的建议，在镇江金山等7处长江津口设置了救生船，开创了水上救生的先例。南宋乾道年间，镇江郡守蔡洸在西津渡设立了救生组织，造了5艘大船，"仍采昔人遗制，各植旗一，以利、涉、大、川、吉为识"（《至顺镇江志》卷三），用于摆渡救生。从"仍采昔人遗制"分析，镇江的水上救生组织成立于北宋之说不虚。蔡洸在西津渡设立的救生组织是一种水上安全救助机构，具有官渡的职能。到元延祐中，镇江路总管段廷珪增加水手和15艘渡船，用于摆渡救生。到明正统年间，江南巡抚周忱造大船舰2艘，并增用30多名水手济渡。后来港口新建了30多丈的长堤，从渡口一直延伸到江岸，以方便船只停靠和渡客上下。

明末民间也有人募造救生船，从事津渡范围救生事务。据《康熙丹徒县志》记载："崇祯中，兴化李长科悯风涛溺人，即山下建避风馆，僧长镜主之。长镜没，其徒达已更为建造，楼阁宏敞，往来江上者得憩息待渡。又募造救生船十，拯溺，论生死，殊其赏，利济甚众。"

一、京口救生会

清代的镇江津渡救生活动继续得到官府和民间的重视。据《光绪丹徒县志》载："京口渡江，民间向有捐造救生船。康熙二十六年（1687）题准，仿其成式，动帑官造护漕船十只，分泊南北两岸，漕船遇风，并出救护。每船募设善水舵手十名，每名月给工一两，止给冬春三个月。漕船过完，听其渡载商民，自行觅食。或过往客商偶遇风患，一体协救。"康熙二十六年（1687），漕运总督慕天颜上书说，京口至瓜洲，漕运往来，风涛最险，宜仿民间救生船式，官设十船，导引护防。此奏先被部议否决，但康熙认为京口瓜洲往来人众，备船过渡很有必要，批准了此奏。康熙南巡，金山寺及避风馆禅堂僧人分别就其设置救生红船事给康熙皇帝上了折子，康熙谕旨称："朕今次前来，见金山寺、避风（馆）救生红船在江以救溺水之（人），除伊等地亩钱粮外将一切（丁）役俱着豁免。钦此。"金山寺僧人为此勒石刻碑，立于金山码头，至今此碑仍藏于方丈室内。

但护漕船的主要职能是保护漕船的救生，对于众多的渡江船只冲突与江上救生事件，显然力不从心，民间救生的任务只能兼顾，不能尽全力。到康熙四十二年（1703），由镇江绅士蒋豫、朱用载、蒋尚忠、张迈先、林崧、袁诊、吴国纪、左聃、毛鲲、钱于宣、何如椽、毛翥、朱之逊、蒋元进、赵宏谊15人（一说18人）共同发起在西津渡观音阁召开成立大会，标志着京口救生会正式投入运行。京口救生会是镇江最有影响的民间慈善机构。雍正年间，丹徒知县冯咏在《京口救生会叙》中称，他"常于大风时亲督救生红船出江心，以防舟覆，顾红船为数无多，众小船周遭防护。一年以来，无有溺死者，赖救生会之力居多"。

京口救生会初创之时，不领官费，自行捐办。会中产生的一切费用均从邑中人捐资中开销，不需要官方的支助。后来，随着规模的扩展、开支的增加，到康熙末年，开始出现寻求官方捐助的事情。如康熙四十七年（1708），巡抚于准捐买县西田499亩，每年收完租赋外，余解镇江府库，给京口救生船用；康熙五十八年（1719），镇江府王秉韬捐银300两给救生会存典生息；康熙五十九年（1720），常镇道查淳将育婴堂田地238亩拨送救生会，并规定如支销不敷，俱由负责救生会值月会董捐助。到了乾隆时，开始官民共同捐资赞助。道光四年（1824），京口义士陈宗联因西津渡救生船距北岸较远，又在瓜洲江神庙设立京口救生会分会，由扬州盐院原设救生渡船47艘，又拨船10艘，以为北岸救生之用。在管理上，瓜洲分会隶属镇江总会。扬州盐院承担救生会每年1000两白银的经费补贴，淮商也补贴修船费600两，官民合办的性质更加凸显。

救生会的作用与职能不同于元明时期的官渡。官渡主要负责南来北往的客商及其货物的渡江，而救生会偶尔承担一些摆渡之事，其主要的职能是打捞沉船和进行江中救生。救生会不仅是慈善机构，也是封建社会中水上的救助机构。在风险浪大、船常遇难的京江水面，它的出现对于保障人的出行安全是一件大好事。

京口救生会规定：江上出现险情大风，会中立即派出小船出江营救遇难船只。考虑到救生员的风险，设置了救活1人赏银1两的激励制度。遇难者无家可归者，一律由会中留养，有家的则根据其路程远近贴给路费与应用行李送之。遇难而死者，由救生会负责打捞沉尸，置棺装殓，葬于牌湾义冢之内。

京口救生会的诸般义举，引起社会各界的关注，捐资者越来越多，规模也进一步扩大。五年后，救生会购得西津渡昭关晏公庙旧址，建屋三间作为会址。会中祀晏公像，后又建楼祀文昌神。参加创建救生会的绅士逝世后，可以位于楼西立牌祀之。救生船由初创时的3艘增加到35艘，地方官府对京口救生会的诸般义举也越来越关注。

镇江蒋氏家族对京口救生会贡献最多。族人蒋豫不仅带头创办了救生会，其后人还苦心经营救生会140多年。乾隆六年（1741），蒋豫之子蒋宗海接办救生会后，积极筹集经费，寻求官府支持协办会务，还亲自跑到丹徒和扬州一带募捐。乾隆六十年（1795），蒋宗海之子蒋郅接办。嘉庆十年（1805），蒋郅之子蒋延菖选拔进京，委托亲戚郭恒、郭琦代办会务。道光四年（1824），蒋延菖之子蒋磏接办。咸丰三年（1853），蒋磏之子蒋宝接办。他聘请吴学楷帮助襄理筹划救生事务，活动开展得有声有色。同治三年（1864），蒋宝在昭关造小楼作为救生会所。镇江辟为通商口岸后，洋人在镇江设租界、领事馆，开始把昭关救生会所当作领事馆。常镇道许道身让蒋宝向洋人领取租金。蒋宝力争要保会址，拒绝领取租金。直到光绪二年（1876），镇江英国领事馆另择址建成后，才将昭关房屋归还救生会。

　　清代镇江籍状元李承霖也对京口救生会做出了贡献。咸丰年间，他避乱在镇，不愿回京复职，后受曾国藩、李鸿章委托，负责"筹办镇城善后抚恤各事"，协同官府厘清救生会善产、募集资金，新造救生红船9只，帮助京口救生会选贤用能，坚持京口救生会民办民管体制。其孙李寿源于光绪二十年（1894）开始担任京口救生会会董，直到民国十四年（1925）才离任。

　　太平天国镇江拉锯战中，京口救生会损失惨重，房屋全部被毁，船只也被各方征用。战争平息后，京口救生会恢复业务，官办的性质愈加浓厚。同治初，由镇江知府周辑委派赵鋆接任救生会会董。同治五年（1866），镇江知府李仲良委派吴学堦总办南北救生事宜，陆续置造大小红船9只，又奉道府捐提木厘以济经费，添置市房。丹徒县令王宗濂捐钱300千文作为会资。同治七年（1868）四月，镇江知府李仲良委派吴绍信同赵鋆办救生会。同治十二年（1873），镇江知府赵佑宸谕王寯林同赵鋆办理。赵鋆不担任会董后，由赵金塘继之。光绪二十年（1894），又由李寿源、柳立凡、胡桐城、钱伯生等人接办。《丹徒县志摭余》卷九记载：京口救生会"自辛亥以来，迭遭兵燹，铺缘停止，仅恃原置大小市房十余处，瘠田三区，及宁镇木厘局所提木厘、淮南场运局所提引费，颇觉入不敷出，勉力支持"。清末，京口救生会拥有救生红船9只，负责镇江运河大口门外龙窝以西的巡江区域，范围自三江口起至龙窝止。民国时，京口救生会的管理模式发生了变化，采取了董事会的管理模式，通过选举，公开选拔有公信力、有经济实力、自愿为救生事业奉献的社会贤达参与运营管理。此举深得民心，获得政府和社会各界的支持。

　　道光二十三年（1843），因坍江逼近，京口救生会瓜洲分会移址于瓜洲通惠门外化城寺旁。同治二年（1863），仪征文生李绍周移局于瓜洲大口。同治、光绪年间，董其事者有赵希曾、刘海珊等。光绪年间，江北设救生船于瓜洲4艘、沙漫洲2艘、史家港2艘、何家港1艘、黄天荡1艘。宣统初中断。后经刘长春等筹募经费租屋设局，购置船只，仿照京口救生会章程办理。

　　二、瓜洲义渡局

　　镇江的渡口多，来往摆渡的小船不少。当地船民常在渡口自备渡船，向搭渡过江或过河的人收取少量船资来谋生。这类渡船行驶的路线一般不固定，完全根据渡客的需要而定。由于古代把架桥铺路看作行善积德之举，因而这些渡船设置的主要意图在方便行人，收取的渡费很少。清嘉庆年间，扬中人姚炳荣等6人为行人渡江之便，集资购买了3吨木船1艘，在惜字洲摆渡，渡费仅收3个铜板。袁公义渡、南闸义渡等渡口为乡里民众公建，渡费多少任渡客自便，有的客人没有钱，船家也不索取。

瓜洲义渡局是清末镇江民间客运最有影响力的机构，它和京口救生会一起承担了江上的救生任务。同治十年（1871），在镇江的浙江余姚籍商人魏昌寿等出面募捐创设义渡，造成大号渡船10只，往来于瓜洲与西津渡之间，免费渡客。义渡船兼作救生，其功用与红船相似。创办初期，发起人魏昌寿等筹垫了不少资金以维持义渡局的开支。后来经费来源不足，他们报请地方官府，劝谕镇江当时商界的洋货、洋药、洋行、杂货、钱铺五个行业的公会，认捐轮办，每个行业公会承值一个月，由行业董事会员负责管理局务。五月一轮，周而复始。收支各款，轮流造册报销。五业认捐后，经费仍有透支，又经地方官府转上级官府批准，向江北仪征十二圩的盐业提取"盐厘"，向七濠口米行提取"米厘"。

由于五业董事平时要忙于本公会内部的业务，无暇兼顾义渡局的事务，于是又公议决定改五业轮值法为公推一业的董事专门负责制，认捐款项仍由五业分担。自同治十二年（1873）始，由五业公推瓜洲的于学源总管局务。于学源，字百川，"世居瓜洲，籍仪征，少服贾"。"当道拟广镇江商埠，时华夷纠纷，富商大贾惮莫敢前，常镇道许某耳百川名，请为介，不数年商埠遂兴，而百川所业益隆隆起，性至孝……迁祖墓，建宗祠，立义庄，并推而及于救生，掩骼，施药，育婴之属……远近闻之传为美谈。"于百川是一位慈善家，他主持义渡局事务后，恰逢各方捐款丰裕，于是其精打细算，以余款陆续添置义渡局的恒产，以出租田的租金作为义渡船的固定经费。

于百川去世后，其侄于树滋及其子于树深相继承担董事，于氏三人热心义渡善事达70余年。于树深（1883—1950），又名觉，字小川。生于镇江，称润州于氏。因就读于江阴南菁书院并受戊戌维新思潮影响，思想较为进步。参加了柳亚子先生组织的南社和邑人赵曾望先生组织的海门吟社，《海门吟社初编》收录了他的不少诗作。他还曾参与《至顺镇江志》及《瓜洲续志》的校订工作。后来他承袭其父于学源"急公好义，乐善好施"的遗训，弃儒业，从事工商业。他投资商业最著的有沅记糖栈和大源油饼厂。大源油饼厂创办于 1913 年 5 月，由于树深和朱朗轩等创设，具有一定规模，为长江下游各埠第一个机器榨油厂，出口豆饼远销南洋、日本等地，在国际市场有较高声誉。于树深历任镇江商会会长、县参议长、省参议员、国会议员、江苏省商联会主席、国民大会代表。

于树深热心于公共事业，管理京口救生会和瓜镇义渡局数十年，拯溺甚多。义渡局有严格的规章制度。一是渡运有明确的时间规定，黎明开渡，上灯止渡，一年中只有农历腊月二十一至除夕准许夜间开航。平时如有特殊情况，经报急，分局值班人员查实同意后也可以夜里开渡专送。二是渡船规定载客人数，保证航行安全。每船一般以 20 人为限，最多不得超过 30 人。遇到风浪大作时，渡船兼作救生。据统计，义渡局每年渡客达 50 万人次，近80 年间的义渡人次逾数千万。1923 年，汪永沂、马士杰、李耆卿等发起募捐白银约 3 万两，建造了用于长江南北义渡的普济号钢质蒸汽机客轮。此漕船总吨位 188.07 吨，净重 78.83 吨，总长 31.39 米，总宽 6.41 米，型深1.95 米，载客 416 座，时速 15.4 公里，是镇江造船史上第一艘，也是新中国成立前生产的唯一一艘民用机动钢质船舶。此后，义渡局开始淡出人们的视野。

清代画家周镐《京江二十四景》画作中有"西津晓渡"与"江上救生"两景，描述了津渡码头和救生船的情景。从《京口救生会叙》中"救涉江复舟者"和《记镇江义渡船》中"南人使船如使马，红船送我过金山"的表述，可以看出京口救生会和镇江义渡局为西津渡增加了新功能。

三、焦山救生会总局

清道光年间，焦山救生会总局成立，拥有救生红船 12 只，并与京口救生会在龙窝设立联合公所，互相稽查。后来因经费不足，减少 3 船，额设 13船。根据《中国救生船》一书的记载，焦山救生会总局的巡视范围包括东滩（招商局汽运轮船公司附近）、北固山、东码头、焦山总部前、焦山（岛的后方）、沙头、千棵柳、丹徒口（运河口）、谏壁口、孩溪、马腰山、王家山嘴、龟山头（圌山）、平半桥、三江营、双江口。同治年间，曾国藩任两江总督，他听了甘泉训导徐国祯的建议，开始对焦山救生会总局进行整顿，直接委派徐国祯接办焦山救生会总局事务。他利用官方的力量筹集经费，保证了运行的资金来源。据镇江海关赫斯的统计，焦山救生局经费大约包括镇江道台月捐，约每年700美元；两淮漕河堤防基金，约每年2400美元；仪征盐业总栈资助圌山分局，约每年740美元；土地和店铺的租金收入，约每年1000美元；南京木厘每年约440美元；北岸（扬州仙女镇）米厘，每年约500美元；总计每年大概募集到5780美元。徐国祯离任后，由陈任旸接办。光绪五年（1879），李承霖《上沈幼丹制军论京口救生会书》说，"查有焦山救生局委员陈训导任旸，系由常镇道禀举，奉督宪加札饬办之员"。委员，即官府委派官员担任救生局董，基本保持了原有组织架构。总局设于焦山，日常事务由主任负责，内有文书一人、事务二人、工友一人。另设圌山、三江营、谏壁、丹徒四分局，各派专员一人负责巡查。镇江设办事处一所，有一名主任、一名事务专员、一名工友。在陈任旸的主持下，救生事业取得了成效。据赫斯的统计，1889—1891年，焦山救生局水上救生人数1561人，遇难船只上获救人数1923人，合计3484人，平均每年营救1160多人，每船每年获救70多人。

焦山救生会总局救生事迹常见诸报端，有着良好的社会形象。清末文人罗志让写过《焦山救生船歌》，指出焦山与象山之间"潮汐如沸汤"，开船的人到此"失色心茫茫"，许多船只在这里毁伤。他称赞常镇道造红船之举，以及红船"坐令客子皆安康，舟行水上蛟龙藏"的善行。《申报》也报道过焦山救生会总局的消息。1935年1月30日下午，江都口岸开往谏壁的货船行经三江营江面时逆风逆流，致船沉没。幸遇焦山救生会总局八号红船，红船急忙驶向沉船位置捞救，船户周九如、周永贵二人幸免于难。同年8月1日，《申报》又报道，朱胜康戏班雇请两船搭载50多名演职人员前往朴树湾演出。下午船行至焦山附近，后边一船因风浪倾覆，船上15人全部落水。恰好被焦山救生会总局八号红船发现，八号红船立即招呼焦山救生局三号、十号两只救生红船同往营救，救起10人。

1949年6月，焦山救生会总局董事会成员有11人，袁孝谷担任董事长，其中抗战以来一直担任董事的有陆小波、孙寅谷。在日本发动全面侵华战争后，焦山总局、镇江小事处及各分局均被焚毁。

四、救生红船

为了解决渡江的安全问题，镇江官府和乡绅先后添置了不少用于救生的红船。救生红船已成为镇江人"拯溺济危、利济行旅"和"见义勇为、甘于奉献"的救生文化标识，是镇江成为"大爱之城"的重要见证。

京江上来往的救生红船得到了清代大臣阮元的重视和推广。他曾经造过红船，取"宗悫长风之意"，名曰宗舫，为金山上下济渡救生之用。这种船三面使风，最为稳速。阮元写过《宗舫》诗两首，赞美金山的红船速度快、效率高。诗云："金山飞棹本名红，我遣来回楚越中。帆脚远行须把定，莫教孟浪愿长风。""满江晴雪几舟红，颇似唐人旧画中。扬子江头万里浪，滕王阁下一帆风。"清道光年间，渡江多使用红船，因为其能逆风行帆，渡江时速度快且安全系数高，会船时船身醒目。清代诗人杨荣赞曰："画舰如霞一色红，石尤那畏阻征篷。往来挂席总如驶，不用朝南暮北风。"

清代文人陈荣杰（字无波）用集唐句的方法，写了一首《扬子江救生船歌赠润州城西江馆救生会中诸同学》诗，赋予救生红船更多的诗意。其集唐句云："八月秋高风怒号（杜甫），长江滚滚起银涛（刘商）。回头瞪目时一看（李顾），我心悬旆正摇摇（杜牧）。天迷迷（李贺），地密密（孟迟），掀天蹴地股为栗（刘沧）。山叠叠（释齐己），海漫漫（白居易），驱山倒海置眼前（韩愈）。江豚初起浪如屋（韩愈），千峰将颓树将秃（孟迟）。震地江声似鼓鼙（元稹），掩耳不敢凝双目（熊孺登）。湿云黯黯天四周（王表），冈象悲泣天吴愁（李昭象）。塔势如涌出（岑参），沙岸似浮沤（王建）。大江横万里（戴叔伦），巨浪吼千牛（陈陶）。中有一船欲渡不得渡（无可），浮沉灭没当中流（韦渠牟）。偃复起（唐球），风来矣（唐彦），忽见船头忽见尾（纪唐夫）。颠覆只在俄顷耳（王湾），眉睫之间判生死（杜荀鹤）。九阍无路叫不闻（郑峻），不道残生竟如此（刘希逸）。忽然宝筏从天来（释皎然），破浪乘风一何使（刘希夷）。操舟捩舵下急湍（独孤及），健如生猱速如鬼（卢仝）。向前且道不须哀（陈士美），我能救尔眼前水火之奇灾（邵竭）。直欲蛟室鼍宫里（殷光藩），濡受援君出浪堆（崔涯）。水犀之军何足道（柳宗元），存亡生死属吾侪（刘之复）。全君驱命解君厄（尹藩），与我同舟《归去来》（张召丙）。结束行装渡江去（张贲），那怕风浪如山摧（冷朝阳）。已出颠危登衽席（徐疑），惊魂未定还疑猜（于濆）。劝君更尽一杯酒（王维），世间何处无波颓（陈羽）。吁嗟乎（皇甫松），公无渡河（乐府），河水激喈而濚洄（窦巩）。鲸鱼张鬣海水沸（李

弇），惟见长江云不回（窦巩）。不有小船能荡桨（杜甫），此身何计免喧豗
（张谔）。其险也如此，嗟尔远道之人，胡为乎来哉（李白）。更生须拜仁人
赐（曹松），功德其不可思议（释处然）。谁能赤手挽银河（令狐德棻），宰
相经纶菩萨慧（黄滔）。吾闻圣人造舟以为梁（谈用之），已饥已溺何皇皇
（白敏中）。安得如公十数辈（崔涯），令万物无惘丧（包何）。莫笑生涯寄
一叶（雍陶），从此长年歌利涉（陆龟蒙）。顷闻天子侧席而求贤（来鹏），
看尔清时作舟楫（释道融）。"

　　因救生红船而衍生的故事也不少。乾隆中期，熊会玠出任丹徒知县。他
慷慨助人，重视民生，被县志列入"名宦"。有一天，他刚入衙门理事就有
人跑进大堂，自称是新授广东高雷总兵刘康，说他的船在京江瓜洲附近倾
覆，全部行李沉于江底。被红船救上岸后，他在此地无熟人，听说熊会玠大
名便特来求助，希望能借银五百两以赴任。熊会玠留他吃了饭，如数借钱给
他，尽欢而别。其僚佐认为此事不可行，加上刘康一去久无音讯，同僚都认
为熊会玠受骗了。一年后，刘总兵派人来还钱，还送了许多礼物。熊会玠把
礼物分赠给僚佐，说："当初如果依了诸位的建议而拒绝他，那就断了此公
前程。我留饮时，从其容色和谈吐中察知是个正派的人。他的四个随从同
来，如果是骗子，一定要提防人盘问底细，决不敢多带仆从。"众僚佐为其
察人观色的本领惊叹不已。

第六章

江防重镇

泾寻峰别

　　"一水横陈，连岗三面"，镇江扼守着长江天堑，占据了"江河咽喉""南北要津""东南锁钥"的地理位置，整个城市"因山为垒，望海临江，缘江为境"，为兵家必争之地。宋人汪藻说京口"千山所环，中横巨浸，形胜之雄，控制南北"，《读史方舆纪要》称京口"实天设之险"，说法都有道理。尤其是江边北固山，形势最为雄险。唐初诗人宋之问曾登临其上，以诗句描绘了京口的雄险："京镇周天险，东南作北关。埭横江曲路，戍入海中山。"诗人在北固山顶遥望滚滚东流的长江，指出京口就是扼守长江的"天险"，是一道屹立东南的雄关，称赞北固山石壁临江，迎巨浪，抗激流，迫使西水东流；山体突兀江中，犹如中流砥柱。

第一节　重兵布防

　　明代吴时来《江防考》谓："京口西接石头，东至大海，北距广陵，而金、焦障其中流，实天设之险。由京口抵石头凡二百里，高冈逼岸，宛如长城，未易登犯。由京口而东至孟渎，七十余里，或高峰横亘，或江泥沙淖，或洲渚错列。所谓二十八港者，皆浅涩短狭，难以通行。故江岸之防惟在京口，而江中置防则圌山为最要。"这说明了镇江当时地理位置的重要性。而比位置更加紧要的是地形。镇江的金山、焦山、北固山，三山虽海拔不高，却成掎角之势俯瞰长江，还有京岘山、云台山等，也构成了江防上的屏障。在冷兵器时代，这就是天然堡垒，北方军队一旦试图南侵，必会遭受居高临下的直接打击。

　　从军事的角度来分析，镇江的战略地位也相当重要，如果落入敌方之手，富庶的太湖流域便无险可守，门户洞开。同样的，自南而北，镇江直接威胁扬州；溯长江而上，南京，乃至两湖平原，都在攻击范围之内。顾炎武对镇江的地理位置和战略意义尤其称道，谓其"上接淮南，左控大海，前控神京，为下流第一要害。"（顾炎武撰，谭其骧、王文楚、朱惠荣点校《肇域志》）因此，为了确保东南安危，历代政府选择在镇江重兵布防已成为一种常态。

一、京城屯兵

东汉末、三国吴时，京口"或称京城，或称徐陵，或称丹徒，其实一也"（《嘉定镇江志》）。由于战略位置重要，东汉兴平二年（195），渡江后东吴小霸王孙策就派部将孙河"屯京城"。建安九年（204），继由孙韶"收河（孙河）余众，缮治京城，起楼橹，修器备以御敌"。孙权"甚器之，即拜承烈校尉，统河部曲，食曲阿（今丹阳）、丹徒二县，自置长吏，一如河旧"（《三国志·孙韶传》）。唐《元和郡县图志》卷二五载："后汉献帝建安十四年，孙权自吴理丹徒，号曰京城，今州是也。"唐杜佑《通典》又云："自孙吴以来，东南有事，必以京口为襟要。"赤壁大战前夕，曹操消灭了袁绍和刘表，准备消灭东吴，统一全国。孙权只有凭借长江天堑，克曹制胜。面对严峻的军事形势，孙权从战略角度考虑，看中了"京口当南北之要冲，控长江之下流"（《嘉定镇江志》卷六）的优势，把政治、军事中心从吴郡迁移到这里，并构筑了北固山军塞，营建了铁瓮城作为自己的指挥中心，挡住了江上曹兵的进攻，守住了长江天险，成三足鼎立之势。《光绪丹徒县志》载："孙仲谋自吴徙居于京，乃遣周瑜逆击，大破之。居四年，始迁秣陵而置督于京。"就是说，建安十六年（211）孙权迁都秣陵（今南京）后，仍在京口设都督府，以确保江防。

二、江防要地

面临来自北方政权的压力，东晋、南朝政府为了巩固政权，依靠流民建立了一支武装力量（即北府兵）作为守卫建康的门户。北府兵创立经历了三个阶段：郗鉴创立北府，谢玄重建北府，刘裕再建北府，最终把京口作为北府兵的大本营。京口在东晋及南朝宋时期的政治地位近乎完全以北府兵为依托，密迩京师，东接吴郡，其军事意义及战略意义显著，因此它的军事重镇地位不断被抬升。而江边的北固山一直是京口的军事要塞，自古以来从江北攻打京口，首先必下北固山，而守城者亦必守北固山，足见其地位的重要。历史上，隋将贺若弼灭陈朝，明成祖攻南京，清兵南下扫平弘光政权，都是先渡江打下北固山进而占领京口。

蔡谟（281—356），字道明，陈留考城（今河南兰考）人。元帝时担任过参军、中书侍郎、侍中、司徒等职。明帝时为东中郎将，后任参军。成帝时，郗鉴死后，蔡谟又被授命为征北将军，都督徐、兖、青三州军事。东晋成帝咸康五年（339），蔡谟担任南徐州刺史。为了进一步加强军备，蔡谟决定仿效名将谢安的江防战略，构建北固楼，作为应对长江战事的指挥中心。这就是他为什么"东至土山，西至江乘，镇守八所城垒，十一处烽火城，望三十余里，起楼山上以置军实"的根本原因。不仅如此，据《宋书·索虏传》称，有"羽林左监孟宗嗣守新洲上，建武将军泰容守新洲下，征北中兵参军事向柳守贵洲，司马到元度守蒜山，咨议参军沈昙庆守北固，尚书褚湛之先行京陵，仍守西津，徐州从事史萧尚之守练壁，征北参军管法祖守谯山"。说明南朝宋京口江防沿线的各个重要节点均设诸将把守，包括沿江的蒜山、西津、北固、练壁（谏壁）和焦山等处。

三、润州兵制

"京口，东通吴、会，南接江、湖，西连都邑，亦一都会也。其人本并习战，号为天下精兵。俗以五月五日为斗力之戏，各料强弱相敌，事类讲武。"（《隋书》卷三一）这段记载描述了隋代镇江作为军事重镇特有的民风。

在唐代，镇江一直是两浙的政治、军事中心，具有重要的战略地位。唐人宋之问曾这样描述镇江地位的险要："京镇周天险，东南作北关。埭横江曲路，戍入海中山。"自唐代中叶起，润州成为镇海军使院和浙西道府治所在地。浙西六州（润、常、苏、湖、睦、杭）军队都由镇海军节度使节制，镇海军节度使往往还兼浙西制置转运使和润州刺史，手握重兵又掌控漕运，位高权重。"唐之中叶，以镇海为重镇，浙西安危，系于润州。"（《读史方舆纪要》）

一方面，唐政权将镇海军治所放在镇江，并在镇江驻有水师，以捍海防控东南。如德宗时韩滉任润州刺史、镇海军节度使、浙江东西道观察使等职，多年掌控军政大权。他特别注重江防，《新唐书·韩滉传》载，"造楼舰三千舮，以舟师由海门大阅，至申浦乃还"，常率水军巡防江面。唐德宗建中四年（783），泾原发动兵变，加之后来李希烈又领兵叛乱，唐德宗十分惶恐。关键时刻，镇海军节度使韩滉挺身而出，他组织兵力平息了叛乱，又将江淮地区的粮食布帛运送到朝廷储存贡物的仓库中，让朝廷有了依靠。事后，唐德宗非常器重韩滉，认为他是一位不可多得的人才，让韩滉入朝拜相，并封为晋国公。

另一方面，从永王李璘率部叛乱，到唐末杨行密割据在东南作乱，大都在润州布以舟师。故宋代王令在《润州游山记》中说："自汉唐之乱，方天下之分时，润常当战冲，其祸久结而不解，世传其民为甚苦。"南唐政权的建立者徐知诰就以驻军润州、控制水陆交通起家。其部丹阳尹卢绛曾率战舰百艘与吴越水师在京江大战，结果"麾兵三战，越人三北"。润州也是南唐镇海军治所，也就是说，隋唐时，润州仍是军事重镇。

四、水军治所

两宋时期，镇江仍然是国家重要的水军治所。北宋时，海防重点转至广州、泉州、明州等地，润州由镇海军治所改为镇江军治所，遂成为长江戍卫中心。"宋南渡以后，常驻重军于此，以控江口"（《读史方舆纪要》）。为了保卫江防，宋代重视水军训练。赵善湘任镇江知府时，教浮水军五百人，常以黄金沉江，潜水探得黄金者辄予之，极大地刺激了水军训练，也训练出了不少潜水技术极精的战士。南宋时，宋金隔淮争战，江淮之间成战场，镇江成为防守南宋北门任务的重镇，长江防卫十分重要。王埜担任镇江知府时认为，"江面几千里，调兵捍御以守江，尤重于淮。瓜洲一渡甚狭，请免镇江水军调发，专一守江，置游兵如吕蒙所言'蒋欣将万人巡江上'，增创水舰于扬子江，习水战，登金山指麾之"（《光绪丹徒县志》卷五七）。镇江设置的防江军，据《嘉定镇江志》称，最多时有2400多人。守卫京江南岸的镇江都统司，下辖正规军达47000人。当时，镇江港是南宋最重要的军港之一。

建炎三年（1129）二月，金兵奔袭扬州，宋高宗匆忙渡江到镇江避难，然后转道杭州。建炎四年（1130），金军入侵浙江后北返，南宋名将、浙西制置使韩世忠驻水师于焦山，焦山成了韩世忠重兵把守的地方。在宋军的水寨里，战舰云集，鼓号喧天，最多时设有前、后、左、右、中、水、游奕七个军寨，并有水军营、禁军营、广固营、都巡检营。绍兴年间，金人越淮屯瓜洲复欲南侵，虞允文驰诣京口，会诸将，并"临江按试水军，命战士踏车船，中流上下，三周金山，回转如飞，敌相顾骇愕"，终不敢南渡。嘉定八年（1215），镇江知府史弥坚在整治镇江港时，于京口闸外浚开海鲜河，以泊防江之舟。

焦山对岸的象山，自古以来也是军事要地，常年驻扎水军。在有关象山的记载中，传说山顶的"韩公墩"是宋代名将韩世忠树军旗的地方。焦山僧人借庵写过《象山十咏》，称"韩公墩"为："吴山第一峰，金人曾立马。韩公旗一展，归途不敢假。至今墩尚在，过客诗常写。"大港的圌山和京岘山一带，也有韩世忠的驻军。当地人这样说："京岘山土人曾掘得古瓶，盖蕲王以贮酒犒赏军，俗名韩瓶，极能发花，至今人尚重之。"现在这种韩瓶已难找到，但"京口兵雄自古夸，江流未洗戟沉沙。兴亡阅尽归文雅，试掘韩瓶为养花"的诗句早已流传开来。

五、镇江卫所

明代，镇江对防守南京留都作用很大，尤其是江防，是守卫南京战略要地最重要的一点。据《光绪丹徒县志·武备志》记载："太祖取镇江，改元上万户府，置元帅府。建元后，乃筑今城及楼橹营铺。未几，元帅府设守御千户所，既而又改为卫。"早在明洪武年间，朝廷就设立了镇江卫，负责本府和南京的守卫。镇江卫指挥使下辖 6 个守御千户所，每所约 1200 人。还在丹徒东西二港设有丹徒、安港、高资、姜家嘴四巡司，有弓兵 160 人。为了解决兵员的食粮问题，兵员的分工是二成守城、八成屯种。镇江卫的兵员携带家属随同参加屯垦，他们的户籍属于卫所，称"军家"。卫所还管理粮食储备、马政及监造军器各项武备事宜。当时，镇江府城还特别驻守有巡视下江御史，兼管江防和海防事务。明中期以后，为抗击倭寇，又增设提督总兵，管辖上自九江下到出海口的长江防务。

六、京口旗营

清代非常重视京口的布防。《镇江掌录》卷四云："镇江号为京口咽喉，实关国命，上以接应淮扬，下以藩屏吴越，江路最狭，尤易偷渡，此防一溃，大势莫支。"《京口八旗志·序》云："京口襟江带海，上承淮泗，下控吴会，西接汉沔，东南锁钥，实在于兹。当孙吴时已为重镇，由晋迄明，屯戍营卫，各殊其制，诚审乎地势而因时以制宜也。"清初沿袭明代的江防格局，从九江往下配置了 11 个江防营，驻守镇江的有 4 个营，其中瓜洲营有兵 2000 名，兵力是其他营的 4 倍多，并装备战船 80 艘。

由于承担海警的重任，清初京口旗营位置最为显赫，其首领均挂镇海大将军的头衔，手下多时拥有 2 名副都统、8 名协领、8 名参领、40 名防御等一大批战将，率兵也最多。如顺治、康熙时的统兵将领石廷柱、刘之源、张思恭都挂镇海大将军的头衔，石华善挂安南大将军的头衔。当时将军衙门设在将军巷，副都统衙门设在观音楼，左协领衙门设在水陆寺巷，右协领衙门设在黄旗口。

顺治十二年（1655），镇海大将军石廷柱统率八旗官兵驻防京口，屯演武场左右，兵额 3000 人；顺治十六年（1659）九月，因海寇焚陷南北诸郡县，复设重镇，命都统刘之源挂镇海大将军印，统八旗官兵共甲二千副，左右二路水师随八旗驻镇江，镇守沿江沿海地方。城内圈西南隅文昌、儒林、黄佑、怀德等坊居民房屋，分派八旗屯驻。旗营最初占用和修建安置八旗兵的房屋多达 1800 余间。其范围内涉及的街道有东首左翼官街、西首右翼官街、西府街和都署街。涉及的街巷是弥陀寺巷、果子巷、月朗巷、木叉巷、当家院、双庙巷、大市口、百岁坊、狮子巷、将军巷、汤圆巷、经折巷、娄巷、水陆寺巷、扁担巷、八叉巷、旗杆巷、红旗口、宝塔巷、白莲巷、黄旗口、双井巷、孟老爷巷、宋官营、井儿巷、王通寺巷、竹竿巷、生员巷、腰刀巷、蒋老爷巷、山门口和卫伯候巷。

随着战事的平缓，之后城里驻守的八旗兵开始减员，旗营首领不挂将军印，只设副都统 1 人、协领 2 人、防御 16 人，八旗兵剩下不到 1700 人。乾隆二十八年（1763），镇江骑兵有 1642 人，配备步兵、炮兵，匠役及家属，共计 5000 人。逢较大的战事，京口旗营会向朝廷请求调兵增援。如在道光年间的抗英战争中，副都统海龄请求增兵，得到了 400 多名青州兵的增援。但江防水军没有大幅度减少。其中圌山营仍延续明制，改把总（城守俗称把总）设守备一员，驻防大港镇。后因海警，移屯京口，通计沙船、唬船 300 只，建厂高资港。为了练兵，旗营在北固山下有大教场，在太平桥附近有左翼教场，在唐颓山有右翼教场，在华藏寺后有前锋营教场。

终清之世，仍有水师驻扎镇江，负责长江的防务。顺治初，巡江营与圌山营并隶提督操江标下。后裁操江，改隶总督标下，屯驻京口江上。长江水师也有部分水军驻扎镇江，有一名总兵官在瓜洲统辖四营水军，分驻江南、江北的各讯和各口。雍正十年（1732），尹继善任两江总督，并协办江宁将军兼理两淮盐政，他奏请皇帝，镇江水军驻高资港，江宁水军驻金陵，各增置将吏。狼山复设赶乘大船，与镇江、江宁水军每月出巡长江数千里。

七、镇江炮台

清代沿江设置的炮台、炮位不少。为防御海寇，顺治四年（1647），操江总督陈锦上书朝廷，说"圌山为镇江咽喉、江宁门户，请建立炮台，遣兵更番防守"（《丹徒掌录·陈锦传》）。雍正元年（1723），京口旗营曾在金山和焦山的东码头处设有八旗炮位。同年，京口将军李林在象山东码头建造炮台，配置小火炮 12 门。之后又在雩山上设了炮台，有红夷大炮 18 门、子母炮 8 门。

清代炮台的选址多位于临江的山崖之上。如圌山炮台，选址"壁立千仞，关封三江"。极尽险峻之气的圌山，历代都重兵设防。唐代在这里设有"圌山戍"，宋代建有"圌山寨"，明代置有"圌山营"，清代配有"圌山关"。明代将领萧明美上书朝廷在圌山一带的三江口置江南镇，加强防御。明末，郑成功从海上进入长江，其部将张煌言打前站，曾率部在圌山脚下驻军，并写有《师次圌山》诗："长江如练绕南垂，古树平沙天堑奇。六代山川愁锁钥，十年父老见旌旗。阵寒虎落黄云净，帆映虹梁赤日移。夹岸壶浆相笑语，将毋俟后怨王师！"诗中赞美了圌山的险要。所以，在圌山设立炮台，是很有眼光的。

镇江的炮台，以焦山炮台规模最大。道光二十年（1840）前后，清政府为了加强长江下游的防务，决定修建焦山炮台，与圌山炮台、象山炮台一同守卫长江航道。焦山炮台位于焦山东北角，长约 80 米，宽 55 米左右，呈扇形，以方石为基，用黄土、石灰、细沙配糯米汁捣拌成三合土，分层夯实。焦山炮台有暗堡式炮位 8 个，每个炮堡都附有一座小弹药库。炮台西侧有大弹药库 1 座。炮台占地近 3000 平方米。现仅存遗址。

鸦片战争镇江保卫战爆发前，副都统海龄曾命焦山炮台、东码头象山炮台、圌山炮台和都天庙炮台每日加强演练，鸣炮以壮声威，提高炮台打击敌舰的本领。在英军舰侵入焦山江面时，焦山守军云骑尉巴札尔曾下令发炮打击，英舰发炮还击，并派兵登陆进攻，说明当时焦山有炮台作战。但炮台位置在哪里，没有记载。现在的焦山东麓炮台（列为省级文物保护单位的焦山古炮台），修筑于同治十三年（1874），当时日本挑衅台湾，海防骤紧，两江总督李宗羲邀请长江巡阅使彭玉麟督造了这组暗炮台。

象山炮台在山东列 6 门铁炮，属于京口右营管辖。象山与上海吴淞口、南通狼山、江阴要塞、三江营并列为长江五大江防要塞。

1. 姚锡光论长江炮台

姚锡光是清末民初一位有多重身份的人物。他经历丰富，著述颇丰，代表作有《东方兵事纪略》等。他在担任两江总督张之洞幕僚期间，负责帮办长江防务，曾两次被派陪同德国军事专家，从吴淞口，到崇明岛、江阴，抵镇江，巡视沿江炮台，对丹徒沿江防务尤为重视，亲自主持绘制了《吴淞与白茅沙截段图》《江阴口截段图》《镇江圌山关截段图》，并对炮台的坚脆、炮位的优劣、子弹药库的建置均作了扼要说明。他参与考察以后，又两次向张之洞报告视察情况，指出有的外国专家来华并非诚心帮助，而是怂恿中国多买炮火，从中取利；有的甚至别有用心，应加以警惕。他还写成《长江炮台刍议》一书，提出了一系列加强沿江防务的具体措施，认为"现有圌山炮台等如不加以改革，势必形同虚设，无一可恃"。他强调，要加强江防必须因时、因地制宜，增加高位快炮台，配置新式快炮。这些主张引起了张之洞的重视，他支持姚锡光的建议，在焦山和象山的山巅建筑了高位快炮台，配置了新式快炮。《长江炮台刍议》分三部分，一部分是他两次给张之洞的手执内容，一部分是长江沿江的防御图，一部分是长江下游的炮台、炮位编目的情况，对研究清代军事史有重要的参考价值。

2. 左宗棠巡视象山炮台

左宗棠为加强沿江、沿海的防务，来镇江巡视过象山炮台。据 1884 年《申报》（清代光绪十年正月二十八日）新闻中记录：左相（左宗棠）于二十五日卯刻（早晨五点到七点钟的时间），由邗江阅看河堤回。辰正（上午七点到九点的时间），抵瓜洲换坐"澄庆"练船（系福建水师"澄庆"号军船）道出京口，文武各员均至东码头象山脚下，高搭五色彩棚；沿江一带，则有钟统领排队恭迎；大江以内，则有吴镇戎率带水师炮船列阵迎接，枪炮迭放，鼓乐齐鸣，宪驾（左宗棠）于未时（下午一点到三点的时间）抵象山，各官请安毕，侯相（左宗棠）观象山炮台，当放大炮六门，均能中的，惟有一炮擦把而过，未中红心，侯相（左宗棠）顾而悦之。阅毕，随至焦山登岸，在自然庵小坐，用午膳，并随员人手，约有二十席。另据《申报》

连续报道，左宗棠乘"澄庆"练船离开镇江，即赴上海巡视。左宗棠巡视镇江象山炮台，说明了百年前象山炮台在沿江沿海军事防务上的重要性，正如此次巡视后，左宗棠在奏折中所言，"均为前敌要隘"。

3. 铁良巡视镇江炮台

清末大臣铁良是满洲镶白旗人，宗社党主要成员之一，以军事才能闻名。他曾是中国第一批入日本陆军士官学校学习军事的学生，以"知兵"自称。历任户部侍郎、兵部侍郎及户部尚书等职，曾协助袁世凯创设北洋六镇新军，继沈桂芬之后任军机大臣。1906 年任陆军部尚书，与袁世凯争夺北洋新军的统帅权。1910 年调任江宁将军。辛亥革命时，他与善耆等皇族成员组织宗社党反对清帝退位。铁良在 1904 年任左兵部侍郎期间曾到镇江巡视江防，对镇江的军备和炮台进行考察。他先考察了镇江圌山炮台的防务，接见了守台的官兵，又接见了守防圌山关的新湘左旗官兵。接着他考察了圌山附近东生洲的江防，接见了驻扎洲上的新湘后旗官兵，又到清军大校场考察，接见了京口驻防常备军官兵。最后他考察了象山炮台，接见了炮台的洋教习和官兵，又走访了京口驻防旗人的学堂，接见了学堂的监督、教习和学生，还登上金山瞭望江防情况。

4. 孙中山视察镇江炮台

1912 年 10 月 20 日早上 6 时，孙中山乘坐联鲸舰到达京口码头附近的江面，在开始视察镇江诸炮台前，先接见了镇江地方上的军政要员和各界人士代表。当地驻军十六师师长顾忠琛，旅长张伟齐、赵念伯，县长张翼云，各营官、各炮台军士，以及各界代表依次上舰谒见孙中山。驻镇江十六师官兵在江边列队欢迎孙中山。停泊在联鲸舰周围的几艘军舰也都挂彩旗并鸣炮致敬。接见仪式结束后，孙中山在长江要塞总司令洪承点的陪同下，首先到象山视察炮台。到象山时，炮台上军乐大作，守台官兵列队持枪立正恭迎孙中山。接着，孙中山又依次视察了焦山炮台、雩山炮台、圌山炮台和江北岸的都天庙炮台。视察活动从早上 6 时至下午 2 时持续 8 个小时。

5. 陈独秀论镇江炮台

陈独秀不仅是著名的政治家，而且对军事史也有广泛涉猎。他在年轻时阅读了大量中外资料，对长江的沿江军事布防有过深入探究，撰写了《扬子江形势论略》一文献策于清廷，希望能构筑天堑金汤御敌拒侮。在此文中，他对镇江炮台的分布和优劣提出了自己的见解。

他在《扬子江形势论略》一文中首先论述了镇江在长江军事战略上的重要地位，指出："镇江不守，则江北之扬州、江南之丹阳、金坛、句容诸邑必不可完矣。诸郡不保，而金陵难孤立矣。况上而牛渚、采石、天门，下而京口、金焦，尤为金陵之门户。"接着他提出了镇江炮台存在的问题和对策："查镇江一带炮台，颇不甚佳。新河口炮台，尤为无用，欲击下游，乃为象山山石所阻。象山有暗台一座，布置未佳，焦山二台犹嫌近后，都天庙之台，其炮上挂线之路，制造未精，如能整顿得法，象山台可以兼顾长江之南北二支，且能西顾北固府城。焦山之台可以击江之北支，以保都天庙之沙头镇河；都天庙台亦可保长江南北二支，且可守八濠口，以扼入运河扬州之路。若再于北固山屯以重兵，于金口泊以弹舰，再于近丹徒口之鱼山东面小山之上安设炮台，于丹徒沟亦造一台以御上岸之兵。新河口炮台宜移原台往西，用击焦、象间水道，则诸险交错，防御密矣。"

接着他又提出了自己的建议："由（焦山）东南经谏壁口，此南唐卢肇所谓自京口至谏壁皆系要冲，宜立栅广备御者也。又东北至三江夹，又东南至圌山关，江心有太平洲分江道为二。其南岸岗峦滨江，逶迤约五里半，其山大都甚陡，山背尤甚，无绕攻台背之虞，山高之中数约有三十余丈，江面阔只三里余。其北岸系平原，宋时置寨以抗金人，明代设营以防倭乱。历代兵争号为长江内户，今所有各炮台，系旧式不足敷用。其东方一台，虽稍优，又背倚山壁，至圌山西北对岸之营夹江口之两台，且距圌山已远，不得与主台联络护助，敌来可以次毁也。"他的这些看法和建议是我们认识鸦片战争后镇江江防形势的重要史料。

第二节　京江烽烟

京江在军事上具有重要的地位，攻守双方都很重视它。京江东流，分隔了大江南北，加之连绵的群山形成天然屏障，使镇江在作为城市形态之初给人的第一印象就是江防重镇。嘉庆十三年（1808）六月十九日，朝鲜人崔斗灿有一段对京口浦的描述，颇为精彩。他说："放船至京口浦。晋人所谓'酒可饮、兵可用'之地也。自宁波府以西内河数千里，发源于此，是为五湖合流处。而孔范所谓'长江天堑，限隔南北'者，即此水也。"（崔斗灿《乘槎录》见《燕行录全集》卷六八）从东晋时期"酒可饮、兵可用"的北府兵，到唐代设置的镇海军，再到宋代的镇江军驻地，以致镇江城市的定名都被认为隐藏着镇守江防的含义。各个朝代在镇江的沿江地带都驻扎过庞大的精锐军队，长江下游的多次水师大战都发生在京江水面。

一、朱方之战

朱方是《左传》中记录的镇江古地名，至今已有 2500 余年，是镇江城市的早期雏形。朱方因齐国左相庆封奔吴被封此地而出名。春秋时期朱方属吴国。据《左传》记载，襄公二十八年（前 545），齐国大夫庆封由鲁奔吴，"吴句余予之朱方，聚其族焉而居之，富于其旧"。《史记·吴太伯世家》称："王余祭三年，齐相庆封有罪，自齐来奔吴。吴予庆封朱方之县，以为奉邑。"

春秋时期，朱方是吴国一个比较富裕的城邑。吴王让庆封住在朱方，有自己的用意。吴与楚是世仇，吴是姬姓之国，与周天子同宗；楚问鼎于周，有取代争霸之心。楚要向东南扩张，吴也想北上争雄，双方发生过战争。吴王利用庆封熟悉诸侯内情，要他在这里监视楚国的消息。楚灵王想在诸侯中树立威信，便尽可能利用一切可乘之机炫耀武力。楚国大臣中有人提出庆封叛齐为吴国收留之事，可作为诸侯联军讨伐的理由。楚灵王认为借诛庆封为名攻打吴国，师出有名。这样庆封奔吴事件就再次引起了吴楚争斗，朱方成为双方交战的重要战场。

《左传·昭公四年》载："秋七月，楚子以诸侯伐吴。宋大子、郑伯先归，宋华费遂、郑大夫从。使屈申围朱方，八月甲申，克之，执齐庆封而尽灭其族。将戮庆封，椒举曰：'臣闻无瑕者，可以戮人。庆封惟逆命，是以在此，其肯从于戮乎？播于诸侯，焉用之？'王弗听，负之斧钺，以徇于诸侯，使言曰：'无或如齐庆封杀其君、弱其孤，以盟其大夫！'庆封曰：'无或如楚共王之庶子围弑其君、兄之子麇而代之，以盟诸侯！'王使速杀之。"

朱方之战是《左传》中记录的第一次在京江上发生的大战，当时吴国对这场以借戮庆封为由而引发的争霸战极为震惊，所以马上组织反击。没过多久，就如《左传》所言，昭公四年"冬，吴伐楚，入棘、栎、麻，以报朱方之役"的事情。

二、秦汉战事

秦王政二十四年（前223），秦灭楚，谷阳属秦。秦始皇三十七年（前210），改谷阳为丹徒。南朝梁沈约《宋书·州郡志一》记载："丹徒……古名朱方，后名谷阳，秦改曰丹徒。"秦始皇第五次南巡渡长江时，经过了丹徒渡口。秦末，陈胜、吴广揭竿而起，"伐无道，诛暴秦"，此后京江上战船往还不断。秦二世元年（前209），广陵人召平托陈胜之令，南渡丹徒江，封项梁为楚王上柱国，于是项梁率江东八千子弟兵北渡丹徒江，继而渡淮，"军下邳"，加入了逐鹿天下的战局。

西汉时，丹徒是汉荆王刘贾的封地之一。汉六年（前201），刘邦划淮为界，淮东号为荆地，封刘贾为荆王，管理淮东五十二城。据宋初《太平寰宇记》载："润州，汉初为荆国，故荆王刘贾所都之地，今郡城中有贾墓尚存。"汉十一年（前196），淮南王黥布谋反，带兵向东攻击荆地，荆王刘贾与之交战，被杀，后葬于荆地丹徒。刘贾战死后，刘邦改荆为吴，又封刘濞为王，将刘贾的封地给了他。据《汉书·吴王濞传》记载，王与条侯战，"吴大败，士卒多饥死叛散。于是吴王乃与其麾下壮士千人夜亡去，度淮走丹徒"。说明吴王刘濞在京江一带打过仗。

三、徐陵之战

黄初三年（222），孙权称吴王，曹魏派出大军屯兵于江北的广陵，与江南的东吴水军隔江对峙。有一天，大风刮断了东吴大将吕范部下的船只缆绳，船被风刮到北岸的曹休军营。曹休发现后，立刻率部登上船进击东吴水军。东吴水军大败，被俘获、战死了几千人。好在东吴的救援船队赶来，挡住了曹军的进攻，所剩的东吴水军才退回南岸。但此战并没有结束，曹休没有给东吴军队喘息的机会，又乘其不备发动突袭。据《三国志·吴书》记载："魏将臧霸以轻船五百，敢死万人，袭徐陵，攻烧城墅。即吴时或称京城，或称徐陵，或称丹徒，其实一也。"东吴军在突袭中损失很大，城池被魏军团团包围，直到吴将徐盛率部救援，击败了魏军，魏军才退回江北。历史上把这次战役称为"徐陵之战"。

此战后，孙权开始下定决心，依靠长江之险，打造战船，发展水军，巩固了江南的防线。以后，曹军再也不敢轻易渡江挑战。黄初五年（224），魏文帝曹丕率十余万大军到广陵，被江水和对岸严阵以待的东吴水军惊呆了，无奈退兵。《三国志》卷二中载："魏文帝有渡江之志，黄初五年秋，曾至广陵，时江盛涨，帝临望叹曰：魏虽有武骑千群，无所用之。六年冬，又至广陵临江观兵，时岁大寒，水道冰，舟不得入江，乃引还。"两次没能实现渡江击败东吴军队的愿望后，魏文帝曹丕非常失望。

四、蒜山之战

东晋孝武帝太元元年（376），豪族陈郡谢氏把持朝政。两年后，谢玄从广陵移驻京口坐镇，收编了众多流离失所的男丁，正式组成了北府军。这支军队建立后作风强悍，屡立奇功，淝水之战击溃前秦军，一路追杀到邺城（今河北临漳），打出了威风，名噪天下。此时，家住京口靠耕地、打柴、卖草鞋为生的刘裕抱着远大志向加入了北府军。《宋书·武帝本纪》中有记载：刘裕是汉高帝刘邦弟楚元王刘交的后裔，本来是彭城人，后来他的曾祖父刘混过江定居"晋陵郡丹徒县京口里"，混生靖，靖生翘，翘生裕，刘裕已是迁居京口的第四代。刘裕参军后作战勇猛，多次立功，很快就成长为一个有名的战将。

据《宋书·武帝本纪》记载，东晋安帝隆安五年（401），孙恩率水陆大军从长江进攻南京，北府军参军刘牢之急令正在海盐征战的刘裕立即回撤北上阻击。当时孙恩的大军正驻扎在京口的蒜山一带，蒜山伸入长江，四周陡峭，山顶平缓。驻守顶端，可以俯视长江南北。刘裕率部急行军赶回京口后，立即加入激战，为争夺这座今天看起来海拔还不到百米的山头，和孙恩的数万大军展开了厮杀。他带头冲入军中，身先士卒，部众紧随其后，把孙恩的军队打得溃不成军，众多士兵跌落山崖，落入水中。《嘉定镇江志》曾转引《资治通鉴·晋纪》中有关这场战事的精彩描述：隆安中，"孙恩浮海至丹徒，战士十余万，楼船千余艘，建康震骇。刘牢之自山阴引兵邀击恩，未至而恩已过，乃使刘裕自海盐入援。裕兵不满千人，倍道兼行，与恩俱至丹徒。裕众既少，加以涉远疲劳，而丹徒守军莫有斗志。恩帅众鼓噪，登蒜山，居民皆荷担而立。裕帅所领奔击，大破之，投崖赴水死者甚众，恩狼狈仅得还船"。刘裕一战成名。

此后，刘裕多次转战大江南北，扫平了三吴，平定了南方，在北府军中拥有很高的威望。"隆安六年，卢循乘虚袭建康，刘裕北伐，方议镇下邳。得诏，引兵还至山阳，闻何无忌败死，虑京邑失守，卷甲兼行，过江至京口，众乃大安。"（《古今图书集成·方舆汇编·职方典·镇江府》）据《资治通鉴》记载，刘裕率部渡江至京口时，还有一段故事。"将济江，风急，众咸难之。裕曰：'若天命助国，风当自息；若其不然，覆溺何害！'即命登舟，舟移而风止。过江至京口，众乃大安。"他在京口立足后，聚集北府兵，铲除异己，建立了南朝宋政权。刘裕成为开国皇帝后，非常看重京口的战略地位，规定非皇族外戚不可驻守京口。之后的齐、梁朝也都把京口视为险要之地，派重兵把守。

五、隋唐战事

隋唐时期，京口渡口与一系列关系国家南北的重大事件有关，因为京口与瓜洲之间的渡口不仅是长江下游最重要的渡口，更是运兵的主要通道。开皇元年（581），隋文帝杨坚登基，当时江南一带还属于南朝陈的统治。隋文帝即位后，便有吞并江南、统一全国之意。然陈朝的皇帝并不清楚国家面临的危险，仍然花天酒地。可隋文帝却暗做准备，眼睛盯住了京口这一战略要地。他秘密地把部队移到了金陵和京口的北岸，寻找灭陈的机会。

开皇八年（588）十月，隋文帝率50多万大军沿江展开，摆开了渡江的阵势。他选派贺若弼率部从京口进发。据《隋书·贺若弼传》称："贺若弼，字辅伯，河南洛阳人也。开皇九年，大举伐陈，以弼为行军总管。将渡江，酹酒而祝曰：'弼亲承庙略，远振国威，伐罪吊民，除凶翦暴，上天长江，鉴其若此。如使福善祸淫，大军利涉；如事有乖违，得葬江鱼腹中，死且不恨。'先是，弼请缘江防人每交代之际，必集历阳。于是大列旗帜，营幕被野。陈人以为大兵至，悉发国中士马。既知防人交代，其众复散。后以为常，不复设备。"等到此时，贺若弼开始率领大军渡江，陈国人没有发觉。大军偷袭并攻占了陈的南徐州，擒住了南徐州刺史黄恪。贺若弼军令威严整肃，秋毫无犯。有个士兵在老百姓那里买酒，贺若弼立刻把他斩首。贺若弼统军渡江占领京口后，又率部攻陷了建康（南京），灭了南朝陈，实现了隋朝的一统江山。但接下来的岁月，战火并没有停息。《资治通鉴》卷一七七记载：隋开皇十年（590），"（杨）素帅舟师自扬子津入，击贼帅朱莫问于京口，破之"。

自隋炀帝大业九年（613）到北宋建国（960）之间，为争夺润州而发生的战事仍有十余起。大业九年（613），隋炀帝欲复征辽东，在吴郡、会稽一带征兵，遭到了百姓的强烈反对，百姓纷纷逃亡。当时礼部尚书杨玄感在河南黎阳起义反隋，刘元进举兵响应，吴郡、吴兴、丹阳等地的服苦役者也来参加，聚众多达数万人。吴郡的朱燮和晋陵的管崇也率兵起义。三路联合，共推刘元进为主，拥众 7 万。不久，刘元进率所部攻打润州，隋炀帝派吐万绪和鱼俱罗带兵镇压。吐万绪带兵到了扬子津，刘元进自茅浦将渡江时，被吐万绪带兵击退。后来刘元进令士卒持茅纵火以攻，适遇风，火反转，隋军乘机掩击，刘元进大败退走，吐万绪解了润州之围。

天祐八年（911），徐温升任行军司马、润州刺史、镇海军节度使、同平章事。天祐十二年（915），徐温受封齐国公，兼任两浙招讨使，开始镇领润州，以升、润、宣、常、池、黄六州为齐国。天祐十四年（917），徐温迁治金陵，独掌杨吴政权大权。他派养子徐知诰担任润州团练使，派亲生儿子徐知训到广陵担任淮南节度副使。朱瑾作乱广陵时，杀了徐知训。当时马仁裕负责监守润州西津渡，他获知这一消息后，飞马从渡口赶到城中告诉徐知诰。徐知诰当天便发润州兵，从西津渡过江到广陵平息了朱瑾之乱，并代徐知训担任淮南节度副使。

六、黄天荡之战

建炎元年（1127），宋宗室为躲避金兵的入侵，迁往长江沿线重镇（如江宁、镇江等地），因为这些重镇据长江天堑，有险可守，相对比较安全，且水陆交通比较便利，易于钱粮财赋聚散。但金兵仍紧追不放。建炎三年（1129），"金兵至瓜洲"（《嘉定镇江志》卷三）。史载"上于瓜洲镇，得小舟，即乘以济，次西津口"（李心传《建炎以年系年要录》卷二〇）。宋高宗仓皇出逃，从瓜洲南下至镇江西津口，长江南岸的镇江也处于金兵的威胁之下。

在面对金兵直抵长江、镇江成为攻击的目标时，宋高宗赵构任命韩世忠为浙西制置使，负责防守镇江。韩世忠率所部八千人急赶镇江，分兵把守要地，准备和金兵交战。建炎四年（1130），韩世忠的部队与金兵交战，凭借镇江地形优势，韩世忠在龙王庙设计俘敌，以掌握敌军的动向。有一次，他指挥埋伏的宋兵几乎活捉前来侦察阵地的金兵元帅兀术。在宋军和金兵的对阵中，韩世忠抓住了金兵不习水战的弱点，封锁长江，几次交战打败金兵。史载，"俘获杀伤甚众，敌所遗辎重山积，又获龙虎大王舟千余艘"（《嘉定镇江志》卷三）。兀术不敢再战，率十万兵马退入黄天荡，企图从这里过江北逃。

黄天荡是江中的一条死港，已废弃不用，只有进路，没有出路。韩世忠见金兵误入其中，就抓住机会率兵封锁了入口。金兵被困黄天荡内，进退无门。兀术派使者与韩世忠讲和，愿意把抢掠的财物全部送还并献宝马，以此为条件换条退路，韩世忠拒绝了。韩世忠派人打制铁索和铁钩，准备置敌于死地。兀术为了活命，重金悬赏求计，从一个汉奸那里获得了消息。原来黄天荡内有一条老鹳河，直通建康秦淮河，因年久不用而淤塞，派人挖通即可从水路逃出。兀术派人连夜挖通了此河，逃出了围困，撤回长江以北。韩世忠用八千人马，困敌十万于黄天荡，大战四十八天，打败了金兵，取得了抗金战争的阶段性胜利。金兵在镇江碰了个钉子，被迫改变了直接渡江南下的战略，转而进军川陕，被压制在秦岭—淮河以南，宋高宗才得以在东南一隅稍稍稳定了心神。韩世忠指挥的黄天荡之役是中国军事史上的著名战例。

七、宋元大战

南宋抗元名将张世杰，涿州范阳县（今河北涿州）人，与文天祥、陆秀夫并称"宋末三杰"。德祐元年（1275）七月，元军南下，南宋时两淮镇将张世杰、孙虎臣等率领水军驻守焦山南北，用铁链连接战船，一并锚泊，没有命令不得启碇，以示军威，摆出一副加强防御的态势，没有料到自己犯了兵家大忌。元将阿术登上象山察看军情，见宋军战船相接，旌旗蔽江，采用了火攻，大败宋军。这场大战从早上一直打到下午，呼声震天，非常惨烈，数万宋军葬身火海，葬身江中。张世杰、孙虎臣率残部逃往圌山，元军又追杀过去，缴获了宋军的大小船只百余艘。

自此镇江失守，元军占领镇江，建立了继续南下的桥头堡，使浙西门户洞开，元军循运河南进，其后几年内逐步统一了南北，"宋人自此不复能军"（《润州事迹诗钞·丹徒七古》），南宋朝廷走到了末路。这场战争给后人留下了深刻的印象，被《续通典·兵部》列为古代火攻的典型事例。清代诗人赵翼曾舟行于镇江焦山，寻找两淮镇将张世杰、孙虎臣与元军阿术、董文炳血战江面处，悼念当年的十万宋军将士，并写诗云："功臣忠臣共战场，运异兴衰气同壮。终然浩劫人沧桑，纵有赤心天不谅。烟焰横空皆蔽江，十万健儿鱼腹葬。我来斜渡一帆风，往日兵氛久洗空。闲把陈编抚遗事，江上如旧哭英雄。山前一片飞涛汹，想见当年战血红。"在焦山的摩崖石刻中，也有一块清光绪二十九年（1903）知县窦镇山写的《焦山怀古》，其中"焦圌险要屯包港，元宋兴亡战夹滩"的诗句，描述了宋元焦山之战在京江焦山与太平洲之间的激战场景。

八、明代战事

明代镇江是重要的战场，朱元璋多次和元军残余及对手张士诚在江上交战，"当是时，元将定定扼镇江，别不华、杨仲英屯宁国，青衣军张明鉴据扬州，八思尔不花驻徽州，石抹宜孙守处州，其弟厚孙守婺州，宋伯颜不花守衢州，而池州已为徐寿辉将所据。张士诚自淮东陷平江，转掠浙西。太祖既定集庆，虑士诚、寿辉强，江左、浙右诸郡为所并，于是遣徐达攻镇江，拔之，定定战死……秋七月己卯，诸将奉太祖为吴国公。置江南行中书省，自总省事，置僚佐。贻书张士诚，士诚不报，引兵攻镇江。徐达败之，进围常州，不下。九月戊寅，如镇江，谒孔子庙。遣儒士告谕父老，劝农桑，寻还应天。"（《明史·太祖本纪》）朱元璋很重视镇江的战略位置，曾在这里重修城墙，加强防守。

朱元璋对镇江的百姓有好感，江上作战时注意严明军纪。《丹徒县志》中说："明太祖取镇江，命徐达为大将，率诸将浮江东下，戒之曰：'尔等当体吾心，戒辑士卒，城下之日，毋焚掠杀戮。有犯令者处以军法，纵之者罚无赦。'达等受命。师至镇江，元平章定定遁去。即日克其城，城中晏然，不知有兵。遂分兵下丹阳、金坛诸县。"明朝建立后，他又为帮助明军取胜的镇江百姓减轻了赋税。

明太祖在江上还和张士诚部将戴院判进行了交战。他带兵至浮子门，擒获了戴院判，尽降其众。又在城西三里滨江处的蒜山下拱真庵停留，接受了僧人献诗。拱真庵，旧名真武庙，镇于银山，唐贞观初创。宋高宗南渡，改名拱真庵。明太祖驻师拱真庵时，"甘露寺僧师一朝见，献诗，上悦。其日移跸北固山凤凰池，谕以守诚守法守业之训。暮泊江岸，金山僧法诚朝见，亦应制献诗曰：'贼寇临京口，王师出海边。四方喧动地，万姓独瞻天。笳鼓惊栖雁，旌旗耀战船。生擒五千士，齐唱凯歌旋。'皆喜赉之"（《古今图书集成·方舆汇编·职方典·镇江府》）。拱真庵后倾圮。万历初，全真董长清募造山门，有五岳楼，两翼有三官殿、北极殿、章台正殿，规模广大，更名曰玉皇殿。

据《明史纪事本末》载，嘉靖三十五年（1556），江北倭流劫至圌山山北等港。无为州同知齐恩率舟师迎战，他的两个儿子和一些亲戚也参加了激战，最终力战皆死。倭流又至金山，明军镇江千户沈宋玉、王世良等又与倭流战至江中，直到战死。

九、郑成功之战

顺治十六年（1659），清军主力在云贵一带与南明政权交战，郑成功趁势从海上发动进攻，意图攻占南京以恢复明朝。清军为了阻止郑成功侵入长江防线，在金山、焦山两岸增设了铁索，又增兵加强两岸防线。当时瓜洲、镇江是防守南京城的两大前哨据点，想要攻占南京城，这两个地方是必取之地。因此郑成功率领水师从入海口入江后，立刻溯江而上，直扑瓜洲和镇江。

郑军发现镇江已经被重兵驻守，于是转攻北岸的瓜洲。此时的长江两岸被清军设置拦江铁索，郑军想要上岸夺取瓜洲，势必要先行破除岸边铁索。于是，郑成功召集了十余人深夜持斧砍断了铁索，接着大军在焦山成功上岸。上岸后郑成功派前锋部队突袭到瓜洲时，自己又带领大军火速直扑瓜洲。随着郑军的到来，清军的援军也开始陆续驰援瓜洲并与郑军交战。但因当时大雨，清军增援的骑兵部队深陷泥沼之中，无法发起有效攻击。郑成功趁势猛攻，击溃了增援的清军，顺利拿下了瓜洲。取胜后，郑成功回头再次登船入江，率队向南岸发起攻击，强行登陆后用大军围住镇江城，断绝了镇江城与外界的联系，迫使镇江城守将投降。

瓜洲和镇江被郑成功大军顺利拿下，郑成功命令大军休整一番，再谋南京。但郑成功的南京之战攻势不顺，反被清军偷袭，郑军仓皇迎战，中军大营被攻破，只得退回镇江。退到镇江的郑成功眼看清军追杀过来，决定再次退兵，准备拿下长江出海口崇明。可是，崇明久攻不下，郑成功又退回海上，此次战役以失败告终。

十、镇江抗英保卫战

1842年7月，第一次鸦片战争中的镇江保卫战首先在圌山关打响，圌山炮台的清兵和圌山周围的民众一起抵御外寇。在圌山关狭隘的江面上，清兵和地方民众相互配合，战前就用了巨石、木排沉江以阻敌舰。又征用了大粮船若干艘，船上装满苇草，浇上桐油，做成"火筏"，准备对敌舰施以火攻。14日，英军舰队由璞鼎查率领，侵入长江，溯流而上到达三江营水面。英军派出侦察舰"伯鲁多号"和"复仇神号"到圌山侦察。圌山炮台开炮击敌，大沙炮台协同作战，打了两个多小时，命中敌舰后舱，敌舰退回三江营锚地。

15日，英军调集9艘军舰前来报复。面对来犯的英军舰船，守军和协助作战的乡民毫不畏怯，他们集中所有弹药向敌舰还击，打得敌舰在圌山关停滞不前，双方对峙许久，终因守军和乡民弹尽台毁，被迫撤离，圌山关失守。

20日，入侵的英军舰队开到镇江北固山附近的江面，他们来势汹汹，人数众多。在沿镇江城北的江面上，停泊了多艘英舰，摆出了攻城的架势。当时，准备攻城的英军有4旅之众，6000多人，还有数百名海军人员。

21日，英军分三路进攻北门、西门及城外制高点。此时防守镇江的清军只有京口驻防八旗1600多名和从山东青州前来增援的旗兵400余人。他们面对强敌，无所畏惧，把自己的生死置之度外，勇敢地投入到战斗中。

21日清晨，江中的英舰开始发炮，数千英军在炮火的掩护下开始进攻。其中北门之战最为惨烈，当时防守北门的清军是京口旗营的城防兵和青州旗兵，他们在英军进攻前已在城楼上架起炮位。上午7时，英军在北固山下江岸登陆，北固山上的清兵和英军激烈交战，因寡不敌众，北固山城楼失守。英军登上后峰后，沿龙埝进至中峰，并在炮火支援下向位于前峰的北城门展开猛攻。镇守北门的清军在城楼上向英军猛烈还击。镶白旗举人噶喇开炮击毙从坍塌的城墙处登城的英军10余人。英军一面正面攻城，一面又运来云梯从十三门攀城。英军上尉辛普森率英军登城时被守城清军用火绳枪击伤，另一个登上城的英军上尉卡堡也被击伤。不久，大批增援的英军又蜂拥而上，手持劣势兵器的守城旗兵毫无惧色，他们在城楼上和英军展开了肉搏之战。有的旗兵迎着敌人的刺刀冲上前去，将英军摔下城楼；有的旗兵一人抱住两个英军一起摔下城去，清军英勇不屈的喊杀声响彻北门城楼。尤其是青州旗兵，他们浴血奋战，抱着"誓死守镇江，与城共存亡"的信念拼死抵抗，重创了英军。

《光绪丹徒县志》记载："寇率众登北固山，施放火箭火炮，飞入城中，守陴兵亦施枪炮。持一时许，忽声如巨雷，屋瓦皆震，乃寇用大炮攻城。城之十三门旁垣墙中炮，已倾卸十余丈也。寇由此一鼓而上，我兵溃，青兵犹悉力拒之，死者十之八九。"

英军最后从城北、城西、城南三个方向突破入城，守城的八旗兵坚持作战，与冲进城的英军展开激烈的巷战，直到流尽最后一滴血。"寇既入城，焚城之敌楼，入驻防营，我兵亦死数百人，海都统因署中火死之。"镇江城破后，副都统海龄看到大局无法挽回，回到都统署，将堂印交给骁骑校祥云。海龄让妻子带着孙儿出城，其妻为了不让海龄牵挂，抱着孙子跳入大火。海龄一见，也将所有公文在房内摆好，用木柴和公文将自己围住，点燃大火，自焚殉国。

一个叫利洛的英军军官在《英军在华作战末期记事》中这样记录他所见到的情景："今天一整天不论是汉兵或满兵都表现得非常勇敢，很令我们敬佩。我可以肯定地说，中国方面的上层人士，从他们的行动可以看出，虽然打到最后一个人，也还是不肯屈服的。""在战役结束两天之后，我们去看了满兵都统自焚殉难的废墟，他像古罗马人一样，自己坐在大厅里，在一切都完结的时候，要求他的忠仆服从他最后的一个命令：放火烧屋。"

镇江军民英勇抗英震动了当时的欧洲。为此，革命导师恩格斯于《英人对华的新远征》一文中指出："驻防旗兵虽然不通兵法，可是决不缺乏勇敢和锐气。这些驻防旗兵总共只有 1500 人，但殊死奋战，直到最后一人……如果这些侵略者到处遭到同样的抵抗，他们绝对到不了南京。"英军在进犯镇江途中每前进一步，均遭到殊死抵抗。

十一、清军太平军镇江之战

太平天国建都天京（今南京）后，清军组织了江南大营、江北大营进行围困，这对于天京无疑是一个巨大的威胁。当时，清廷派遣江苏巡抚吉尔杭阿为江南大营的帮办，协助向荣督办江南大营的军务，想要拔除天京城的外围据点镇江。吉尔杭阿率部对镇江发起进攻后，太平天国东王杨秀清下令秦日纲、李秀成、陈玉成带领太平军救援镇江，驻军在栖霞和龙潭中心一带。太平军的救援，让吉尔杭阿颇为顾忌，他下令在镇江外围沿线布置重兵，拦截前来支援镇江的太平军，尽最大可能为攻打镇江城的清军争取时间。他下令清军加大攻城的力度，镇江城被围困得水泄不通，李秀成、陈玉成和镇江城中守将吴如孝失去了联系。

秦日纲和陈玉成、李玉成商量后，准备突袭镇江城外的清兵。为了让镇江城内的太平军协同作战，陈玉成带领士兵冒着炮火冲进镇江城，和太平军守将吴如孝取得联系。双方里应外合，击退了围攻镇江的清军，破其营帐十六座，趁此机会将兵力分别驻守在金山、镇江一线，想要进攻吉尔杭阿在宝盖山的大营。陈玉成、李秀成两个人调转枪头，当天夜晚趁夜偷偷渡江进抵瓜洲，开始对江北大营发动猛攻，攻破营帐一百多座，江北大营被顺利攻破，扬州也陷落于太平军之手。

在此之前，陈玉成、李秀成害怕扬州失守，想要将扬州城内刚刚缴获的军资运回天京，可是路途遥远，害怕生变，便准备抄近路从镇江中转，将扬州的军资尽数运往天京。可是太平军的粮道几乎都被清军扼守，无法顺利运转到天京。太平军的这一次出击，顺利击垮了长江北岸的江北大营，让清军盘踞在天京外围的势力大为受损。杨秀清下令整顿兵马，准备对天京外围仅存的江南大营发动攻击。在近半年的时间里，太平军对镇江发起了三次进攻，遭到了清军集中优势兵力分进合击为主的"积极防御战术"困扰。太平军由于没有水营配合作战，只能陆地进攻，清军水师从水面上岸，城中清军就冲出来，太平军被前后夹击，导致三次进攻都失败了。其中，第三次进攻时，面对在领军和布阵方面都有能力的清军将领冯子材，太平军没有水营支援，就被迫撤军了。

十二、圖山关之战

圖山关炮台由圖山炮台、顺江洲的大沙炮台和江都的三江营炮台组成，是扼守长江的咽喉。1937年11月12日，日军从水陆两路同时向江南内地侵犯。半个月后，日军舰队突破江阴要塞，12月初到达五峰山以北的三江营，兵锋直指圖山关。圖山炮台台长奉镇江要塞司令部命令，下令自毁炮台，弃阵逃亡江北。当时，一些已在当地农村娶妻安家的炮兵，出于爱国热情，决心留下抗日。留下的12名炮兵组成敢死队，修复大炮一门，严密监视敌情。

日军舰队到达三江营后，关闭灯光，乘夜幕掩护，悄悄向龟山头驶来。敢死队在队长彭永义的率领下，派一人下山躲在江边芦滩中，发现敌舰靠近，当即用手电向炮台示意。彭永义见信号立即下令开炮，首炮过远，二炮靠近。见连发二炮落空，彭永义推开炮手亲自瞄准，一声巨响，第三炮命中日方一艘军舰。日舰队见首舰负伤，慌忙退向三江营。

次日清晨，日军出动大批飞机，轮番俯冲，轰炸圌山炮台，炮台基本被毁。第三天早晨，日军认为圌山炮台不再有威胁，才敢重新启航。圌山炮台的英勇抵抗，震慑了日寇舰队，阻拦、推迟了日寇舰队对南京的入侵。

十三、"紫石英"号事件

1949年4月，中国人民解放军第三野战军正在长江镇江段集结，准备发起渡江战役。英国海军远东舰队"紫石英"号护卫舰无视解放军公告——"1949年4月20日外国舰船撤离长江的期限"，闯入解放军前线预定渡江江段，该舰拒绝听从警告，遭解放军炮击，"紫石英"号随即开炮还击。最终重伤搁浅。4月20日下午至21日，解放军炮兵又将先后赶来增援的英国海军远东舰队"伴侣"号驱逐舰、"伦敦"号重巡洋舰、"黑天鹅"号护卫舰击退，从而引发解放军炮击英国军舰的军事冲突，又称中英长江炮战、扬子江事件。随后，解放军与英国就事件责任及"紫石英"号被扣的问题展开长达3个月的谈判，但一直未有结果。

1949年7月30日，"紫石英"号趁夜逃走。当日21时，镇江开往上海的"江陵解放"号客轮经过"紫石英"号时，"紫石英"号实施灯火管制，尾随客轮"江陵解放"号逃跑。"紫石英"号刚起航就被解放军监视哨发现，位于镇江东南大港附近的解放军炮兵接到命令准备拦截，当天没有月光，照明设施极差，解放军炮兵还是辨认出尾随"江陵解放"号的"紫石英"号，集中火力轰击。"紫石英"号为逃避打击，加速赶上"江陵解放"号，紧贴客轮左舷并排行驶，被当作盾牌的"江陵解放"号中弹起火、下沉。"紫石英"号虽然一度轮机熄火，但最后还是排除故障加速逃出解放军炮兵火力范围。途中，与解放军炮兵再度交火。7月31日，"紫石英"号逃出长江口，解放军与英国的有关谈判随之终止。

在"紫石英"号事件中，中国人民解放军伤亡252人，英国海军死45人，失踪1人，伤93人，"紫石英"号在出逃途中还造成平民的重大伤亡。这一事件表明了即将建立新中国的中国共产党捍卫国家主权的坚定决心和强大勇气，也标志着英国等列强在中国"炮舰外交"的最后终结。

十四、林遵海军起义

在渡江战役的关键时刻，国民党海防第二舰队的30艘舰艇、1271名官兵，在少将司令林遵的率领之下，于南京附近江面起义。同时，第二舰队所辖第三机动艇队的 24 艘炮艇、联勤总部后勤署 8 艘运输艇 300 余名官兵也冲破重重阻挠，在镇江起义，加速了渡江战役的胜利。

1948 年 2 月，国民党海防第二舰队调入长江，划分为 4 个防区：江阴至镇江、镇江至芜湖、芜湖至安庆、安庆至湖口。另外还配有 4 个机动艇队，分别驻扎在镇江、湖口、南京。舰队兵力部署的重点是镇江到芜湖江面。第二舰队司令部位于镇江迎江路 82 号，镇江港是旗舰惠安舰的母港，司令林遵带几名参谋驻惠安舰上。同年春，根据党中央和周恩来同志的指示，中共地下党组织和第三野战军分 5 条线对林遵及第二舰队的相关人员进行策反工作，林亨元、郭寿生、孙克骥、杨进、吴平、何友恪等先后冒着生命危险来镇江，秘密开展争取和策划第二舰队起义的工作。

1949 年 2 月，林遵与林亨元在金山见面，后到司令部附近的一家饭馆详谈。林亨元向林遵提出三点要求：第一，由林遵率舰队起义，办不到就到江北投向解放区；第二，继续提供国民党江防情报；第三，提供最适合的渡江地点，协助解放军渡江。林遵对林亨元的答复是：第一，第二舰队相机起义；第二，将军舰集中于镇江等 5 个港口、将炮艇集中于镇江等 3 个港口，腾出空隙让解放军渡江；第三，为阻止上游舰艇逃跑，起义地点选择在镇江。

1949 年 4 月 18 日，国民党海军司令桂永清留下第三机动艇队在镇江，将港口的其他舰艇调往南京，因此第二舰队最终在南京起义。国民党海军第三机动艇队的 24 艘炮艇、300 余名官兵，在中共地下组织的策动之下，在镇江起义。国民党焦山炮台的驻军等也随同参加了起义。

十五、渡江战役

三大战役结束后，国民党军在长江以北的主力丧失殆尽。为挽回危局，国民党一方面与中共进行和谈，另一方面却在加紧调整部署，编练新军，加强长江防线，企图凭借长江天险阻止解放军渡江南下。为了坚决、彻底、干净、全部地消灭敌方残余力量，并防备美帝国主义可能的军事干涉，中共中央、中央军委决定：以第二、第三野战军全部 24 个军约 100 万人的兵力，在长江下游实施渡江作战，夺取京沪杭，围歼国民党军主力于南京、镇江、芜湖间的三角地区。其中，以第二野战军 3 个兵团 9 个军为西集团，在马当至贵池间；第三野战军 4 个兵团组成中、东两个集团，在贵池至芜湖和扬中至江阴间，实施渡江作战。

1949 年 4 月 21 日，中国人民解放军 20 军 59 师 175 团从泰兴永安洲出发，乘船渡江攻打扬中沿江一带。经过和国民党部队第 42 师 123 团激烈的江中炮战，最终打下了扬中沿岸的村镇，打开了镇江国民党守军江防的缺口。22 日，解放军的其他部队乘胜追击，纷纷从北岸登船进入扬中腹地，攻占了扬中全境。另一支解放军 34 军的主力部队则经过江上的激战，打到了高资、龙潭，随即又占领了句容。

1949 年 4 月 23 日凌晨，国民党镇江守军望风而逃。解放军 34 军的一支侦察分队到达镇江，在侦察员的带领下，镇江轮联轮船公司驾驶员夏阿毛率先驾驶轮船去江北迎接解放军渡江。随后大批解放军横渡长江，解放了镇江，给镇江人民带来了光明和温暖。为了迎接解放军进城，沿江一带挤满了欢迎的群众，街道上贴满了彩色标语。各学校师生组织的宣传队来到街头，敲锣打鼓，开展庆祝解放的宣传活动。整个城市锣鼓喧天，鞭炮齐鸣，一片欢乐景象。渡江部队进入镇江后，成立了市军管会和市人民政府，华东军区第八兵团司令员袁仲贤将军担任军管会主任，镇江专员公署刘烈人专员兼任市长，开始了城市的接管工作。各级接管干部奔赴预定的接管地区和部门，先后接管了国民党省一级的行政机关、司法机关 23 家，以及全市 13 个镇的管理机构。人民群众也积极配合接管工作，翻开了镇江历史上崭新的一页。

第七章

通商口岸

帆揚子燕

　　《天津条约》签订后，外国资本开始大规模进入中国，大量的外国洋行和外资航运企业相继在中国创办，几乎垄断了中国沿海和长江航运业。他们控制了中国的沿海贸易，又把长江变为其内河航运的垄断通道。英国的怡和洋行、宝顺洋行，美国的琼记、旗昌洋行先后在上海建立轮船公司，控制了长江及中国沿海的航运业务。他们一边走私鸦片，倾销洋货；另一边收购中国的矿产和大宗农产品，大肆掠夺中国的资源。水运发达的镇江很快受到上海外资的波及，镇江通商口岸成为外资重点关注的目标，外商想把这里变成他们的原材料掠夺地和商品倾销市场，并打压镇江的民族经济发展。

第一节　口岸商贸

　　镇江于 1861 年正式开埠，开埠时间比汉口、九江和南京早，是长江下游第一个通商口岸，也是中国近代最繁忙的港口城市之一。谢国权教授在《近代长江中下游沿岸中等城市商业研究》一文中说："下游中等城市中，较早开始进出口贸易的是镇江、九江。"镇江一度成为江南地区仅次于上海的重要通商口岸。陈锋、张建民主编的《中国经济史纲要》一书也指出："在对外贸易的刺激下，这些通商口岸成长为近代化的商业城市，包括广州、福州、厦门、宁波、上海、牛庄（营口）、登州、烟台、台南、汕头、琼州、汉口、九江、南京、镇江、天津、沙市、重庆、苏州、杭州等。"

　　镇江开埠后，在江边的西津渡一带设立了英国租界及英、美领事馆。英国商人最先来到了租界，他们在附近的沿江一带开设了贸易洋行，进行商贸交易。随后美、德、法、日等国商人见有利可图，纷纷涌入牟取暴利。如创办于 1862 年的美国旗昌轮船公司，初始资本额为 100 万两白银，利润率逐年攀升，1867 年一年净利润高达 80 多万两白银。从 1868 年到 1870 年，每年净利润均在 70 万两白银以上。怡和洋行在大规模贩运鸦片的罪恶勾当中，营业额每年就高达 700 万两白银，可见其利润之丰。

清末文人旅生所著《痴人说梦记》第三回"寻伴侣巧遇豪商，谈工艺隐联同志"说，湖北武昌府贾希仙和同学宁孙谋、魏淡然搭船往上海求学，上了怡和洋行的轮船，到了镇江。轮船停泊卸货，贾希仙上岸洗澡，未料许久未回。轮船将开，宁孙谋、魏淡然只得上岸，寓在客栈中。"一日，两人走到银山门外，见有一座酒楼，一色洋房，窗棂轩敞，十分雅洁。"这里银山门外酒楼"一色洋房"，指的是英租界内的西洋风格。而所说的怡和洋行轮船，也不是信口开河。怡和洋行是 1832 年在广州成立的一家英资洋行，早年对中国贸易，主要从事鸦片及茶叶买卖。1843 年，上海怡和洋行成立，投资业务开始多元化，其中也包括船务。镇江作为通商口岸，怡和洋行轮船经常往来，在此牟取暴利。

1875 年，全国共签发由口岸护运货物往内地的子口税单 44085 张。而镇江一口就占 13036 张，货物价值达 3305037 海关两（陈荣华、何友良《九江通商口岸史略》），领先于汉口、九江、上海、宁波、福州等城市，居全国之首。1880 年，在通商口岸与中国内地之间，子口税的内运及外运商品总价值为 14826046 海关两。其中内运总价值为 12384402 海关两。而镇江一口的子口贸易总值就达 3120038 海关两，内运贸易额达 2922652 海关两，分别占全国通商口岸总额的 21% 和 22.8%。19 世纪中期到 19 世纪末，镇江实际上成为办理洋货内运子口税业务的最大口岸。

一、镇江英租界

《天津条约》签订后，镇江被列为长江沿岸第一批通商口岸。1858 年 11 月，英国侵华海军司令额尔金乘巡洋舰来镇察看形势，为英国在镇江建租界打前站。当时镇江城外一带仍有太平军活动，所以英国人没有马上在镇江设租界，只在七濠口建了一个水上居留区。英国领事临时驻在焦山。

1861 年，太平军失败后，英国在镇江建租界被提上议事日程，先是英国驻华公使卜鲁斯派参赞巴夏礼来镇江，选定租界地址。巴夏礼看中江边银山下的一块地，经过和镇江地方官府谈判，由镇江知府师荣光代表主持通商事宜的常镇道江清骥与其签订了镇江租界的"永租地基"批约。条约中规定："云台上下有庙宇民居被毁空地两段：山下一段自小码头起往东沿江一带长 140 丈，自江边向南 24 丈，计面积 112 亩；山上一段约 30 亩，共计约 142 亩。"但后来巴夏礼又嫌面积小，要求镇江地方政府扩大面积。经过施压，英方又签了续约，租界向东延至镇屏山，向南延到银山门。云台山上一段西至观音洞，北至江边。租界地域扩至约 160 亩，并且英人以极低的地价获得永租权。"凡银山上下庙祠、寺观、民居、市肆等地，兵燹后屋毁者，洋商皆租用之。西国设领事府，并建耶稣、天主等堂。"（《光绪丹徒县志》卷六〇"纪闻"）英国拥有租界内的管辖权，设置了管理行政事务的工部局，工部局下设警务、火政、工务、卫生、教育、财务、华文等处，分管租界内的一切行政、司法、治安、消防、交通、税收、建筑等事务。租界自定各种规章制度，不受中国律法的约束。

1864 年，英国人在云台山腰上建起了领事馆，为全城最高建筑，在此可俯瞰全城，远眺大江。此后，领事馆开始办理事务，有专职领事来镇江管理领事馆，并兼代法国、德国、丹麦、奥匈、瑞典、挪威等国驻镇江领事。1866 年，美国人也在租界内建起了领事馆。1888 年初，租界内洋人殴毙华人，引起华人的愤怒，焚毁了英领事馆及巡捕房。英国人迫使清政府屈服，于 1889 年重建领事馆。租界内的外商管理机关、洋行和外企也沿江而立，如英工部局、镇江海关税务司、亚细亚洋行、镇江德士古火油公司等，这些都构成了不受镇江地方官府约束的"城中城"。

1927 年初，北伐战争进展顺利。汉口数十万人涌上街头，迫使政府与英国政府斡旋，和平收回了英租界。此举也鼓舞了镇江人，他们纷纷行动起来，要求收回英租界。英领事怀雅特在各方压力下和镇江商会接洽接租界事宜，商会会长陆小波转知县知事卢鸿钧、警察厅长袁季梅、交涉员贾士毅后，与副会长胡健春率领商团团丁 100 余人，接收了英租界。

1929 年 11 月 11 日，在镇江收回英租界两年后，为挽回英国的面子，英公使兰浦森照会国民政府外交部部长王正廷，商定于 15 日将镇江英租界正式交还中国政府。外交部派镇江海关监督戴德抚为接收特派员，江苏省政府派镇江县县长孔宪铿为接收专员，经过磋商，由中国政府拨款 68000 元作为英人的补偿。1929 年 11 月 15 日，双方举行了正式移交典礼，补齐了收回英租界的正式外交手续和法律认可。

镇江设立英租界，是英国人精心设计、审时度势、扩大在华利益的行动，其目的是扩大对华的商品输出和原料掠夺。但随着中外贸易的不断增长和经济的迅速发展，加上外来侨民的涌入，国内移民人数增加，租界社会与国际、国内的联系十分密切，中与西、新与旧、不同地域、不同特色的生活方式和文化模式在这里相互冲撞、交融，客观上也带来了先进的西方文明、管理制度与科学文化，引发许多镇江人重新认识世界，走上了救亡图存之路。

二、外资进入

受暴利驱使，外商纷纷来镇江设立洋行，最多时各国设立的洋行达 20 余家。这些洋行大都在江边建有码头，停泊趸船，装卸货物。有的洋行还擅自超越不平等条约所许可的范围。截至 1916 年，居留在镇江的外国商社及人数如下：美国 2 所、24 人；日本 7 所、26 人；德国 3 所、17 人；英国 7 所、100 人；葡萄牙 6 人；瑞典、法国各 1 人。共计 7 国、175 人。外侨人数最多时达 2000 人。这些洋行把大量的资本投入商船运输，一些洋行犯下了贩运鸦片、走私偷税、拐卖人口等罪行。

外国轮船公司停靠镇江码头的轮船越来越多，船舶的进出口贸易数量和运输利润都成倍增加。那时，运抵上海的进口鸦片，很大部分被转运别处，"牛庄、天津、烟台、汉口、镇江、宁波、芜湖和九江等地，都是由上海供应进口鸦片的"（李必樟《上海近代贸易经济发展概况——1854—1898 年英国驻上海领事贸易报告汇编》）。煤油倾销也成了外资入侵的手段，美国的美孚油、荷兰的苏门答腊油、俄国油，以及英国的亚细亚、德士古油等占领了镇江市场，并分别在江边建造了大油池。镇江逐渐成为江南、江北重要的洋油传输基地。

口岸贸易与晚清上海金融业之间的互动关系，在当时颇为兴盛的鸦片运销中得到反映。上海开埠后，在各类进口货所占份额中，鸦片输入一直占据首位，以致各年度英国驻沪领事关于上海港的贸易报告都有鸦片贸易的记载和统计。上海因其独具扼江海要道的地缘优势，成为海上鸦片进入运河水系的主要通道。第二次鸦片战争后，清朝政府被迫以条约形式承认鸦片贸易合法。鸦片称为"洋药"，每箱在通商口岸交纳 30 两进口税后，通行无阻。1863 年 1 月 31 日，《北华捷报》称，"鸦片虽不属于生活必需品，且不列入制成品名单之内。然而我们对鸦片这项进口贸易，确有予以注意的必要，因为它在我国贸易中具有价值，它可以为我们从中国换回同等价格的土产品。同前一年交易情形相比，1862 年的鸦片贸易量确有所增加，并为我们带来更多的利润。这项进口的药物不仅在消费量上有所增长，而且它的价格已高达六百三十两一箱，这是多年来没有见过的价格"。鸦片输入的"合法化"，给上海的鸦片贸易带来新刺激，也带动了镇江鸦片贸易的扩张。仅 1886 年 2 月到 1887 年 11 月，经镇江海关报关进口的鸦片就达到了 8584 担，在全国 31 个口岸中居第 3 位。

镇江开埠后，口岸的转口贸易得到了迅速发展。据 1903 年镇江海关报告记载，"有 11 个国家的轮船来往镇江贸易"。1907 年，进出口贸易最盛时曾经达到 3500 多万两白银。在当时的长江航线上，"通商各国船只之多，固以上海为巨擘，其次当以镇江为最"（张立《镇江交通史》）。1904 年，镇江口岸征税总额达到 1201902 海关两，仅次于上海的 10323434 海关两，而同年的南京是 210601 海关两，苏州是 78700 海关两（滨下武志《中国近代经济史研究：清末海关财政与通商口岸市场圈》）。

随着租界的设立和外国洋行的进入，英国领事馆、英租界工部局、税务司公馆、宝顺洋行、太古洋行、英美烟草公司、顺昌轮船公司等西洋建筑在江边拔地而起，外来势力渐渐把持了镇江通商口岸的管理权和进出口贸易权，把镇江变成了外商在中国倾销商品和掠夺资源的转运站。外商在长江水域投放了大量的先进运输轮船，不仅吨位大、速度快，而且续航能力强，对中国传统的水上运输工具和方式造成了冲击，刺激了镇江口岸经济的迅猛增长。《江苏省实业视察报告书·乙·正编·丹徒县》说："清同治初年，开拓租界，建设洋关，市面日臻繁盛，遂为扬子江流域之一巨埠。"至 19 世纪末，镇江成为外商在长江下游的一个商贸中心，是进口洋货的主要中转地之一。不仅如此，在镇江口岸中转的大量物资还利用长江航运入海的便利，通过近海航运，将物资运往东南沿海各省、东北三省和海外销售。

由于洋行经营的大量货品是从国外运来经过镇江转口，客观上促成了镇江转运贸易的发展。随着镇江口岸的发展和贸易的扩大，在镇江办理子口税单的业务也越来越多。从 19 世纪中期到 19 世纪末，镇江口岸成为长江下游办理洋货内运子口税业务的最大口岸，也是被清政府列为可以领取护运进口货物、内运子口税单的口岸。清政府明确规定由镇江海关具体办理和征收洋货内运业务的子口税，因此通过镇江海关办理货物内运子口税单的船只数量不断增多。

根据镇江海关部分税收资料显示，1856 年未开埠通商前，海关征收的各项税银只有 1.85 万两。而到 1890 年时，征收各项税银已达 56.2 万两。到 1895 年时，再升为 141.2 万两。约 40 年间税银增长近 76 倍。1896 年，因米市移至芜湖，米税大半转芜湖征收，镇江海关的税收大幅减少，但仍有 85.5 万两。1906 年，税银又增至 125 万两。可见当年镇江贸易的兴盛。

外国洋行插足镇江、外国商品来华倾销的结果，使镇江街市呈现出依赖外贸的畸形繁荣。外国资本的入侵，试图把这里变成他们的原材料来源地和商品倾销市场。当时临江的街巷两边商铺林立，洋行、公司、银行、钱庄遍布，仅外国洋行、公司就有美商的美孚，英商的怡和、华昌、麦迪，日商的大阪、锦隆，德商的美最时，以及捷成、沙逊等其他国家的公司 10 多家。外资的入侵与镇江的民族工商经济的发展展开了激烈竞争。镇江人素有抵制外侮的爱国热忱，他们利用了城市优越的地理和历史环境，同其他沿江城市一样，在交通运输业发展、对外贸易扩大的基础上"因商而兴"，让商业成为城市发展的动力源，把沿江优势转化为经济优势，城市经济得到较快的发展。国内各路客商也纷纷来镇经商。据不完全记载，市区的会馆、公所有 60 多处，涉及 12 个省 40 多个行业。本地行栈商号亦逐步发展，形成江广业（南北货和糖业）、江绸业、木材业、绸布业、钱庄业等五大行业。米粮、航运等业也迅速发展。

镇江的商业发展颇有特点，它在传统商业的基础上有所发展，又扩大了近代口岸城市的转口贸易能力。从 19 世纪中叶到 20 世纪 20 年代，镇江是长江流域工商业较为发达的一个城市，是外商在长江下游的一个商贸中心，也是进口洋货的主要中转地之一。据清末《镇江城内乡土地理志略·工商》记载："本地为转运之中枢者，则汉口之油麻、江西之纸木、清江浦之面粉、亳州之金针菜、落花生，外国输入品以洋布、煤油、鸦片、砂糖为大宗，本城销售最广。"但由于经济腹地及城市特性的差别，城市商业发展具有多样性和复杂性。虽然口岸开放后镇江对外贸易发展快速而兴盛，但是单纯依靠对外贸易，不以工业发展为基础，就没有可持续发展能力，其商业繁荣缺乏稳定性，非内生性经济繁荣。

三、镇江轮船招商分局

外商采用先进的运输工具，更成为扩大流通、开拓市场的前提条件。马克思指出："机器产品的便宜与交通运输的便利……是夺取国外市场的武器。"（《资本论》第一卷）为了占领长江流域这个有诱惑力的市场，外国资本凭借其政治特权和经济实力，把控了长江的航运权。从 1861 年到 1971 年，英、美等国在中国创办的轮船公司主要有 24 家，其中航行长江航线的就有 12 家，占了内河与沿海航线的一半。

为了和外国资本抗衡，维持在长江和内河的航运，清朝的一些官吏、商人及有识之士有了购买或租赁洋船的设想，并付诸行动。当时，洋务派骨干、直隶总督兼北洋大臣李鸿章决意创办轮船招商局。同治十一年五月十五日（1872 年 6 月 20 日），李鸿章上奏《筹议制造轮船未可裁撤折》，指出："各口岸轮船生意，已被洋商占尽。华商领官船另树一帜，洋人势必挟重赀以倾奇，则须华商自立公司，自建行栈，自筹保险。"同年 8 月，李鸿章饬令朱其昂筹办轮船招商局事宜。同年 12 月，朱其昂等制订《轮船招商局条规》28 条，其中规定："在上海设立总局，各口设立分局。"同年 12 月 23 日，李鸿章正式向清廷上奏《试办招商轮船折》。在这份奏折里，他申明成立招商局的目的是承运漕粮和与洋商分利，"冀为中土开此风气，渐收利权"，"庶使我内江外海之利不至为洋人尽占，其关系于国计民生者，实非浅鲜"。三天后，清政府批准了这份奏折。1873 年 1 月 17 日，轮船招商局在上海洋泾浜永安街（现为永安路）正式营业，并在镇江、九江、汉口、宁波、天津、烟台、营口、广东、福州、香港、厦门和汕头设立了分局。轮船招商局初成立的时候，名称为"轮船招商公局"。由于李鸿章采用招商集资的方式来解决经费问题，由官商合办改为官督商办，性质上是民用企业，故改称轮船招商公局为"轮船招商局"。

轮船招商局初建时，以"分运漕米，兼揽客货"为宗旨，在天津的紫竹林和上海的浦东建立了码头栈房，用于储运漕米和客货。后来，转口货物增多，码头栈房不敷使用，招商局又在扩充两处的基础上，营造添置了更多的码头栈房，有牛庄、烟台、福州、厦门、广州、香港、汕头、宁波、镇江、九江、汉口，以及日本长崎、横滨、神户、新加坡、槟榔屿、安南、吕宋等 18 处，总计 20 处。

镇江轮船招商分局的投入运营后，打破了外国资本对航运业的垄断局面。招商分局注意发挥自身潜力，调动外界一切有利因素，整合资源并发挥市场优势，保持了经营的独立性，在与洋商的竞争抗衡中，争得了镇江航运业的权利。1873 年 7 月 10 日，招商局轮船永宁号从上海码头起航，开辟了长江航线。11 日，永宁号进入了镇江码头，大涨了镇江轮船招商分局的气势。光绪初年，江北的漕粮改为海运，镇江轮船招商分局承担了江北漕粮的总储运任务，由镇江转运上海，再海运至天津。镇江轮船招商分局的地位日渐提升。在其影响下，"小火轮公司亦拟开办，该轮装载旅客或拖带民船，闻专往扬州、清淮等处云"（《光绪二十一年镇江口华洋贸易情形论略》）。

1906 年，镇江轮船招商分局内河轮船公司委员朱冯寿上书农工商部，请求对内地船舶因势利导，开创商船公会，制定章程，劝集民船挂华旗航行，发给船旗、牌照，由商船公会提供保护。农工商部接受了朱冯寿的建议，制定了商船公会的章程，于 1906 年 2 月 21 日颁布。不久，江苏商船公会在镇江成立，朱冯寿担任总理，任务是保护和整顿中国航运业。江苏商船公会成立后，积极动员镇江的小轮业和木帆船主参加，悬挂中国船旗，领农工商部下发的船牌和执照，对镇江的商船提供保护，促进了镇江航运业的发展。据《江苏省鉴》第五章"建设"部分介绍，长江镇江段开设的轮船重要航线有镇京线、镇姚线、镇河线、镇六线等。进入 20 世纪，镇江商办轮船公司获得较大发展，轮运业的发展对推动镇江进出口贸易的扩大起到了促进作用。

四、镇江钱庄

近代镇江的经济发展主要依赖绸布业、木材、桐油、南北土特产的转输交易，导致口岸贸易的繁盛，刺激了商业的发展。金融机构提供的资金融通便利，有利地支撑了商埠的发展。镇江口岸贸易的活跃需要镇江钱庄业的支持，二者的相辅相成关系促使双方展开了更紧密的合作。随着镇江北货业的开张，进出款项浩大，资金调度频繁，钱庄业顺其自然获得了成功。

镇江开埠后，鸦片贸易合法化，部分商人积聚大量钱财后开始投资钱庄，做正当生意。沿江一带街区内的祥丰、沅顺、镇沅、鼎沅、晋源、鼎昶、德江、宝恒、元盛、源祥、元康、慎康等钱庄，如雨后春笋般涌现出来。"租界既辟，商贾云集，贸迁有无，咸恃钱业为灌输。"（姚贤镐《中国近代对外贸易史料》）受不断扩大的内外贸易的驱动，钱庄的经营业务渐被纳入进出口及埠际贸易资金融通渠道，繁盛的内外贸易对资金融通的需求大增，推动了当地金融业的兴起，形成了外资银行和中国钱庄、票号三足鼎立的基本格局。"洋商之事，外国银行任之；本埠之事，钱庄任之；埠与埠间之事，票号任之。"（中国人民银行上海市分行《上海钱庄史料》）口岸贸易与金融业之间的这种互动关系，在镇江口岸贸易中也得到展现。"当时钱庄业有句老话叫'无镇不成庄'，意思是没有镇江人，钱庄是开不起来的……致其原由，是由于镇江银钱业在上海、苏州方面信用卓著的关系。如镇江钱庄的申庄——上海润昌栈，应兑的镇江钱庄汇票，始终保持着可靠的信用。在润昌栈批明'见票即付'之后，不但上海各行业可以凭票出货，至外滩外国银行，也可以被当做本埠庄票收受。"（《常熟文史资料辑存》第八辑《常熟银钱业史纪略》）因此，各地钱庄业人士都以隶籍镇江为荣。被称为"百业之首"的钱庄业是镇江商业贸易的重要支柱。镇江钱庄最多时有 60 余家，信用放款远及江北，款数 3000 余万两。

钱庄在通商口岸用的是庄票，在通商口岸和内地之间用的是汇票。钱庄签发的庄票，可以代替现金在市面流通，到期照付。1870 年，英国领事称，在镇江支付进口洋货的主要办法是开出由上海钱庄付款的汇票，而商人把铜钱或银锭运入苏州，从那里收购土产到上海去变价付款。镇江的钱庄在交易过程中广泛采用了庄票制度，增加了与外商结算的便利。清中期，上海港沙船货庄票有即期和远期两种，前者见票即付，后者则在到期时付现。上海各商号在交易中大多使用远期庄票，在开埠初期常以 10~20 天为限，进入 19世纪 60 年代后普遍缩短为 5~10 天。庄票的这种信用手段，大大加速了资金周转，受到了镇江钱庄业的欢迎。"钱庄接受长期、短期和各种不同利率的存款，并进行贷款和票据贴现等业务。他们使各级商人，从最大的商号到最小的零售店主，都能得到并利用这些便利。所有在上海出售的进口商品的货款都是用五到十天期的钱庄票据支付的，这种方式既使钱庄可在票据流通期间使用这笔钱，又使进口商品的买主能够与内地一些地方或开放口岸做汇兑买卖的钱庄完成其筹措资金的安排。无论哪一年，这些票据的数额都是很大的。"（李必樟《英国驻沪领事贸易报告汇编·1872 年度贸易报告》）上海在交易中使用庄票的做法，因其便利性，渐渐地也被镇江各业在交易中仿效。

上海开埠后，进出货物的绝大部分商品是国内其他通商口岸的中转商品。据 19 世纪 70 年代初叶的统计，上海港进口商品只有约 20% 是由当地消费的，其余 80% 均输往内地（李必樟《上海近代贸易经济发展概况——1854—1898 年英国驻上海领事贸易报告汇编》）。镇江是其输入进口商品的一个重点中转城市。

五、民族工商业

镇江自被辟为通商口岸后，其贸易量与贸易额逐步增长，在长江下游中等城市中处于领先地位。但由于过度依赖对外贸易，自身经济力量薄弱，镇江的商业发展缺乏稳定性，所带来的繁荣局面难以长久。于是，建立和发展民族工商业就成了迫切需要。

镇江近代商业主要分两部分：一部分是为外国资本服务的商业。开埠之初，外国廉价商品潮水般涌入中国，此时洋货经营占主导，如洋布业、五金业、西药业等，出现了专门销售洋货的商店。镇江推销洋烟、洋油、洋火、洋皂、洋烛的"五洋业"商铺有多处。这些商铺由店主通过买办等向国外厂家购进机制品，然后销售给本地消费者。如广肇公所的建造者卓翼堂，是最早来镇江的广东人，他精通英语，担任广东商人与洋行的中间人，后来又自办"丰和洋行"；美孚洋行经理李皋宇，他利用洋行特权兴办实业，后收购恒顺酱醋；亚细亚洋行买办周少鹏利用洋行经商，积累了巨额财富，建造了"周少鹏公馆"。另一部分是为民族工业服务的商业。从 20 世纪初开始，一些商业部门经营的已不完全是外国厂家的产品，地方上生产的民族工业产品也进入了镇江商家的渠道。如由京广杂货业承担销售的货物越来越多，最畅销者有中日火柴、纸烟，英美煤油，德美日玻璃，中美英洋烛，日本洋伞等。据有关资料统计，镇江有京广杂货业 46 家（《中国实业志·江苏省·商埠及都会》）。交易主体由原来的农民和手工业者，转变为资本持有者与城乡消费者。

近代工业的发展，促进了镇江的繁荣。1912 年，英国人在镇江租界内创办了镇江首个自来水厂，水源即京江。由于英国人对华人的打压和剥削严重，引起了中国人的反抗。1924年，在镇江工商界人士陆小波和胡建春等人的倡导下，建起了"镇江第一救火会自来水厂"，打破了英国人的垄断。1926年又成立了"镇江自来水股份有限公司"，摆脱了英国人的统治，有了自己的民族工业。1895至1911年，丝绸、面粉、电灯、榨油、造纸等10多家工厂先后在江边建成投产。上海机器织布局1895年设立华盛机器纺织总厂，曾在上海、宁波、镇江等地招集华商认添新股，并开设了分厂。本埠及外地商人也争相在此开店设栈，其中以桐油店最多。在西坞街、日新街及姚一湾等邻近街巷内，最多时有福兴、顺泰祥、裕泰祥、德和祥等20多家店，并在湘、鄂、赣等地广设分号，生意遍及全国，江边形成了长江下游最大的桐油市场。此时的镇江，因为开埠的影响，出现了畸形繁荣，洋楼林立，近代马路及邮政、电讯、自来水等公共事业给镇江带来深刻影响，镇江的电报业、邮政业、轮船业、电气照明业出现得都很早。

六、镇江会所

镇江商业的兴旺刺激了地方商人组织的增加。镇江早就有传统的商人行会组织，包括地缘性的会馆（如早期创设的广东、浙江等会馆）、业缘性的公所（如杂业、米业、钱业、布业等公所）。明正统年间，无锡人华麟祥（号海月），"夫本有家诸生也，尝馆于京口。时京口地无红菱，使馆僮兴贩于夕之菰渎，即海月本居地，六七日往来，利可十倍。又于馆政暇，纵步金山江口，同牙行人等上南北货物之翔沉，亿则屡中，意念勃如也"。华麟祥是个秀才，原先并不经商。为谋生计，他离开无锡到镇江设馆授徒，做一个教书先生。但他头脑灵活，不甘心以教书生涯终老，总想着改变命运。他发现镇江不产红菱，而无锡河网纵横，盛产优质菱角，就命馆僮到无锡自家住地收购红菱，运到镇江出售，六七天一个来回，盈利达10倍之多。华麟祥摇身一变成为"红菱大王"，经商赢得了第一桶金，在镇江的生意也越来越红火。

开埠后，镇江变成进出口和国内转运的重要港口，各地商人川流不息，云集于此。镇江的浙江会馆、两广会馆、福建会馆、山西会馆、庐州会馆、新安会馆、泾太会馆、江西会馆、直隶会馆、山东会馆、河南会馆、五省会馆、钱业公所、广肇公所等，已成为外地商人在镇江栖息和商讨行业事务的地方。他们在开展商事活动中，或照籍贯划分，或依行业划分，分别组建了各自的会馆和公所。这些会馆公所中也都供奉着不同的神灵，如徽商会馆中供奉紫阳先生（朱熹）、江西商人会馆中供奉旌阳许真君、湖南会馆崇奉瞿真人、山东济宁商人崇拜的则是金龙四大王等。另外，不同行业也有不同的行业神灵，比如水木业供奉鲁班、药业公所供奉炎帝等。这些会馆公所把镇江作为获得商业利益的财源地。一些大行业为了便利，就抽收会厘，利用同乡会性质的会馆或公所，提供同乡聚会、住宿、堆放货物，以及开展乡友互助、互通信息的服务，促进了本行业贸易额的上升。河南会馆、河北会馆、山东会馆、山西会馆、安徽会馆、福建会馆、古闽会馆等在这方面成效显著。山东济宁帮在镇江还专门开设了住城公所，让来自山东的客商常此居住。

当时，镇江各行各业的同业公所遍布街巷，如钱业公所（西坞街）、绸业公所（演军巷）、丝经公所（南门大街）、洋货公所（打索街）、布业公所（布业公所巷）、衣业公所（薛家巷）、夏布公所（贾家巷）、油业公所（新河街）、米业公所（新河街）、木业公所（新河路）、运输公所（镇屏街）、药业公所（上河边）、茶食公所（丹阳码头）、茶业公所（薛家巷）、酱业公所（曹家坡）、机业公所（观音桥巷）、烟业公所（太保巷）、旅业公所（清真寺街）、瓦木公所（拖板桥）、江镇公所、剃发业公所（城隍庙街），这些行会组织在封建经济中具有排除竞争、垄断市场的作用，在保护同行利益、促进行业发展方面起过积极的作用。

镇江的会馆、公所，一般都公举有资望的会首和常驻执事来负责管理，他们长期住在镇江，有的还带来了家属。在他们的带动下，许多外籍人也长年在此经商，逐渐定居下来，成为镇江的新移民。这些商号纷纷挂牌经营，逐渐成为镇江商业的重要组成部分。据《镇江文史资料》记载："同裕公商栈，为山东枣客公所，河南帮和山西帮在淮（河）、运河沿线，所设贩运北货的商号，如保泰昌、丰冶通、锦丰焕、三合成、两宜昌等十余户，都在四合公挂牌设庄，其中丰冶通、锦丰焕原为山西票号，此时已转化为苏北、皖北一带的钱庄，兼营北货。""还有四合公、恒盛公、森和等旅馆，也住有很多常住的北客"（《镇江文史资料》）。有的会馆还建了同乡公墓，如广东山庄等，进一步强化了行会组织的凝聚力。

镇江开埠后，流动人口快速增加，每天街市上流动的商人达三四万。在镇江举办的都天会大巡游中，参加的民众人山人海，许多周边地区的民众都赶到镇江聚集，商人也成群结队来这里做生意。参加巡游的商界会堂最多时号称有七十二家半，有五星、五福、十家大会等名目，并有赛宝会、衣冠会等争奇斗胜的项目，不仅增加了活动的气势，而且赢得了"赛神之盛莫过于镇江都天会"的赞誉，显示了镇江商业行会组织的能力，也借机扩大了镇江的商机。

七、镇江商会

清末，随着民族工商业的兴起，工厂、商户层出不穷，原有的商人行会组织发生了变化，出现了各种为维护同行业者利益的同业公会、商业会馆和公所。为了密切各行会组织之间的联系，建立商会、营造商业新模式等迫在眉睫。商会的成立是各地商人地位提高、力量壮大和近代意识增强的一个新标志，也是城市经济发展到一定程度的产物。

1900年，清政府为"讲求商务"，令各省设立商务总局，各州县设立分局。南京的江南商务总局成立，委派镇江绅士茅谦会同丹徒知县创设镇江商务分局。1902年，镇江设立商务分局，茅谦出外为官，局务由吴泽民代理。吴泽民，又名吴兆恩，镇江人，近现代镇江工商界知名人士、实业家，曾在镇江源记糖行学徒，期满后开始创业，创设了镇江生茂源糖北货行栈。不久倒闭，改创德新源字号，营业日有发展，不仅偿还了生茂源所欠的债务，字号也站稳脚跟，成为讲信用字号。到光绪中叶，德新源字号已成为糖业、北货业中首屈一指的大型行栈。

所谓糖、北货行栈，是指领有糖、北货两种长期部帖，以代客买卖糖、北货为主的行栈。他们分别参加糖、北货两个行业的公所。这些行栈的营业进出口都很大，新旧字号有20余家，一般资本都在60万两以上。如源记、同泰、许和泰等都资力雄厚，他们的负责人往往都是商界领军人物，如泰顺负责人刘润泉是商会副会长。吴泽民的德新源糖北货行栈，在同业中的地位更高，他和源记糖老板朱朗轩相互扶持，在商界中有很高的威望。

1903年，镇江商会成立，商务分局撤销，吴泽民被推举为商会总理，后改任商会会长，是镇江历史上第一任商会主持人，并连任了10多年。

镇江商会成立后，商界的凝聚力得到了进一步的加强。各同业公会纷纷加入商会，密切了商号和商会之间的关系。部分有实力和规模的同业公会代表还参与商会的董事会，推选商会会长，决定重要事宜。商会内组织的商务活动也日渐增多。如下属的商务分会成立于 1905 年 7 月，1912 年分会的入会商号为 345 个，议事 36 次，收入总额 4037 元，支出总额 4569 元（《中华民国商业档案资料汇编》）。至陆小波出任镇江商会会长后，商会的影响力更大，不仅参与各种商务活动，还参与社会的政治、经济、教育活动，如与过往的军阀打交道、收回英租界、兴办商务学校等。

八、新河街

北宋在京口港东侧开凿了一条河道，史称"新河"。《嘉定镇江志》记载："天圣七年五月，两浙转运使言：'润州新河毕工。'（朝廷）降诏奖之。"新河为南北走向，长约一里，南端与穿城运河连接，北端入江口称新港，也称小京口。新河街则是新河东侧的一条街。

新河街由于地处长江和运河交汇处，交通便捷，货运方便，特殊的地理位置让它成为镇江最重要的商业街之一。鼎盛时，新河街商铺云集，大小商铺有 100 余家，遍布在街的两旁。尤其是在镇江开埠后，这里热闹非凡，大大小小的米市、糖市、木市和油市相继设立门店，商号、行号不计其数。以木业为例，民国版《镇江指南》中说："镇埠木业，营业极其畅旺，以新河一带为荟萃之区。"

新河街上开设有许多会所和公馆。如清同治二年（1863）在街的北首成立了江广业公所。江广业包括南北杂货、油麻糖香各业，在镇江商界举足轻重。同治五年（1866），在街的中段成立了米业公所，下辖米厂、粮行、粮号数百家，成为长江下游最大的米市。另外，还有同善堂、安仁堂（旧时为清代慈善机构所在地，从事义诊、义学等慈善活动），以及陈公馆（俗称"九十九间半"或"陈二老爷公馆"，房主之兄长曾为清代瓜洲兵备道）、黄公馆（主人黄氏是上海的银行老板）、徐公馆（盐枭兼旧军阀徐宝山外室的住所）。这些会所和公馆的建筑大都比较讲究，有漂亮的水磨雕花砖门楼、气派的石门额，黛瓦青砖，雕梁画栋。至今，新河街上仍保持有不少会所的遗址，有待修复。除会所、会馆外，新河街上还有镇江最早建立的电报局。

九、酒楼戏园

镇江市是较早与西方世界接触的城市，从马路、洋楼、自来水、电灯、电话、电报、"洋火"到"洋油"等，各种"西洋景"和"西洋货"纷纷在租界落脚。开埠后，随着货运的增加，码头人流的涌现刺激了镇江服务业的兴起，沿江一带的旅馆、浴室、茶坊、酒楼等服务业，以及戏剧、曲艺各业随之兴旺，遍及大街小巷。号称"四大名楼"的中华园、万华楼、华阳楼、天乐园，以及宴春楼、鼎和居、顺兴楼、天庆楼、味雅、新天乐、荣华春、龙江、大兴清真菜馆等六七十家都沿江散布。大大小小的旅馆遍布沿江靠码头不远的街巷，如盆汤巷内的三益、润州、瀛洲、一品香、中西、新三元。东坞街内的新大方、老祥发。西坞街内的三义公、人安栈。日新街上的旅馆最多，有鹿鸣、东林、华阳、万全楼、大东、铭利栈等，其中蒋铭山新旅社是当年镇江唯一的四楼旅馆，装修豪华，麒麟童、尚小云、荀慧生等京剧名伶来镇演出就下榻此处。

那时沿江靠码头一带的戏园也相当繁荣。据《申报》记载，其时较有名声的戏园有同乐园、春满戏园、荣桂戏园、荣华戏园、广东戏园、庆乐戏园，丹桂戏园等。其中，同乐园规模宏大，"可容一千五六百人"，经常邀请名角登台献艺。著名京剧演员杨月楼在同乐园的演出，曾上了沪上的《申报》。他人还没到镇江同乐园，捧场文字已见报端。光绪二年（1876）五月初二的《申报》称："杨月楼赴润州，已于前礼拜六搭汉口轮船前往。重看优伶（杨月楼）登场，将见铁瓮城边声名复噪，金山寺畔风景增新。"五月初九的《申报》又称："杨月楼嗣为李军门招赴镇江，已在该处同乐园开演。其园本可容千五六百人，杨月楼登台之日，来观戏者竟至四千余人。园小难容，大半莫入，皆有不能先睹为快之意，杨伶（杨月楼）每日薪工七两，工价之半，声名之噪，乐部中绝无仅有矣。闻开同乐园者广东人。"杨月楼是常在宫廷中演出的戏曲艺人，被称为"内庭供奉"。其演戏文武兼长，文戏擅《打金枝》，武戏擅《长坂坡》，尤擅猴戏《安天会》，最为慈禧太后所欣赏。在上海演出时，其颇享盛名，沪上文人袁祖志《续沪上竹枝词》诗云："一般京调非偏爱，只为贪看杨月楼。"杨月楼在镇江演出的出场费，"工价之半"，"乐部中绝无仅有"，说明杨月楼对镇江的观众有感情，给予了优惠。《申报》中的"李军门"，指清军驻镇将领李松岩。同乐园老板是广东人郭锦泉。

同乐园与春满、荣桂、荣华、庆乐、丹桂、乐都诸戏园，均设在城外的西门大街上。这里可谓"大小戏园开满路，笙歌处处是元宵"。

第二节　文化碰撞

镇江开埠通商后，西风东渐、商风浸润，异质文化与镇江文化冲击、碰撞、交汇、交融，结果相激相荡，冲突相成，给镇江文化注入新的活力。这种外来文化冲击主要来自两个方面：一是以英美为代表的西方文化，二是因镇江千年港口而兴起的近现代工商业文化。外来文明与中华文明在此碰撞和融合，外来文明与中华文明在此发展。这些历史的因缘际会，促进了镇江的民族融合和对外文化交流，延续了城市开放包容的特色。另外，舟楫之便、山水之胜、物产之丰，也吸引着众多的文人学者、富商巨贾来到镇江，促成了文化多元、人才荟萃的城市人文优势。

一、传教士

镇江开埠后，西方国家在这里设立了租界，西方文化不断向这里传播，镇江成为多国传教士、医生和教师抢滩登陆的基地。1884年，美国教会开办了镇江妇幼医院，后又开办了镇江女塾（崇实女中前身），1903年又办了润州中学堂。镇江新河街走出的银行家徐国懋，早年在润州中学堂就读。"镇埠近两年来，西医非常之多，几有汗牛充栋之势。"（民国《镇江指南》）日本医生大井弘在镇江后街上开设了诊所。其中以传教士影响最大，1850年镇江有信徒35人。1881年后，传教士纷纷立会，镇江的教派多达10个。他们"建有教堂11处，估计有信徒1000人以上"（《镇江要览》）。这些传教士是西学东渐的传播者，他们传教的目的服从于西方列强殖民扩张的需要。为了打开传教之路，传教士很注意用西方存在高度发达的事实打击中国人的自信心。他们翻译西方科技著作，介绍世界地理和域外文明的做法源于列强殖民扩张的需要，但客观上也给我们带来了先进的科学文化知识，促进了中西文化的交流，在启发民智方面发挥了作用。比如传教士带来了钟表，告诉镇江人拥有精准时间的观念。传教士在镇江生活，建教堂，弘扬教义，进行西方的文化渗透，鼓吹西方的价值观，也将西方的物质文明、市政管理、影院放映、审美观念等带到了这里，影响或改变了镇江的生活面貌。受中国传统文化的影响，一些传教士改变了对中国的看法。内地会的创立者戴德生教他的子孙穿汉服、讲汉语，1905年去世后，他和妻子同葬在云台山下。

　　美国传教士赛兆祥与镇江的关系就更密切了。他出生在美国西弗吉尼亚州，受家庭影响，少年时代即崇信基督教，在获得神学博士学位后，立志到中国传教。1880 年秋，他和妻子凯丽来到中国。面对东西方文化的差异和中国社会的动荡，他没有感到困惑与失望，开始了自己的传教生涯。他过着苦行僧般的生活，却乐此不疲地四处传教。几十年下来，他在中西文化的碰撞中，对中国文化有了深刻的认识，他给女儿请了一位饱读诗书的中国先生，来教授她中国传统文化经典著作，让她到中国的学校读书。其女就是美国著名作家赛珍珠。

　　赛珍珠，在美国出生 4 个月后即被身为传教士的父母带到镇江，在镇江生活了 18 年。赛珍珠，来镇江后，她曾在崇实女校读书，去美国深造后又回到该校教书，还在镇江的润州中学做过教师。在镇期间，她谙熟汉语，读过陈独秀、胡适等人在《新青年》上发表的文章，认为中国的新文化运动是"现代中国的一股新生力量"。她在《我的几个世界》的自传中，对镇江这段生活的回忆，充满了深厚的感情。她在其回忆文章的小标题中注意突出"镇江"二字，说明了在镇江的生活和学习对其创作的影响。

　　赛珍珠对镇江开埠通商后的变化印象深刻。她"常常长时间望着停泊在长江码头的轮船上的装卸工，他们搬运着从爪哇开来的英国船只上一袋袋砂糖和从印度运来的一包包棉花，还有从澳大利亚运来的一箱箱听装奶油"（希拉里·斯波林《埋骨》）。她对镇江西津渡码头的外资进入感到惊奇，也对中国码头搬运工人的辛苦和贫穷感到深深的忧虑，产生了对弱者的同情，并反映在她以后的著作中。

　　赛珍珠一生写过 85 部作品，包括小说、传记、儿童文学、政论等。其中以中国为题材的作品占了很大比重，她被称为"中国通"。她最著名的作品是《大地》，向西方讲了真实的中国故事，特别适合大众的口味。这部小说以中国农民的生活为经，以发生的天灾人祸为纬，以大地为核心，通过农民王龙的人生轨迹，描绘出中国农民对土地的崇拜及封建的伦理道德和病态的审美意识。小说还以阿兰、梨花为代表，描写了中国农村妇女的悲惨命运，引人入胜的故事情节、真实可信的人物形象和朴实无华的叙述，反映了当时中国农村的实际状况。《大地》出版后，引起了轰动，仅英文版就出了

70 多版，还被多种文字翻译，在世界各地传播。

1938 年，赛珍珠成为诺贝尔文学奖得主。她获奖的小说有 7 部，即《大地》《儿子们》《分家》《母亲》《东风·西风》《放逐》《战斗的天使》。得奖评语说："由于她对中国农民生活史诗般的描述，这描述是真切而取材丰富的，以及她传记方面的杰作。"其中《大地》《儿子们》《分家》作为三部曲的组成部分，后来合为《大地上的房子》出版，更增加了"她对中国农民生活史诗般的描述"的影响力。她通过作品向西方国家推介了中国文化，让更多的外国友人了解了中国文化，进而对中国产生了浓厚兴趣和友好感情。赛珍珠为中西文化的交流做出了积极贡献，镇江至今仍保存着她的故居。

二、洋买办

镇江开埠后，外商开始向这里聚集，洋行和外轮都涌到口岸从事经营活动。被外商雇佣并且参与其经营活动的华人被称为洋买办。洋买办具体分为洋行买办、外商银行买办、轮船公司买办等，是一个特殊的商人群体。他们与洋行之间是代理关系。为了取得买办资格，需要缴纳保证金。如果没能达到预期目标，保证金将被洋行扣罚。如果业绩好，也享受洋行的利润分成。他们一般通晓外语，能作为外商与中国商人的翻译，又可自营商铺，有自己的商行字号，以此致富者颇众。

洋买办收入多，积累亦富。其积累多投入商业和银钱业，包括与洋行业务有关的纱布、五金、丝、茶等商业贸易，部分用于投资房地产。洋买办兼有洋行雇员和独立商人的双重身份，受到外国侵略势力的庇护，形成买办群体。买办群体被认为是借助于依靠洋买办来实现对财富的掠夺和控制，协助外商赚取中国同胞的财富。实际上，洋买办是口岸商贸中出现的一种商业代理机制。随着各种外商落户口岸，买办群体也随之壮大，多数人迫于生计进入洋行打工，他们凭借聪明的头脑，逐渐成长为一支不可忽视的买办力量。早期民族资本的工业、航运业的主要投资人中，买办出身的占 20% 左右，如祝大椿、朱志尧和后来的刘鸿生，都由买办成为实业家。

镇江口岸的洋买办也不少，在与外商洋行的代理业务中，他们受外商管理理念的影响较大，经营手段灵活，管理制度规范，自创的商号发展迅速，在镇江近现代工商业中成为名家。

迁居镇江的安徽人黄静泉，在镇江的"聚源和杂货号"学徒，期满后到永昌糖行任职，经营糖北货业务。他在江边码头创办了元生栈牌号，又开设了亳州钱庄，代洋行收货。利用大清银行和道生钱庄寄存款项的机会，以及代表美最时洋行收芝麻的机会，他把从周家口等地设庄购来的大批芝麻供应给洋行，财富积累到8万两。接着他在镇江又创办了元盛钱庄和元生东号，在上海搞起了航运企业华新轮船行。1933年8月，他又购买轮船4艘（华新、华懋、华达、静泉），总吨位达26900吨，经营航运业务，航行于南洋、香港和上海间，成为上海滩的名人。

迁居镇江的浙江人李皋宇，1897年到镇江协助父亲经营贩运木材、米粮生意，以长江北岸的七壕口为集中点，设有李源记米行、木行。光绪末年，他经同族李薇庄介绍，到镇江裕苏官栈局任经理。又经镇海同乡朱中孚介绍，任镇江美孚洋行经理。由于李皋宇经营有方，遵守信用，深得美国人麦德森的信赖，负责江苏、浙江、安徽、山东数省的煤油销售业务。据说鼎盛时日收入可达800银元，成为他致富的财源。有钱后，他创办了多家著名民族企业，接办了清江大丰面粉厂、高邮裕亨面粉厂、泰州泰来面粉厂、扬州面粉厂、南通复兴面粉厂、无锡泰隆面粉厂、镇江贻成面粉厂，同时还投资了常州民丰纺织厂、苏州植物油厂、上海三友实业社、天利氮气厂、天原化工厂。李皋宇还是创办镇江水厂的发起人之一。接盘恒顺之后，他将酱醋生产调整为主业，制酒作为辅业。他通过提高产品质量、改进包装、扩大销售等方法，使得恒顺的生产和销售业务节节攀升，远销南洋一带。1935年，李氏将恒顺源记酱醋糟坊改名为恒顺酱醋股份有限公司，开始了小作坊向民族大企业的飞跃。

迁居镇江的浙江人朱中孚，幼年家贫，在铁业、药业学徒，后得到老板叶澄衷的赏识和信任，被安排到上海华顺、协记等商号管账。1884年又被调往镇江主持顺记煤铁号，一度担任镇江美孚洋行经理。致富后，他在镇江开设义昌润药行，成为镇江商界早期实力代表人物之一。1911年，他倡导镇江商会保护商界安全，担任商团公会会长，出资千元建立商团体育会，担任商团体育会会长。他热心公益事业，"尝倾力造江口浮桥及三茅宫荷花塘两木桥，皇华亭、小营盘、小码头、牌湾等石路，行者赖焉"（《镇海朱氏支谱》冒广生序），为镇江商界和民众做了很多善事。镇江育婴堂、孤老院、红卍字会、救火会、润商学校、商业学校等，都得到了他的热心赞助。

镇江小码头古街上的西长安里，建于光绪年间，为一组对称排列的三合院建筑群，是洋买办徐观宏及其家族的住所。徐观宏曾在镇江英国领事馆和镇江海关任职，精通外语和贸易，头脑灵活，善于抓住机遇，把生意做到了上海，在上海开办了光华火油公司。赚了钱后，他回到小码头街，建了西长安里。小码头街上还有一座吉瑞里的四合院建筑，是洋买办卓翼堂于1914年建造的。

第三节　奋起抗争

近代中国一直遭受着落后挨打的命运，处于改变积贫积弱、赶超西方列强的抗争中。镇江开埠后，不少镇江人开始觉醒，从传统的读书人到社会活动家，从开商埠的商家到跑码头的商贩，在求生、求利、求富、求强、求新的共同目标下，已认识到开放意识、竞争意识、机遇意识、拼搏意识、创业意识的重要性，掌握它们方可在商战中立足。镇江陶兆桂创办的机器织绸厂就是商战的一个典型事例。陶氏家族企业通过提高产品质量和扩大生产规模来增强国货的竞争力，实现了对列强经济掠夺的有效抗争。其动机已远超出维持家族生存这样狭隘的范围，是一个以家族为基础的民族工商业组织对中国经济利益遭人掠夺的勇敢反击，记录并反映了镇江近现代工商业发展的进程。越来越多的镇江人"睁眼看世界"，开始超越"小码头意识"，追随时代潮流，去上海等大城市发展，开启了镇江民族工商业为争取生存和发展与西方列强的掠夺和扩张展开了抗争。不少镇江人坚持走实业救国之路，寻求富国强民之策，用他们的智慧、执着和业绩，为民族工商业的兴起做出了贡献，成为镇江、江苏乃至全国民族工商业的先行者。

一、探索者

1. 马建忠

马建忠（1845—1900），别名乾，学名斯才，字眉叔，是中国近代第一批改良主义者的重要代表人物之一。他帮助李鸿章办洋务，多次出使外国，曾去印度协商增加鸦片入关税，又赴朝鲜协助该国政府与美国订立通商条约，在中国近代洋务筹议中发挥了积极作用。《适可斋记言》和《适可斋记行》是马建忠改良主张的代表作。这两本书把富民看作富国的中心和出发点，认为"治国以富强为本，求强以致富为先"，支持扶植民族工商业的发展。他提出，中国商人要办自己的公司、免除国内的厘卡、增加洋货的进口税等主张，还提出在中国引进外资、修筑铁路、开采矿藏，这在当时来说是很有远见的。梁启超说他"每发一论，动为数十年以前谈洋务者所不能言；每建一义，皆为数十年以后治中国者所不能易"。

1884 年 2 月，李鸿章委派马建忠担任上海轮船招商局帮办，处理该局事务。马建忠建议对外开放，借外债办银行、办海军，振实业。1887 年，清廷命李鸿章筹办漠河金矿，马建忠向李鸿章递禀，论漠河开矿事宜，建议以戍兵淘金，这样的好处是"不劳役，不费财，可固防，可制敌，内以戢匪徒之出入，外以杜强邻之窥伺"。同年 12 月 26 日，马建忠又禀请李鸿章发展内地小轮船，以便利进出口物资。

1890 年，马建忠又呼吁实行关税保护政策，讲求土货，增加丝、茶等的出口。资本不足，可设立商务衙门，借用外债。李鸿章命马建忠兼任上海织布局总办，兼综宁海金矿，不久又升任招商局会办。因盛宣怀所忌并多次挑拨，李鸿章对马建忠失去信任，进而导致经营企业的探索失败，马建忠退而从事写作，写成《马氏文通》。

1893 年，马建忠用十万两银子，在临近江边码头的镇江日新街开办元同钱庄，开镇江办钱庄之先河。

2. 刘鹗

刘鹗（1857—1909），字铁云，号老残，是近代民族工商业的先驱之一。他小时候住在运河入江口附近的上河边一带，对西津渡印象深刻，曾从学于镇江学者赵君举，后拜从太谷学派李光炘，刘鹗终生主张以"教养"为大纲，发展经济生产、富而后教、养民为本的太谷学说，积极投身实业，兴办教育。晚清时，外强入侵，内政腐败，民生凋敝，激发了他忧国忧民、企求革新的抱负，遂以国家振兴、民族繁荣、走实业救国之路为己任。他一生办过很多企业，在上海办的石仓书店是中国第一家推行石印技术的书局。1896年，他上书直隶总督王文韶，提出在保存国家主权的前提下，通过借外资筑路开矿，以振兴中国经济，他建议借用外资财力，开筑一条以天津为起点、镇江为终点的京镇铁路，促进经济发展。他在山西筹划开采铁矿，写信给罗振玉，说："晋铁开则民得养而国富也。国无素蓄，不如任欧人开之，我严定其制，令三十年而全路矿归我。如此则彼之利在一时，而我在百世矣。"他想通过办洋务来救国裕民。

1907年，他与亲戚朋友集资共购浦口荒地与江中芦洲，准备开发商业中心，显示了超人的远见。他一生探索不止，在北京办过自来水公司、电车公司，在湖南株洲办过炼钢厂，在杭州办过丝织厂，在上海办过织布厂，在天津办过精盐厂，在镇江开办榨油厂，还筹议开采金矿、筹营海船，办过肥料厂、香烟厂、报馆、书庄、教育杂志社等，虽然这些企业多没有成功，但其敢为人先的探索精神令人赞叹。更不用说他撰写的被称为中国晚清四大谴责小说之一的《老残游记》，编成的中国第一部甲骨文集录《铁云藏龟》。

二、金融家

陈光甫（1881—1976）是中国的金融"摩根"，镇江人。其父陈仲衡以经商为业，为阻止山西票号势力越长江南下到汉口建立业务据点。陈光甫随父到汉口，进入一家"祥源"报关行，开始向祥源的东家比利时人狄来学习英语。1908年，他赴美国宾夕法尼亚大学商学院学习，获得商学院学士学位。回国后，他担任江苏巡抚程德全的英文秘书。他深感中国贫穷落后，民族工业发展迟缓，就建议程德全在南京举办物产博览会。程德全采纳了他的建议，派他主办南洋劝业会。劝业会成功举办后，陈光甫被任命为江苏银行总经理。在职期间，在他的建议下，江苏银行迁址上海。当时外商银行除现银外，拒不受理华商银钱业的票据，他对这种公然歧视华商银行的做法极为不满，采用了暂停解交赔款的办法，迫使外商银行就范。江苏银行成为第一个参与外商银行票据交换的华商银行。

陈光甫用美国银行业的经营理念，对江苏银行进行改革，给江苏银行带来了生机。但袁世凯上台后，派亲信控制江苏银行，把银行变成自己的"财政部"，陈光甫感到无法实现用金融扶持民族实业的理想，愤而辞职。

1915年6月2日，陈光甫在上海宁波路9号创办了上海商业储蓄银行，并担任总经理。他踌躇满志，艰苦创业，亲自跑街拉存款、搞放贷，开业仅半年，资本便翻了一番。孙中山先生、宋子文之母都成了上海商业储蓄银行的股东，存款量达57万元。经过20多年的发展，资本即达500万元，存款总额逾3亿元，全国分支行有119处，行员2000余人，上海商业储蓄银行成为首屈一指的私营大银行，陈光甫被推举为上海银行公会会长，成为上海金融界的领袖。

陈光甫在经营上灵活多样，不忘从小处着眼，反对照抄照搬，走出了一条中国式的发展金融业的道路。他首倡"壹圆开户"，开办零存整取、整存零取、存本付息、定活两便等新型储蓄业务，为上海商业储蓄银行赢得了中下层存户；他把服务延伸到学校，为银行的长远发展奠定基础；他以诚信为本，牢牢抓住一些长期储户；他敢于与外商大银行抗争，在世界许多地方设立汇兑点；他知人善任，注重智力投资，把选择和培养人才作为第一要务，将部分高级职员送到美国留学，并分批招收高中学生，开办行员训练班，培养骨干。他把扶持民族实业作为义不容辞的责任，并把这一点作为行训。张謇在南通办实业得到上海商业储蓄银行的鼎力支持；荣氏集团的申新纱厂和福新面粉厂，也是上海商业储蓄银行投放的贷款最多。抗战前，上海商业储蓄银行的工业放款占贷款总额的三分之一，最高时曾达40%，远高于其他银行。

陈光甫是将现代经营管理方法和制度引入中国银行业的先驱。80多个分行的网点建设，在当时无出其右。除了经营储蓄业务外，陈光甫还开展工业、商业、农业全方位的贷款，经营外汇业务。他提出"抵制国际经济侵略"，极力扶持那些与洋人争长斗短的中国民族资本家，他设立国外汇兑部，与外国大银行争生意，并逐步把外汇业务发展到有海关的各地分行，之后又扩展到英、法、德、美、日、荷、比等国。他对行员说："我们经营外汇，决不投机，我行多做一笔外汇生意，外汇银行就少做一笔外汇生意，我行前进一步，就迫使外商银行后退一步。"

陈光甫还是中国旅游事业的创始人。1923年，他创办的中国旅行社是中国最早的旅行社。他创办的中国第一信用保险公司是中国当时唯一的信用保险公司。

三、实业家

1. 徐静仁

徐静仁（1871—1948）是与张謇联手的实业家。他年轻时到镇江随父谋生。清朝末年，朝廷腐败，外患严重。徐静仁奔走于京江两岸，目睹外资大批入侵，他深感振兴民族工商业的重要性。他决心实业救国，率先在淮北盐区创办了大阜、大有晋制盐公司，在实业界崭露头角。1914年，徐静仁与张謇联手创办了大有晋盐垦公司，除种植棉花外，兼营土法煎盐。为扩大生产，他又成立大丰盐垦公司，成为淮南垦区规模最大的公司。后来，徐静仁去了上海，创办了溥益纺织公司，首创了万锭纱厂"一条龙"生产法。他与上海实业界、金融界的周扶九、刘厚生、聂云台、荣宗敬、史量才等往来频繁，以其才能、智慧和信誉受到实业界的一致推崇，先后兼任大有晋盐业公司董事、上海商业储蓄银行董事、中南银行董事等职。徐静仁又与聂云台、荣宗敬组设上海华商纱布交易所，成了上海工商界的知名人士。

1913 年，徐静仁考察马鞍山地区的南山、姑山后，创立了福民、利民两个铁矿公司，后合并为福利民铁矿公司。福利民铁矿公司在中国近代史上具有重要地位，是九一八事变前中国规模较大的矿业公司之一。同年，他还与陆小波等在镇江东坞街开设慎康钱庄。1917 年，徐静仁等在上海苏州河畔建成溥益纱厂，拥有当时国内最先进的纺织机器，有工人 800 人，生产各种粗细棉纱，商标采用"地球牌"和"双地球牌"两种，产品行销到国内各地，远销南洋、印度等地。1920 年，徐静仁与张謇筹建南通大生纱厂八厂。又与张謇等实业家在上海吴淞镇开办中国铁工厂，制造纺织机器。1924 年，徐静仁在上海劳勃生路 8 号创办溥益第二纱厂。张謇父子去世后，大生企业日趋衰落，董事会推举徐静仁为大生企业集团董事长。1940 年，上海茂德制药股份有限公司成立，徐静仁当选公司董事长。抗日战争爆发后，福民、利民铁矿被日军侵占，日军多次逼迫徐静仁将铁矿加入伪华中矿业股份公司，均被其拒绝。

对家乡的公益事业，徐静仁也全力推动其发展。1925 年，徐静仁与镇江同仁捐资创建镇江弘仁医院，耗资 40 余万元，建造房屋百余间，内设内、外、儿、妇、五官、放射、检验诸科，为抗战前长江沿线最大的一家私立医院。他捐巨款在镇江创办中国最早的蚕桑职业学校，受到黄炎培的赞扬。镇江创办京江中学，他也出了大力，学校特将一座校舍命名为"静仁堂"。

2. 严惠宇

严惠宇（1895—1968）是上海滩知名实业家。他出身商人家庭，立志以张謇为榜样，致力于振兴实业与教育、公益事业，开办大东烟厂并经营贾汪煤矿，办四益农场，历任上海金城银行副经理，大东烟草公司董事长、总经理，华东煤矿公司董事长，四益农产育种场常务董事、总经理，上海溥业纱厂、杭州福华丝厂、南通大生纺织公司、扬州麦粉厂、镇江水电公司常务董事，徐州贾汪煤矿私股董事等职，成为上海滩颇具影响力的实业家之一。抗战初期，镇江地方成立民众组织会，严惠宇与冷遹、陆小波分头负责民众组织会的抗战工作。镇江失守后，他前往上海，坚持民族气节，拒绝日人拉拢。在上海，为了脱离日伪烟草专卖原材料分配关系，他宁愿牺牲利益，关闭大东烟厂，也不愿与日伪当局发生联系，是一个爱国的实业家。周佛海曾以伪财政次长兼中央储备银行总裁为饵，引诱严惠宇投靠，严惠宇不为所动。在家乡，他热心公益事业，积极参与京江中学、弘仁医院等的兴办，曾任京江中学校长。

3. 冷遹

冷遹（1882—1959），字御秋，是辛亥名将、实业家。冷遹曾参加革命活动，护法运动失败后，他转向实业和教育救国之路，先与黄炎培共同主持中华职业教育社，又在陈光甫和邹秉文的资助下，过江创办了江北盐垦公司。他曾考察江浙的产丝地，提出在江苏利用丘陵荒山发展桑蚕业，改良蚕桑品种和生产技术，以降低制丝成本，率先在镇江丘陵地区推广蚕桑产业。他在家乡黄墟创办"永安蚕种场"后，又在镇江西郊四摆渡创办"益民种场"，扩建"益民二场"，在丹徒高桥和桥头建"三益蚕种场"和"四益蚕种场"。这些蚕种场在中华职教社的支持下，成立了股份合作公司，设有四个部、九个场，共垦荒3000余亩。

1928年春，冷遹与中华职教社、江苏省农矿厅合作，在镇江黄墟筹建棚村改进试验区，修筑辛丰到黄墟的道路，开塘筑坝，改良蚕种、猪种、鸡种，提倡水塘养鱼，推行新式农具，开展民众教育，创办民众医院，又组建了福华丝绸公司，恢复了嘉兴丝织厂，积极开展国际贸易活动。他聘请著名造园专家陈植担任设计工作，建立镇江伯先公园，纪念黄花岗起义总指挥赵声（伯先），又与黄炎培、唐儒箴联名创办"私立镇江女子职业学校"，担任董事长。

4. 陆小波

陆小波（1882—1973）是江苏近现代工商界知名人士、实业家。他16岁入镇江元同钱庄学徒，期满后任镇和钱庄司账、慎康钱庄经理、钱业公所董事等职。1925年，陆小波任镇江商会会长、镇江商团团长、钱业公会理事长，后又任江苏省商会联合会理事长。他先后投资和集资兴办江南印书馆、普济轮渡、大纶丝厂、自来水厂、镇扬汽车公司、丹徒四益农场。他仗义疏财，热衷社会事业，曾派商团收回英租界。在国民党军队逃跑时，他又派商团维护社会治安，迎接渡江解放军的到来，做了很多好事。

陆小波十分关注文教事业，经商所得稍有盈余，就会把钱投向文教。1920年，他和胡健春、于小川等创办私立润商学校。1926年，黄炎培、冷遹等发起成立私立镇江女子职业学校时，他将西府街慈幼工厂的基地和房屋先借、后赠给学校使用。1932年，他支持镇江商人凌焕曾创办私立敏成学校，支持商人庄乐峰创办私立南华小学。1937年，陆小波筹到了办学基金，在镇江大学山买了校基，创办了私立京江中学。

四、创业者

1. 郭礼徵

郭礼徵（1875—1953）是民营电业的先行者。1895年就读于南京文正书院，受到创办人张謇的器重。1903年，他听到了镇江英租界工部局有附设电气处之议，为"华商固权力计"，决定筹建大照电灯公司，得到张謇与常镇道郭道直的支持，张謇称此为"江南要事之一"，参与投资并担任总董。常镇道署衙门把筹建大照电灯公司的方案呈报江苏抚院，获准立案后，拨出江边东荷花塘一带的官地9亩，作为建厂地基，并从整治江边船坞工程款中暂借规银1万两。由于筹集资金不足，郭礼徵将妻子韩氏陪嫁的金银首饰全部变卖，作为启动资金。

1904年，郭礼徵建成大照电灯公司（1923年改名为大照电气公司），自任总经理。1905年，他从国外订购了发电机、锅炉等设备进行安装，主要设备有75千瓦直流发电机组和卧式双火门锅炉各2台，装机容量为150千瓦。同年10月，发电厂正式建成发电，这是江苏省第一家公用电厂，在中国民营电业发展史上占有重要地位。在郭礼徵的努力下，公司不断更新设备，扩大发电能力，资金增加到商股38万余元，发电能力达6720千瓦。到1936年底，共有3500、1700、750千瓦凝汽式汽轮发电机组各1台及配套锅炉4台，装机容量达5950千瓦。大照电气公司在生产经营中还培养了一批技术力量和管理人才，又开办了职工子弟小学。

2. 张怿伯

张怿伯（1884—1964）是镇江最早发行股票的企业家。1916 年，他先与上海家庭手工业社创办人陈栩园合作，在新河桥创办了"上海家庭工业社镇江无敌牌分厂"，生产"无敌牌"蛤油和蚊香。其蛤油质量超过了当时垄断市场的日本"老都生"蛤油，被誉为国内四大名牌蛤油之一。后又生产无敌牌蚊香，与冬令商品蛤油配套生产，扩大了生产规模，产品行销全国各地。为了更好地和外企竞争，他启用西方先进的企业管理制度。1931 年，张怿伯在镇江积极推行公司股份合作制，将经营的无敌牌镇江分厂改组为无敌牌镇江工厂股份两合公司，担任无限责任股东和总经理。他是镇江第一个公开向社会发行股票的企业家，募集资本取得实效，用了两年时间把公司做大做强。他还组织南洋商业考察团，在考察取经的同时，将自己的产品推广到南洋一带销售。

1937 年，日本侵略军攻占镇江，张怿伯和夫人坚守在新河桥的工厂中，险遭敌人枪杀，三儿子被日寇抓捕后杀害，他的工厂、家屋和储存的食物也被日寇强抢。家仇国恨促使他写下了《镇江沦陷记》一书，该书翔实记录了日寇的罪行。镇江沦陷期间，日本人觊觎张氏企业，派人给张怿伯的工厂施压，要他迁让厂房，使尽各种手段挤压，均被张怿伯拒绝，与日伪方对峙周旋了好多年，终获保全。为此，他还著有《守厂记》。抗战胜利后，他集资创办金山化学工业股份有限公司，恢复了原有的"无敌牌"等产品，产量也逐渐恢复到鼎盛时期。

第八章

轶事聚珍

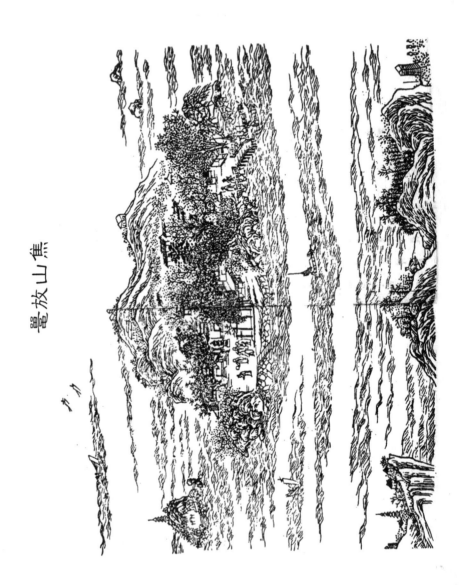

焦山放龜

京江是不平静的，也是丰富多彩的。伴随着江水的波澜起伏，宦游的官员、乘舟的墨客、渡江的游人、归乡的商贾常会在往返渡江时与山水结缘，留下许多动人的故事，成为镇江历史传闻和民间故事取之不竭的源泉。这些故事编织起来就是一条文化的长链。除了白娘子传奇外，许多故事都是有典有故，能在京江中找到印记。梁红玉击鼓战金山等故事，因为京江的衬托才更加感人肺腑。

第一节 爱恨情仇

一、刘备招亲甘露寺

北固山最吸引人的故事应该是甘露寺刘备招亲。乾隆皇帝曾为古甘露寺大殿题联："地窄天宽，江山雄楚越；沤浮浪卷，栋宇自孙吴"，表明了北固山的雄秀气势，又点出了甘露寺的建筑年代。联上的横批是"南徐净域"，可谓言简意赅，寄托无限。后来，此联及上批由民国著名书画家苏涧宽用篆书重写，地点也由大殿移到了寺院的大门。

相传孙权与刘备结盟，共御北方强敌曹操。然刘备借东吴的荆州不还，让吴主孙权很不爽，于是周瑜向孙权献计，以其妹孙尚香为饵，设下美人计，诱刘备来京口联姻招亲，趁机将其扣为人质，以讨还荆州。孙权的美人计被诸葛亮识破，他将计就计，让刘备来京口后依计先重金买通孙策和周瑜的岳父乔国老，让他告知吴国太这门婚事，吴国太约刘备上北固山甘露寺相亲，见到刘备"两耳垂肩，双臂过膝"，一副天子相，极为满意，许下了这门亲事，后来得知这是一出假戏，大发雷霆，怒责孙权。孙权无奈，只得假戏真做，将妹妹孙尚香嫁给了刘备。孙刘联姻的故事流传久远，影响中外，既惊险，又传奇，成为中国历史景点中最吸引人的佳话。历史上"周郎妙计安天下，赔了夫人又折兵"的典故就源于此。

在《三国演义》第五十四回中，也有"吴国太佛寺看新郎，刘皇叔洞房续佳偶"的故事。小说通过戏剧化的描述，增加了刘备招亲的趣味，使甘露寺蜚声海外。历史上刘备招亲确有其事，但乔国老说媒、吴国太相婿则完全是后世文人的杜撰。因为那时山上还很荒凉，没有房屋，更无甘露寺。刘备到京口招亲时，吴国太、乔国老早已骸骨无存。但好事者言之凿凿，特别是京剧《龙凤呈祥》《甘露寺》更是把刘备招亲的故事演绎得绘声绘色，成了百姓家喜闻乐见的喜庆剧目。甘露寺也因此披上了朦胧和浪漫的轻纱。

新中国成立初期，姚荷生担任镇江文教局长时，曾接待过一批苏联的友人，他们从北京专门乘坐火车到镇江，点名要看北固山。当时姚荷生觉得很奇怪，为什么不看金山、焦山，非要看北固山，后来他才知道这批苏联友人是在看过京剧《甘露寺》后，为了亲眼看"一个中国的皇帝和一位将军的妹妹结婚的地方"专程赶来的。

直到今天，甘露寺的故事依然为人们津津乐道，在民间有很大影响。因为故事中间有悲、有喜、有哀、有乐、有诙谐、有智慧、有奇志、有柔情，情节生动，趣味无穷，为江山添光增彩。

二、孙尚香殉情祭江亭

孙夫人是孙权的妹妹，在戏剧中被称为孙尚香，又是东吴都督周瑜教使"美人计"的主角。刘备甘露寺招亲后，孙夫人还帮助刘备返蜀，在路上怒斥追袭的吴将。后来刘备入益州，派赵云留守荆州。此时孙权听说刘备西征，马上派周善引领舟船接回孙夫人，当孙夫人带着刘禅回吴时，赵云与张飞领兵截江，夺回了刘禅。夷陵之战，刘备战败，有讹言传入吴中，说刘备已死，孙夫人伤心不已，登上凌云亭望西痛哭，投江而死，后凌云亭改为祭江亭。后人为其立庙，号曰"枭姬祠"。

《三国志·蜀书·法正传》记载："初，孙权以妹妻先主，妹才捷刚猛，有诸兄之风，侍婢百余人，皆亲执刀侍立，先主每入，衷心常凛凛。"这就是戏中编出来的"结婚下马威"。不过，传记中并没有提及孙权之妹的姓名，又怎么会变成"孙尚香"呢？在小说《三国演义》中有孙坚之女叫孙仁的说法，但裴松之在给《三国志》作注时提到的"孙仁"乃是孙坚庶子孙朗的别名，是一位男子。显然，《三国演义》关于这一点是弄错了。后来写舞台剧的找不到孙仁的出处，就自己创作了一个名字"孙尚香"。

"孙尚香"这个名字传说最早是在戏剧《甘露寺》和《别宫·祭江》当中出现的，这个名字的主人指《三国志》和《三国演义》中的孙夫人。随着戏剧《甘露寺》和《别宫·祭江》变成了流行剧目，连慈禧都爱看，这样一传十、十传百，孙尚香就以假为真，成了家喻户晓的人物。现在说到孙权的妹妹，大家所熟知的名字，仍是那个历史上并不存在而在戏剧中活灵活现的"孙尚香"。

三、杜秋娘的坎坷人生

唐文宗大和七年（833）春天，诗人杜牧在宣歙观察使（府治在宣州，今安徽宣城）沈传师幕中。有一次他路过润州，见到了孤苦无助的杜秋，倾听其诉说平生，非常同情，于是写下了一首著名的五言长诗《杜秋娘》，共112句。诗的前半部分，有"京江水清滑，生女白如脂。其间杜秋者，不劳朱粉施。老濞即山铸，后庭千双眉。秋持玉斝醉，与唱金缕衣。濞既白首叛，秋亦红泪滋。吴江落日渡，灞岸绿杨垂。联裾见天子，盼眄独依依。椒壁悬锦幕，镜奁蟠蛟螭"等诗句，描写了杜秋娘坎坷的人生遭遇，述说了古代社会一位无法掌握自己命运的弱女子在权力斗争中任人摆布的悲哀，以及晚年生活的困苦。诗的后半部分，有"自古皆一贯，变化安能推？夏姬灭两国，逃作巫臣姬。西子下姑苏，一舸逐鸱夷。织室魏豹俘，作汉太平基。误置代籍中，两朝尊母仪。光武绍高祖，本系生唐儿。珊瑚破高齐，作婢春黄糜。萧后去扬州，突厥为阏氏"等诗句，写了历史上其他人的荣辱遭遇，来抒发天意难测、人事无常的感慨，并借此表现诗人自身的失意和哀伤情感。唐诗人李商隐说："杜牧司勋字牧之，清秋一首杜秋诗。"

杜秋，又名杜仲阳，从小能歌善舞，少女时做了歌妓，会写诗填词，15岁时被镇海节度使李锜看中，买入府中做歌妓。在一次献舞时，杜秋娘唱了一曲自创的《金缕衣》："劝君莫惜金缕衣，劝君惜取少年时。花开堪折直须折，莫待无花空折枝。"《金缕衣》，又名《金缕曲》《杂诗》，被《唐诗三百首》收入，作者署名杜秋娘。《金缕衣》是一种七言绝句形式的乐府歌辞，诗以折花为喻，其意象比较复杂。当花与"行乐"联系起来，宣扬及时行乐的思想明显，尤其为李锜这样的人歌唱时，这种色彩更浓。当花与青春时光相联系时，又多了点惜取青春和时光之意。此外，诗中的两处"劝君"，也有"隐谏"李锜的意思。诗的主题似为劝人及时进取，不要"白了少年头，空悲切"。其诗意单纯而不单调，有往复，有变化，作为独立的诗篇已摇曳多姿，再配乐演唱，更使人心醉，感人肺腑。

唐宪宗继位后，开始削减节度使的权力，引发了李锜的不满。后李锜起兵造反失败，在战乱中被杀，杜秋因之受到牵连，被打入宫中为奴。在宫中，杜秋因具有善歌舞的特长，做了宫廷歌舞妓。有一次杜秋娘为宪宗表演了"金缕衣"，得到了宪宗的器重，被封为秋妃。杜秋娘以女性的柔情和宽容弥补了宪宗年轻气盛、性情浮躁的缺点，得到了宪宗的喜爱。宪宗常与她讨论治国大事，过了十几年同心协力的日子。元和十五年（820），宪宗遭遇不测死在宫中，太子李恒嗣位，为唐穆宗，杜秋担任皇子李凑的傅姆。李恒好色荒淫，暴死。太子李湛继位，为唐敬宗，不久又被刺身亡。其弟李昂继位，为文宗。这时，李凑已被封漳王，杜秋见三帝连续暴死，断为宦官所弑，于是暗中与宰相宋申锡谋，准备除掉宦官王守澄。然计划失败，李凑被贬为庶民，宋申锡谪为江州司马，杜秋被削籍为民返乡。

《旧唐书·李德裕传》称：大和八年（834），李德裕至润州，"奉诏安排宫人杜仲阳于道观，与之供给……九年三月，左丞王璠、户部侍郎李汉进状，论德裕在镇，厚赂仲阳，结托漳王，图为不轨"。说明杜秋娘回润州后无家可归，只能住在道观，靠官府供养。可过了不到一年，李德裕因"厚赂仲阳"之罪被罢免了浙西观察使一职，杜秋娘的生活供给就断了，陷入极度困境。

杜牧同情她的悲惨遭遇，"感其穷且老，为之赋诗"。诗中以元和二年（807）至大和七年（833）之间经历的"四朝30载"为背景，寓有深意。这近30年的时间，正是藩镇割据、宦官专权时，给社会带来了深重苦难。杜秋娘从一个美少女，成为宠妾、皇妃，又成为皇子保姆，最后变成一个穷愁的老妪，"归来四邻改，茂苑草菲菲。清血洒不尽，仰天知问谁？寒衣一匹素，夜借邻人机。"要靠自己织布缝衣来维持生计，甚至连织布机都要向邻居借用，只能在夜间织布，沦落到穷困潦倒的地步，命运无常，令人感叹。

四、梁红玉击鼓退金兵

梁红玉是宋朝抗金女英雄，名将韩世忠之妻。建炎三年（1129），梁红玉派亲信一夜奔驰数百里召韩世忠入卫平叛，在平定苗傅叛乱中立下殊勋，并因此先后被封为安国夫人和杨国夫人。她多次随夫出征。建炎四年（1130），金兀术劫掠杭州城后，率领十万大军，水路战船500艘，满载着掠来的金银珠宝，从嘉兴、苏州运河逶迤北上，打算过镇江渡江，到瓜洲北撤。此时，正值韩世忠、梁红玉夫妇率八千水军镇守镇江。如何以寡敌众？站在金山顶峰，梁夫人指着长江西南大片的芦苇荡，提出在此打一场伏击战的想法，并附在夫君耳边说出了三条"锦囊妙计"。韩世忠一听，连声叫好。一切安排妥当后，敌船已从焦山方向杀奔过来，梁红玉亲擂战鼓，韩世忠领兵诱敌深入。第一通战鼓，小股水军驶小船出芦苇荡迎敌；第二通战鼓，水军佯败，落荒而逃，金兵穷追，入芦苇荡；第三通战鼓，八千水军全面出击，火力全开。此役大获全胜，金兵沿长江南岸一路后撤，慌不择路进入进退无路的黄天荡（今长江南岸丹徒和句容交界处），并在此一困就是48天，后侥幸脱险。此后30年，金兵不敢再入侵江南。《宋史·韩世忠列传》记载："梁夫人亲执桴鼓，金兵终不得渡。"抗金名将韩世忠与夫人梁红玉的故事，被载入史册。

五、李妙惠忠贞不渝

我国清代最大的类书《古今图书集成》记录了扬州民女李妙惠题在金山江天禅寺墙壁上的一首诗，由此传下了一个对爱情忠贞不渝的感人故事。

故事发生在明朝成化年间，主人翁李妙惠是扬州一个读书人卢梦仙的妻子。卢梦仙到京城参加考试，一去就没有了消息。李妙惠的父母见女婿音信全无，就把李妙惠叫回了家，强迫她改嫁给一个叫谢启的江西盐商。李妙惠虽然对父母的做法非常不满，但终难违命，只能随谢启离开扬州到江西去。当船到了镇江停泊在金山脚下时，李妙惠一人前往江天禅寺进香，许愿时感到心中无比惆怅，更加思念远方的丈夫。她从寺里的僧人那里取来了笔砚，在江天禅寺的墙壁上抒发了自己难以述说的悲愤："一自当年拆凤凰，至今消息两茫茫。盖棺不作黄金妇，入地还从折桂郎。彭泽晓烟归宿梦，潇湘夜雨断愁肠。新诗写向金山寺，高挂云帆往豫章。"一声长叹后，她无奈地回到了船上随盐商而去。事又凑巧了，数月后，金山江天禅寺就迎来了卢梦仙，他刚从京城归来，金榜题名，高兴之余来到了金山寺观赏风光，没想到竟在江天禅寺的墙壁上读到了自己妻子李妙惠的诗句，真是悲喜交加，他马上叫人赶快买了一艘快船，催船夫升帆不停地向西追赶，最终二人在江中重逢，破镜重圆。

六、杜十娘怒沉百宝箱

"杜十娘怒沉百宝箱"的故事源头是明人宋懋澄的《负情侬传》，后被明代小说家冯梦龙改编，收入《警世通言》中。故事的基本情节是：明万历二十年（1592）间，京师名妓杜十娘有从良的意愿，她深知沉迷烟花的公子哥由于倾家荡产，很难归见父母，便把一个百宝箱收藏在院中的姐妹那里，希望将来从良后，能给新郎见父母时壮胆，争取新郎父母的体谅，成就自己的姻缘。杜十娘为了赎身从良，追求真爱，将自己的终身托付给了太学生李甲。姐妹们听说此事，纷纷相送，并以资助盘缠的名义将百宝箱还给了李十娘。可李甲生性软弱、自私，虽然爱恋杜十娘，却屈从于社会、家庭礼教观念，担心归家不为严父所容，结果在归途中禁不住富家公子孙富的挑唆，以千金银两之价把杜十娘卖给了孙富，杜十娘得知后万念俱灰。她假装同意他们的交易，却在正式交易之际当众打开百宝箱，怒斥奸人和负心汉，酿成了沉箱投江的悲剧。据说沉箱投江的地点就在瓜洲附近的京江，即扬子江面。

"杜十娘怒沉百宝箱"的故事塑造了一个执着追求自己心中美好愿望的女性形象。故事的主角不仅美丽、热情，而且心地善良、轻财好义。她真心爱李甲，爱的是人，不是钱。她聪敏、机智，为了赎身，巧妙地利用争执时鸨母的一时气话，达成口头契约，使鸨母没有反悔余地，为自己拿出一部分钱来给李甲，为争取幸福自由付出了艰苦努力。更感人的是她刚强坚定的性格。当她知道李甲听信孙富的巧言谗语，为了千金之资将她出卖时，她内心的痛苦和悲愤是可想而知的。一个曾经对自己感激涕零的人，一个自己真心爱的人，只为"一千两"，为个人私利，不惜背信弃义，断然出卖自己，还面有喜色，心无愧意。于是她展示了百宝箱中"不下万金"的财富，嘲讽了身边的小人。

千百年来，"杜十娘怒沉百宝箱"的故事感人肺腑，杜十娘那铮铮的傲骨和抗争封建礼教的倔强性格赢得了世人的尊敬。

七、宁死不屈的卫琴娘

清顺治三年（1646）的一个冬天，北固山石帆楼前出现了女子卫琴娘徘徊的身影，她望着江水和对岸，回想刚刚脱险的一幕，默默流泪。悲伤之中，她捡起了地上的木炭，走到甘露寺杨公祠边，在墙壁上写了三首绝命诗："梦里还家拜阿娘，相逢泣诉泪千行。窗前绿树依然在，那得看来不断肠。""衣片鞋帮半委泥，千辛万苦有谁知？几回僻处低头看，独自伤心独自啼。""目断天台旅雁长，青山绿水杳茫茫。不知憔悴中途死，魂梦何时返故乡。"从字句上看，这些诗句表达出来的感情十分真挚。

诗的旁边，有卫琴娘的一段自述："妾赤城弱质也。姓卫，小字琴娘。于归三月，忽遭难端。匝地鼓鼙，拥之北上。悲门外即是天涯，恸生离更难死别。历吴渡淮，欲死无所。幸而琵琶击碎，得脱虎口潜逃。破面毁形，蒙垢废迹。昼乞穷途，夜伏青草。吞声背泣，生恐人知。托流水之飘花，以来京口。偶登北固，江山满目，不觉涕泣如狂。忆昔爹妈，空劳魂梦。良人天远，存殁何知？一时顾影自怜，则花容尽毁于风尘，衣衫全属于泥涂矣！此夕此心，如焚如刺。回首雁峰，何年得到？惟思游魂带血，夜化啼鹃。又恐不解南归，家乡信远。因为短吟数绝，泣书壁间。倘得仁慈德士，传其言于姜家，亦足以达孤亲云尔。"

卫琴娘的自述大意是：她是浙江天台人，结婚三个月就遭兵乱，被清军掳走过了淮河，离家乡越来越远。一天夜里，她趁看守不备，抄起琵琶猛击了看守的脑袋，把看守打昏后逃了出来。逃出军营后，她一直向南走，吃尽了苦头才到了镇江。当她来到北固山石帆楼时，虽然庆幸自己逃出了虎口，但想到回天台的路还非常遥远，且随时有可能被清兵追上，她越想越感到绝望。为了免于再次被掳受辱，她决心以死抗争，就捡起了地下丢落的木炭，在墙壁上书写了自述和绝命诗，希望有好心人看到后，能够把她的信息传递给家人。这位刚烈的女子表达了心愿后，回到石帆楼结束了生命。

清代诗人王昙、吴朴、魏源等知晓此事后很伤感，纷纷写诗怀念这位勇于和命运抗争的女子。

王昙用"江上晴云画如絮，红梨花底红禽语。红禽楼下逐花飞，楼上红飞坠楼雨。金闺自述琴娘嫁，银炉爇麝檀郎夜。珊瑚枕絮不成眠，玳瑁妆花不曾卸"的诗句，描写了卫琴娘出嫁后的幸福和清军带给她的苦难；又讲述了卫琴娘的痛苦和对她的尊敬，诗曰："北固山头半城雪，西陵渡口行人绝。魂禽叫下土山云，鬼鸟啼红寺门血。阿爷生我阿娘慈，袖中却扇妾郎诗。君生妾死君休恨，妾死君生妾不知。风风雨雨山头壁，字字行行泪洴瀽。此时烈骨枕荒凉，此夕游魂免惊惕。豚鱼吹浪江生风，云霓为佩月为容。石帆山下帆来去，且上帆船到雁峰。江南游子青衫客，捉笔题诗记鸣咽。一吊江楼谥君贞，再吊江楼谥君烈。"

吴朴看了卫琴娘的自述，写了《琴娘怨》纪念她："心在孤云迹在泥，几番漂泊恨谁知？可怜心是伤春鸟，不到江南不敢啼。"他的凄婉之音，给人留下的印象极深。

魏源读了卫琴娘的诀别诗，写了《京口琴娘曲》，与王昙诗有较多相同："琴娘昔日天台家，才名艳绝东瓯下。""阿爷生我阿娘慈，袖中团扇妾郎诗。"卫琴娘曾有过温暖的家庭、幸福的生活。战争打破了她宁静的生活，使她失去了欢乐、幸福。她出嫁才三月，就被清兵掠入淮河。"黑云压帐三更夕，星月无光辨巾栉。偷壕出堑万死生，缒逃虎口真奇策。"机智的琴娘，尽管逃出了虎口，但"君生妾死君休问，妾死君生君不知"。她有感于"娉婷秋月缺难圆，烂漫春云竟谁扫"，于是，"风风雨雨摩山壁，字字行行带泪题"，在北固山杨公祠墙壁上题诗自述身世后，她满怀着对爷、娘和丈夫的无限爱恋之情而逝。"江南游子青衫客，睹壁题诗共鸣咽"。曲中通过琴娘的悲惨境遇，揭露了战争给人民带来的灾难。

嘉庆六年（1801），浙江大诗人陈文述来到石帆楼，写了《琴娘曲和王仲瞿石帆楼诗即用原韵》。其序言称："尝览润州故实，若华山畿、杜秋娘，琐屑闺情，文人脍炙。琴娘以奇特孤操，委身宿草，翰墨无声，访诸操舟，未能口实。余登石帆之明日，缉缀繁辞，次其梗概。虽不足以振扬艺林，亦未始非宏奖人伦之本意也。"大意是：自己常来润州游览，熟悉地方掌故，像华山畿、杜秋（娘）这样的爱情故事，文人传播得很快。然卫琴娘这样刚烈女子的悲惨故事，却没有多少文人去关注。问起周围的人，也少有人说得清楚。对此陈文述深感不平，在登石帆楼的第二天，就把他知道的事实公之于众。这种做法虽不足以改变文人的那种习惯意识，但愿意从自己开始改变这种不近情理的做法。于是他也仿照王昙的手法，先写了卫琴娘婚后的幸福生活，又讲述了她被抓后虎口逃生的经历，最后用"横琴吊古江南客，蕙湘本事同凄咽。润州城郭石帆楼，摩崖终古铭贞烈"的诗句结束悲情长诗，让读过的人牢记此事。

八、彭玉麟代妻焦山还愿

同治四年（1865），两位重要的清军将领穿着便衣，打扮成普通百姓模样，泛舟来到了焦山。其中一位是刚刚打败太平军并占领天京的湘军统帅曾国藩，另一位是刚刚被朝廷任命为漕运总督的湘军水师统帅彭玉麟。彭玉麟，字雪琴，号退省庵主人、吟香外史，祖籍湖南衡阳，生于安徽省安庆府，人称雪帅，官至两江总督兼南洋通商大臣，兵部尚书。虽然来焦山时还是曾国藩的官职大，但其此行的身份却是陪客，他是陪彭玉麟来焦山代妻还愿的。

到焦山进香还愿是彭玉麟夫人临终前的遗愿。十几年来，由于与太平军鏖战，彭玉麟一直没能完成亡妻的夙愿。现在打败了太平军，长江的战事平息，所以他对曾国藩说："梅姑临终前对我说，那年她和母亲、兄长由浙江投奔在黄州的舅舅，在船经过焦山江面时，长江突然风起，浪涛翻滚，船在江上左右摇摆，眼看就要倾覆，母亲吓得哭起来，兄长也没了主意。梅姑则对着岸上的焦山寺虔诚祈祷，求寺中的菩萨保佑，若能平息风浪，平安渡江，将来愿为菩萨再塑金身。经过祈祷，果然风平浪静，船稳直行。母亲惊呼：菩萨有灵！可惜我生前来不及去焦山敬香还愿，心中不安，你要代我去焦山了却心愿。"曾国藩知道彭玉麟和夫人梅姑的感情很深，彭玉麟是个有情有义的丈夫，梅姑去世多年，他都不娶，所以他一口答应，陪彭玉麟来焦山进香还愿。

在焦山，他们游览名胜，拜访高僧。彭玉麟也在定慧寺进了香，奉白银500两，代夫人还了心愿。据说，焦山的僧人还向曾国藩和彭玉麟出示了明代忠臣杨继盛的手迹。此行结束后，两人心情愉悦，第二天又游览了北固山和金山。这一段经历在《曾国藩年谱》中有记：同治四年三月"二十七日，公登舟出江，泊瓜洲。二十八日，登焦山，彭公玉麟从。二十九日，渡江登北固山，览京口形势。旋登金山，回瓜洲。"

焦山之行使彭玉麟与定慧寺结下多年的缘分。后来他担任长江巡阅使，每年巡视江防都会到焦山探访寺僧。同治十三年（1874），日本军队进攻台湾，并派军舰进入厦门港，扬言沿江西上，攻打南京。长江水师全面备战，彭玉麟主持江防建设，长驻焦山，主持焦山、象山、北固山一线炮台建设，在此期间他捐建了藏经楼，领衔募集资金建立了文昌阁。在焦山，他还留下不少诗篇和梅花画，被《焦山志》收录。在其"题劫后归梅图"中，有他对焦山的好感和与寺僧交往的记录。如山中有清光绪六年（1880）彭玉麟的诗刻："红羊劫火已全销，惟有焦山土不焦。最好云林看北固，绝佳风景忆南朝。"这是他应山僧六游之嘱，刻在崖壁上的。

九、蒋介石、宋美龄焦山定情

1922 年底，蒋介石在上海莫里哀路孙中山家中参加晚会，见到了宋美龄。他被宋美龄的美貌和风度所吸引，从此开始了长达五年的追求。为了达到目的，蒋介石曾请孙中山为之说和。孙中山未置可否，回去后向宋庆龄说起这件事，宋庆龄断然拒绝。碰到钉子后，蒋介石仍不泄气，有机会就向宋家献殷勤，设法讨宋美龄欢心。渐渐地两人的来往开始多了起来。

1927 年初，北伐军占领上海、南京。同年 3 月 26 日，蒋介石来到上海，此时他已经是北伐军总司令，于是到西摩路宋宅求婚。这次，蒋介石与宋美龄面谈了几小时，两人的关系更进了一步。宋美龄曾对二姐宋庆龄说过，她此生非英雄不嫁，现在求婚的是黄埔军校校长、北伐军总司令，她开始动心了。对这门婚事，宋家分成了两派，宋母倪桂珍和二姐宋庆龄、哥哥宋子文持反对意见，但是大姐宋霭龄却坚决主张接受这门亲事。于是，她主动牵线搭桥，劝宋美龄不要优柔寡断，促成了 5 月蒋介石与宋美龄在镇江的焦山约会。

5 月 13 日，蒋介石先到镇江，视察了江防等军事设施，了解了镇江的安全情况。晚上他住在侄子开的怀仁诊所。而他的卫士队长宓熙此时正在上海，向宋霭龄递交了蒋介石的亲笔信，宋霭龄当即安排三妹宋美龄赴焦山之约。5 月 15 日下午 3 点，宋美龄在宓熙的护送下，乘坐一节花车，挂在一列特别快车的车头后面，到达镇江。这时的蒋介石身穿一套英国花呢西服，戴一顶高级草帽，脚蹬一双雪白尖头皮鞋，一副绅士的打扮，早等候在那里。火车停稳后，蒋介石走上火车迎接宋美龄。下车后，他们乘轿车到江边，换成汽艇，开往焦山。

当晚，焦山定慧寺监院智光法师安排他们住在枕江阁。智光法师拿出寺院珍藏的文天祥、杨继盛手迹长卷，请蒋介石题字。又拿出岳飞、朱熹、文天祥、八大山人等名贤墨宝，以及王羲之书《道德经》等给蒋介石欣赏。

据说蒋宋两人在焦山的日子里，蒋介石一直陪伴宋美龄早出晚归，畅游焦山名胜古迹，还一起品尝焦山鲥鱼。焦山定慧寺首座无碍老和尚曾回忆当年两人在焦山的活动情况。他说："蒋介石与宋美龄未结婚时，在民国十六年（1927）同来焦山，住枕江阁约半个月。曾于焦山保存的杨椒山手卷上题名'蒋中正'，并写年月日阅。他经常于晨四时左右至大雄宝殿丹墀石栏上坐着，静听定慧寺僧众上殿念经。他晚上散步至西崖，偶占一绝：'散步摩崖处，风光现眼前。夕阳浮水面，树影倒江边。'他还去过焦山三诏洞，有诗云："闻道两坡滑，特来古洞边。两旁皆倒塌，古洞独安然。"（《茗山日记》）

这次约会使两人的感情升温，双双约定回去各自了却旧账：蒋介石与原配毛氏离婚，宋美龄也与谈了五年的男朋友分手。后来蒋介石又到日本做通了宋母的工作，使宋母答应了婚事，最终成就了一场政治婚姻。

第二节 江畔故事

一、龙舟竞渡

龙舟竞赛是镇江人喜爱的一个传统项目，它在历史上持续过很长一段时间，竞赛的规模、场面都是很大的。举办龙舟大赛的那天，全城的百姓倾城而出，纷纷赶到江边观看。从焦山至金山漫长的江堤上，人来人往，站满了看热闹的人群。许多邻近县乡的百姓，也在当天赶到镇江，观看这一年一度的大赛。

明末作家张岱在《陶庵梦忆·金山竞渡》中说："龙船无瓜洲比，而看龙船亦无金山寺比。"清初诗人余京写过《五日忆龙舟竞渡歌》，描述了龙舟大赛的激烈场面。诗云："龙舟京口天下无，画旌绣伞摇明珠。翠眉唐儿戏龙尾，龙首连蜷神衣朱。翩飞双桨排两翼，枹鼓鸣锣不容息。翻波故冒大江险，夺帜苦恨漕渠窄。"清代大港学者赵彦偁在《三愿堂日记》中也记过龙舟大赛的情况，说京口龙舟大赛竞渡时江上波涛起伏，巨浪间百舸竞发，前呼后拥，排桨挥动，鼓舞沧波，"金翠眩目，镇鼓艳耳，游观者舟次鳞列，约不下千万"，气势很是壮观。

清初文人陈维崧在京口渡江时，于江中看金山江面的竞渡特别清晰，描写也更加仔细。他的词《贺新郎·金山观竞渡》云："一鼓鱼龙急。看滔滔，妙高台下，铙吹沸溢。仿佛云旗和翠盖，贝阙鳞堂齐茸。料此际，百灵都集。十万黄头皆突鬓，挽湘累、今日谁先及。有人在，江潭泣。 吴儿舵尾飘红褶。但回飘、水云飔处，翻身竞入。掉向龙门争斗捷，江水骇时欲立。惹商妇，银筝声涩。一霎悲欢才过眼，渐日斜，桂楫纷收拾。山如睡，黛还湿。"词中完整地反映了金山竞渡的过程，大量运用比喻、夸张、烘托、反衬和拟人等手法，充分表达了"金山竞渡"的紧张气氛和选手争强好胜的精神面貌。

晚清时的龙舟竞渡在西津渡对面的义渡码头进行。据其时《申报》新闻："京口龙舟，雕刻彩画，穷工极巧，十色五光，令人目眩神骇。水手之衣服，皆与龙身一色，黄则亦黄，黑则亦黑。立船首者，俊健少年也，扬扬得意，虽旋风浪中，屹立不动。当群龙夺标之时，或用猪泡扎成圆球，五色绘画，抛浮水面；或用活鸭纷游江中。群龙水手于波浪中夺标，如添羽翼，观众莫不眉飞色舞。"

京口龙舟大赛，不单比速度，更考验比水手的技巧，尤以潜水功夫为重中之重。传说比赛的项目中有江面抓鸭和潜水捉鱼等。抓鸭是由几组龙舟圈成一个大圈，然后在圈的中央放一只活鸭子，一声令下，众舟一起合围，哪一艘龙舟上的水手先捉到鸭子，哪一艘龙舟就算获胜。有时鸭子见人会潜入水中，这时水手们就必须跃入江中捕捉，竞争场面十分热闹。潜水捉鱼，在竞赛中算高难项目，比捉鸭子要费力得多，一般潜水功夫相当棒的小伙子才敢参加这项赛事。根据竞赛规则，事先在数条黄鳝的头上各扎上一根红绸带，然后待发令时放入水中。比赛开始时，先由各个龙舟推出潜水功夫最出色的水手参加比赛，以抓获黄鳝的多少来决定名次。随着锣响，黄鳝被放入江中，四周龙舟上的水手纷纷潜入江底捕捉。要捉住黄鳝是很不容易的，它又滑又会钻，往往水手们多次潜入水中都无功而返，只有潜水功夫特强又善于捉鱼的极少数幸运者才能享受到胜利的喜悦。

京口龙舟大赛一直持续到清末，后来因为观赛的人越来越多，安全难以维持，而且由于风浪不测，常常有人因比赛而被淹死，后龙舟大赛被官方禁止。

二、金焦争雄

金焦二山古时皆在京江之中，犹如漂浮着的碧玉，赢得了"浮玉"的美称，有东浮玉与西浮玉之别。明代诗人屈大均笔下的"飞飞两浮玉，欲与白波平"即指金焦二山在江中的位置。二山风光优美，雪浪拍岸，楼阁称奇，竞相媲美。金山江天禅寺和焦山定慧寺同为千年古刹，互相争辉，引发了历代名人的关注，他们纷纷撰文作诗，对二山加以评价、赞美，留下了许多趣闻佳话。宋人陆游在《入蜀记》中就说过："金山与焦山相望，皆名蓝，每争雄长。焦山旧有吸江亭最为佳处。金山建亭，故名'吞海'以胜之。"

明代宣德年间，焦山寺与金山寺形成分庭抗礼之势后，二寺的竞争就更加激烈。金山有南泠泉（即中泠泉），焦山有东泠泉与之匹敌。焦山上有吸江亭，金山有"吞海亭"与之争雄。金山有宋代学士苏东坡的玉带以镇山门。焦山有明代学士杨一清的玉带以镇山门。金山有楞枷台，焦山有华严阁。金山有涌翠轩，焦山有浮玉斋。金山有观澜阁，焦山有听潮轩。金山上有诸葛铜鼓，焦山上有伏波铜鼓。金山上有"四宝"——苏东坡玉带、周鼎、金山图和铜鼓，焦山有"四古"——周鼎、汉鼎、南朝《瘗鹤铭》和唐朝道德经幢。两山上的文物和建筑名称居然对仗极工，如此争雄斗奇给游人增添了不少乐趣。

明代文人王思任曾用比喻手法阐述了自己的见解："金以巧胜，焦以拙胜。金为贵公子，焦似淡道人。金宜游，焦以隐。金以日，焦以月。金以小李将军，焦则大米。金以神，焦以佛。金乃夏日之日，而焦则冬日之日也。"见解精到，比喻贴切，道出了二山的神韵和精髓。清代乾隆进士吴锡麒又进一步深入发挥："金山如小李将军画，陆高璀璨，富贵天然。焦山则云抹淡描，米家浓抹。""小李将军"指的是唐代画家李昭道，他的山水画重彩浓墨，金山寺的殿堂金碧辉煌，富丽堂皇。"云抹"是元代大画家倪瓒的号，他的画风幽淡自然。而米芾画山水不求工细，多用水墨点染，开创了"米家山水""米氏云山"的画法，画史上有"米派"之称。明、清两代人用这三位画家的不同绘画风格来比喻金、焦二山的特色，生动形象，出语高妙。

后来，不少近现代文人也纷纷参与其中，发表评说："金山以楼阁胜，焦山以树碑胜。""金山小巧，焦山高大；金山以绚丽的建筑著称，而焦山则以苍翠的竹木取胜。"当代人视野开阔，开始将三山放在一起比较，认为金山以绮丽著称，焦山以雄秀见长，北固山以险峻争雄。园林学家陈从周教授说："三山景色之美，各有千秋：焦山以朴茂胜，山裹寺；金山以秀丽名，寺裹山；北固山以峻险称，寺镇山。"点明了镇江三山各自的特色。

三、王令《润州游山记》

王令是一位在北宋诗坛被人敬重的诗人。初字钟美，后改字逢原，原籍元城（今河北大名）。他5岁丧父母，随其叔祖王乙居广陵（今江苏扬州）。长大后在天长、高邮等地以教学为生，有治国安民之志。宋仁宗至和元年（1054），王安石由舒州通判被召入京，途经高邮时，他投诗《南山之田》一首求见王安石，开始了两人的交往。王令敬佩王安石的人品和文章，曾在《与束伯仁手书》中说："自扬雄以来，盖未有临川之学也。"王安石也看重王令的为人和才学，在回信中称"足下之才，浩乎沛然，非某之所能及""足下之行，学为君子而方不已"。之后两人书信往来频繁，成为莫逆之交。经王安石的举荐，当时许多名士开始与王令投赠唱和，王令的诗文得以传抄流通。王令的诗受到了中唐韩愈、孟郊、卢仝等人的深刻影响，气概健举，想象奇特，咏物写景、感事议论的长篇古诗尤其如此。《四库总目提要》中称赞他的诗云："磅礴奥衍，大率以韩愈为宗，而出入于卢仝、李贺、孟郊之间，虽得年不永，未能锻炼以老其材，或不免纵横太过，而视倨促剽窃者流，则固偭偭乎远矣。"可谓一语中的。可惜，这个有名的才子年仅28岁就在贫病交加中死去，著有《广陵先生文章》《十七史蒙求》。

因生活所迫，王令从天长迁居润州，他对这里的山水感兴趣，写过《润州游山记》，记录了不少沿江名山情况："去润而东，顺江而下，六十里而后至，其山名圌……去圌而西，逆江而上，五十里而远，始有山三，其二合为海门，一为焦。焦山世传汉之隐者焦光居之，今其旁犹有传为其后者，世以其故名焉……山之道南出，人之游者入于北，以至寺，其花樱，其石崖，其树薄木而厚竹。余尝至其上，以望江海之交，下求晋将军王羲之之铭而观之，盖尝终日焉。直焦而南，其山石翁，去其西六里而远曰花山，又其西三里而近曰甘露，二山皆有寺，而甘露清晖阁为最佳。余尝至以问狼石之何是？其传曰：'汉末吴、蜀二主之所游也。'其地皆冈，其东别而益盘，其城为铁瓮。西别折于江，其山蒜，其下河，北距于江，以溯金山。直金山而南，其山扁，其东之山龙堂。其西之山白虎，又其西之山，盖不知其几百十里而后绝，其可望而见者，若长山、若五州、若青山、若高丽、若覆舟。"

润州的山水给王令留下了很好的印象，虽然生活不尽如人意，但在风景如画的山水景色面前，诗人心中的烦恼被暂时忘却，泛起了写诗的愿望。当诗人沉醉于大江东去天际流、金焦在望浮青螺之中时，手中的笔尽情挥洒，其《登甘露寺阁》诗云："忽忽劳生岁月催，时偷高迹出浮埃。风沾草树红朝动，春入川源绿夜回。欲出壮怀临八极，可无樽酒到高台。江山不与人相语，似待忘言野客来。"诗中谈到了生活的艰辛、游寺的快乐、观景的美感、内心的想象，写得多姿多彩，饶有风趣。

四、完颜麟庆三山记

完颜麟庆，清代官员、学者。字伯余，别字振祥，号见亭，满洲镶黄旗人。嘉庆十四年（1809）进士。道光年间官江南河道总督十年，蓄清刷黄，筑坝建闸，后以河决革职，旋再起，官四品京堂。完颜麟庆生平涉历之事，各为记，记必有图，称《鸿雪因缘图记》，记述了他的身世和经历。全书共三集，每集分上、下两卷，一事一图，一图一记，凡240图、记240篇，实录其所至所闻的各地山川、古迹、风土、民俗、风俗、河防、水利、盐务等，保存并反映了道光年间的社会风貌。

《鸿雪因缘图记》中有关于镇江三山的图画和记文，作者抓住了三山的特色，画得精彩，写得出色。其中，北固山记文字不足五百，却内涵丰富，显示了作者超人的才华。文中，作者先点出山的位置在镇江府城的北边，三面临江，岩壑陡绝，气势非凡，又记录了晋代蔡谟在山中建北固楼，梁武帝曾登楼远望，"更名北顾"的史实。接着说到了东吴孙皓建甘露寺，宋代大中祥符年间甘露寺大殿移往山顶的经过，突出了宋代书法家吴琚的榜书"天下第一江山"和唐代润州刺史李德裕的"卫公塔"。又讲了山的地理结构，"东为走马涧、甘露港，其水俱入大江"，强调了山中的龙埂小道形势险峻。记文的重点是作者登多景楼的观感："楼北向，面临大江，金、焦二山拔出江心，岌嶪于左右。金山寺裹山，以壮丽胜；焦山山裹寺，以幽冶胜。且江流滚滚，横亘于前，南临铁瓮，北接瓜步，西连天荡，东控海门，浩浩乎，荡荡乎，觉目力有尽，水流无尽，诚哉巨观也。"记文描述了镇江山水的秀美。在这篇短小精悍的游记中，作者还记录了游览三贤祠等景点的经过，其中对狠石的记录颇为有趣，他这样写道："又有巨石，状如羊，或指曰，此狠石，为诸葛武侯与吴王孙权坐谋破曹处。夫石一蠢物，乃经武侯一坐，其名遂传千古。是知江山虽胜，而所以传此名胜者，则又实在乎人矣。"最后，作者在游览了北固山后，抒发了自己的情感，赞美了镇江的三山。他说："昔《世说》记荀中郎羡在京口望海，云虽未见三山，便使人有凌云意。余则以为海上三山（蓬莱、瀛洲、方丈三山），亦未必胜此京口三山也。"

五、李德裕甘露寺趣话

李德裕，字文饶，赵州赞皇（今河北赞皇）人。唐宰相李吉甫之子，曾在穆宗长庆二年（822）、文宗大和九年（835）、开成元年（836）三次出任润州刺史，"以政绩闻"。武宗即位，拜太尉，封卫国公。北固山甘露寺的来历，以唐敬宗宝历年间由润州刺史李德裕施宅所建的说法可信。据《三山志》记载："敬宗宝历二年（826）三月乙亥，甘露降北固山。"李德裕正好在北固山建寺，因而得名。当时，李德裕还把自己珍藏的陆探微名画赠送给寺里的僧人，并在寺院中亲自栽种了两棵桧树作为纪念。

北固山铁塔是佛教的一个重要文物，也与李德裕有关。此塔原为石塔，始建于唐朝宝历年间，是李德裕为"资穆皇（唐穆宗）之冥福"所建，又名卫公塔。铁塔最有价值的东西在于它的镇塔之宝，就是被称为佛门宝物的释迦牟尼舍利子和金棺、银椁等，也是当年李德裕放置的。后来乾隆诗中有"卫公固扃钥，舍利也还开"的句子，称赞李德裕当年修地宫、藏舍利的义举。

李德裕与北固山甘露寺僧的交往也很密切。《北固山志》中记载有这样一件事，说是甘露寺有一个僧人，道行颇深，李德裕与之交厚，常一起出游。李德裕离任前，曾把一枝方形筇竹手杖留赠给僧人。这枝"方竹杖出大宛国，坚实而正方，节眼须牙，四面对出，实卫公（李德裕）所宝也"。等到李德裕再次到润州任刺史时，那个僧人还在甘露寺，李德裕问他方竹杖如今怎么样了，那个僧人说已经"规圆而漆之矣"。李德裕当时觉得非常遗憾。

李德裕还为甘露寺判过一回官司。当时甘露寺的一位僧人接任新的住持后，下面的僧人纷纷上告李德裕，控告新住持贪污了寺里留存的金银，于德有亏。在众僧的指责下，新住持急得说不出话来。李德裕没有简单地把新住持抓进监狱，他单独审问了新住持，仔细询问事情的来龙去脉。新住持哭着对李德裕说，前后的住持在移交时均"以空文相承，其实无金，众欲乘此挤之死地耳"。于是李德裕想了一个妙法，他叫来有关僧人，把他们一一分开，不准见面，然后要他们分别用泥蜡模制寺里留存的交付金式样。结果有关的僧人望着泥蜡发了呆，"初无形状，而彼此揣模竟弗能就"。这时李德裕准确地做出了判断，认定这是一起诬告案，"众僧伏罪"，还新住持以清白。

李德裕在北固山上写的怀古诗也有特点，对后来山上多设名贤祠有很大影响。他在诗中说："自有此山川，于今几太守。近世二千石，毕公宣化厚。丞相量纳川，平阳气冲斗。三贤若时雨，所至跻仁寿。"清人王士禛在《分甘余话》中为此诗作注："毕构政事为开元第一，丞相陆象先、平阳齐澣，三贤皆为此郡。仆考之传，独象先不闻为润州，此恐史之佚耳。毕构，中宗景龙初为润州，政有惠爱；景龙末召为御史大夫，谓政事为景龙间第一可也。"王士禛对丞相陆象先是否出知过润州有疑问，但并不妨碍在北固山上建三贤祠。

由于李德裕在北固山的善举多，后人都很尊敬他，为他建立祠堂，陈列其事迹，并将他的诗文刻石流传。宋代范仲淹任润州知州时，又扩建了李卫公祠，将《唐书》中的《李德裕传》刻石，以便后人观览。

六、英国人眼中的铁塔

清道光二十二年（1842），鸦片战争爆发，英军攻陷镇江。随军的一个英国传教士叫郭士立（音译），他发现了北固山铁塔，为其精美的设计赞叹，如获至宝，想把它拆下来运回英国。英国海军军官贝尔拉德在其回忆录《纳米昔斯号航行作战记》中有关于甘露寺铁塔的内容：我们在镇江发现的一种最奇妙的东西，大概要算那座完全用生铁铸制起来的小宝塔。看到这座小宝塔，使我们对于中国古代许多实用艺术的发展产生了许多有关创造性的推想。有人把这座宝塔叫作郭士立宝塔，因为他是第一个发现这座宝塔的人。这座宝塔引起这么多人的注意，人们于是想，有无可能把这座宝塔一层一层拆开来，并把它搬到英国去，作为代表中国古代文明的标本。这座宝塔分为七层，且一共只有三丈高，每层单独自成单位，却分明是铸造起来的。

大家因此设想，如果决定搬运的话，也不是全然不可能的。我们认为，这座宝塔比起我们在战争中所俘获的那些大炮来，是一种更加优美和更有价值的战利品。因此这座宝塔没有能力拆下来带回英国去，不能不使我们心中感到遗憾。

从这个英国侵略者的回忆录中，我们看到了一个外国武官和一个传教士对铁塔的认识和判断，让我们从另一个视角了解到古代中国铸铁工匠的高超技艺和铸造水平。

北固山铁塔系八角形，周围都有浮雕装饰，可惜时间过久，这些装饰品有些看不清楚了。根据塔上镌刻的文字，郭士立判断出这座卓越的建筑物至少已有1200年的历史。它证明了一点：在把大量的铁铸成一个坚固的物体和装饰品这方面，在欧洲人采用这种技术以前好几个世纪，中国人就熟悉它了。

七、我一焦山游记

《我一游记》是1935年商务印书馆出版的一本游记汇集。作者是庄俞。庄俞，名亦望，字百俞，又字我一，别号梦枚楼主，江苏武进人。曾任商务印书馆国文部主任等职，是中国近代出版家、教育家。庄俞通过对名山大川和名胜古迹的详细描述，介绍了历史事件、人物故实、地形地貌等，抒写了对神州大地的挚爱，其中描写镇江焦山的游记相当精彩。

1935年12月12日，《我一游记》云："乘肩舆至大观楼旅馆，馆临江，风帆往来，历历可数。——红船者，救生局所备之救生船也。大江风浪，常为人患，特设此局于焦山，专司救济。局员一，船十数，每船水手五六，皆习水性而善泅水术，故溺者常赖以生。但水患不时有，舟子闲居，官民可役之以奔走游事。游者未尝不可雇他舟，特红船较稳适耳。局例不得取船资，实得事毕必给银币二枚，名曰赏钱。而舟子又必加给若干，名曰酒钱。——泊舟于定慧寺之前。焦山僧寮，号称三十二家，而以定慧寺为之长，规模壮丽，僧侣亦最多，其他率称庵而不称寺。——定慧寺门当大江，前有坊，题汉三诏处士数字。初入院，甚广，正面为殿，苍松古桧，森列两旁。向左行，回廊缭绕，禅房幽深。厅事内有周无专鼎一，汉定陶鼎一，汉碗一，铜鼓一。登枕江阁，亦称退思斋，前后皆楼，有廊四通。前楼三面皆明窗。仰观则孤峰对眠，青苍一色，盖隔江为象山也。俯视则大江东去，银涛倏起倏落，无顷刻闲焉。盖楼建江渚，潮声固绕楼而鸣也。——僧出示杨文襄公玉带，红锦为质，上缀方寸之玉若干枚，雕镂不见精，有谓为伪品者。又示以乾隆平定台湾图，系木版印刷物，图意殊失高雅，而雕刻精细，今殆罕有之矣。——此间尚有杨忠愍公墨迹，不复出示。——（玉峰庵）房屋不多，尚清洁可坐。焦山各种碑帖，皆在此发售，大小不下百数十种。而以《瘗鹤铭》尤为珍品，精拓常拓，优劣迥别。常拓每张仅值小银币四角，稍精者值大银币一元，最精者值大银币十元。值十元者，每两字一拓，字之姿势，墨之浓淡，洵美且精。"游记中保存了不少珍贵的资料，对研究镇江的人文有益。如游记中记录了江边的大观楼历经百年风霜依旧存在，是观京江景色的佳处；记录了红船的水手及运营情况，弥补了史志的不足。游记中说到的"焦山僧寮，号称三十二家之多"，也是前所未闻。

八、中泠泉传奇

中泠泉，亦称南泠泉。唐代就已闻名天下。传说唐朝李德裕最喜欢喝中泠泉水，他守润州时，常派人来此汲水回去烹茶。他调到长安做宰相后，仍念念不忘中泠泉水。宋《太平广记》收录了一则李德裕喝茶辨泉水味道的故事，大意是李德裕有个亲信，有一次奉命到京口办事，临行前，李德裕交给他一件差事。什么差事呢？让他顺道去京口中泠泉取一壶泉水回长安。李德裕担任过浙西观察使，治所即在京口。想来对中泠泉水之甘洌，印象深刻。没想到，这个亲信办完公务，喝醉了酒，把取水的事忘得一干二净，等到他酒醒之后，船已经开到了江宁。怎么办呢？他就在附近江中打了一瓶水，返回长安后献给李德裕。李德裕饮了用这瓶水沏好的茶后，叹了口气，说："这水的味道，怎么和以前大不一样了啊，有点像是建业石头城下的江水。"那名亲信听了这番话，赶紧说出了事情的原委，向宰相大人道歉。

陆羽也有同类的品茶故事。张又新在《煎茶水记》中说，唐代陆羽在评天下饮水时，把中泠水列为全国第七。后人还传下了他的一段品茶故事，说是唐代宗时，御史李季卿路过扬州，赴湖州任刺史，正巧遇到逗留在扬州大明寺的陆羽，便邀请他同船一起走。当船抵镇江附近江面时，御史对用南泠泉水沏茶早有所闻，又深知陆羽精于茶道，就笑对陆羽道："陆君善于茶，盖天下闻名矣！况扬子南泠水又殊绝，今者二妙千载一遇，何旷之乎？"于是，李季卿命军士驾舟去江心取泉水。泉水取来后，陆羽尝了一下便说："江则江矣！非南泠者，拟临岸之水。"军士随即分辩道："怎敢虚假？"陆羽将一半的水倒掉，再尝后才点头说，这才是江心的南泠泉水。军士听闻后大惊，不敢再有隐瞒，说出了事情的真相。原来，因江面风急浪大，军士取小摇晃，瓶水晃出近半，慌忙中只好用岸边江水加满充数，不料被陆羽识破。稍后又有一位品茶家刘伯刍，在品尝各地沏茶的水质后，把适宜泡茶的水分七等，南泠泉水为第一等。从此中泠泉有了"天下第一泉"之誉。

后来宋代爱国文人文天祥也饮过中泠泉水，称此泉是"扬子江心第一泉"，饮用此水有"闲品茶经拜羽仙"的快意。元代诗人萨都剌《游金山》诗中也有"山中好景无多地，天下知名第一泉"的佳句。

近百年来，由于泥沙的淤积，金山和中泠泉开始与陆地相连。但在清乾隆年间，中泠泉的位置应该还在金山的脚下。当年乾隆皇帝喜欢喝中泠泉水，写过煮水饮茶诗："缓酌中泠泉，曾传第一泉。如能作霖雨，沾洒遍山川。"然不知何时，中泠泉消失了。直到清光绪年间镇江知府王仁堪来金山寻访名胜古迹时，发现芦苇丛中，泉水喷出如串珠，乃叠石为方池，才延续了中泠泉的历史。那时王仁堪还亲自书写了"天下第一泉"五个大字，嵌在方池的石壁上。之后又有人在池旁建起"鉴亭"，大意是水清如镜，以镜为鉴。

九、七峰亭故事

金山西北侧的金鳌岭上有个七峰亭，当年道月在此修禅说法。相传南宋高宗绍兴年间，宋高宗听信秦桧谗言，连下十二道金牌令岳飞赶回临安。途经镇江时，岳飞到金山七峰亭访道月。岳飞说自己梦中看到二犬对言，问道月何意，道月回答道：二犬对言为"狱"字，此去可能有牢狱之灾，劝他三思而后行。又告诉他要以防不测："风波亭下浪滔滔，千万留心把舵牢。谨防同舟人意歹，将身推落在波涛。"岳飞到临安被解除兵权，不久被诬谋反，以"莫须有"的罪名被秦桧杀害于风波亭下。岳飞就义时说："悔不听道月之言。"秦桧得知后，便派人去捉道月。来人到金山，发现道月已经坐化，便回临安对秦桧说，金山有七峰岭，是风水宝地，高僧能未卜先知。秦桧听后大怒，派人削平了七峰岭。后人为了缅怀岳飞和道月，建造了七峰亭。

十、金山四宝

金山图、周鼎、铜鼓、玉带被称为"金山四宝"。金山图为明代著名画家文徵明所画。展开画卷，在碧空蓝天下，浩瀚江水间一山耸立，砥柱中流。山上佛寺宝塔、玉宇梵宫、方亭曲廊隐现于云蒸霞蔚、香烟氤氲里，好一派江天佛地的风光，令人神往。这幅金山图是珍贵的江心金山的历史资料，从中可以一睹当年金山的建筑风貌。周鼎是清光绪年间湖北汉阳人叶志诜赠送的，同时还附有一幅鼎图和一首古诗。据考证，此鼎为周宣王讨伐严允时铸造出来赏赐给遂启祺的，故名遂启祺鼎，距今已有 2700 多年。铜鼓是一种鼓状铜器，行军时可作为炊器，作战时可用作军鼓，相传是三国时期诸葛亮发明的，所以又叫诸葛鼓。其实铜鼓是我国古代南方一些少数民族使用的重器、乐器，金山的铜鼓高 30 厘米，直径 52.3 厘米，重 12 公斤，可能是明代从云南出土的。"金山四宝"中最吸引人的是苏东坡玉带，堪称国宝。玉带宽约 7 厘米，长约 70 厘米。缀有 24 块米色的白玉，清初被焚毁 4 块。乾隆到金山寺时，令将玉带补齐，上面刻有乾隆的五言诗一首，跋言二十三字。跋言称："玉带曾遭回禄，缺数版，为补足制匣，仍置镇山门以成佳话。"

十一、刘裕江边砍柴

刘裕字德舆，小名寄奴，虽出身贵族之家，但到其父亲时，已家境贫寒，其父以种地、打柴、捕鱼和做小商贩为生，培养了其勤俭朴素的品质。由于他经常接触各种动植物，所以也掌握了一些医药知识。有一次，刘裕在江边荻新洲砍柴时，见一大蛇长数丈，刘裕以箭将蛇射伤。第二天再到荻新洲柴丛中时，刘裕闻杵臼声，见童子数人皆青衣，于林中捣药。刘裕问其故，童子答："我王为刘寄奴所射，合药敷之。"刘裕问："王既是神，何不杀寄奴呢？"童子说："寄奴王者，不死，不可杀。"于是，刘裕叱之，童子皆散。刘裕得到那些童子所捣之药，在后来的历次战斗中，以此药敷金疮极有效。开沙洲上至今还流传着一种说法——在刘裕没有发迹的时候，他每年都要到开沙洲来伐荻，于是当地人便把那里出产的一种草药称为"刘寄奴"。

十二、苏东坡江边轶闻

苏东坡常来润州，他与乔迁或世居润州的士人、亲戚及方外之士往来不断。有一年冬天，苏轼由杭州通判调知密州，途经镇江，在北固山多景楼与好友孙巨源、王正仲聚会。他特别开心，将这次聚会过程记录了下来，附在《采桑子》这首词的序言中："润州甘露寺多景楼，天下之殊景也。甲寅仲冬，余同孙巨源、王正仲参会于此。有胡琴者，姿色尤好。三公皆一时英秀，景之秀，妓之妙，真为希遇。饮阑，巨源请于余曰：'残霞晚照，非奇才不尽。'余作此词。"于是他一气呵成，写下这首《采桑子》："多情多感仍多病，多景楼中。尊酒相逢，乐事一笑回头空。　　停杯且听琵琶语，细捻轻拢。醉脸春融，斜照江天一抹红。"

元丰七年（1084）八月，苏东坡自黄州移汝州，途经真州时，抽空到润州金山寺访佛印。苏东坡与佛印方丈交厚。他到金山时，佛印和尚正准备为寺僧说法，苏东坡来方丈室见他。佛印看到好友进来，便开玩笑说："内翰（苏东坡曾为翰林院大学士）从何而来？此间无处坐。"东坡随口答道："暂借和尚四大，用作禅床。"佛印又笑道："山僧有一轻语，内翰能随口答出来就请坐；否则就把你身上的玉带留下来作为寺庙镇守山门之用。"东坡心想，看你问什么话能把我难倒，便答应了。佛印问道："僧家四大皆空，五蕴非有，你哪里坐？"这一下还真把苏东坡给问住了，他只好把玉带留下来。作为回报，佛印向苏东坡回赠了袈裟。

元丰八年（1085）七月，苏轼知登州，路过润州。他和友人一起在金山妙高台赏月。据宋人蔡绦《铁围山丛谈》载："歌者袁绹，乃天宝之李龟年也。宣和间，供奉九重。尝为吾言：'东坡公昔与客游金山，适中秋夕，天宇四垂，一碧无际，加江流澒涌，俄月色如昼，遂共登金山山顶之妙高台，命绹歌其《水调歌头》曰：'明月几时有？把酒问青天。'歌罢，坡为起舞，而顾问曰：'此便是神仙境界矣！'吾谓：'文章人物，诚千载一时，后世安所得乎？'"他还写诗给好友佛印，希望在润州的蒜山买到一块闲田，表达了自己想归隐此处的设想。有苏轼《蒜山松林中可卜居，余欲僦其地，地属金山，故作此诗与金山元长老》为证。

建中靖国元年（1101），苏东坡最后一次来到镇江。在金山寺，他看到北宋著名画家李公麟为自己所画的一幅画像。画像上的苏东坡神采飞扬、朝气蓬勃。而如今，他步履蹒跚、老态龙钟，两相对照，不禁悲上心头，感慨万千。他提笔在画像上题了一首六言诗："心似已灰之木，身如不系之舟。问汝平生功业，黄州、惠州、儋州。"这首诗可以说是他最简要的自传，也

362

是他晚年心境的真实写照。

十三、张玉书金山联语

康熙四十四年（1705）三月，康熙皇帝第五次南巡到了金山寺。在行宫住下后，他召见了当地官员查问治河的情况，收到了地方官员敬献的墨宝文物，品尝了镇江特产鲥鱼，又看了当地艺人的演出，心情大好。这时下起了毛毛细雨，康熙看到了金山"细雨飞来箭发弦，江波接上势如连"的景观，顿时诗兴勃发，立刻召来张玉书就金山雨景对联。康熙先出了上联："半天微雨，千珠万点，细落长江大河，即通江之广、湖之广、海之广，成遍四渎，登凤楼看五百名山，观天观地观明月，洪开宇宙。"张玉书接了下联："一介书生，七魁八秀，胸藏骏业鸿猷，始中解之元、会之元、状之元，联捷三元，赴瀛洲同十八学士，安国安邦安社稷，世代功勋。"二联对接，珠联璧合，字句工整，文辞典雅，联想丰富，寓意深刻，显示了君臣二人的才华。

金山楞伽台因苏东坡在此抄《楞伽经》得名，又称书经楼。有一次，张玉书和几位好友到金山楞伽台游览。他跨进楼门时，忽见楼门一侧有下联，却不见楼门另一侧有上联，好生奇怪，就停下脚步，思索起来。下联是："一轮明月珍珠伞，普照书经楼。"张玉书知道这是一位在此赏月诗人的佳句，正欲问，寺内和尚忙道出原委。原来，此前有一浙江书生赴京赶考，途经镇江，特登上金山寺，想领略金山赏月的妙处。那日，正碰上月半，圆月当空，清辉如水，登台望月，如醉如痴，不由口出下联描述美景，还别出心裁地用了比喻，将月色比作珍珠伞，使联语充满诗情画意。然书生续对上联时，突然文思断落，对不上来了，只好将下联书于门边，以求上联。张玉书听了，微微一笑："下联虽妙，却缺上联，可惜，可惜！"友人忙说："请大人挥毫。"张玉书也不推辞，指着台下浩浩大江，做了个手势，便拿起笔，蘸了墨，在门的另一边轻松地写出了上联："万顷碧波水晶盘，托起金山寺。"友人一看，连声叫好。

十四、李根源游焦山

1936年8月30日，李根源和冷遹、陆小波、胡建春、陈绍五、马贡芳、卢润州游览了镇江诸名胜。李根源是近代史上的著名爱国将领，辛亥革命先驱。曾任北洋政府农商总长，兼署国务总理。退出北洋政府后，隐居苏州。

新中国成立后，历任西南军政委员会委员、西南行政委员会委员、全国政协委员等职。李根源在《镇扬游记》中记录了他的观感，其中对焦山的描述最有价值。在游记中，他记录了许多焦山的碑刻资料，可弥补山志的不足。如有关《瘗鹤铭》的："康熙五十年孟夏，陈恪勤鹏年出之江中，今在大雄殿左石亭下碎为五石，依原刻行次砌成一石，碑阴嵌，恪勤撰书。""最著者杨一清、滕谧、湛若水、王世贞、沈周、冷士嵋诸公诗刻。士嵋，字秋江，遇秋先德也，明遗民，隐居丹徒镇，终身不入府城。大学士张玉书往访之，避不纳，清风劲节方之。""清刻百余方，最著者高士奇、毛际可、笪重光、查士标、谢启昆、陶澍诸公诗刻。刘墉录东坡语，并奏折副本。曾焕、王文治焦山唱和诗。曾焕、吴骞、王文治三山联句。洪亮吉、王豫月波台看潮回赋诸刻。"清代题刻较为常见，有嘉庆七年（1802）、嘉庆十三年（1808）额勒布题刻，嘉庆年间张问陶、道光年间陶澍等题刻，洪亮吉篆书"巨公崖"三字，陆润庠题寄越尘诗，等等。民国年间题记，有1918年康有为题刻："戊午四月康有为四游焦山，烽火遍地弥欧亚，吾经劫后乃与陈默偃息林石也。"

在游记中，李根源还记录了许多焦山景点的珍藏，为后人研究焦山文化提供了参考。如："坐枕江阁，观杨文襄玉带，计素玉廿版，镌麋鹿百余间以树石极工细。乾隆间佚失，江苏巡抚梁章钜自都天庙赎回，遗置山中，今带匣记芷林撰书也。昔文襄与寺僧妙福友善，武宗幸文襄第，引见妙福，命为三山都纲，修理三山诸刹并创建焦山大雄殿。妙福以文襄大有造于兹山，请留带镇山，文襄遂解赠之，此山中故事也。""继观杨忠愍公继盛墨迹卷，共五幅，为阮文达（元）赠存，有长跋。附翁方纲、梁同书、钱泳、吴骞、曾焕、陶澍、胡林翼诸公题跋，长数丈。又观岳鄂王行书残卷、八大山人山水册宝、竹坡侍郎廷黄带手卷、彭刚直行书卷时，雷电交作，大雨倾盆，俯临江水，遥望宝华。余谓遇秋曰：'好一幅米家山水也。'元章居京口久，故得具神妙变化有如此。俄顷，雨霁日出，虹拖银海中，长数百丈。李白焦山诗曰：'安得五彩虹，驾天作长桥。仙人如爱我，举手来相招。'此岂非长天桥耶！太白仙人也，遇此当跨长虹飞去。我辈凡夫徒望之兴叹。"另外，李根源在游记中还记录了其所见各名家撰写的题记，许多今天已经消失，故而尤为珍贵。

十五、名著中的江口故事

京江是长江下游的一段，南北运河在其中交汇，地理位置异常，引起了许多小说家的关注。在他们的描写中，常提到江口发生的故事，丰富了京江的文化内涵。以"三言二拍"为例，《喻世明言》第二十三卷"张舜美灯宵得丽女（刘素香）"中写道："却说刘素香自北关门失散了舜美，从二更直走到五更，方至新马头。自念：'舜美寻我不见，必然先往镇江一路去了。'"于是"素香乘天未明，赁舟沿流而去"。"比至镇江，打发舟钱登岸，随路物色，访张舜美亲族。"而张舜美"数日后，将带琴、剑、书籍，上京会试。一路风行露宿。舟次镇江江口，将欲渡江，忽狂风大作，移舟傍岸，少待风息。其风数日不止，只得停泊在彼。"两主人公的描述都围绕镇江江口元素。《醒世恒言》第二十卷"张廷秀逃生救父"中，张廷秀和张文秀兄弟乘船到镇江时，被仇家设计陷害，晚上他们在客船上休息，"杨江取出钱钞，教艄公买办些酒肉，吩咐移船到稳处安歇。艄公答应，将船直撑到西门闸外，沿江阔处停泊。"杨江在船上把张氏兄弟灌醉后丢入江中，所幸兄弟二人被好心人救起。之后张廷秀走上仕途回到镇江，将陷害他们的仇人绳之以法。

在中国四大古典名著中，《西游记》《三国演义》《水浒传》都有直接描写镇江江口的情节。《西游记》第九回"陈光蕊赴任逢灾，江流僧复仇报本"提到了唐僧的故事与镇江的金山寺有关，是金山寺的长老救起了随江漂流的"江流儿"，就是后来的玄奘。《三国演义》第五十四回"吴国太佛寺看新郎，刘皇叔洞房续佳偶"中刘备甘露寺招亲的故事，以江边的北固山为背景。《水浒传》第一百一十回"张顺夜伏金山寺，宋江智取润州城"中的故事也以江边的金山为背景。《水浒传》中还说李逵被朝廷招安后在镇江当了官。传说《红楼梦》与镇江也有关系。《红楼梦》"凤姐大闹宁国府"一节中，凤姐谎称张华"逃去第三日，在京口地界，五更天，已被截路打闷棍的打死了"。这里的"京口地界"，可能指的是镇江。《红楼梦》中还提到"百花酒"，这也是镇江出产的名酒。

参考文献

[1] [宋] 卢宪. 嘉定镇江志 [M]. 金陵: 丹徒朱氏金陵复刻包氏本, 1910 (宣统二年).

[2] [元] 俞希鲁. 至顺镇江志 [M]. 金陵: 金陵刻本, 1923.

[3] [明] 杨琬. 正德丹徒县志 [M]. 正德十四年 (1519) 刻本.

[4] [明] 王樵. 万历重修镇江府志 [M]. 镇江文库本. 扬州: 广陵书社, 2016.

[5] [清] 高龙光, 张九徵. 康熙镇江府志 [M]. 乾隆十五年 (1750) 刻本.

[6] [清] 蒋宗海. 嘉庆丹徒县志 [M]. 嘉庆十年 (1805) 刻本.

[7] [清] 吕耀斗. 光绪丹徒县志 [M]. 光绪五年 (1879) 刻本.

[8] [清] 春元. 京口八旗志 [M]. 光绪五年 (1879) 刻本.

[9] [清] 李恩绶. 丹徒县志摭余 [M]. 1918 年刻本.

[10] [明] 张莱. 正德京口三山志 [M]. 横山草堂刻本, 宣统三年 (1911).

[11] [明] 高福. 万历京口三山志 [M]. 镇江文库本. 扬州: 广陵书社, 2016.

[12] [明] 陈仁锡. 京口三山志选补 [M]. 镇江文库本. 扬州: 广陵书社, 2016.

[13] [清] 杨棨. 京口山水志 [M]. 镇江文库本. 扬州: 广陵书社, 2016.

[14] [清] 刘名芳. 乾隆金山志 [M]. 镇江文库本. 扬州: 广陵书社, 2016.

[15] [清] 卢见曾. 乾隆金山志 [M]. 镇江文库本. 扬州: 广陵书社, 2016.

[16] [清] 曾燠. 道光续金山志 [M]. 镇江文库本. 扬州: 广陵书

社，2016.

［17］［清］周伯义. 光绪金山志［M］. 镇江文库本. 扬州：广陵书社，2016.

［18］［清］缪潜. 宣统金山志［M］. 镇江文库本. 扬州：广陵书社，2016.

［19］［清］刘名芳. 乾隆焦山志［M］. 镇江文库本. 扬州：广陵书社，2016.

［20］［清］卢见曾. 乾隆焦山志［M］. 镇江文库本. 扬州：广陵书社，2016.

［21］［清］王豫. 道光焦山志［M］. 镇江文库本. 扬州：广陵书社，2016.

［22］［清］顾沅. 道光焦山志［M］. 镇江文库本. 扬州：广陵书社，2016.

［23］［清］吴云. 同治焦山志［M］. 镇江文库本. 扬州：广陵书社，2016.

［24］［清］陈任旸. 焦山续志［M］. 镇江文库本. 扬州：广陵书社，2016.

［25］［清］释了璞. 道光北固山志［M］. 镇江文库本. 扬州：广陵书社，2016.

［26］［清］周伯义. 光绪北固山志［M］. 镇江文库本. 扬州：广陵书社，2016.

［27］［明］李尉. 崇祯开沙志［M］. 镇江文库本. 扬州：广陵书社，2016.

［28］［清］王锡极. 康熙开沙志［M］. 镇江文库本. 扬州：广陵书社，2016.

［29］［清］陈梦雷，等. 古今图书集成·镇江地理资料选辑［M］. 镇江文库本. 扬州：广陵书社，2021.

［30］［清］解为幹. 润州事迹诗抄［M］. 镇江文库本. 扬州：广陵书社，2021.

［31］［清］王士祜. 京口游记［M］. 镇江文库本. 扬州：广陵书

社，2021.

　　［32］　［清］罗志让. 焦山诗抄［M］. 镇江文库本. 扬州：广陵书社，2021.

　　［33］　［清］杨棨. 出围城记［M］. 镇江文库本. 扬州：广陵书社，2021.

　　［34］　［清］佚名. 镇城竹枝词［M］. 镇江文库本. 扬州：广陵书社，2021.

　　［35］李根源. 镇扬游记［M］. 镇江文库本. 扬州：广陵书社，2021.

　　［36］朱瑾如. 镇江指南［M］. 镇江文库本. 扬州：广陵书社，2021.

　　［37］水青. 京口漫笔［M］. 镇江文库本. 扬州：广陵书社，2021.

　　［38］柳诒徵. 里乘［M］. 镇江文库本. 扬州：广陵书社，2021.

　　［39］赵勋禾. 丹徒掌录［M］. 镇江文库本. 扬州：广陵书社，2021.

　　［40］张峥嵘. 西津论丛［M］. 上海：上海文艺出版社，2009.

　　［41］刘建国，潘美云. 瘗鹤铭石刻考证［M］. 南京：江苏人民出版社，2006.

　　［42］祝瑞洪. 中国古代长江救生源流考［M］. 南京：江苏人民出版社，2022.

　　［43］镇江文库编委会. 历代地理总志镇江资料选辑［M］. 镇江文库本. 扬州：广陵书社，2021.

　　［44］李长傅. 镇江地理［M］. 镇江文库本. 扬州：广陵书社，2021.

　　［45］刘建国，潘美云. 江河交汇润州城［M］. 名城镇江文史丛书本. 镇江：江苏大学出版社，2016.

　　［46］裴伟，周小英. 外国人笔下的镇江［M］. 名城镇江文史丛书本. 镇江：江苏大学出版社，2016.

　　［47］徐苏. 京口书史［M］. 名城镇江文史研究丛书本. 镇江：江苏大学出版社，2016.

　　［48］范然，张立. 江河要津［M］. 中国历史文化名城镇江研究丛书本. 镇江：江苏大学出版社，2004.

　　［49］霍义平，高曾伟. 千古江山［M］. 中国历史文化名城镇江研究丛书本. 镇江：江苏大学出版社，2004.

［50］徐苏，罗福春. 释道胜境［M］. 中国历史文化名城镇江研究丛书本. 南京：江苏人民出版社，2004.

［51］王玉国. 六朝都会［M］. 中国历史文化名城镇江研究丛书本. 南京：江苏人民出版社，2004.

［52］王玉国. 古城名街映金山［M］. 镇江三山文化丛书本. 镇江：江苏大学出版社，2017.

［53］张大华. 天开胜境话焦山［M］. 镇江三山文化丛书本. 镇江：江苏大学出版社，2017.

［54］徐苏. 千古风流雄北固［M］. 镇江三山文化丛书本. 镇江：江苏大学出版社，2017.

［55］王书敏. 关于镇江宋元粮仓的几个问题：转般仓、淮东总领所、大军仓［J］. 东南文化，2011（3）.

［56］李英姿. 中国古代漕船考［J］. 江苏科技大学学报（社会科学版），2020（2）.

［57］孙润祥. 唐诗中的镇江水上交通概况［C］//镇江市历史文化名城研究会论文集：第16集. 镇江：镇江市历史文化名城研究会.

［58］吴晓峰. 试论隋代大运河开凿对镇江城市发展的贡献［C］//镇江市历史文化名城研究会论文集：第19集. 镇江：镇江市历史文化名城研究会.

［59］乔长富. 唐代伊娄河的开掘畅通对润州发展的积极影响［C］//镇江市历史文化名城研究会论文集：第21集. 镇江：镇江市历史文化名城研究会.